KB129166

사회복지정책론

손병덕 저

학지사

머리말

사회복지정책은 "인간으로서의 존엄과 가치를 가지며 행복을 추구할 권리"(「헌법」 제10조)와 "인간다운 생활을 할 권리"(「헌법」 제34조 제1항)를 실현하기 위해 사회와 국가가 "출산, 양육, 실업, 노령, 장애, 질병, 빈곤 및 사망 등의 사회적 위험으로부터 모든 국민을 보호하고, 국민 삶의 질을 향상시키는 데 필요한 소득 · 서비스를 보장하는 사회보험, 공공부조, 사회서비스"(「사회보장기본법」 제3조 제1호)와 관련한 정책을 말한다. 우리나라는 1970년대부터 성장주도기의 잔여적 복지 도입을 시작하여 현재 문재인 정부의 '모두가 누리는 포용적 복지국가' 국정전략에 따라 사회안전망과 복지 안에서 국민이 안심할 수 있도록 돕는 '돌봄부터 노후까지 생애주기별 기본생활 보장' 정책이 추진되고 있다. 이처럼 우리나라의 사회복지정책 역사는 '어떻게 하면 국민을 보호하고 국민의 삶의 질을 향상시키는 복지국가를 실현하면서 동시에 성장의 선순환 구조를 담보할 수 있는 복지정책을 제시하고 실천할 수 있을까?'를 질문하고 이에 대한 정책대안을 제시하면서 지나오고 있다 할 수 있다.

이 책은 이와 같은 사회복지정책의 목표와 방향을 이해하면서 사회복지 현장에 들어갈 사회복지생들이 갖추어야 할 사회복지정책 분석 및 평가, 대안 제시 역량을 준비할 수 있도록 기획하였다. 이 책은 이러한 집필 방향을 견지하되 한국사회복지교육협의회가 제시한 2019~2020년도 사회복지정책론 교과목 지침서를 최대한 준용하여 사회복지정책의 개념과 원리, 사회복지정책의 가치와 철학, 사회복지정책과 이데올로기, 사회복지정책의 역사적 발전과정, 사회복지정책의 형성과정, 사회복지정책의 내용분석, 사회복지정책 평가, 사회복지정책의 할당, 사회복지정책의 급여, 사회복지정책의 전달체계, 사회복지정책의 재원, 사회복지정책의 실천과 복지정치 및 사회운동, 사회복지정책의 과제와 전망을 제시하였다.

모쪼록 이 책이 복지국가의 설계와 실천, 그리고 사회복지정책의 과제를 풀면서 사회복지정책을 선도하려는 사회복지전공자들에게 의미 있는 지침서가 되기를 기대한다. 이 책의 출판을 허락해 주시고 지원해 주신 학지사 김진환 대표님께 감사드린다.

2020년 12월

손병덕

차례

제6장 사회복지정책의 내용분석 ◆ 135

제7장 사회복지정책의 평가 ◆ 163

제8장 사회복지정책의 할당 ◆ 197

제1장

사회복지정책의 개념과 원리

1. 사회복지정책의 개념과 구조
2. 사회복지정책 개념의 국가별 이해

국민의 안녕과 복지를 추구하는 복지국가를 제도적으로 지원하기 위하여 사회복지정책이 중요한 역할을 한다. 이 장에서는 사회복지정책의 개념과 구조를 이해하고, 영국, 미국, 독일, 우리나라 등 주요 국가들의 사회복지정책 개념의 차이와 적용 방향을 살펴보도록 한다.

1. 사회복지정책의 개념과 구조

'사회복지정책(social welfare policy)'은 '사회복지(social welfare)'와 '정책(policy)'의 합성어로서 '사회복지'는 '국민의 삶의 질을 보장하는 사회·국가적 지원이 이루어진 안녕 상태'를 의미하며 '정책'이란 '사회복지를 실현하기 위한 공공의 법과 제도'를 의미한다. 이와 비슷하게 영국의 사회학자 마샬(Marshall, 1950)은 사회정책이란 사회서비스와 소득지원을 통해 국민의 복지향상을 위한 정부 정책이라고 정의하면서 사회보험, 공적 부조, 보건복지서비스, 주거, 교육, 범죄 분야가 포함된다고 하였다. 영국의 사회정책학자 티트머스(Titmuss, 2019)도 사회정책이란 일상생활 영위에 필요한 기본적 욕구충족이 어려운 사회적 소외계층에 대한 정부의 제도적 지원이라 정의하였다. 종합하면, 사회복지정책은 사회정책의 하위개념으로 인간이 사회생활을 영위해 나가는 데 필요한 기본적 사회복지 욕구(basic social welfare needs)를 충족시키고 사회복지적 문제들(social welfare problems)을 해결 · 해소하기 위해 사회적 가치와 윤리에 따라 필요한 법과 제도를 만들고 수행하는 일련의 활동이라고 정의할 수 있다. 입법 · 사법 · 행정 활동은 국가에 의해 가능하기 때문에 사회복지정책이란 국가가 국민의 복지를 도모하고 사회적 보장체계[1]를 갖추는 복지국가를 목적하기 때문에 국가가 수행하는 사회복지정책을 의미한다. 우리나라의 사회복지정책에는 사회보험(국민연금, 건강보험, 산재보험, 실업보험의 4대보험), 공공부조(국민기초생활보장제도), 그리고 사회서비스와 같은 '중앙정부의 사회보장 · 사회서비스 정책'이 기본적으로 포함된다. 또한 1995년 7월 1일 지방분권화와 함께 2005년 7월 「사회복지사업법」 제7조의2(2015년 7월 1일 이후 「사회보장급여법」 제41조)에 따라 지역사회복지협의체가 설치되면서 지방자치단체의 '지역사회보장 정책'까지 사회복지정책에 모두 포함된다. 「헌법」은 제10조에서 "모든 국민은 인간으로서의 존엄과 가치를 가지며 행복을 추구할 권리"가 있음을 명시하고 제34조에서 "모든 국민이 인간다운 생활을 할 수 있도록 국가가 사회보장 · 사회복지의 증진에 노력할 의무"를 짐을 규정하여 사회복지국가의 실현을 위한 국가의 의무를 선언하고 있고, 각종 사회보장 관련법에서 국가와 지방자치단체의 의무를 함께 명시하고 있어 국민의 인간으로서의 존엄과 가치, 행복, 사회보장 · 사회복지 증진에 대한 국가와 지방자치단체의 의무와 책무가 사회복지정책을 통해 구현되고 있다 할 것이다.

1) 소외 및 위기계층의 사회적 보호를 위한 복지전달체계는 국가적으로 다양하나 일반적으로 정부, 지방정부, 사회복지법인과 개인 등 다양한 제공주체들로 이루어지며, 그 재원도 조세에 의한 정부지방자치단체 보조금, 재단전입금, 후원 등 다양하다.

2. 사회복지정책 개념의 국가별 이해

유럽 국가들은 '사회복지정책'을 사회보험, 공적 부조, 보건복지서비스, 주거, 교육, 범죄 분야까지 포괄하는 '사회정책'이라는 거시 국가정책을 의미하는 경향이 있다. 미국이나 우리나라의 경우에는 '사회복지정책'이란 사회복지 대상자들의 사회복지적 욕구를 충족하기 위한 국가 주도의 사회보장, 공공부조, 사회서비스 정책을 의미한다.

1) 영국

1945년 베버리지 보고서를 기반하여 '요람에서 무덤까지'라는 슬로건으로 국가사회보장제도를 주도한 영국은 사회복지정책(social welfare policy)이라는 용어를 거의 사용하지 않고 사회정책(social policy)이라는 용어를 사용하여 사회보장, 건강, 교육, 주거, 고용, 범죄정책, 사회서비스(social service)를 포괄하는 국가정책으로 사회복지정책을 사용한다. 영국의 사회학자이자 런던정경대학(London School of Economics: LSE) 교수였던 마샬은 사회복지정책은 서비스와 재정보조를 통해 시민의 복지에 직접적 영향을 미치는 정부 정책으로서 사회보험, 공적 부조, 보건복지서비스와 주거정책이 포함된다고 하였다(Marshall, 1965, p. 7). 런던정경대학 사회정책학자 티트머스도 마샬의 사회정책 개념정리와 비슷하게 사회복지정책을 사회적 변화에의 적응을 위해 경제적 지원과 서비스가 필요한 소외계층에 대한 정부의 정책적 지원으로 규정하면서 한시적인 부조, 자기기여형 사회보험, 그리고 제도적인 보편적 지원 형태로 이루어질 수 있다고 하였다(pp. 23-32).

이처럼 사회복지정책을 포괄적 사회보장과 사회서비스 측면에서 다루는 영국의 사회정책에는 소득보장, 고용, 보건의료, 주거, 사회적 돌봄이 포함되며 크게 소득보장-고용과 보건의료-사회적 돌봄으로 구분할 수 있다. 사회보장은 실업, 노령, 질병, 장애, 산업재해, 출산과 양육, 주거, 빈곤지원 등 자산조사급여와 비자산조사급여로 이루어진다. 영국의 소득보장정책은 근로연계[2]의 특징이 있으며 전달체계는 [그림 1-1]과 같다.

사회적 위험	사회보장급여	관리기구	주관 부처
빈곤	지방세 감액	지방정부	
	지역복지 보조제도		
	무상급식		
	통학교통 및 교복지원		
	통합공제	고용센터플러스	연금노동부
	사회기금급여		
실업	기여기반 구직수당		
	기여형 고용 및 지원수당		
노령	연금공제	연금서비스 (지역 연금센터)	
	국가연금		
사망	사별 지원급여	사별서비스	
장애	간호수당	장애 및 수발자서비스 (장애급여센터)	
	개인자립지불금		
	장애생활수당		
돌봄(성인)	수발자수당	수발자수당부	
산업재해	산업재해급여	지역 산업재해 장애급여 전달센터	
출산	모성수당	고용센터플러스	
	법정 공동부모지불금	고용주	산업혁신기술부
질병	법정 질병지불금		국세청
돌봄(아동)	후견인수당	아동급여사무소	
	아동급여		

[그림 1-1] 영국의 사회보장급여와 전달체계

출처: 최복천 외(2018), p. 74.

2) 실업으로 인해 소득급여를 받는 사람이 고용서비스를 통해 노동시장에 다시 진입할 수 있도록 하는 정책이다.

보건의료와 사회적 돌봄의 경우 국가건강시스템(National Health System: NHS)를 통해 조세로 운영되며 의료와 사회적 돌봄(지역사회서비스, 정신보건서비스, 재활서비스)까지 관장한다([그림 1-2] 참조).

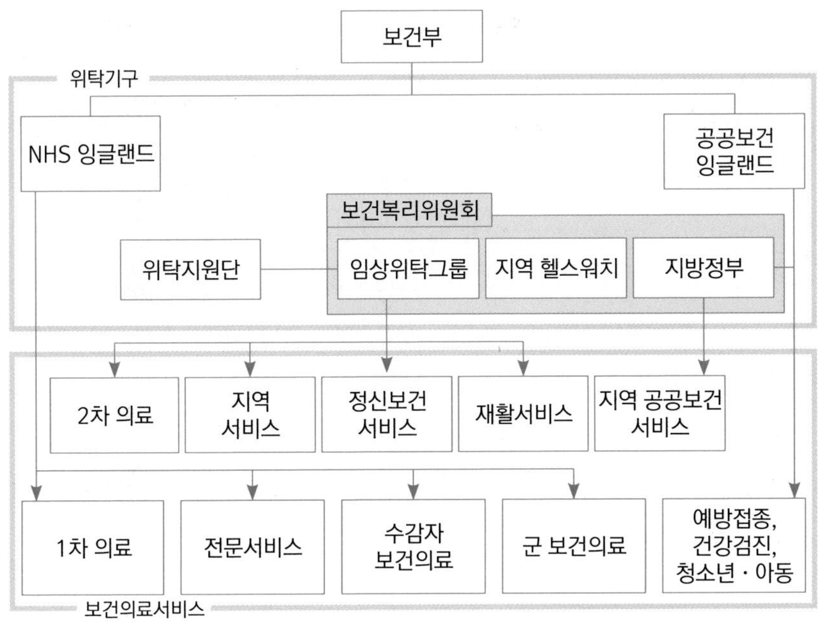

[그림 1-2] 영국의 보건의료 사회적 돌봄 전달체계

출처: 최복천 외(2018), p. 78.

2) 미국

미국의 사회복지정책은 1930년대 발생한 대공황을 계기로 1935년 「사회보장법」을 도입하여 실업 등 경제적 위험에 노출된 사회소외계층을 지원하는 사회보장(social security)에 초점을 맞추어 발전하였다. 이에 미국의 사회복지정책은 개인적 책임을 강조하는 자유주의 이념기반 복지체제에 해당하여 보편적 사회보험의 발전을 추구하기보다는 국가가 사회보장제도를 통해 빈곤층에 대한 공공부조 정책을 추진하는 데 초점을 맞추는 경향이 있다. 미국의 사회보장정책은 사회보험과 자산조사형 현금급여 및 현물급여로 요약할 수 있다. 미국의 사회보장·사회복지정책으로는 노령연금(Social Security Old Age And Survivors Insurance), 메디케어(Medicare), 실업보험(Unemployment Insurance), 장애연금(Social Security Disability Insurance), 산업재해 보상보험(Workers' Compensation)을 포함하는 '사회보험'과 근로장려세제(Earned Income Tax Credit), 보충소득보장(Supplemental Security Income), 빈곤가족한시지원(Temporary Assistance For Needy Families)와 같은 '자산조사형 현금급여', 그리고 메디케이드(Medicaid), 보충영양지원제도(Supplemental Nutrition Assistance Program), 주거지원(Housing Assistance), 헤드스타트(Head Start), 여성영유아영양보충 프로그램(Supplemental Nutrition Program For Women)을 포함하는 '자산조사형 현물급여'가 이루어진다(구인회 외, 2018, p. 73).

미국의 사회보장정책은 연방정부가 정책가이드와 재정을 주로 지원하고 연방정부와 지방정부가 함께 행정집행을 하는 형태로 집행된다.

〈표 1-1〉 미국의 사회보장 프로그램 종류와 대상 (단위: 백만 명, 1억 달러)

프로그램		대상	수급자 규모	연방정부 지출	관리, 운영
사회보험	메디케어	노인/장애인	47.5	5,228	연방정부
	노령연금	노인/유족	43.8	5,849	연방정부
	실업보험	실업자	10.4	1,583	주정부
	장애연금	장애인	10.4	1,277	연방정부
자산조사형	메디케이드/아동건강보험	저소득한부모	58.3	2,819	연방-주정부
	보충영양지원제도	저소득층	40.3	683	연방정부
	근로장려세제	근로저소득층	26.8	595	연방정부
	보충소득보장	노인, 장애인, 시각장애인	7.9	478	연방정부

주거지원	저소득층	4.7	379	지방정부
빈곤가족한시지원	빈곤한부모가족	4.4	181	주정부

출처: 구인회 외(2018), p. 77.

미국의 사회복지정책 내용 중 메디케어, 메디케이드, 직업훈련과 일부 공공부조 프로그램은 공공과 민간이 파트너십 형태로 공조하여 관리 · 운영하는 형태로 이루어지고 있는 것이 특징적이다. 민간 파트너십 기관에는 비영리기관과 영리기관도 포함되며, 특히 요양서비스의 경우 영리기관의 역할이 중요하게 작용한다. 서비스 이용자는 서비스 이용선택권 보장을 위해 보육, 고용훈련, 교육 및 주거서비스 이용 시 재화와 서비스를 구매할 수 있는 바우처 이용이 활발하게 이루어지고 있다.

3) 독일

독일은 1883년부터 사회보험 중심의 비스마르크형 복지국가를 추구해 왔다. 전 세계적으로 사회보장제도를 가장 빠르게 도입한 독일(〈표 1-2〉 참고)의 사회보장제도는 크게 사회보험(연금, 의료, 장기요양, 산재, 실업보험)과 복지지원(아동 · 가족수당, 양육 · 부모수당, 구직자 기초보장, 실업부조와 고용촉진수당, 직업양성교육지원, 사회부조, 아동 · 청소년 부조, 주거수당)으로 이루어진다(정연택 외, 2018).

〈표 1-2〉 주요 사회보장제도 도입 시기 국가별 비교

국가별	산재 보험	의료 보험	연금 보험	고용 보험	가족 수당	사회 보험 도입 순위	첫 번째 사회보험 도입 시	
							민주화 지수	경제 수준
벨기에	1,903	1,894	1,900	1,920	1,930	3	7.0	3,468
독일	1,884	1,883	1,889	1,927	1,954	1	1.0	2,143

덴마크	1,898	1,892	1,891	1,907	1,952	2	1.0	2,555
프랑스	1,898	1,928	1,910	1,905	1,932	6	8.0	2,760
영국	1,897	1,911	1,908	1,911	1,945	5	8.0	4,264
아일랜드	1,897	1,911	1,911	1,911	1,944	7	8.0	2,736
이탈리아	1,898	1,943	1,919	1,919	1,937	13	1.0	1,672
뉴질랜드	1,908	1,938	1,898	1,930	1,926	11	10.0	3,985
네덜란드	1,901	1,931	1,919	1,916	1,939	12	4.0	3,440
노르웨이	1,895	1,909	1,936	1,906	1,946	10	4.0	1,872
오스트리아	1,887	1,888	1,907	1,920	1,948	4	1.0	2,404
스웨덴	1,901	1,891	1,913	1,934	1,947	9	2.0	2,150
스페인	1,900	1,942	1,919	1,919	1,938	14	6.0	1,654
평균	1,905	1,924	1,917	1,929	1,944	12	6.5	2,822

주: 경제수준은 기어리-카미스 달러임. 민주화지수는 재거스와 걸(Jaggers & Gurr, 1996)에 따라 0(최소)에서 10(완전히 제도화된 민주화)까지 측정됨.
출처: 정연택 외(2018), p. 21.

독일은 GDP 대비 사회급여 지출을 1/4 이상 사용할 정도로 사회보장성 국가지출이 많으며 그 밖에도 가족, 일자리, 교육 등 인적자본을 형성하는 데 필요한 보장체계를 가지고 있는 것으로 파악된다.

4) 우리나라

우리나라의 사회복지정책은 국가가 일반 국민과 소외계층을 모두 대상으로 시행하는 사회보험, 공공부조, 사회복지서비스 관련 정책을 말하며 원활한 사회복지정책 실행을 위해 중앙정부와 지방정부, 민간의 협력이 강조되는 사회복지정책 전달체계를 통해 이루어진다. 2018년 사회보장 재정추계에 따르면 사회보험은 125조 원, 공공부조는 26조 원, 사회서비스는 37조 원이 투입된 것으로 확인된다(보건복지부, 2020).

(1) 사회보험정책

사회보험은 미래에 직면할 수 있는 사회적 위험에 대비하여 사전에 대비하는 제도를 말하며 가입자의 기여금(보험료)을 재원으로 가입자에게 발생하는 위험(보험사고)을 분산하는 보험원리를 이용하고 있지만, 영리를 목적으로 하는 '민영보험'과는 다른 성격을 가지고 있다(〈표 1-3〉 참조). 보다 정확하게 사회보험은 '국민에게 발생하는 사회적 위험을 보험 방식으로 대처함으로써 국민의 건강과 소득을 보장하는 제도'(「사회보장기본법」 제3조 제2호)로 정의할 수 있다. 사회보험에는 국민연금,[3] 국민건강보험,[4] 고용보험,[5] 산업재해보상보험[6] 외에 노인장기요양보험[7]이 포함된다([그림 1-3] 참조).

---

3) 「국민연금법」: 국민의 노령 · 폐질 또는 사망에 대하여 연금급여를 실시함으로써 국민의 생활안정과 복지증진에 기여함을 목적으로 연금이 도입되어 노후의 기본적인 생활을 위한 토대가 마련되었다.

4) 「국민건강보험법」: 국민의 질병 · 부상에 대한 예방 · 진단 · 치료 · 재활과 출산 · 사망 및 건강증진에 대하여 보험급여를 실시함으로써 국민건강을 향상시키고 사회보장을 증진함을 목적으로 제정되었다.

5) 「고용보험법」: 실업의 예방, 고용의 촉진 및 근로자의 직업능력의 개발과 향상을 꾀하고, 국가의 직업지도와 직업소개 기능을 강화하며, 근로자가 실업한 경우에 생활에 필요한 급여를 실시하여 근로자의 생활안정과 구직활동을 촉진함으로써 경제 · 사회 발전에 이바지하는 것을 목적으로 제정되었다.

6) 「산업재해보상보험법」: 산업재해보상보험제도는 우리나라 최초의 사회보험제도로서 산업재해를 입은 근로자에 대한 치료와 생활보장의 기능을 수행해 왔으며, 「산업재해보상보험법」은 「근로기준법」의 재해보상제도를 기초로 한 재해보상제도이다.

7) 「노인장기요양보험법」: 고령이나 노인성 질병 등의 사유로 일상생활을 혼자서 수행하기 어려운 노인 등에게 제공하는 신체활동 또는 가사활동 지원 등의 장기요양급여에 관한 사항을 규정하여 노후의 건강증진 및 생활안정을 도모하고 그 가족의 부담을 덜고자 하는 취지로 제정되었다.

〈표 1-3〉 우리나라 사회보장제도

사회보험	국민에게 발생하는 사회적 위험을 보험방식에 의하여 대처함으로써 국민건강과 소득을 보장하는 제도(국가가 법에 의해 가입을 의무화)	단기보험	건강(의료)보험 → 의료비 보장, 건강증진
공공부조	국가 또는 지방자치단체의 책임으로 국민의 최저생활을 보장하고 자립을 지원하는 제도		
사회서비스	국가 · 지방자치단체 및 민간부문의 도움이 필요한 모든 국민에게 복지, 보건의료, 교육, 고용, 주거, 문화, 환경 등의 분야에서 인간다운 생활을 보장하고 상담, 재활, 돌봄, 정보의 제공, 관련 시설의 이용, 역량 개발, 사회참여 지원 등을 통하여 국민의 삶의 질이 향상되도록 지원하는 제도		

[그림 1-3] 사회보장의 구성 및 체계

출처: 건강보험심사평가원(2020a).

〈표 1-4〉 사회보험과 민간보험 비교

구분	사회보험	민간보험
제도의 목적	최저생계보장 또는 기본적 의료보장	개인적 필요에 따른 보장
가입의 강제성	강제가입(집단보험)	임의가입(개별보험)
부양성	국가 또는 사회 부양설	없음
보험 보호대상	질병, 분만, 산재, 노령, 실업 폐질에 국한	발생위험률을 알 수 있는 모든 질병
수급권	법적 수급권	계약적 수급권
독점/경쟁	정부 및 공공기관 독점	자유경쟁
공동부담 여부	공동부담의 원칙(사용자, 피용자, 정부)	본인부담 위주
재원부담	능력비례 부담	능력무관(동액 부담)
보험료 부담방식	주로 정률제	주로 정액제
보험료 수준	위험률 상당 이하 요율	위험률 비례 요율(경험률)
보험자의 위험 선택	할 수 없음	할 수 있음
급여수준	균등급여	차등급여(기여비례보상)
인플레이션 대책	가능	취약함

출처: 건강보험심사평가원(2020b).

(2) 공공부조정책

공공부조는 「사회보장기본법」[8] 「국민기초생활 보장법」[9] 「의료급여

8) 제3조에서 국가 및 지방자치단체의 책임하에 생활유지 능력이 없거나 생활이 어려운 국민의 최저생활을 보장하고 자립을 지원하는 제도라고 정의하고 있다.

9) 저소득 국민, 영세 도시빈민, 실업자 등을 지원하여 빈곤문제에 대한 사회안전망의 기초를 튼튼히 하는 한편, 빈곤가구별로 자활지원계획을 수립하고 그에 맞는 자활급여를 실시함으로써 빈곤의 장기화를 방지하기 위하여 제정되었다.

법」[10] 「주거급여법」[11]을 기반으로 생활능력이 없는 국민에게 국가의 책임하에 직접 금품을 제공하거나 무료혜택을 주는 제도로서 국민의 최저생활을 보장하는 최후의 안전망 기능을 수행하는 제도이다. 공공부조의 기본적인 특징은 조세를 재원으로 하며, 자산조사에 의한 개별적인 욕구의 측정과 확인을 근거로, 빈곤한 사람에게 부족한 만큼의 생계는 보충해 준다는 점에서 생존권의 논리에 기초하고 있다(〈표 1-5〉 참조).

〈표 1-5〉 사회보험과 공공부조 비교

구분	사회보험	공공부조
제도 특성	근로능력이 있는 사람을 위한 제도	근로능력이 없는 사람을 원조하기 위한 제도
대상	모든 강제가입자	일부계층 저소득층 등
자산조사	불필요	필요
재원	주로 갹출금(보험료), 국고지원금 등 지원	정부의 일반조세
권리성	권리로 인정	국가의 보호, 낙인 발생 가능

출처: 건강보험심사평가원(2020b).

(3) 사회서비스 정책

사회서비스는 「사회서비스 이용 및 이용권 관리에 관한 법률」[12]과 「사

10) 「국민기초생활 보장법」 외에도 재해구호법 등의 법률에 따라 생활이 어려운 사람에게 의료급여를 제공하도록 하기 위해 제정되었다.

11) 생활이 어려운 사람에게 주거급여를 실시하여 국민의 주거안정과 주거수준 향상에 이바지함을 목적으로 국가와 지방자치단체가 주거급여 관련 정책을 수립하도록 하기 위해 제정되었다.

12) 「사회복지사업법」 제2조 제4호에 따른 사회복지서비스, 「보건의료기본법」 제3조 제2호에 따른 보건의료서비스, 그 밖에 이에 준하는 서비스로서 대통령령으로 정하는 서비스를 말한다.

회보장기본법」[13]을 기초로 광의적으로는 개인 또는 사회 전체의 복지 증진 및 삶의 질 제고를 위해 사회적으로 제공하는 서비스로서 사회복지, 보건의료, 교육, 문화, 주거, 고용, 환경 등을 폭넓게 포함하며 협의적으로는 노인, 아동, 장애인 등을 대상으로 한 돌봄서비스를 총칭한다. 사회서비스는 지역사회에 기반하여 지역 주민의 필요(needs)를 반영하고, 이용자에게 선택권을 부여하여 복지 분야에 '소비자 주권' 개념을 도입하였으며, 인적 자원 개발을 위한 사회투자적 성격을 가진다. 전통적으로 사회복지서비스의 공급주체가 국가였으나 사회서비스는 지역사회기반 민간제공기관이 공급주체이며, 대상은 빈곤층뿐만 아니라 서민, 중산층까지 확대된다. 서비스내용은 기본적 생활보장 이외에 일상생활 지원, 인적자본 확충 등 다양한 서비스를 포함하며 결제방식은 바우처[14]로, 재정지원방식은 수요자 지원형태로 이루어져 수요자 본인(극빈층 제외)도 일부 부담하도록 한다. 또한 국가, 지방자치단체, 제공기관이 함께 사회서비스 품질관리를 하도록 한다(〈표 1-6〉 참조).

13) 국가 · 지방자치단체 및 민간부문의 도움이 필요한 모든 국민에게 복지, 보건의료, 교육, 고용, 주거, 문화, 환경 등의 분야에서 인간다운 생활을 보장하고 상담, 재활, 돌봄, 정보의 제공, 관련 시설의 이용, 역량개발, 사회참여 지원 등을 통하여 국민의 삶의 질이 향상되도록 지원하는 제도이다.

14) 2020년 기준 바우처의 형태는 다음과 같다.
- 쿠폰형: 장애인활동지원서비스의 1시간 단가(월 635,000원부터 1,593,000원까지)는 13,500원, 산모 · 신생아 건강관리지원사업은 5일부터 25일까지 356,000원부터 4,712,000원까지, 가사 · 간병 방문 지원사업 1시간 단가(월 24시간 또는 월 27시간)는 14,500원
- 포인트형: 금액결제와 유사하며, 단가 산정이 곤란한 경우와 기본서비스 설정 자체가 곤란한 경우에 적용

지역사회서비스투자사업, 발달재활서비스, 언어발달지원사업, 여성청소년 생리대 바우처 지원사업, 임신출산 진료비 지원제도, 청소년산모 임신출산 의료비 지원사업, 기저귀 · 조제분유 지원사업, 에너지바우처사업, 발달장애인지원사업, 아이돌봄지원사업이 해당된다.

〈표 1-6〉 사회서비스 이해 당사자별 역할

대상자	시 · 군 · 구에서 사회서비스 수혜자로 인정받은 대상자
보건복지부	대상자 선정기준, 서비스 유형 및 바우처 지급방법, 사회서비스본부의 조직과 운영에 관한 내용, 기준/방법/절차에 대한 기반 마련
시 · 군 · 구	대상자 선정 접수, 선정, 통지 및 제공기관 신청 접수, 선정, 통지
한국사회보장정보원	서비스 결제 승인, 자금관리(비용지급, 정산업무), 결제매체(카드 및 단말기) 등의 사업을 관리하는 기관
제공기관	보건복지부에서 사회서비스 제공기관으로 인정받아 대상자들에게 사회서비스 제공

출처: 사회서비스 전자바우처(2020).

(4) 사회복지정책과 소득재분배 효과

우리나라는 최근 급변하는 사회 · 경제 상황에 따라 소득 불평등의 문제가 심각하게 대두되고 있다. 시장소득에서 조세 및 공적 이전소득을 감안 한 가처분소득의 소득불평등도를 나타내는 지니계수[15]는 우리나

15) 소득의 불평등 정도를 나타내는 가장 대표적인 소득분배지표이다. 지니계수는 0에서 1 사이의 수치로 표시되는데 소득분배가 완전평등한 경우가 0, 완전불평등한 경우가 1이다. 지니계수는 로렌츠곡선을 이용하여 계산할 수 있는데, 로렌츠곡선은 특정 소득계층 이하 수준의 국민들이 전체 소득에서 차시하는 누적비중을 연결한 곡선이다. 지니계수는 로렌츠곡선과 (전체소득 비중=사람의 전체비율)의 곡선이 차지하는 면적을 [사람의 전체 비율(100%)×전체소득 비중/2]으로 나눈 것이다. 만약 한 사람이 전체의 부를 다 가지고 있다면 로렌츠곡선 아래의 면적은 거의 0이 될 것이고, 따라서 지니계수는 1이 될 것이다. 반면 소득이 완전히 균등하다면 로렌츠곡선=(전체소득 비중=사람의 전체비율)의 직선이 되어 지니계수는 0이 될 것이다. 반대로 소득분배가 완전히 불평등하다면 로렌츠곡선은 직각의 형태를 가지게 된다. 이때는 대각선과 로렌츠곡선 사이의 면적이 대각선 아래 삼각형 전체의 면적과 일치하여 지니계수는 1이 된다.

라의 경우 0.343으로 스칸디나비아 국가들 0.25, 유럽 국가들 0.3에 비해 높아 소득불평등도가 높은 것으로 나타난다(김영종, 여유진, 2008). 경제정책과 달리 사회복지정책은 공적연금, 사회보장제도 등 공적 이전을 통해 소득불평등 완화를 위한 정책적 노력을 한다는 면에서 차별화가 된다. 최근 한국복지패널에서 조사한 연구를 보면 공적이전과 조세 및 사회보장기여금 등 사회복지정책의 시행 결과 빈곤 및 불평등 감소 효과가 최근으로 올수록 효과가 커지는 경향을 보인다([그림 1-4] 참조).

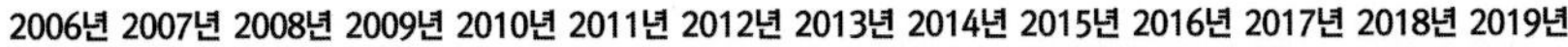

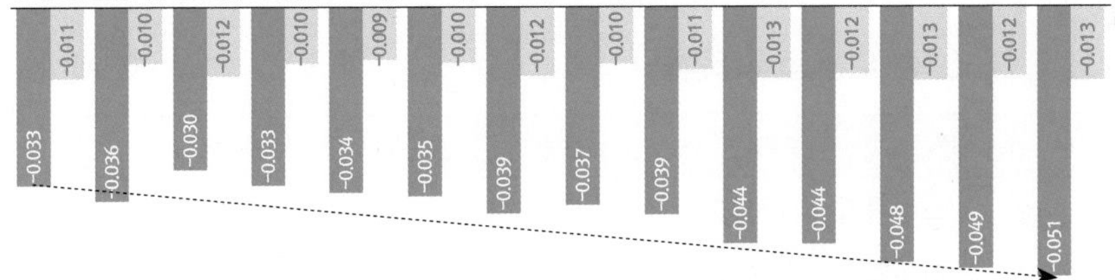

[그림 1-4] 공적이전과 조세 및 사회보장기여금의 불평등 감소효과(지니계수)

주: 현금 공적이전의 불평등 감소 효과는 시장소득과 경상소득 간의 차이, 조세 및 사회보장기여금의 불평등 감소 효과는 경상소득과 가처분소득 간의 차이로 계산됨.
자료: 한국보건사회연구원. 서울대학교 사회복지연구소(각 연도). 한국복지패널 원자료.
출처: 여유진(2020), p. 14.

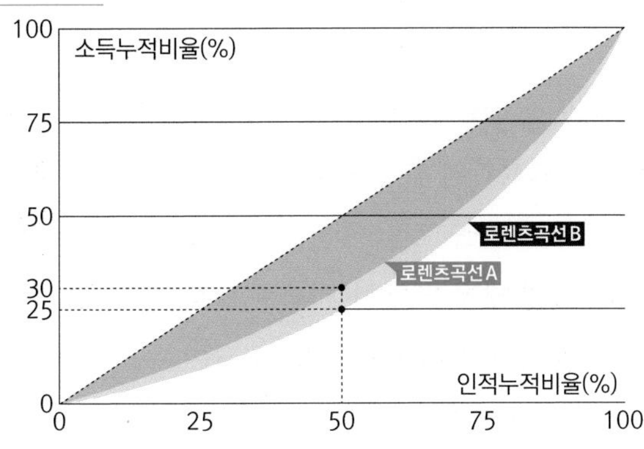

또한 우리나라에서 대안적 소득보장제도로 제안되고 있는 기본소득(basic income) 모델들도 소득재분배 효과를 나타내는 것으로 나타난다. 기본소득제도는 조세를 기본재원으로 하여 보험료 기여 여부와 무관하게 급여가 보편적으로 제공된다는 점에서 보편주의 원칙에 입각한 소득보장제도이다. 기본소득 모델은 현행 소득보장 시스템(사회보험+기초보장급여+기타 정부보조금)의 지니계수가 0.35인 데 비해 0.24여서 현행 소득보장 시스템보다 소득재분배 효과가 큰 것으로 나타났다(백승호, 2010; 〈표 1-7〉 참조).

〈표 1-7〉 소득분위별 소득증감률 (단위: %)

구분		1분위	2분위	3분위	4분위	5분위
현행 시스템	소득증가	30.77	8.21	5.66	5.13	3.15
	소득감소	5.03	0.23	0.22	0.17	0.35
정률과세 기본소득	소득증가	97.36	91.32	68.34	25.61	3.39
	소득감소	0.45	0.03	0.06	0	0.35
부분기본 소득	소득증가	97.01	85.25	49.72	11.24	2.29
	소득감소	0.45	0.03	0.11	0.06	0.35
차등과제 기본소득	소득증가	97.47	91.78	70.57	27.74	3.60
	소득감소	0.45	0.03	0.06	0.23	0.56

출처: 백승호(2010), p. 205.

공적연금, 사회보장제도 등 공적소득 이전이나 대안적 사회보장제도인 기본소득 등 사회복지정책을 통해 소득재분배를 통한 소득 불평등을 해소하기 위한 노력들도 각국에서 시행되고 있다. 공적소득 이전 사회복지정책을 전 국민에게 시행한 사민주의적 복지국가를 추구하는 북유럽 국가들은 시장소득 불평등의 완화 효과가 두드러지게 나타나는 반면, 공적소득 이전 사회복지정책을 소득 최하위계층에 집중하는 잔여주의적 복지국가들은 양극화 해소에 성공적이지 않은 경향이 있다(신동균, 장지연, 2010).

생각해 볼 문제

1. 사회복지정책을 개념화하고 우리나라에서 사회복지정책의 의미가 어떻게 쓰여야 할지 설명해 보시오.
2. 영국에서 통용하는 사회복지정책의 의미와 사회보장급여 전달체계를 설명하시오.
3. 미국에서 통용하는 사회복지정책의 의미와 사회보험과 자산조사형 사회서비스를 설명하시오.
4. 독일의 주요 사회복지정책인 사회보험, 복지지원의 종류를 각각 제시하시오.
5. 독일, 영국, 이탈리아, 스웨덴 국가들을 사회보험 도입 우선순위에 따라 나열해 보시오.
6. 우리나라의 사회보장제도 세 가지를 나열하고 각각 설명하시오.
7. 사회보험과 민간보험을 비교하여 설명해 보시오.
8. 사회보험과 공공부조를 비교하여 설명해 보시오.
9. 사회서비스 당사자인 보건복지부, 시 · 군 · 구, 한국사회보장정보원, 제공기관의 역할을 각각 설명해 보시오.
10. 사회복지정책과 소득재분배 효과에 대하여 설명해 보시오.

참고문헌

건강보험심사평가원(2020a). 사회보장제도. https://www.hira.or.kr/dummy.do?pgmid=HIRAA020007000000

건강보험심사평가원(2020b). 사회보험과 공공부조 비교. http://www.hira.or.kr/cms/policy/02/01/1341869_27024.html

구인회, 강명세, 김수진, 김주환, 김찬우, 김태현, 김형모, 김환준, 이삼식, 전창환, 정연택, 정익중, 조소영, 조한진, 최효진(2018). 미국의 사회보장제도. 세종: 한국보건사회연구원, 경기: 나남.

김영종, 여유진(2008). 공적이전의 소득재분배효과 및 사회복지정책 프로그램 분석. 세종: 보건복지부.

백승호(2010). 기본소득 모델들의 소득재분배 효과 비교분석. 사회복지연구 41(3), 185-212.

보건복지부(2020). 사회서비스. http://www.mohw.go.kr/react/policy/index.jsp?PAR_MENU_ID=06&MENU_ID=06360101&PAGE=1&topTitle=%C1%A4%C3%A5%C0%C7%20%C0%CC%C7%D8

사회서비스 전자바우처(2020). 사회서비스 이해당사자별 역할. https://www.socialservice.or.kr:444/user/htmlEditor/view.do?p_sn=1

신동균, 장지연(2010). 소득재분배정책이 양극화와 소득불평등 완화에 미치는 영향에 관한 국가간 비교연구. 사회보장연구, 26(4), 357-384.

여유진(2020). 한국복지패널 소득 자료의 특징과 활용례. 보건복지포럼, 281, 7-17.

정연택, 김근홍, 김상철, 김상호, 김원섭, 김진수, 남용현, 남현주, 박경순, 박명준, 박수지, 박지순, 심성지, 오윤섭, 유근춘, 윤조덕, 이신용, 이용갑, 이진숙(2018). 독일의 사회보장제도. 경기: 나남.

최복천, 고제이, 김보영, 남찬섭, 박준, 성시린, 우해봉, 원종욱, 이성희, 이현주, 전용호, 정경희, 최영준, 한동운(2018). 영국의 사회보장제도. 세종: 한국보건사회연구원, 경기: 나남.

Marshall, T. H. (1950). *Citizenship and Social Class and Other Essays*. Cambridge, UK: Cambridge University Press.

Marshall, T. H. (1965). *Social Policy*. London, UK: Hutchinson.

Titmuss, R. M. (1974). 'What is social policy?'. In B. Abel-Smith & K. Titmuss (Eds.), *Social Policy: An Introduction* (Chapter 2). New York, NY: Pantheon Books, A Division of Random House.

Titmuss, R. M. (2019). *Essays on the Welfare State*. Bristol, UK: Policy Press University of Bristol.

제2장

사회복지정책의 가치와 철학

1. 자유와 평등
2. 분배정의와 공정사회
3. 인정
4. 공공성

사회복지정책을 수행하고 분석하는 데 고려해야 할 규범적 가치와 배경 철학이 존재해 왔다. 이 장에서는 사회복지정책의 목표를 달성하기 위한 가치와 철학으로서 '자유와 평등' '분배정의와 공정' '인정(recognition)', 그리고 '공공성'에 대하여 알아본다.

1. 자유와 평등

복지국가의 자유와 평등의 개념과 유형은 역사적으로 상이하게 규정되어 왔다. 자유와 평등의 이해와 적용이 복지국가 유형을 결정하는 데 중요하게 작용하므로 자유와 평등의 개념과 발전의 탐색을 요한다.

1) 자유와 평등의 개념과 발전

자유는 외부로부터 속박이 없는 상태를 뜻하는 소극적 의미의 자유와 자신이 원하는 것을 추구할 수 있는 적극적 의미의 자유로 구분할 수 있다. 소극적인 자유는 국가의 「헌법」과 법률에 보장된 개인적 자유를 말하며 기회의 평등과 결합된다. 기회의 평등은 모든 사람에게 모든 사회적 지위에 법적 기회의 평등을 보장하는 형식적 평등을 말한다. 대한민국 「헌법」에서도 '신체의 자유'(제12조), '거주 · 이전의 자유'(제14조), '직업선택의 자유'(제15조), '주거의 자유'(제16조), '양심의 자유'(제19조), '종교의 자유'(제20조), '언론 · 출판 · 집회 · 결사의 자유'(제21조), '학문과 예술의 자유'(제22조)의 소극적 자유를 보장하고 있다. 적극적 의미의 자유는 자아실현에 필요한 경제적 · 정치적 평등을 보장하는 실질적 평등을 뜻한다. 정치적 자유는 국민 개개인이 선거 및 피선거의 권리를 지니고 국민투표에 참여하고 대표를 선출하여 정부를 구성할 권리를 갖는 자유와 자신의 자유에 반하여 법적 소추를 받을 때 공개적이며 공정한 재판을 요구할 권리를 가지는 것을 의미한다.

근대 유럽 민주주의의 기초적인 사상을 제창한 로크(Locke, 1632~1704), 루소(Rousseau, 1712~1778) 등은 인간은 누구나 태어날 때부터 하나님이 주신 권리를 부여받아 자유와 평등의 권리를 가진다고 주장하였다. 몽테스키외(Montesquieu, 1689~1755)에 이르러 자유와 평등을 보장하기 위하여 국가권력을 입법 · 행정 및 사법의 삼권으로 분립시켜, 그 삼권 상호 간의 견제와 균형을 통해서 국가권력의 남용을 방지하고 국민의 자유와 평등을 보장하고자 근대 자유민주주의의 근간이 되는 제도인 삼권분립을 제창하였다. 이처럼 개인의 자유는 자신의 자유와 동일하게 다른 사람의 자유를 존중하는 평등의 범위 내에서 인정되며 사회에서 시민의 자유를 침해할 수 있는 어떤 형태의 권력 행사도 정당화될 수 없다(Mill, 2005)고 하였다.

한때 자본주의의 성장으로 영국의 벤담(Bentham, 1748~1832)이 인간의 본성이 쾌락을 추구하고 고통을 피하기 마련이므로 '최대 다수의 최대 쾌락(the greatest happiness of the greatest numbers)'의 원리에 따라 국가가 개인의 자유를 최대한으로 보장하여야 한다는 사상에 많은 사람이 동조하여 공리주의(utilitarianism)적 자유방임(고전적 자유주의)이 주목을 받았다. 그러나 자유자본주의 체제 자체가 가지고 있는 계급 대립과 투쟁이 본격화되어 자유방임주의로 나아가는 것이 어렵게 되자 공리적 자유주의를 배제하고 이성에 입각한 인격적 자유주의를 받아들이기 시작하였다. 칸트(Kant)와 헤겔(Hegel)의 이상주의 사상을 도입한 영국의 그린(Green, 1836~1882)은 이성의 활동과정에서 인간의 인격이 실현될 수 있기 때문에 개인의 인격 성장과 자유를 표준으로 사회를 평등하게 합리적으로 개선하고 사회적 경제 분배구조를 일정 부분 통제하여 개혁하여야 한다는 신자유주의를 주장하였다(Allard, 2010). 즉, 근대민주주의 국가의 자본주의 경제의 모순에 따라 빈익빈의 경제사회적 불평등이 심화되어 개인의 법률적(소극적)·정치적(적극적) 자유의 행사가 어렵게 되자 법률적·정치적 자유를 통해 민주주의와 경제적·사회적 평등을 실현하려는 이념인 사회주의가 통합된 민주사회주의 복지국가를 지향하게 된 것이다.

마르크스(Marx)는 사회 불평등이 사회의 자본가와 노동자라는 주요한 양대 계급 간 근본적인 경제구조 자체에 있으며 계급 혁명에 의한 자본주의의 몰락이 아니면 제거될 수 없는 현상이라고 보았다(Room, 1985). 따라서 마르크스에게는 자본주의의 몰락 없이 진행하는 사회 불평등 문제를 해결하기 위한 제도적인 사회복지정책은 필요하지 않는 것이었다. 마르크스의 사회혁명론에 대하여 갈등론의 관점에서 베버(Weber, 1968)는 계급 간 갈등 해소는 거의 불가능하며 계급 혁명에 의해 사회주의가 달성된다 할지라도 사회주의가 자본주의보다 고도의 관료제를 요하기 때문에 관료제의 심화로 계급 간 불평등이 심화될 것으로 보았다. 따라서 사회민주주의 체제 아래서 국가가 사회통합을 선도하는 역할을 하며 사회복지정책이 그런 역할 수행에 기여할 것으로 기대하였다.

2) 신자유민주주의적 복지국가에서 자유와 평등의 적용

1980년대 영국은 소자본가들의 번영 속에서 상당수의 국민이 빈곤한 상태에 내몰리고 있었다. 이에 국가 개입에 의해 사회개혁의 필요성과 책임을 느낀 영국 정부는 자유방임주의에서 벗어나면서 국가가 주도하는 사회적 평등과 개인의 책임에 기반한 자유를 강조하여 신자유주의적 이념에 기초한 민주주의적 복지국가를 주창하게 되었다(Allard, 2010). 즉, 신자유민주주의자들은 국민에게 정치적 자유와 생계보장을 해 주는 경제적 자유를 실현해 주어야 한다고 생각하였다. 영국은 개인적 자유는 책임을 동반한 자유이어야 하며, 국가는 개인의 경제적 보장을 기반하는 사회적 평등을 주도하는 역할을 하여야 한다고 보아 국민의 최저생계를 보장해 주는 사회보장국가로서 복지국가를 추구하기 시작하였던 것이다.

3) 사회민주주의적 복지국가에서 자유와 평등의 적용

사회민주주의자들은 자본주의의 병폐와 급진적 사회주의의 폭력성을 저항하여 독일의 사회민주주의와 영국의 페이언주의에서 출발한 복지국가 이념이다. 사회민주주의자들은 신자유민주주의자들보다 자유와 평등의 조화에 있어 자유보다 평등을 적극적으로 주장하였다(Winter & Joslin, 1972). 즉, 불평등이 존재하면 자유는 불가능한 것이므로 평등의 생활 조건 아래 자유가 존재한다고 보았다. 정치적 평등과 경제적 평등 아래 자유가 가능하므로, 국가는 법적 · 정치적 · 경제적 · 정책적인 정부활동을 통해 정치적 · 경제적 평등을 이뤄 내고 자유를 촉진시켜야 한다고 주장한 것이다. 그 결과, 사회민주의자들은 자유와 평등을 현실화시키기 위한 당면과제로 완전고용을 통한 경제적 수준 향상, 그리고 부의 공정한 분배를 목적으로 하였다.

2. 분배정의와 공정사회

사회복지정책 전문가들은 복지국가의 형성가치로 분배정의와 공정을 드는 데 대부분 동의할 것이다. 프리드먼(Friedman), 마르크스, 롤즈(Rawls)와 센델(Sandel)의 분배정의에 대한 이해를 살펴보고 복지국가의 사회적 실현 모습인 공정사회의 지향점을 모색할 필요가 있다.

1) 프리드먼의 공적주의적 분배정의관

프리드먼은 개인의 능력, 노력, 기여에 따른 공적주의적 분배를 강조하였다. 자유시장경제 체제하에서 기여에 따른 소득분배가 효율적이고, 정당화할 수 있는 최선의 도구가 된다고 보았다. 즉, 개인이 각자가 가진 능력을 가지고 효율적인 노력과 기여한 정도를 기준으로 분배하여야 정의로운 분배가 이루어진다고 본 것이다. 기여를 기준으로 분배정의를 말하는 사람들의 입장에 의하면 효율을 극대화할 뿐만 아니라 다수의 평등을 위하여 분배정의가 적절하다(Friedman, 1962)고 보는 것이다. 자신이 기여한 만큼 가지도록 하는 것이 자유시장경제를 지지하는 수단이 되며, 공적주의적 분배가 곧 다수의 사회구성원에게 수용될 수 있는 가치이므로 사회를 가장 안정적으로 이끌 수 있는 분배정의가 될 수 있다고 본다. 공적주의 분배는 능력을 가진 사람들에게는 매우 바람직하게 여겨지는 분배관일 수 있으나, 여러 가지 불가피하게 처해진 선천적 혹은 후천적 상황으로 인해 능력, 노력, 그리고 기여가 제한되는 사회적 소외계층의 분배를 위하여 매우 우려스러운 측면이 있다. 그것은 장애를 가진 사회구성원에게 동일한 능력과 기여를 요구하는 것 자체가 정의롭지 못하기 때문이다.

2) 마르크스의 분배적 정의관

마르크스가 체계적인 분배적 정의관을 제시하지 않았으나 사회적 발전단계에 노동기여의 원칙을 살펴보면 분배적 정의관이 어떠했는지 추론해 볼 수 있다. 마르크스에게 있어 노동기여에 따른 분배는 자본주의 체제가 무너지고 생산수단이 사회적 소유가 됨에 따라 총 생산량에서 감가상각, 투자금, 예비비, 일반관리비, 공공재경비, 구호기금 등을 제외하고 노동기여에 따라 비례 분배하는 것을 원칙으로 하였다(이재기 편역, 1988). 이러한 분배원칙은 사람을 계급 간 구분 없이 동일 노동자로 대우하고 노동기여에 따라 분배한다는 점에서 평등 분배를 추구하는 것처럼 보이나 제 경비를 제외하고 노동기여 정도에 따라 분배하기 때문에 공적주의적 분배원칙으로 이해할 수 있다.

3) 롤즈의 분배적 정의관

롤즈는 자신의 정의 이론을 전개하기 위해 사회구성원이 자신의 계층과 재능에 대하여 인지하지 못하고 오직 자신에게 이익이 되는 것을 선택하는 '무지의 베일(veil of ignorance)'에 싸여 원초 상태(original position)에 있으므로 정의로운 사회를 만들기 위하여 사회계약을 위한 원칙이 존재하여야 한다고 하였다. 롤스는 『정의론(A Theory of Justice)』(1971)에서 공리주의에 입각한 사회정의를 반대하면서 공정한 절차를 강조하고 공정한 절차를 보장하기 위하여 제1원칙으로 '평등한 자유의 원칙',[1] 제2원칙으로 '차등의 원칙과 기회 균등의 원칙'[2]이 필요하다고 제안하였다. 제1원칙은 언론 · 출판 · 결사의 자유, 사상의 자유, 양심의 자유, 선거의 자유 등 보통 「헌법」상의 기본권에 해당하는 가장 기본적인

1) 각자는 모든 사람의 유사한 자유체계와 양립할 수 있는 평등한 기본적 자유의 가장 광범위한 전체 체계에 대해 평등한 권리를 가져야 한다.

2) 사회적 · 경제적 불평등은 두 가지, 즉 '차등의 원칙'으로 최소 수혜자에게 최대의 이익이 되고, '기회 균등의 원칙'으로 공정한 기회 균등의 조건 아래 모든 사람에게 개방된 직책과 권위가 결부되게끔 편성되어야 한다.

자유를 보장하는 것을 의미한다. 제2원칙은 그 사회의 최소 수혜자, 즉 사회적 약자에게 가장 많은 분배의 이익이 돌아가도록 할 때에만 불평등을 허용하여 약자를 배려하는 것을 의미한다. 롤스는 내용이 아닌 절차에서 이 두 가지 원칙을 사회구성원들이 합의하고 수용할 때 정의가 실현될 수 있다고 하였다. 롤스는 경제적 · 사회적 자유라고 하는 실질적 자유를 가능하게 하는 정치적 자유를 가능하게 하기 위하여 특정한 좋음(선)에 대한 선호를 토대로 하는 것이 아니라, 옳음의 범위 안에서 시민들이 좋음을 추구[좋음(good)에 대한 옳음(right)의 우선성]할 수 있도록 하여야 한다고 주장한 것이다. 롤스는 이 또한 자유의지의 선택이라고 하였다. 반면에 공동체주의자 샌델(1998)은 공동선과 미덕(virtue)이 정의의 기준이 되므로 시민이 미덕을 적극적으로 배양하여 갖추어야 한다고 하였다.

롤스의 정의론은 정치사회적 분배정의를 실현하기 위하여 최소 수혜자인 약자의 보호와 배려의 중요성이 분배 결정과정에서 보호되어야 한다고 하여 보편적 복지정책의 원칙을 제시하였다는 점에서 긍정적인 평가를 할 수 있다. 다만 샌델이 지적한 것과 같이 공동선과 미덕의 추구 없이 사회주의적 국가개입에 의하여 분배정의만 강조할 때 포퓰리즘을 조장하고 사회적으로 약자계층이 오히려 더욱 취약한 상황에 내몰릴 수 있다는 비판을 받는다.

사회복지정책에서 자유와 평등이 공존하는 정의로운 사회는 공정사회를 말한다. 공정사회는 국민 누구나 자유와 평등이 보장되고, 공정한 기회를 가지며, 출발과 과정에서 소외를 경험하고 있는 사회적 약자에게 국가가 사회적 안전장치, 즉 사회보장제도를 보장하는 사회일 것이다. 공정사회는 출발과 과정에서 누구에게나 공평한 기회가 주어지는 사회를 의미한다. 소외계층이나 사회적 약자로 태어나 인생에서 같은 출발선상에서 경쟁할 수 있는 공평한 기회가 주어질 수 있도록 국가의 지원을 필요로 한다. 인생의 어떤 시기에 실패를 경험한 사람도 새로운 기회가 가능하도록 국가의 지원이 필요하다. 출발과 과정에서 누구나 자신의 잠재력을 개발하고 경쟁에 참여하여 능력을 발휘할 수 있는 공정사회가 되어야 하는 것이다. 이런 공정사회를 사회복지정책에서 적용해야 할 방향은 장애인, 노인, 여성, 아동 · 청소년, 다문화가족, 한부모가족, 북한이탈가족 등 사회적 취약계층에게 우대조치가 필요한 분야를 발굴하여 제도화하고 취약계층이 사회 전 분야에서 경험하는 차별적 요소들을 예방하고 제거할 수 있는 법적 장치들을 만드는 것이다.

3. 인정

복지국가의 독백하는 규범적 정책연구에서 타자와의 상호관계를 통하여 대화하고 자기인식을 하는 방안으로 '인정(recognition)' 가치가 중요하게 대두된다. 따라서 인정 개념을 통해 사회문제를 분석하고 상호관계에 초점을 맞추며 규범적으로도 사회적 연대까지 나아가는 과정을 모색해 보는 것이 타당할 것이다.

롤스와 샌델의 자유주의와 공동체주의 사이의 논쟁으로 권리와 선, 옳음과 좋음 사이의 관계에 관한 사회정의관 구축을 위해 고려해야 할 정의의 차원을 보여 주었다. 이에 대하여 프레이저(Fraser)는 정의의 문제를 이해하고 다루기 위해서는 적어도 '분배(redistribution)'와 '인정(recognition)'이라는 두 차원을 포괄하는 정의론이 필요하다고 보았다. 프레이저는 정의의 가장 일반적인 의미는 '동등한 참여(parity of participation)'에 있는데 '불평등한 분배(mal-distibution)'와 '불인정(mis-recognition)'이라는 부당함은 정의를 방해하기에 경제적 분배와 문화적인 인정의 차원으로 받아들여야 한다고 주장한다(Fraser, 2011). 프레이저는 사회 안에서 발생하는 경제적 불의에는 노동자 착취와 저임금노동, 정당한 평가와 보상을 받지 못하는 가사노동 여성이 그리고 문화적 불인정 · 불의에는 특정 인종, 특정 지역 출신자, 남성에 비해 열등하다고 무시당하는 여성이 포함될 수 있다고 하였다(Fraser, 2011). 그리고 노동자 착취와 저임금노동, 정당한 평가와 보상을 받지 못하는 가사노동 여성들은 문화적 불인정으로 이어져 사회적으로 정당한 위치를 점유하는 것조차 어렵게 된다고 하였다. 이처럼 프레이저는 분배와 인정을 사회정의의 기본조건으로 제시하면서 분배와 인정이 이루어지지 않는 한 사회정의의 실현은 불가능하다고 하였다. 즉, 사회정의 실현을 위해서는 '재분배'와 '인정'의 양 측면을 다 고려해야 한다고 보면서 참여의 동등성과 불인정과 부의 불평등이 시민들로 하여금 동등한 구성원으로 역할하기 어렵게 구조적으로 방해한다고 본 것이다. 참여의 동등성을 획득하고 인정하는 사회가 조성된다면 불인정과 분배의 불공정성에서 나타나는 문제들을 극복해 낼 수 있다고 이해한 것이다.

프레이저의 정의에 대한 분배, 불인정의 이원론적 주장에 대하여 호네트(Honneth)는 사회적 불의가 불평등한 분배와 무시의 차원에서 설명될 수 있으나 사회정의는 분배와 인정 일원론으로 이해하여야 한다고 주장하였다. 또한 호네트는 자본주의 사회에서 개인이 이룬 업적과 그에 따른 분배를 규범적으로 정당화하기 위하여 사회적 편견과 차별의 철폐, 그리고 개인적으로 긍정적 자아실현이 가능한 사회적 연대를 인정하는 사회가 되어야 한다고 보았다(Honneth, 2009). 즉, 호네트는 인정 개념을 바탕으로 분배정의의 문제를 설명하여야 한다고 본 것이다. 예를 들어, 노사 간 발생하는 임금투쟁을 두고 볼 때 프레이저에게는 경제적 불의에서 발생한 분배의 문제이나 호네트에게는 분배 불의는 외면적인 양상일 뿐 사실은 분배구조 개선, 노동 분업 재조정, 경제 민주화와 같은 경제구조 변혁에 대한 요구, 즉 제도화된 인정 질서의 변화가 갈등의 핵심으로 보이는 것이다(Fraser & Honneth, 2014). 첫째, 호네트의 인정이론은 개인 존재는 타자의 인정을 통해서만 가능해진다는 데서 출발한다. 인간에게 건강한 자아가 형성하기 위하여는 일생에 걸쳐 애정과 돌봄, 존중의 인정관계가 필수적이며 공적 영역에서는 평등한 법률적 주체로서 존중을 의미하였다. 인간은 사랑의 대상이 될 때 자기확인을 얻게 되고(Honneth, 1995, p. 118), 존중받을 때 비로소 평등한 권리를 가진 존재로 인식되며(Honneth, 1995, pp. 118-121), 특별한 개인으로 인정받을 때 개인에 대한 정당한 평가가 가능해진다고 하였다(Honneth, 1995, p. 129). 개인이 가진 신분의 차이나 계층구조와 무관하게 사랑과 존중, 인정을 경험할 때 개인 스스로 소중한 존재로 자각하면서 비로소 사회적 연대가 이루어진다고 본 것이다. 둘째, 호네트는 집단 간 투쟁은 자기 이익을 추구하는 활동의 결과가 아니라 특정 집단에 대한 불인정에 따른 고통과 분노에 있다고 설명하면서 지금까지 이성 중심의 사고에 의하여 침묵했고 배제되었던 타자의 소리에 귀를 귀울여야 한다고 하였다. 즉, 인정에 대한 투쟁이 정의의 실현을 촉진한다(Honneth, 2007, pp. 87-90)고 주장하였다.

프레이저와 호네트의 분배와 인정에 관한 논쟁이 가지는 의미는 무엇일까? 프레이저의 분배와 인정의 이원론적 주장이나 호네트의 인정기반 분배 일원론적 주장 둘 다 사회정의의 문제를 고려하는 데 유용한 시사점을 제공한다. 프레이저는 현대사회의 불공정한 분배와 인정 문제를 동시에 제시하면서 이 두 가지 문제의 극복이 사회정의 실현의 핵심과제라고 상정하였다. 호네트는 인정문제를 정의론의 중심으로 두고 인정이론을 통해 분석하고 해소하는 방안을 찾으려 하였다. 두 사람의 논쟁을 통해 분배정의 문제를 경제적 문세로 볼 것인지, 사회적 가치평가를 중요하게 여기는 인정의 문제로 봐야 하는지는 사회정의를 사회복지정책 안에서 실현하려 한다면 중요한 문제가 아닐 수 없을 것이다.

4. 공공성

사회구성원들의 경제적 · 사회적 안녕을 목표하는 복지국가의 기조에 시민권에 내재된 공공적 성격인 공적 의무와 책무로서의 공공성은 사회복지정책의 행위주체인 국가와 지방자치단체에게 더욱 중요하게 강조되어야 한다.

1) 공공성과 시민권

공공성(publicness)은 국가의 조직 혹은 국가의 재화의 보유와 사용에 있어 공적 의무와 책무를 지는 것을 의미한다(Weintraub, 1997). 공공의 성격에 따라 공적 의무와 책무는 달라지는데, 예를 들어 '정부조직'은 공정성, 중립성, 투명성 등의 공적 의무를 가지나 '공공정보'는 접근 가능성, 공개성, 보존성 등의 공적 의무를 가지게 된다(권향원, 2020). 사회복지정책에서 추구하는 공공성의 가치는 시민권(공민권, 정치권, 사회권)에 있다.

시민(citizen)은 사회의 구성원으로서 자발적인 의사표현을 통해 자신의 권익을 주장하고 보호하는 활동에 참여하는 주체가 된다. 이처럼 시민에게 부여되는 권리를 시민권(citizenship)이라 한다. 마샬(Marshall, 1950)은 시민권이 공민적(civil) · 정치적(political) · 사회적(social) 요소를 가지며 18, 19, 20세기에 그 각각의 권리를 확보하게 되었다고 설명하였다.

공민권(civil rights)은 인간의 기본적인 자유권을 말하며 18세기 영국에서 산업혁명을 거치면서 봉건주의가 붕괴되고 자본주의가 도래되면서 얻게 된 계약체결의 자유, 사유재산권의 자유, 언론출판 · 집회 · 결사의 자유를 포함한 근대적 시민권을 포함한다(Marshall, 1965, pp. 19–20). 정치권(political rights)은 사회의 구성원으로서 투표권과 정치적 대표로 선출될 수 있는 권리를 의미하며 18세기 공민권 확립 이후 19세기에 획득한 선거권과 피선거권을 의미하였다(Marshall, 1963, p. 74). 사회권(social rights)은 20세기에 이르러 경제적 · 사회적 재화를 공유하면서 사회의 보편적 기준에 따라 문명을 누리는 삶을 의미하며 이것이 현실화된 사회제도가 교육과 사회복지로 설명되었다(Marshall, 1963, p. 74).

마샬은 시민권이 사회의 구성원에게 부여되는 일종의 지위이며, 그 지위를 가진 사람들은 지위가 부여하는 권리와 의무의 측면에서 평등한 것을 의미하기 때문에 사회구성원들의 경제 · 사회적 안녕을 목표하는 복지국가의 기조와 부합하며, 특히 사회적 시민권이 복지국가의 핵심 가치라는 것(Esping-Andersen, 1990)에 뜻을 같이하였다. 사회적 시민권이 시민권의 완성이라고 본 것은 시민권에 내재된 공공적 성격인 공적 의무 및 책무와 관계를 가진다. 시민권이 사회적으로 발달할 때 자유와 평등을 기초로 한 정치적 참여가 정당하게 이루어지며 이에 따른 공적 의무와 책무를 가지게 되는 것이다.

2) 공공성의 사회서비스 정책 적용

사회적 시민권에 기초한 공공성을 사회서비스에 적용하면 「사회서비스 이용 및 이용권 관리에 관한 법률」에 기초하여 국가와 지방자치단체의 책무, 제공자의 책무, 사회서비스 이용권의 기반 조성이 공적 의무와 책무에 포함될 수 있을 것이다.

먼저 국가와 지방자치단체는 사회서비스의 이용을 활성화하고 이용자의 선택권을 보장하도록 하여 국민의 복지증진에 이바지하기 위하여 ① 사회서비스 이용권 사용이 장려되는 여건을 조성하고 그에 필요한 재원(財源)을 마련하여야 하고(「사회서비스 이용 및 이용권 관리에 관한 법률」 제4조 제1항), ② 지방자치단체는 지역 여건에 맞는 사회서비스를 개발하여 시행하여야 하고, 국가는 그에 필요한 사항을 지원하여야 한다(「사회서비스 이용 및 이용권 관리에 관한 법률」 제4조 제2항).

보건복지부령으로 정하는 기준에 따른 인력 · 시설 또는 장비를 갖추어 사회서비스 이용권을 통하여 사회서비스를 제공하려는 자는 제공하려는 사회서비스별로 시장 · 군수 · 구청장에게 등록하여야 하며(「사회서비스 이용 및 이용권 관리에 관한 법률」 제16조 제1 · 2항), 제공자는 제공하는 사회서비스, 인력 · 시설 및 장비에 관한 사항, 그 밖에 보건복지부령으로 정하는 사항에 대하여 이용자에게 공개하여야 하고, 이용자에게 제공하기로 한 사회서비스를 정당한 사유 없이 거부할 수 없으며 사회서비스 전자이용권으로 결제하여 사회서비스 제공 비용을 청구할 때에 제공자에게 부과되는 비용을 이용자에게 부담하게 하여서는 아니 된다(「사회서비스 이용 및 이용권 관리에 관한 법률」 제19조 제1 · 2 · 5항).

사회서비스 이용권의 기반 조성을 위하여 보건복지부 장관은 사회서비스 이용권이 효율적이고 통일적으로 사용 · 관리될 수 있도록 사회서비스 이용권을 표준화하기 위한 방안을 마련하여야 하고, 사회서비스전자이용권의 관리체계를 구축 · 운영하거나 관계 전문기관 또는 단체에 위탁할 수 있다(「사회서비스 이용 및 이용권 관리에 관한 법률」 제27조 제1항, 제28조 제1 · 2항). 또한 사회서비스 품질관리를 위하여 보건복지부 장관은 이용자를 보호하고 사회서비스의 질을 높이기 위하여 사회서비스의 품질기준을 정하고, 그 품질기준에 따라 제공자가 제공하는 사회서비스의 질을 평가하는 등 사회서비스 품질관리 업무를 수행하여야 하고, 보건복지부 장관 또는 시 · 도지사는 제공자 및 관련 종사자에게 사회서비스 제공과 관련된 교육과 훈련을 실시하며 필요한 예산을 지원할 수 있다(「사회서비스 이용 및 이용권 관리에 관한 법률」 제30조 제1 · 2항, 제31조 제1 · 2항).

한편, 사회서비스 이용자는 사회서비스 이용에 관한 사회적 권리를 가지며 동시에 공공성의 원칙에 따라 이용자의 준수사항을 이행하여야 한다.

생각해 볼 문제

1. 복지국가 형성의 핵심 가치로서 자유와 평등의 개념과 발전과정을 설명해 보시오.
2. 신자유민주주의적 복지국가에서 자유와 평등이 어떻게 적용되는지 제시하여 보시오.
3. 사회민주주의적 복지국가에서 자유와 평등이 어떻게 적용되는지 제시하여 보시오.
4. 프리드먼의 공적주의적 분배정의관과 한계를 설명해 보시오.
5. 마르크스의 분배적 정의관과 한계를 설명해 보시오.
6. 롤즈의 분배적 정의관과 한계를 설명해 보시오.
7. 사회복지정책 연구에서 '인정' 개념의 중요성을 이야기해 보시오.
8. 인정의 개념에 대한 프레이저와 호네트의 견해 차이를 설명하고 각각을 비판해 보시오.
9. 공공성과 시민권의 개념을 각각 설명하고 그 관계를 제시해 보시오.
10. 공공성이 사회복지정책에 어떻게 적용되는 것이 바람직한지 그 방향을 제시해 보시오.

참고문헌

권향원(2020). 공공성개념: 학제적 이해 및 현실적 쟁점. 정부학연구, 26(1), 1–36.

이재기 편역(1988). 마르크스 엥겔스 저작선. 서울: 거름.

Allard, J. W. (2010). T. H. Green's theory of positive freedom: From metaphysics to political theory. *Journal of the History of Philosophy, 48*(4), 538–539.

Esping-Andersen, G. (1990). *The Three Worlds of Welfare Capitalism*. Cambridge, UK: Polity Press.

Fraser, N. (2011). *Scales of Justice*. 김원식 역. 지구화 시대의 정의. 서울: 그린비 출판사. (원저는 2007년에 출간)

Fraser, N., & Honneth, A. (2014). *Umverteilung oder Anerkennung?* 김원식, 문성훈 공역. 분배냐, 인정이냐? 경기: 사월의 책. (원저는 2003년에 출간)

Friedman, M. (2002). *Capitalism and Freedom*. Chicago, IL: University of Chicago Press.

Honneth, A. (1995). *The Struggle for Recognition: The Moral Grammar of Social Conflicts*. Joel Anderson trans. Cambridge, MA: The MIT Press.

Honneth, A. (2007). *Disrespect: The Normative Foundations of Critical Theory*. Malden, MA: Polity Press.

Honneth, A. (2009). *Das Andere der Gerechtigkeit: Aufsätze zur praktischen Philosophie*. 문성훈, 이현재, 장은주, 하주영 공역. 정의의 타자. 경기: 나남. (원저는 2000년에 출간)

Marshall, T. H. (1950). *Citizenship and Social Class and Other Essays*. New

York, NY: Cambridge University Press.

Marshall, T. H. (1950). *Social Policy*. London, UK: Hutchinson University Library.

Marshall, T. H. (1963). *Sociology at the Crossroads and Other Essays*. London, UK: Heinemann.

Marshall, T. H. (1965). The right to welfare. *The Sociological Review, 13*(3), 261–272.

Mill, J. S. (2005). *On liberty*. 서병훈 역. 자유론. 서울: 책세상. (원저는 1859년에 출간)

Rawls, J. (1971). *A Theory of Justice*. Cambridge, MA: Belknap Press.

Room, G. (1985). *The Sociology of Welfare*. 인경석 역. 복지사회학. 서울: 한국복지정책연구소. (원저는 1979년에 출간)

Sandel, M. (1998). *Liberalism and the Limits of Justice* (2nd ed.). Cambridge, MA: Cambridge University Press.

Weber, M. (1968). *Economy and Society*. New York, NY: Bedminster Press.

Weintraub, J. (1997). The theory and politics of the public/private distinction. In J. Weintraub & K. Kumar (Eds.), *Public and Private in Thought and Practice: Perspectives on a Grand Dichotomy* (pp. 1–42). Chicago, IL: The University of Chicago Press.

Winter, J. M., & Joslin, D. M. (1972). *R. H. Tawney's Commonplace Books*. Cambridge, UK: Cambridge University Press.

제3장

사회복지정책과 이데올로기

1. 자유주의
2. 보수주의
3. 사회주의, 마르크스주의와 사회민주주의, 페이비언사회주의, 제3의 길
4. 페미니즘
5. 생태주의

이데올로기는 인간이 사물과 세계에 대하여 규정짓는 가치관, 정치적 신념, 사고체계를 말하며 정치 · 경제학적으로는 지배계급이 자신의 위치를 정당화하는 상부구조의 하나로 정의되기도 한다. 이데올로기는 집단 내에 속한 사람들을 결속하기 위해 제도를 만들기도 하므로 지식인은 이데올로기에 대한 적절한 통찰이 요구된다. 사회복지정책도 사물과 세계에 대한 가치관, 정치적 신념, 사고체계에 영향을 받는 것으로 이해되며 역사적으로 다양한 이념적 조류 중에서 시대적으로 주요하게 영향을 미치는 이데올로기에 의해 사회복지정책 및 제도의 양상이 변화되어 온 것으로 파악할 수 있다. 1976년에 조지(George)와 윌딩(Wilding)이 『이데올로기와 사회복지(Welfare and Ideology)』를 펴내면서 사회복지연구에서 이념연구의 중요성이 부각되었다. 이데올로기의 역사는 19세기 고전적 자유주의와 보수주의, 20세기 중반 사회민주주의, 1980~1990년대 신자유주의와 신보수주의, 그리고 1990년대 이후 페이비언사회주의, 제3의길, 페미니즘과 생태주의로 구분할 수 있다. 이 장에서는 사회복지정책에 주요한 영향을 준 이데올로기인 자유주의[고전적 자유주의, 신(New)자유주의, 신(Neo)자유주의], 보수주의, 사회주의, 마르크스주의 사회민주주의, 페이비언사회주의, 제3의길, 페미니즘, 생태주의를 살펴보도록 한다.

1. 자유주의

초기의 자유주의(liberalism)로부터 후기 자유주의 사상이 다양하게 전개되었기 때문에 자유주의는 시대적으로 고전적 자유주의(classical liberalism), 신자유주의(new liberalism), 신자유주의(neo liberalism)로 구분할 수 있다.

1) 고전적 자유주의

고전적 자유주의(classical liberalism)는 봉건주의에서 시민계급의 탄생과 함께 시작된 사상으로 이해할 수 있다. 18세기 산업혁명과 함께 자본을 배경으로 급성장한 시민계급은 왕과 봉건 제후들이 가진 절대적 권력과 경제적 기득권을 유지하려는 정치경제적 환경을 극복할 필요가 있었다. 따라서 자본주의 생성기에 중상주의에 반대하는 프랑스의 중농주의자들이 시장과 국가를 분리하여 국가가 시장에 개입하지 않는 자유방임 경제관을 강조하기 위해 자유방임(laissez-faire)[1] 이념에 토대를 둔 고전적 자유주의를 표방하였다. 즉, 자유방임주의는 국가의 경제적 간섭과 규제 없는 자유로운 경제활동을 주장하는 사상으로 경제학자 아담 스미스(Adam Smith)의 책 『국부론(An Inquiry into the Nature and Causes of the Wealth of Nations)』(1776)을 통해 체계화되었다. 애덤 스미스는 '국부론'에서 산업혁명 태동기의 노동 분업, 생산성, 자유시장 등 광범위한

---

1) 프랑스어로 '하게 내버려 두다'의 의미를 가진다. 프랑스의 중농주의자들이 자유방임주의 사상을 최초로 주장하였으며 이후 애덤 스미스가 경제학적으로 체계화시켰는데, 애덤 스미스는 그의 국부론에서 보이지 않는 손으로 표현되는 시장은 시장이 알아서 하도록 맡겨 둬야 한다고 보면서 국가가 경제주체로서 경제활동에 직접 참여하는 것을 반대하며 심판자로서의 역할을 하여야 한다고 보았다.

주제를 다루면서 경제체제를 지속적으로 자유로운 상태에 있을 때 그 자신을 스스로 통제할 수 있는 '보이지 않는 손'이라 하였다. 국가나 특정 권력에 의한 세금, 우선권, 로비집단 등 독점과 특권은 자유경제체제가 스스로 통제할 수 있는 능력이나 생산성의 극대화를 위협하기 때문에 배제되어야 한다고 본 반면에 군수산업 등 국가의 보호가 필요한 시장은 바람직한 시장 상태를 유지하기 위하여 국가의 개입이 적극적으로 필요하다고 보았다. 즉, 애덤 스미스는 경제적 영역에서 국가 간섭이 제한적으로 이루어지고 개인의 자유가 보장될 때 시장은 보이지 않는 손에 의해 최고의 경제적 결과를 확보할 수 있다고 한 것이다. 작은 정부에 의한 자유방임주의, 순수 자본주의 시대가 필요함을 역설하였다.

과거 중세시대와 르네상스시대에는 공산품은 대부분 가내수공업이 주류를 이루어 많은 공산품이 고가였기 때문에 귀족 등 상위계급의 전유물이었다. 그러나 증기기관의 발명으로 촉발된 산업혁명으로 인해 분업을 통하여 수작업과 비교할 수 없이 빠른 속도로 질 높은 공산품을 만들어 낼 수 있었다. 산업혁명, 분업, 대량생산에 따라 누구나 저렴한 가격으로 양질의 상품을 구입할 수 있는 시장이 활성화되면서 아담 스미스가 주장한 본격적인 시장경제체제의 확산이 이루어졌다.

이처럼 19세기 고전적 자유주의는 자본주의 확산에 따른 시장경제체제의 확립에 기여한 것으로 평가할 수 있다. 그러나 최소의 국가 역할이 최대한의 경제성장을 보장한다는 논리로 국가의 불간섭원칙을 여러 방면에서 주장한 까닭에 산업사회의 결과 빈부의 격차, 노사문제, 권력을 가진 자의 착취 등 다양한 형태로 제기되는 사회복지적 문제들을 대처하기에는 역부족이었다. 고전적 자유주의자들이 자유방임주의 관점에 기초하여 노동자, 농민의 빈곤생활을 전적으로 개인의 책임으로 돌리고 사회적인 책임을 거부한 자유방임주의에 대한 사회일반의 비판을 피할 수 없었다.

2) 신자유주의(New liberalism)

19세기 중반을 넘어서면서 영국은 산업화 · 도시화에 따른 빈곤과 실업, 질병이 사회적인 문제로 드러나고 있었다. 개인주의와 자유방임주의에 기초한 부의 축적에 몰입하던 영국사회에서 사회적인 문제와 삶의 질 문제가 대두되자 고전적 자유주의 이념은 이러한 사회적 요구를 대처하는 데 한계가 있었다. 이를 틈타 사회주의자들이 계급투쟁의 필요성을 주장하고 나서자 사회주의를 견제하면서 자유방임주의에 기초한 경제관을 비판하고 복지국가를 지향하는 이념으로 토머스 힐 그린(Thomas Hill Green, 1836~1882)이 신자유주의(New liberalism)를 제시하였다(Chapman, 1965). 토머스 힐 그린은 개인은 사회 속에서 존재하며 개인의 권리도 사회를 떠나 존재할 수 없으므로 사유재산권도 국가에 의해 조정되고 규정될 수 있는 사회적 권리라고 주장하였다. 개인의 이익추구의 장인 시장이 보이지 않는 손에 의해 사회공공의 이익까지 조화시킬 수 있다는 과거 자유방임주의적 고전적 자유주의자들의 주장은 잘못된 것이며 사회적 공익실현을 위해 국가 개입이 필수적이라고 보았다. 즉, 신자유주의는 고전적 자유주의의 부정적 측면, 즉 사적 계약에 의한 국가의 감시 역할만을 중시해 자연적으로 독점하려는 시장의 성향을 규제하기 위한 국가의 역할 제한, 고용과 사회보험 등 시장경제의 자율적인 힘에 의해 해결될 수 없는 복지정책 해소를 위해 생겨난 경제적 이념인 것이다. 이러한 신자유주의 사상에 레너드 트렐로니 홉하우스(Leonard Trelawny Hobhouse, 1864~1929)가 철학적 기초를 제공하였는데(Chapman, 1965), 사회는 인간이 상호 의존하고 상호작용하며 살아가는 유기체로서 개인의 이익이 공익에 의해 제한되어야 하며 국가가 강제력을 가지고 적극적으로 개입하여야 사회구성원들이 전반적으로 조화롭게 성장 · 발전, 촉진하는 경향을 가진다고 보았다.

더욱이 신자유주의는 1930년대의 대공황으로 시장에 대한 신뢰가 붕괴하고 정부의 적극적인 경제 개입을 주장하는 케인즈(Kaynes, 2010)의 수정자본주의 모델을 수용하여 불황과 실업을 해결하기 위하여 확대재정금융정책, 빈부 양극화를 완화하기 위한 적극적 소득재분배정책, 독과점과 공해의 규제 및 공공재의 정부공급과 같은 정부의 적극적 경제 개입이 필요하다고 주장하였다. 케인즈 경제관에 따라 제2차 세계대전 이후 유럽의 여러 나라와 미국에서 정부의 역할이 급속하게 증가하였다. 빈곤과 실업의 원인은 공급과잉에 있으며 공급과잉의 원인은 분배정의의 실패, 즉 공정한 소득분배 구조를 만들지 못한 국가에게 책임이 있으며 개인소득에 존재하는 사회적 기여분을 국가가 적극적으로 회수하여 빈곤과 실업 등 사회문제를 해결하여 개인과 사회가 조화롭게 모두가 함께 잘 살 수 있는 자유주의적 복지국가를 지향하여야 한다고 보았다. 신자유주의적 복지국가의 이념적 최고 절정은 영국의 복지국가 확장을 요구하는 '베버리지 보고서(Beverage Report)'를 통하여 나타났다. 영국사회가 번영할 수 있는 길은 복지국가이며 이는 국가의 수요관리정책을 통하여 가능하다고 주장하였다.

3) 신자유주의(Neo liberalism)

신자유주의(Neo liberalism)는 1970년대부터 부각하기 시작한 자본의 세계화 흐름에 따라 국가주도 사회복지정책의 필요성을 인정하면서도 자본주의의 자유기업 전통을 지키고 한편으로 사회주의에 대항하려는 이념으로 등장하였다. 1974년부터 시작된 제1차 국제 석유파동으로 세계적으로 인플레이션과 불황이 동시에 발생하는 스태그플레이션(stagflation)이 발생하게 되자 국가권력의 개입증대를 필연시해 온 신자유주의(New liberalism)을 배경으로 하고 엄격한 통화관리와 균형재정을 주장하면서 경제적 자유방임주의 원리에 도덕성과 윤리성을 지닌 현대적 부활을 지향하였다. 영국은 1979년에서 1990년까지 집권하였던 마거릿 대처(Margaret Thatcher) 수상과 미국은 1980년에서 1988년까지 재임하였던 레이건(Reagan) 대통령, 그리고 우리나라는 김영삼 정부 후반기가 이 시기에 해당한다. 신자유주의에 입각하여 이들 국가는 국제무역을 강화하기 위한 자유무역협정(Free Trade Agreement: FTA) 중시, 규제완화, 공기업의 민영화, 해고와 감원을 유연화하는 노동시장의 유연화 등의 정책을 실시하였다. 하이에크(Hayek), 프리드먼과 부캐넌(Buchanan) 등이 주요 학자로 등장하여 과거 케인즈와 케인즈주의자들은 그들이 사는 구미 선진국에서는 민주주의가 잘 발달되어 있어서 정부는 유능하고 공평무사하게 업무를 집행할 것이라 생각하고 정부의 적극적인 역할을 주장하였으나 현실에서 정부는 전지전능하고 공평무사한 정부가 아니었다고 주장하였다. 특히 냉전시대에서 국제사회의 국가 간 협력이 필수적임을 인식하여 국가 간 무역과 자본거래 등 대외거래의 자유화가 필요하다고 보았다. 따라서 신자유주의자들은 세금의 감축, 통화남발을 금지하는 엄격한 통화관리, 적자재정의 금지, 정부기구의 축소, 공기업의 민영화, 경제규제의 축소, 노동자 보호의 축소를 통한 노동시장의 유연화, 시장의 개방을 통한 자유무역과 국제적 분업(division of labour)으로 지칭한다. 또한 세계무역기구(World Trade Organization: WTO), 세계은행[특히 국제부흥개발은행(International Bank for Reconstruction and Development: IBRD)], 아시아 개발은행(Asian Development Bank: ADB)을 통한 다자 간 시장 개방에 의한 무역과 자본거래 등 대외거래의 자유화 등을 중요하게 추진하였다.

제2차 세계대전 이후 선진국들은 사회복지제도를 지속적으로 증대시켜 왔으나 사회보장제도가 정부의 재정적자를 팽창시킬 뿐만 아니라, 근로의욕을 감소시키고 복지의존을 강화시키는 부작용을 일으킨다고 보고 사회보장제도의 축소를 제안하였다. 1990년대 이후 미국을 비롯한 OECD 국가들에서 발견되는 사회복지정책의 뚜렷한 변화 동향 중 하나는 복지제도의 워크페어(workfare)로의 전환이라고 볼 수 있다. 미국의 경우 1996년에 「개인적 책임 및 근로기회 조정에 관한 법안(Personal Responsibility and Work Opportunity Reconciliation Act: PRWORA)」을 발효시켜(Handler & Balcock, 2006) 피부양 아동이 있는 가족에 대한 공공부조(AFDC)제도를 '빈곤가족에 대한 일시적 부조(TANF)'제도로 대체시키고, 복지급여는 근로조건과 수급기간의 제한을 조건으로 하였다. 영국에서도 1997년 집권한 토니 블레어(Tony Blair) 신노동당 정부가 실업률뿐만 아니라 경제적으로 활성화되지 못한 수급자들(inactive claimants)의 수가 높다고 판단하여 다양한 뉴딜 프로그램(The New Deals)을 실시하면서 '일할 수 있는 사람에게 일자리, 일할 수 없는 사람에게 안정보장(security)'을 주겠다고 공약하며 근로유인정책[2]으로 복지정책을 제시하였다(Evans, 2001).

2. 보수주의

1) 보수주의

영국의 정치인이자 정치철학가 에드먼드 버크(Edmund Burke, 1790)는 보수주의(conservatism)의 아버지로 불린다. 버크는 이상주의 사회를 건설하기 위하여 기존의 사회제도를 전반적으로 변혁하여 새로운 사회를 건설해야 한다는 프랑스혁명이 공포와 독재를 불러올 것이라고 보는 등 급진적인 사회적 변화와 경제개혁을 적절하지 않다고 보았다(강원택, 2008). 이성을 지나치게 신봉하는 계몽주의가 현실을 고려하지 않고

2) 영국은 미국의 근로장려 소득세 공제(Earned Income Tax Credit: EITC)와 유사한 근로가족 소득장려 세제 공제(Working Families Tax Credit: WFTC) 및 국민최저임금제를 시행하였다.

사회체제를 단지 이상향으로 만들려는 시도는 인간지성의 파괴적 행위이며 결국 경제체제의 붕괴를 가져올 것이라고 경고하였다. 버크의 이러한 주장은 고대 그리스의 민주주의가 결국 만인에 의한 지배가 만인의 독재를 가져왔기 때문이라 이해한 것에서 비롯되었다. 버크는 국가의 복지개입이 개인으로 하여금 빈곤을 극복하려는 의지와 열의를 제약할 수 있으므로 국가의 개입보다는 사회적 약자에 대한 배려를 중시하되 귀족이나 부자들이 도덕적으로 고양되어 자발적인 자선을 시행하여야 한다는 노블레스 오블리주 정신을 강조하였다.

보수주의는 이후 자선정신을 강조하던 데에서 사회개혁 입법에도 관심을 기울이기 시작하였다. 1874년 총선을 통해 전국정당으로 나서자 공공보건 법안과 방직산업 노동자들의 1일 노동시간을 반으로 줄이는 정책, 10세 이하 아동 고용을 금지하는 법안들을 차례로 시행하였다(강원택, 2008).

2) 신보수주의

영국의 대처 수상과 미국의 레이건 대통령은 신자유주의(neo liberalism)와 함께 신보수주의(neo conservatism) 철학을 동시에 가지고 있었던 것으로 평가된다. 대처 수상은 국가가 국민의 삶의 질을 보장하는 복지국가의 사회민주주의적 개념을 신자유주의적 · 신보수주의적 시민권의 개념으로 주장하였다(강원택, 2008). 대처 수상은 신자유주의 입장에서 영국이 경험하고 있는 IMF 지원에 의한 국가적 위기상황을 타개하기 위해 인플레이션 억제를 위한 통화량 증대, 공공부문 예산 축소, 자유시장경제 진작과 공기업 민영화, 기업규제 철폐 및 조세감면, 노조규제 등 자유시장경제의 활성화를 통해 탈규제를 주도하고, 소득비례연금제도 개혁, 급여 하향조정, 공공부조의 무상급여를 대출급여로 대체 등 사회보장제도의 축소를 과감하게 실시하였다(최영준, 손병덕, 정기혜, 김용하, 이지

현, 2012). 동시에 보수주의적 입장에서 결혼과 가족제도의 의미변화가 급격하게 이루어지는 것에 대하여 사회적인 병리현상으로 여기기도 하였다. 그러나 신보수주의는 이후 2000년대 들어서서 정책적 변화를 시도하기 시작하였다. 2005년 보수당의 당수로 선출된 캐머런(Cameron)은 쇠락해 가던 보수주의를 신자유주의적 시각에서 재시도하여 대처주의의 연장선상에서 신보수주의 경제정책인 자유시장과 규제경감을 지속적으로 시도하였고, 정책적으로는 사회정의, 빈곤과의 전쟁 등 사회문제 해소를 내세워 여성배제와 같은 전통적 보수당 이미지를 극복하고자 하였다. 복지에 관하여는 복지국가의 추구에서 공공복지지출의 축소[3]와 복지서비스의 민영화를 꾀하였다.

이처럼 신보수주의도 신자유주의처럼 고전적 자유방임주의와 사적 시장의 자유경쟁체제를 천명하고 경제 분야와 사회복지정책에서 정부의 주도적인 역할을 비판하며 사회보장제도를 유지하기 위한 재원 조달에 있어 국가의 역할이 축소되어야 한다고 보았다. 신보수주의자들은 정부가 사회보장 재원의 조달을 위하여 적용하고 있는 누진적 세율이 근로 의욕을 감소시키고 결국 경제적 생산능력을 저하시키는 문제가 있으므로 정부의 역할 축소를 통해 기업활동을 촉진시켜 경제성장을 이룩

3) 2010년 보수당은 노동당과의 연립정부하에 근로유인과 복지급여 체계의 통합을 위해 통합급여(Universal Credit)를 도입하고 자산조사형 통합급여를 강화하였으며, 중산층 주택급여와 아동급여 폐지, 실업급여 장기수급자 수급기간 제한(또한 배우자 중 한 사람이라도 취업하고 있으면 다른 한 사람이 실업급여를 받을 수 없도록 하여 맞벌이부부 가정에게는 근로하는 사람이 실질적으로 실직한 사람을 부양하도록 함), 세액 통제, 사회보장 자격심사를 통해 최저급여 제공 등 복지개혁을 시도하였다(Finn, 2012). 2015년 총선에서 보수당이 단독집권에 성공한 이후 복지예산을 지속적으로 감축하면서 최저임금 인상을 통하여 캐머런이 제시한 '낮은 세금, 높은 임금, 낮은 복지경제'라는 영국의 복지개혁 기조를 지속하였다.

해야 한다는 것이다.

대처와 레이건이 주도한 신보수주의는 물가안정을 통해 인플레이션을 억제하였고 경제성장을 이룩한 것으로 평가받는다. 다만, 자유시장경제에 대한 강조로 빈부격차가 심화되어 양극화가 가속화되고 빈곤계층에 대한 사회보장지원의 약화를 초래했다는 부정적 평가를 받는다.

3. 사회주의, 마르크스주의와 사회민주주의, 페이비언사회주의, 제3의 길

1) 사회주의(Socialism)

독일의 사회학자 프리드리히 엥겔스(Friedrich Angels)와 프랑스의 경제학자이며 사회주의 이론가 생시몽 백작 클로드 앙리 드 루브루아(Claude Henri de Rouvroy, comte de Saint-Simon)는 자본을 독점하고 착취를 통해 부를 축적한 권력층 부르주아(프랑스어 bourgeoisie, 영주가 마을 보호와 세금을 걷기 위해 쌓은 성 안에 거주하는 상공인 계층을 일컫다가 후에 관료나 자치권을 보장받은 정치세력으로 성장)[4]에게 권력과 부가 집중되어 일반 프롤레타리아 계층이 자신의 잠재력을 펼칠 평등한 기회를 가지지 못하여 일반 계층의 삶을 어렵게 만들고 부조리를 낳는다고 설명하였다(Encyclopedia Britannica, 2009). 발전자원을 독점한 지배계급과 피지배계급의 원천적인 계층 간 갈등은 지속될 수밖에 없으므로 양 계급이 서로 협력하여 계획생산을 주도하는 새로운 사회제도를 만들어야 한다고 보았다. 즉, 사회적 생산이 자본주의 폐해를 극복할 수 있는 유일한 방안

4) 19세기 마르크스주의 철학에서 자본과 권력을 가진 유산계급을 지칭하며 무산계급인 프롤레타리아(독일어 Proletariat)에 의해 타도해야 할 반혁명집단을 말한다.

이며, 개인들의 사회적 기여에 따른 분배를 실현하여야 한다고 보았다. 초기 사회주의는 기독교 이론가들과 신앙적 가치에 기반을 둔 사회주의를 추구하여 후에 생활통제를 포함하는 공산주의와 달리 일반 사회에 반감을 주지 않았고, 경제구조 개혁 등 평화적인 사회운동(Encyclopedia Britannica, 2009)으로 평가되었다.

사회주의 사상은 왕정과 자본가들이 제한된 경제 엘리트를 양산하여 일반 대중의 이익을 생각하지 않는다는 것에 초점을 맞추어 경쟁보다는 협력, 협력적 소유제도로 사회경제체제를 바꾸자는 것을 지지한 것으로 보인다. 사회주의 사상은 후에 노동자들이 자신들의 경제적 · 사회적 권리를 쟁취하기 위해 만든 노동조합의 성장에 영향을 미친 것으로 이해할 수 있다. 노동조합은 자본주의 사회의 기본질서에 도전하기보다는 자본주의 사회를 인정하면서 협상을 통해 노동자의 이익을 대변하려는 형태로 발전하였다.

2) 마르크스주의와 사회민주주의(Marxism and Social Democracy)

독일의 철학자이자 혁명가였던 카를 마르크스는 유물사관[5]과 변증법적 사회변동[6]에 기초하여 자본주의 사회에서 프롤레타리아들이 기계적

5) 만물의 근원은 물질이며 역사발전의 기초는 생활활동이라고 보고 개인의 의지와 상관없이 역사는 생산활동의 단계에 따라 정해진 경로로 나아간다고 보았다. 사적 유물론에 따르면 역사는 원시공산주의, 노예주의, 봉건주의, 자본주의를 거쳐 궁극적으로 사회주의에 이르게 된다고 본다. 자본주의가 발전함에 따라 프롤레타리아의 삶이 더욱 열악해지면 프롤레타리아 혁명이 일어나게 되어 있다는 것이다. 반물의 근원은 물질이며 모든 정신현상도 물질의 산물이라 보고, 사회계급에 의한 경제적 제약이 계급 간 대립이 없는 사회주의 사회로 전환시키고자 하는 것이 프롤레타리아의 역사적 사명이라고 하였다.

6) 의식이 물질의 반영이나 대상을 인식할 때 대상의 한 측면만을 보는 것이 아니

으로 사회적 생산을 맡는 반면 소수의 부르주아가 잉여생산물을 사적으로 소유하고 유용하는 모순 때문에 계급 간 충돌이 일어난다고 보았다. 프롤레타리아에게 모순이 분명하게 느껴지면 프롤레타리아와 부르주아 계급 간 불만에 따른 사회혁명이 발생하여 공동 소유하는 사회가 될 것이라고 예견하였다. 사회에 대한 마르크스주의의 핵심적인 문제 제기는 '자본이 노동자를 어떻게 통제하는가? 생산양식이 어떻게 사회계급에 영향을 주는가? 노동자와 자본은 어떠한 관계에 있는가? 자본가가 노동자 농민에 부여한 하위문화가 초래한 불평문화가 어떤 경제구조를 가지고 오는가?'에 있다. 마르크스주의는 자본주의 국가가 행하는 사회복지정책이란 사회혁명의 주체인 노동자 계급으로 하여금 혁명의식을 약화시키는 역할밖에 하지 못할 것으로 본다는 점을 주지할 필요가 있다. 자본가가 독점하는 국가에 의한 복지정책은 노동자 계급이 사회주의 건설을 방행하는 유인책에 불과하므로 노동자 농민 계급이 스스로 계급투쟁을 통해 얻은 사회복지정책만이 의미가 있다고 주장하였다. 마르크스주의는 빈곤의 문제가 철저하게 자본주의 체제가 안고 있는 사회체제의 문제에서 비롯되며 자본주의 체제하에서는 빈곤이 결코 소멸될 수 없다고 본 것이다.

사회민주주의는 독일의 철학자이자 정치인인 에두아르트 베른슈타인(Eduard Bernstein)이 수정마르크스주의를 발전시켜 확립한 이념으로 마르크스주의가 자본주의 경제체제를 혁명으로 변혁하자는 주장을 배제

라 대상의 전체적인 연관성을 인식하고 끊임없는 발전까지 합목적적으로 본다는 것이 변증법적 사고이다. 사회변동은 합목적적인 의식에 의해서 가능한데, 합목적적인 의식은 물질적 삶의 모순을 느끼고 갈등의 본질을 직시하여 의식투쟁으로 극복하여야 한다는 것이다. 사회에 여러 가지 모순과 갈등이 있으나 경제적 모순이 기본모순이며 이 모순에 입각하여 다양한 모순을 통일적으로 파악하여야 한다고 보았다.

하고 점진적 사회주의 및 민주주의적 소득재분배정책을 주장한 사회·정치·경제적 이념이다(윤도현, 2002). 혁명적 사회주의의 폭력성을 배제하고 정치적 자유와 평등가치를 신봉하는 민주주의 체제하에서 경제적·정치적·사회적 평등을 달성하자는 것이다. 자본주의란 기본적으로 개인의 이윤을 목적으로 하고 개인경쟁에 의해 운영되기에 자본주의적 민주주의는 자유평등을 방해하는 원인이 된다고 본 것이다. 따라서 자유평등이 보장되는 민주사회를 실현하려면 자본주의의 핵심인 개인주의를 사회주의로 바꾸되 마르크스주의자들처럼 폭력적 방법이 아닌 민주주의적 방법을 통하여 사회체제를 건설하자는 것이다. 스웨덴의 사회민주당(스웨덴어 Socialdemokratiska Arbetareparti: SAP, 사민당, 1889년 창당)과 '생산직 노동조합 총연맹(Labor Organization: LO)'이 1930년대부터 1960년대 말까지 스웨덴 특유의 경제사회운영 모델을 발전시켜 스웨덴이 사회민주주의를 정책으로 정착시키는 데 주도적인 역할을 한 것으로 본다. 사회민주주의는 모든 사회구성원을 대상으로 하는 보편주의적 복지, 공적 복지 및 공적 재정 기반복지, 양성평등 및 사회적 책임과 개인적 책임의 조화를 추구하는 복지정책을 지향한다(정의정책연구소, 2018). 이처럼 사회민주주의는 마르크스주의의 혁명적 사회변혁방법을 비판하고 자유와 평등이 민주적인 방법으로 정착하기를 목적하여 사회 내 기득권을 감소시키고 사회구성원 간 평등(사회적 연대 강화)을 지향한 결과 사회보장의 확대, 적극적인 재분배 정책을 펼쳐 사회일반의 삶의 질이 향상되는 결과를 가져왔다는 평가를 할 수 있다. 그러나 평등의 확대를 주장한 나머지 사회의 자율성이 약화되도록 하였고, 노사관계의 문제점을 개선하기보다는 양자 간 타협에 초점을 둔 까닭에 근본적 불평등을 극복하지 못하는 한계가 있다는 비판을 받는다.

3) 페이비언사회주의(Fabian Socialism)

페이비언사회주의는 19세기 1980년대 영국의 자산계급 지식인들이 세운 페이비언협회(Fabian Society) 회원들이 폭력혁명을 반대하고 점진적인 변화를 추구하는 개량주의적 사상체계로서 자산계급적 사회주의를 의미한다. 페이비언은 고대 로마의 통수권자였던 페이비언 막시무스(Quintus Fabian Maximus Verrucosus, 약 기원전 280~203)의 이름에서 비롯된 것이다(박광준, 1990). 페이비언은 카르타고의 권력자였던 한니발(Hannibal)과의 전쟁을 회피하고 기회를 엿보는 전술을 취하였던 것처럼 페이비언이란 이름으로 협회를 명명한 것은 그들도 페이비언처럼 여러 상황을 고려하여 사회개혁을 달성하려 하였던 것이다. 페이비언사회주의 출발에 영향을 미친 인물로는 민주주의와 표현의 자유를 주장한 영국의 철학자 존 스튜어트 밀(John Stuart Mill)을 들 수 있다. 밀은 민주적 선거를 통해 선출된 하원을 중심으로 한 국가권력의 유지를 주장하였으며 공공선을 추구하는 입법을 강조하였다(윤성현, 2013).

페이비언협회 설립 당시 주요한 대표 인물로는 영국의 조지 버나드 쇼(George Bernard Shaw, 1856~1950), 베아트리스 웹(Beatrice Potter Webb, 1858~1943), 시드니 웹(Sidney James Webb, 1859~1947) 등이 『페이비언사회주의 총서(Fabian Essays in Socialism)』를 출판하여 마르크스주의를 반대하고 대중의 심리에 충격적이지 않도록 도덕과 헌법에 맞게 민주적이고 평화적으로 점진적인 개혁, 즉 정치적 입헌주의를 통해 사회개혁이 이루어져야 한다고 주장하였다. 페이비언사회주의자들은 사고하는 사람들이 합리적 주장, 즉 사회개혁의 정당성을 국민들에게 유포시키는 역할을 하여야 한다(박광준, 1990)고 본 것이다. 또한 페이비언사회주의자들은 국가를 계급억압기관이 아닌 국민을 위해 봉사하는 공평한 공공기관으로 보았기 때문에 국가가 개혁을 담당하는 주체가 되어야 한다고 하였다. 이 모든 개혁을 추구할 때 철학에 기반을 두기보다 실증주의적 입장에서 철저한 사회조사와 통계적 근거에 기초하여 대중을 계몽시킬 수 있을 것이라고 하였다. 따라서 혁명이 아닌 점진적 개혁의 방식으로 사회서비스 급여를 통한 경제성장물 재분배, 계급 대립감정 감소, 빈곤타파와 사회평등을 추구하는 형태로 사회 속에 존재하는 사회주의를 실현할 수 있다고 관측한 것이다.

이처럼 페이비언사회주의는 자본주의의 정치제도와 경제제도를 그대로 유지하면서 자본주의의 일부 수정을 통해 계급모순을 완화시키되 자본주의는 수호하려는 목적을 가졌다. 페이비언협회는 이후 1945년 영국 노동당 창건과 활동에 적극 참여하여 페이비언사회주의의 국가책임주의를 바탕으로 노동당 정부의 국유화정책(영국은행 1946년, 석탄 1947년, 전기 1948년, 가스 1948년, 철도 1948년), 복지국가의 실현을 향한 사회복지정책(「국민보험법」 1946년, 「국민보건서비스법」 1946년, 「국가부조법」 1948년, 「아동법」 1948년; Wood, 1982) 실현에 큰 영향을 미쳤다. 이처럼 페이비언사회주의의 영향으로 1930년대의 대공황의 공포를 종식하고 제2차 세계대전을 이끌어 나가기 위한 사회적 결속을 위해 국유화, 완전고용, 사회보장제도 확대는 페이비언사회주의에 기반을 둔 노동당의 기여라 할 수 있다. 이처럼 페이비언사회주의는 비록 점진적 개혁을 통한 사회주의의 완성을 추구하였으나 그 주체는 교육받고 계몽된 시민들에 의하여 조직된 공동사회를 말하므로 결국 대중민주주의가 아닌 민주적 귀족주의였다는 비판을 받는다. 또한 1960년대 영국에서 실업과 인플레이션의 증가, 1970년대 세계불황으로 인한 공공지출 삭감, 감세, 보조금과 장려금을 폐지할 수밖에 없는 상황에서 1979년 보수당 대처 정권에 권력을 넘겨 주었고, 대처 정부는 페이비언 노동당 정부의 국유화, 사회보장제도와 반대로 정부의 역할 축소 및 복지비의 삭감을 단행하여 신보수주의, 신자유주의적 정책을 실시하여 복지국가의 위기를 가져오게 하였다.

4) 제3의 길(the Third Way)

제3의 길은 공산주의 국가들이 몰락하고 냉전체제가 붕괴되자 전통적인 사회주의 가치의 비현실성을 극복하고 신자유주의와 보수주의의 장점을 수용하여 보수와 진보를 넘어서는 새로운 길이 필요하다고 느낀 영국의 사회학자 앤서니 기든스(Anthony Giddens)가 그의 저서 『제3의 길: 사회민주주의의 부흥(The Third Way: The Renewal of Social Democracy)』에서 활발한 시민사회, 적극적 복지와 사회투자국가를 주장한 것에서 출발하였다. 영국 노동당의 토니 블레어 수상이 집권하면서 제3의 길이 정부가 나아갈 길이라고 주장하면서 본격화된 정치이념이다(조성철, 김보기, 2013). 기든스는 세계화의 진전에 따라 경제자유화와 민영화를 순응해야 하며 개인주의의 부상에 따라 개인역량을 강화하고, 좌파와 우파가 선거승리를 위해 이데올로기와 상관없이 서로의 정책을 수용함에 따라 양측의 구분 자체가 모호하게 되었으므로 사회민주주의와 신자유주의의 대립구도를 넘어선 제3의 길을 가야 한다고 주장하였다. 특히 기든스는 조세 및 사회보험료를 늘리는 보편주의 복지국가 유지가 어렵고, 경제적 차원의 불평등보다 개인의 전 생애에 영향을 미치는 사회적 배제가 시급한 과제이며, 사회적 배제를 경험한 개인들이 복지의존에 빠져 있다는 점에서 과거 케인즈주의(Keynesian) 복지국가의 근본적인 개혁이 필요하다고 보았다.

제3의 길은 세1의 길인 사회민주의가 자본주의와 시장을 과소평가하고 사회주의를 추구한[7] 오류와 제2의 길이었던 신자유주의가 시장과 경쟁을 강조하고 경제적 평등을 반대하여 복지와 복지국가를 비판한[8] 문

7) 평등 사회주의를 추구하여 과도한 국가개입을 가져와 노력하지 않는 인간을 만든다고 평가하였다.

8) 신자유주의는 전통을 지속하려는 보수주의와 경제성장을 추구하는 자유주의의

제점을 개선하여 국가의 도움을 기다리는 수동적 개인에서 자유를 확대하고 개인적 역량을 강화시켜 개인적 주도권을 가지도록 하는 시민사회 쇄신을 추구하였다(유범상, 2012). 즉, 제3의 길은 계급이 아닌 개인과 지역사회에 집중하여 자신들의 노력과 능력에 따라 스스로를 보호하고 지역사회의 발전을 도모할 수 있도록 정부가 능동적인 개인 활성화와 시민사회가 주도하는 공동체의 성장을 돕는 것으로 이해할 수 있다. 이를 위해 의사결정을 지방분권화하고 국가는 경제적 지원을 직접 제공하기보다 개인의 선택을 지원하여 교육과 훈련 같은 방법을 통하여 개인발전을 촉진하는 방향을 추구하였다. 따라서 복지제도는 잠재력 배양을 목적하는 국가사회투자의 일환이므로 근로연계복지정책(근로의무의 사회적 책임)과 적극적 역량강화 전략, 고용을 통한 자활이 강조되어야 한다고 보았다. 따라서 '요람에서 무덤까지' 국민의 사회보장을 약속한 복지국가 회복을 추구하지 않고 경제적 부양비를 제공하기보다 인적자본에 투자하는 사회투자국가건설(복지정책 축소), 노령인구와 실업에 초점을 맞춘 사회투자전략(정년퇴직조항 삭제 및 재교육 시행), 복지서비스 대상자들에 대한 사회적 책임성 강조(근로연계복지 프로그램)가 필요하다고 본 것이다(조성철, 김보기, 2013).

제3의 길 이념에 따른 사회복지정책의 결과 현금급여보다 복지 대상자의 삶의 질 개선을 위한 사회서비스 지원 확대, 기회의 평등을 확대시킨 의료와 교육, 근로연계복지 프로그램에 따른 기여와 급여 연계성 사회보험 비중확대 등의 긍정적인 제도 확대가 가능해진 것으로 평가할 수 있다. 다만, 제3의 길은 외형적으로는 평등과 포용을 강조하여 사회주의를 추구하는 경향이 있었지만 현실적으로는 자본주의적 불평등구

긴장관계 속에서 자기모순에 빠져 있다고 보았다. 역동적인 시장경제 자체가 전통적 권위구조를 훼손하고 공동체 파괴를 가져올 수밖에 없기 때문에 자기모순에 빠져들 수밖에 없다고 한 것이다.

조의 문제를 사실상 개인에게 전가하는 자유주의적 가치에 가깝다는 비판을 받는다. 제3의 길이 민주적 사회주의와 자유주의를 결합한 것으로 볼 수 있으나, 실제로 시장중심경제 모델에서 일하는 복지 혹은 사회적 책임을 강조하는 복지의 강조는 자유주의 가치관에 가까워 시장중심적인 경제·복지 재편이 오히려 가진 자에게 부의 축적을, 소외계층에게는 빈곤의 악순환을 가져올 수 있는 것이다.

4. 페미니즘

1) 자유주의 페미니즘(Liberal Feminism)

18세기에 서구사회가 근대사회로 옮겨 가는 과정에서 자유주의 페미니즘이 발생하였다. 즉, 자유주의 페미니즘은 현대 페미니즘의 가장 초기에 발생한 이론으로서 여성들을 가정에서 벗어나지 못하게 하여 사회에서 아무런 역할도 못하게 한 것에 대하여 문제를 제기하며 만약 남성과 마찬가지로 여성에게도 동일하게 잠재력 개발의 기회가 주어진다면 사회구성원으로서 정당한 역할을 할 수 있다고 하였다(정미자, 노상우, 2012). 만인이 이성적인 존재로서 평등하며 모든 인간은 자유의지를 가지고 있다는 자유주의 사상을 기초로 자유주의 페미니즘은 모든 인간이 사회에서 남성과 동등하며 개인적인 권리를 가지고 있다고 보았다. 자유주의 페미니즘은 여성의 법·교육·정치·사회·경제적 권리는 남성과 동등하여야 하며 이러한 법적·제도적인 장치를 만들 수 있도록 압력을 행사할 수 있게끔 참정권 또한 요구하였다. 19세기까지 여성은 선거권이 없었으며 정치적인 집회의 기회를 가질 수 없었다. 재산을 소유할 수도 없었고, 직업이나 상업행위 또한 제한되었다. 이에 19세기 페미니즘은 남성과 여성의 동등한 시민권과 법·교육·정치·사회·경제적 권리 획득에 초점을 맞추었다. 이러한 노력은 20세기 중반까지 이어졌다(정미자, 노상우, 2012).

자유주의 페미니즘은 여성이 남성과 동등한 인간임을 강조하며 여성의 교육받을 권리, 성역할의 사회화와 성정형화 비판, 성차별적 평가 거부를 특징으로 한다(강평순, 1997). 교육의 기회를 박탈당하며 부모에 의해 강제로 결혼하고, 여성의 취업구조가 특정 영역에 한정되어 있는 사실들에 주목하여 자유주의 페미니즘은 여성을 대상으로 정규교육 및 평생교육의 필요성을 강조하였고, 경력단절에 따른 진로교육, 여성을 위한 정치교육의 확대를 주장하였다.

자유주의 페미니즘은 여성의 관점에서 남성 중심의 사회에 대하여 비판적으로 접근할 뿐만 아니라 여성이 사회에서 소외받지 않을 방법으로 여성교육과 경제력의 필요성을 강조하였고, 이를 통한 여성의 인간성 해방을 목적으로 하였다(유현옥, 조화태, 2004). 자유주의적 페미니즘의 목적달성을 위하여 여성이 참된 의미에서 자아실현과 정치적·경제적 주체로 살아갈 수 있도록 육아와 가사를 분담하는 제도 개선, 남성도 출산 및 육아휴가를 활용할 수 있도록 하고 여성이 사회에서 지도자의 역할들을 잘 해낼 수 있도록 정치 분야 여성할당제를 확대하는 노력도 필요할 것이다.

2) 마르크스주의(사회주의) 페미니즘[Marxism(Social) Feminism]

1960년대에 이르러 마르크스주의는 기존의 계급투쟁에서 벗어나 여성의 관점에서 남성 노동자 계급의 생산노동에 대하여 자기비판을 하며 여성이 노동시장 참여로 가사노동에서 해방되어 남성 노동자와 함께 계급투쟁에 참여하여야 한다는 논리로 여성문제를 계급문제로 제기하였다(권현정, 2002).

마르크스주의는 가족이란 그 자체로 생산, 재생산, 소비, 계급 등 사회적인 것으로 가족 내에서 계급 구조화된 관계에 의해 갈등과 모순이 발생한다고 보았다(장미경, 1999), 즉, 마르크스주의 페미니즘은 자본주의 체제 안에서 부르주아 계급은 가족 내에서 성정체성과 성별 노동 분업을 고착시켜 남성을 생계부양자로, 여성은 가사노동자로 규정하여 남성 주도권이 이루어진 것으로 설명하였다. 이와 같이 성(sex)에 따른 노동시장의 구조화로 여성을 주변노동자로 내모는 젠더 이데올로기가 발생하게 된다고 보고 여성 가사노동의 사회화를 저지하여야 한다고 하였다.

이처럼 마르크스주의 페미니즘은 남녀 간의 생물학적 차이를 사회모순의 핵심적인 물질기반으로 보고 자본주의의 생산-재생산의 이분법적 분리가 젠더문제를 발생시키며 가족 내에서 그 모순은 심화되며 사회화되므로 여성 억압이 심화된다는 점을 강조하였다.

3) 급진주의 페미니즘(Radical Feminism)

1970년대에는 남성지배 사회의 모든 것에 대하여 문제를 제기하며 기존의 자유주의 페미니즘이 단지 남성과 동일한 시민권의 쟁취를 목표로 한 반면에 여성의 문제는 개인적인 것이 아니라 정치적인 것으로 간주하면서 보다 적극적으로 여성만의 문제를 제기하였다(Wills, 1992). 급진주의 페미니즘은 사회 자체를 근본적으로 남성이 여성을 억압하고 지배하는 것으로 보고 부당한 사회로부터 여성을 해방시키기 위해 모든 사회적 · 경제적 맥락에서 남성 중심주의를 제거하고 근본적인 사회재구성을 하는 것을 목적으로 한다. 이처럼 급진주의 페미니즘은 여성 억압의 뿌리가 사법체계나 사회제도라고 보았던 자유주의 여성주의나 계급 갈등으로 평가한 사회적인 여성주의를 거부하고 보다 심각한 뿌리는 가부장적 젠더관계에 있다고 본 것이다.

급진주의 페미니스트 티-그레이스 앳킨슨(Ti-Grace Atkinson)은 최초의 남녀 이분법이 성별을 근거로 시작되었으며 남성은 그 혜택을 누리고 여성은 아이를 낳는 사람으로 간주하는 가부장제 때문에 여성은 남성 규범의 타자로 취급되었고, 이에 따라 체계적으로 억압되고 소외되었으며, 남성은 여성 억압에 의해 이익을 얻게 되었다고 주장하였다(Fahs, 2011). 급진주의 페미니즘은 기존의 사회적 규범에 도전하여 가부장제를 철폐하기 위해 노력하고 가부장제를 제거하는 것이 여성억압 사회로부터 여성을 해방하는 길이라고 믿었다.

5. 생태주의

인간의 생활환경은 물, 공기, 자연, 태양과 같은 자연환경과 이를 기반으로 한 산업발달을 통한 도시환경으로 이루어진다. 그러나 산업화 과정에서 나타난 공기와 토양의 오염, 산림훼손으로 인한 자연재해 등의 환경문제는 생태위기를 초래하고 있다. 재생 불가능한 천연자원의 고갈과 공해에 의한 환경오염이 인류에게 심각한 위기를 가져다줄 것이라는 우려 아래 1992년 6월 브라질의 리우데자네이루에서 리우선언을 채택하였다. 이 협약에서 '모두의 이익을 존중하고 또한 지구의 환경 및 개발체제의 통합성을 보호하기 위한 국제협정체결'을 선언하고 개발과정에서 환경의 보호를 전제로 하면서 모든 국가와 국민의 생활수준을 향상시켜야 한다는 목표를 추구하면서 생태주의(ecology)가 등장하게 되었다(이상헌, 2011). 1869년 독일의 생물학자 에른스트 헤켈(Ernst Haeckel)이 생태학(ecology)이라는 용어를 최초로 사용한 것으로 알려진다.

생태주의는 단일한 이념이 아니다. 생태주의에는 생태학적 가치에 기초하여 생물평등주의와 상호공생의 원칙을 강조하여 특정 계급집단의 주도를 부정하고 지역적인 자율성과 분권화를 지향하는 '심층(근본)생태주의(deep ecology)'(Naese, 1999), 자원 부족과 생태계의 자정능력 훼손을 강조하며 과잉생산과 축적을 경계하고 소규모 지역단위의 자급자족을 추구하여 자연환경을 보호하고자 하는 '생태사회주의(eco-socialism)'(Wolf, 1999), 심층(근본)생태주의의 극단에 있는 견해로서 자연을 구성하고 있는 종들이 상호작용을 통해 성장을 추구해야 하기 때문에 인간존재와 환경 사이의 관계를 강조하고 환경착취를 극복하고자 하는 '사회생태주의(social ecology)'(Bookchin, 1998), 자본주의 팽창을 목적으로 환경의 지속가능성을 이야기하는 자본주의의 모순을 비판하고 자본주의를 대항하는 형태로 생태적 대안을 개발하자고 주장하는 '생태 마르크스주의(eco-marxism)'(O'Connor, 1999), 인간의 생존을 위해 자연과 조화를 이루어야 하므로 체계론적 입장에서 모든 가능한 측면에서 유기체적 총체로 자연환경을 규정하고 대응해야 한다는 '생태보수주의(eco-conservatism)'(Scott, 1995)가 있다.

생태주의는 지역사회가 해체되고 있는 상황에서 지역주민들이 공유하는 공간인 지역사회환경에서 평등성과 상호보완성을 통하여 공동체의식과 사회통합을 이루는 데 기여할 수 있는 것으로 평가할 수 있다. 또한 생태주의적 접근은 산업화 과정이 초래한 빈부격차, 지역불균형 등이 사회복지정책으로 해소하기 어려우나 국민들이 보편적으로 이용할 수 있는 자연환경을 통해 국민의 기본권 확장에 기여하는 데 긍정적인 기여를 할 수 있을 것이다. 모든 국민에게 필요한 삶의 질 보장을 위해 평등성, 상호연대성, 협동성의 가치에 기반하는 생태주의 이념이 실천적 모델을 적립하는 네 도움을 줄 것으로 기대할 수 있다.

생각해 볼 문제

1. 자유주의 이념 중 고전적 자유주의, 신(new)자유주의, 신(neo)자유주의의 이념적 차이와 사회복지정책 적용 시의 차이를 설명해 보시오.

2. 보수주의와 신보수주의를 구분하여 설명하시오.

3. 사회주의의 초기 사상을 설명하고 당시 평가를 설명하시오.

4. 마르크스주의와 사회민주주의의 이념적 · 실천적 차이를 설명해 보시오.

5. 페이비언사회주의의 발생배경과 발전과정과 몰락을 제시하시오.

6. 제3의 길의 발전배경과 제3의 길 이념에 따른 사회복지정책의 주요 내용을 설명하고 평가하시오.

7. 자유주의 페미니즘, 사회주의 페미니즘, 급진주의 페미니즘의 특징을 각각 설명하고 각 이념이 여성해방을 수행하는 방법을 제시하시오.

8. 생태주의의 등장배경을 설명하고, '심층(근본)생태주의' '생태사회주의' '사회생태주의' '생태 마르크스주의' '생태보수주의'의 강조점을 각각 제시해 보시오. 생태주의가 지역사회복지 실천에 기여할 수 있는 방안들을 생각하고 아이디어를 설명해 보시오.

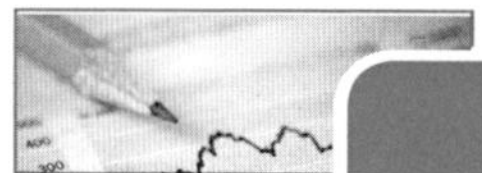

참고문헌

강원택(2008). 보수정치는 어떻게 살아남았나? 영국 보수당의 역사. 서울: 동아시아 연구원.

강평순(1997). 자유주의적 페미니즘에 대한 연구. 영어영문학연구, 39(1), 153-173.

권현정(2002). 마르크스주의 페미니즘의 현재성. 서울: 공감.

박광준(1990). 페이안 사회주의와 복지국가의 형성. 서울: 대학출판사.

유범상(2012). 제3의 길과 큰 사회론의 이념과 공동체 구상 샴쌍둥이의 차별화 전략과 복지정치. 공간과 사회, 22(1), 43-80.

유현옥, 정민승(2008). 여성교육개론. 서울: 한국방송통신대학교출판부.

유현옥, 조화태(2004). 여성교육개론. 서울: 한국방송통신대학교출판부.

윤도현(2002). 사회민주주의란 무엇인가: 이념적 특징과 복지국가적 발전을 중심으로(pp. 197-220). 한국사회민주주의연구회 편, 세계화와 사회민주주의. 서울: 사회와 연대.

윤성현(2013). J. S. Mill 민주주의론의 기초개념으로서 熟議. 법사학연구, 47, 141-180.

이상헌(2011). 생태주의. 서울: 책세상.

장미경(1999). 페미니즘의 이론과 정치. 서울: 문화과학사.

정미자, 노상우(2012). 자유주의 페미니즘에 기초한 여성 성인교육의 발전 전략. 교육문제연구, 18(1), 62-89.

정의정책연구소(2018). 사회민주의. http://www.justice21.org/newhome/board/board_view.html?num=103429

조성철, 김보기(2013). '제3의 길'에 나타난 사회복지정책의 좌파적 비판에 대한 반론 연구. 21세기사회복지연구, 10(2), 85-111.

최영준, 손병덕, 정기혜, 김용하, 이지현(2012). 주요국의 사회보장제도: 영국. 서울: 한국보건사회연구원.

Bookchin, M. (1998). *Remaking Society*. 박홍규 역. 사회 생태주의란 무엇인가. 서울: 민음사. (원저는 1989년에 출간)

Burke, E. (1790). *Reflections on the Revolution in France and on the Proceedings in Certain Societies in London Relative to it.* London, UK: Manchester University Press.

Chapman, R. A. (1965). Thomas Hill Green (1836–1882). *Review of Politics*, 27, 516–531.

Encyclopedia Britannica. (2009). Socialism. https://www.britannica.com/topic/socialism

Evans, M. E. (2001). Britain: Moving towards a work and opportunity-focused welfare state? *International Journal of Social Welfare*, 10, 260–266.

Fahs, B. (2011). Ti-Grace Atkinson and the legacy of radical feminism. *Feminist Studies, 37*(3), 561–590.

Finn, D. (2012). 영국의 실업부조설계와 전달체계: 구직자수당. 국제노동브리프, 9, 4–18.

Greengarten, I. M. (1981). *Thomas Hill Green and the Development of Liberal-Democratic Thought*. Toronto, Canada: Toronoto University Press.

Handler, J. F., & Balcock, A. S., (2006). The failure of workfare: Another reason for a basic income guarantee. *Basic Income Studies, 1*(1), 1–22.

Keynes, J. M. (2010). *The General Theory of Employment, Interest and Money*. 이주명 역. 고용, 이자, 화폐의 일반이론. 서울: 필백. (원저는 1936년에 출간)

Naese, A. (1999). *The Shallow and the Deep, Long-range Ecology Movement*. 문순홍 편저. 생태학의 담론(pp. 66–76). 서울: 솔출판사. (원저는 1973년에

출간)

O'Connor, J. (1999). *Is Sustainable Capitalism Possible?* 문순홍 편저. 생태학의 담론(p. 21). 서울: 솔출판사. (원저는 1994년에 출간)

Scott, A. (1995). *Ideology and the New Social Movement*. 이복수 역. 이데올로기와 신사회운동(p. 106). 서울: 한울. (원저는 1990년에 출간)

Smith, A. (1776). *An Inquiry into the Nature and Causes of the Wealth of Nations*. New York, NY: Metalibri.

Wills, E. (1992). Radical feminism and feminist radicalism. *Duke University Press Social Text, 9/10*, 91–118.

Wolf, F. O. (1999). *Eco-Socialist Transition on the Threshold of the Twenty-First Century*. 문순홍 편저. 생태학의 담론(p. 196). 서울: 솔출판사. (원저는 1986년에 출간)

Wood, S. (1982). *The British Welfare State 1900–1950*. Cambridge, MA: Cambridge University Press.

제4장

사회복지정책의 역사적 발전과정

1. 서구의 역사적 발전과정
2. 한국의 역사적 발전과정

이 장에서는 우리나라의 건국 이전에 이미 전 국민을 대상으로 '요람에서 무덤까지'의 보편주의적 사회보장제도를 실시한 영국과 세계 자본주의 국가들을 주도해 온 미국의 사회복지정책의 전개과정을 살펴보고 복지국가를 향한 우리나라의 정책적 시사점을 찾고자 한다.

1. 서구의 역사적 발전과정

1) 영국의 복지국가 형성과 전개

영국의 복지국가를 향한 정책은 제2차 세계대전 중 완전고용을 국가의 의무로 하고 보편적 복지를 지원하는 복지국가 건설을 목표로 하고 옥스퍼드 대학교의 베버리지(Beveridge) 학장에 의해 작성된 「사회보험과 연계서비스에 관한 중앙부처간 위원회 보고서(Report of the Inter-Departmental Committee on Social Insurance and Allied Services)」에서 출발하였다. 베버리지 보고서는 전후 국가재건에 장애가 되는 결핍, 질병, 무지, 환경오염, 태만한 삶의 태도를 지목하면서 보건, 의료, 교육, 주거 분야를 망라하는 보편적 사회보장제도 도입의 필요를 제시하였다. 이에 근거하여 1945년 「가족수당법(Family Allowances Act)」, 1946년 「국민보험법」, 1948년 「산업재해법(National Insurance Industrial Injuries Act)」,

1948년「국민부조법(National Assistance Act)」, 그리고 1948년 국민의료서비스(National Health Service)를 제정하였다(최영준 외, 2012).「국민보험법」과「산업재해법」은 강제적 개인기여를 기본으로 하였고, 국민의료서비스, 가족수당, 국민부조는 조세를 재원으로 하였다. 현금급여는 중앙정부가, 노인과 장애인 등 돌봄서비스는 지방자치단체가 담당하는 형태로 이루어졌다. 이와 같은 국가 차원의 보편적 사회보장 제도와 서비스의 실행은 제2차 세계대전 이후 1960년대까지 지속된 세계경제 호황으로 인한 케인즈주의적 국영산업체들을 기반으로 하는 국가적 부의 축적으로 가능하였다.

그러나 1960년대 중반부터 나타난 경제위기로 인한 인플레이션과 통화의 위기로 국가재정이 극도로 축소되자 국가재정을 투입하는 사회보장제도의 손질이 불가피하였다. 영국 정부는 1968년 시봄(Seebohm)이 작성한「지방정부와 연계 개인사회서비스(Local Authority and Allied Personal Social Service)」에서 사회복지서비스에 대한 지방정부의 역할을 강화하고, 1975년「사회보장법」을 개정하여 소득수준과 관계없이 기본연금을 제공하였던 정률기본연금제도를 변경하여 임금과 연계시키는 제도로 바꾸었다(고세훈, 2011). 1979년 IMF의 영향하에 집권한 신자유주의 보수당 배경의 대처 수상은 긴축재정을 더 추진하기 위하여 각종 복지법제에서 이용자의 수급조건을 강화하는 법률개정과 사회복지시설에 대한 감독과 통제를 강화하였다.

1980년대에는 지방정부가 관대한 복지서비스 제공을 하지 못하도록 지방정부에 대한 중앙통제를 강화하였고, 특히 많은 재원이 투입되는 의료 및 지역사회 서비스를 효율적으로 운영하고 대신 서비스의 선택폭을 넓일 수 있도록 1990년「국민건강서비스 및 지역사회 보호법(NHS and Community Care Act)」을 제정하여 민간이 제공하는 사회복지서비스를 지방정부가 선택하도록 함으로써 민간의 역할을 강조하는 사회서비스 체계를 확립하였다(최유, 2013).

1997년 집권한 노동당 배경의 토니 블레어 정부는 사회주의 배경의 노동당 기조와 다르게 제3의 길이라는 정책기조로 대처 수상 이래 지속된 민영화, 공공지출 억제, 기업중심주의, 반조세, 반노조입법들을 계승하고 일하도록 하는 복지(welfare to work)를 지향하였다(최영준 외, 2012). 이는 단순히 실업자에게 실업수당을 지급하는 것이 아니라 구직노력에 대한 보상으로 실업수당을 지급하는 형식으로 사회자본 투자를 기조로 한 것이었다.

나아가 2010년에 집권한 보수당-자유당 연정정부는 복지개혁 입법을 통해 기존의 50개가 넘는 복지수당들을 통합하여 단순화하였고, 아동수당과 육아수당의 축소 및 연금수급 연령을 상향 조정하는 등 복지지출을 지속적으로 줄이는 정책을 시행하고 있다.

2) 미국의 복지국가 형성과 전개

미국 복지국가의 시작은 1930년대 대공황을 배경으로 한 뉴딜정책과 관련이 있다. 미국의 사회보장급여의 실시와 공공사업의 실시 등 정부의 적극적인 개입을 통하여 경제공황을 해결하려는 목적으로 노령연금과 실업보상으로 구성된 사회보험과 노령, 시각장애인, 요보호아동에 대한 공공부조와 보건 및 복지 서비스를 입법화하였다(강성원, 2016). 그러나 뉴딜정책의 일환으로 1935년 「사회보장법」을 제정한 것은 최소한의 삶을 보장하는 정책으로 보편적 복지와는 법적 · 제도적 한계가 있었다. 1940년대에 경제가 회복되면서 사회복지 프로그램을 확대하여 1964년 푸드스탬프(Food Stamp Act), 1965년 빈곤층 의료보장제도인 메디케어와 메디케이드를 법력화하고 「아동부양가족지원법(Aid to Families with Dependent Children: AFDC)」과 같은 무상부조 프로그램들을 제공하였다(박병현, 1992).

이후 1970년대 경제위기와 냉전시대 종식으로 신자유주의와 보수주의를 배경으로 하는 자본가들은 빈곤의 원인이 개인책임이라는 개인주의적인 빈곤문화론을 받아들여 복지지출을 줄이고 국영기업들을 민영화할 것을 강하게 요구하였다. 미국도 1980년대 신자유주의적 복지국가로 회귀하기 시작하여 1995년까지 현금급여 AFDC를 직업기회 기술훈련 프로그램(Job Opportunity and Basic Skills Training: JOBS)과 연계하였고 1990년대 들어 본격적인 근로연계복지정책을 강화하여 클린턴(Clinton) 정부는 AFDC를 폐지하고 TANF(Temporary Assistance for Needy Families)로 대체하며 TANF 수급자에게는 엄격하게 근로 의무를 부과하였다(김명희, 2008). 또한 근로빈곤층에게는 근로동기 부여 측면에서 근로장려세제(Earned Income Tax Credit: EITC)를 실시하였고 현금급여 프로그램을 과감하게 축소하였다(김형수, 2002).

2009년 집권한 오바마(Obama) 정부는 미국 국민의 15%인 4,700여만 명이 의료보험 미가입자여서 병원에 갈 수 없는 상황을 직면하고 있어, 차상위 계층에게는 정부가 의료보험을 제공하고, 그 이외의 국민에게는 사보험으로 의무 가입을 하게 하여 전 국민 의료보험을 시행하려는 제도(소위 오바마 케어)[1]를 2010년 3월 23일 「환자 보호 및 건강보험료 적정부담법(Patient Protection and Affordable Care Act: PPACA)」에 서명하여 시행하도록 하였다. 그러나 도널드 트럼프(Donald Trump)가 집권하여 오바마 케어는 폐지되고 말았다.

이상의 영국과 미국의 사회복지정책 역사를 통해 알 수 있는 것처럼 전 세계적으로 신자유주의의 영향과 경제적인 어려움으로 복지지출의 축소가 대세임을 알 수 있다. 개인의 책임과 자유를 중요시하는 자유주

1) 오바마 케어는 의료부조인 메디케이드 프로그램의 수급자격을 확대하고, 연방정부 빈곤선의 400% 이하의 국민들을 대상으로 의료보험료를 지원하며, 의료보험 확대를 위한 인센티브를 제공하는 내용도 포함한다.

의적 전통이 사회복지정책 이면에 강하게 자리해 가고 있는 것이다.

2. 한국의 역사적 발전과정

우리나라의 역대 정부별 사회복지정책은 제1 · 2공화국(1948. 8.~1961. 5.), 제3 · 4공화국(박정희, 1961. 5.~1981. 3.), 제5공화국(전두환, 1981~1987), 제6공화국(노태우, 1988~1993), 문민정부(김영삼, 1993. 3.~1998. 2.), 국민의 정부(김대중, 1998~2003, 생산적 복지), 참여정부(노무현, 2003~2007, 참여복지), 이명박 정부(이명박, 2008~2013, 능동적 복지), 박근혜 정부(박근혜, 2013~2017), 문재인 정부(문재인, 2017~2022, 포용적 복지국가)로 구분할 수 있다.

1) 제1·2공화국(1948. 8.~1961. 5.)

제1 · 2공화국 시기에는 국회의원에 의한 간접선출제(1948~1952)로 대통령을 제도화하였지만 사사오입 개헌 이후 초대 대통령의 영구 집권이 가능한 독재체제를 구축하였다가 4 · 19혁명으로 붕괴되었고, 4 · 19혁명으로 수립된 민주공화국은 5 · 16군사정변으로 붕괴되는 등 정국 혼란의 시기였다. 제1 · 2공화국 시기 사회복지정책은 한국전쟁으로 인해 복지정책이라기보다는 외국 원조에 의존하여 응급구호 성격의 지원 형태로 이루어졌다(한국사회복지사협회 50년사편찬위원회, 2017). 한국전쟁으로 인해 휴전협정 직후 고아원, 양로원, 모자원 등의 후생시설이 대폭 증가하여 1959년에는 686개의 각종 사회복지시설이 설립 · 운영되었다(김경우, 양승일, 강복화, 2008; 〈표 4-2〉 참조). 다만, 사회보험 분야에서 제1공화국 헌법이 근로의 권리와 의무, 근로조건의 법정기준, 여자와 소년의 근로에 관한 보호를 규정하여, 법률 유보에 의한 노동단체권의 보장과 사기업에서의 이익분배 규정을, 그리고 노동능력의 상실로 인하여 생활유지의 능력이 없는 자는 법률에 의해 국가의 보호를 받는다고 이미 규정하였으나 한국전쟁에 의해 중단되었다. 1953년 대통령 직접선거에서 근로자의 표를 모으고자 피난지인 부산에서 1953년 「근로기준법」을 제정하였다.

2) 제3·4공화국(박정희, 1961. 5.~1981. 3.)

한국전쟁 이후 무너진 기간산업들을 일으키고 철도, 고속도로 등 기간망 확충을 통해 본격적인 경제개발을 시도한 시기로서, 1962년부터 시작된 경제개발 5개년계획을 통해 경제발전에 초점을 두었다. 경제개발에 가능한 모든 자원을 집중하였기 때문에 사회복지 분야에 대하여 소극적인 태도를 보였다. 과도한 경제개발 우선정책으로 빈부격차가 심화되자 시혜 및 최소기반 마련 측면에서 사회복지정책들을 도입하기 시작하였다(한국사회복지사협회 50년사편찬위원회, 2017). 먼저 1964년에 「산재보험법」을 제정하였고, 의료 분야는 1976년까지 「생활보호법」에 근거를 두고 무료 진료를 취급하는 구료사업으로 실시하였으나 영세민에 대한 의료보호사업을 위해 1977년부터는 「의료보호법」을 제정하여 의료보호사업을 시행하였다(〈표 4-2〉 참조). 1977년 12월 31일자로 시행된 「의료보호법」(법률 제3076호)에서는 보호대상자(제4조)[2]를 제한하였다.

---

2) ① 「생활보호법」에 의하여 생계보호대상자로 결정된 자, ② 「사회복지사업법」에 의한 사회복지시설에 수용 중인 자, ③ 「재해구호법」의 규정에 의한 이재자, ④ 「국가유공자등특별원호법」의 적용 대상자 및 그 가족과 「군사원호보상법」의 적용 대상자 및 그 가족으로서 원호처장의 요구로 보건사회부 장관이 의료보호가 필요하다고 인정한 자, ⑤ 「문화재보호법」에 의하여 지정된 중요무형문화재의 보유자 및 그 가족으로서 문화공보부 장관의 요구로 보건사회부 장관이 의료보호가 필요하다고 인정한 자, ⑥ 기타 생활 유지의 능력이 없거나 생활이 어려

의료보호제도는 2000년 10월 국민기초생활보장제도가 시행되기 전까지 생활보호제도와 함께 우리나라 공공의료부조의 골간을 이루는 제도였다. 이후 사회보험건강보험(1977), 생활보호대상자 의료보호제도(1977), 500인 이상(1977)과 300인 이상(1979) 사업장 근로자의료보험 실시, 공무원 및 사립학교교육직원 의료보험제도(1979)를 차례로 제정하여 대상을 확대하였다. 경제활동을 통해 소득을 벌기 힘든 노후 생활을 위해 경제활동기간 동안 벌어들인 소득의 일부를 적립하는 제도로 연금을 도입하였는데 1960년에 「공무원연금법」, 1963년 군인연금, 1975년에 사학연금을 각각 제정하였다. 공공부조를 위해 1961년 「생활보호법」[3]을 제정하였는데 「생활보호법」은 "노령 · 질병 기타 근로능력의 상실로 인하여 생활 유지의 능력이 없는 자는 국가의 보호를 받는다."라는 대한민국 「헌법」 제19조에 근거하여 만들었으나 근로능력의 상실로 인하여 생활 유지의 능력이 없는 국민에 한하여 지원하는 제한적인 공공부조에 머물렀다. 사회서비스 분야에서는 요보호아동의 발생예방을 정책기조로 하여 1961년 12월에 「아동복리법」[4]을 제정하였다. 다만, 아동복리시설의 설치 및 운영에 요하는 비용 또는 수탁보호 중인 아동양육에 요하는 비용을 국가와 지방자치단체가 보조할 수 있도록 하여 최소한의 복지지원을 하였다는 데 의미를 둘 수 있을 것이다.

운 자로서 대통령령으로 정하는 자를 말한다.

3) 부양의무자가 없거나 부양의무자가 있어도 부양 능력이 없는 ① 연령 65세 이상의 노쇠자, ② 연령 18세 미만의 아동, ③ 임산부, ④ 불구, 폐질, 상이, 기타 정신 또는 신체의 장애로 인하여 근로능력이 없는 자, ⑤ 기타 보호기관에서 본 법에 의한 보호를 필요로 한다고 인정하는 자를 말한다.

4) 보호자로부터 유실, 유기 또는 이탈되었을 경우, 그 보호자가 아동을 육성하기에 부적당하거나 양육할 수 없는 경우, 아동의 건전한 출생을 기할 수 없는 경우 또는 기타의 경우에 아동이 건전하고 행복하게 육성되도록 그 복리를 보장함을 목적으로 하였다.

제3 · 4공화국 시기의 사회복지 역사에서 기억할 만한 것은 「사회복지사업법」의 제정이다. 1970년 1월에 공포된 「사회복지사업법」은 현재 우리가 보고 있는 사회복지서비스의 법적인 기본골격을 규정한 기본법에 해당하는 중요한 법률로서 사회복지법인제도의 창설과 사회복지종사자 자격증제도의 창설, 수익사업의 허용, 공동모금제도의 창설 등에 관한 내용을 골자로 하였다. 사회복지사업은 ① 「생활보호법」에 의한 각종 복지시설의 운영을 목적으로 하는 사업, ② 「아동복리법」에 의한 각종 복지시설의 운영을 목적으로 하는 사업, ③ 「윤락행위 등 방지법」에 의한 각종 선도사업 및 복지시설의 운영을 목적으로 하는 사업, ④ 사회복지상담, 부랑인 선도, 직업보도, 노인휴양, 인보무료숙박 등 각종 선도사업 및 복지시설의 운영을 목적으로 하는 사업으로 규정하고, 사회복지시설은 보건사회부 장관의 허가를 받은 사회복지법인이 서울특별시장, 부산시장, 도지사의 허가를 얻어 설치하도록 하였다. 또한 보건사회부 장관으로 하여금 사회복지사업 종사자의 자격증을 교부하게 하고, 사회복지법인은 자격증 소지자를 대통령령이 정하는 정수 이상으로 구성하도록 하여 자격증제도를 명문화하였으며, 사회복지사업을 돕기 위하여 사회복지공동모금회로 하여금 공동모금을 허가할 수 있게 한 것을 중요하게 평가할 수 있다.

3) 제5공화국(전두환, 1981~1987)

제5공화국 정부는 '복지사회의 건설'을 국정지표로 걸었으나 중화학공업을 중심으로 경제개발의 문제와 민주항쟁과 노동자 투쟁 등 사회적인 이슈들이 산적한 상황이었다. 그럼에도 불구하고 「아동복지법」(1981), 「노인복지법」(1981), 재가노인복지사업(1987) 등 대상별 사회복지법안을 제정(한국사회복지사협회 50년사편찬위원회, 2017; 〈표 4-2〉 참조)하여 과거 요보호대상 사회복지서비스에서 일반 국민을 대상으로 확대되었다는 것은 의미 있는 사회복지정책 전개라 할 수 있다.

한편, 1987년 사회복지사 자격증 소지자를 대상으로 보건복지부(당시 보건사회부)에서 우리나라 최초의 공공복지 행정전문가를 제한 공개채용 임용시험을 통해 별정직 7급 사회복지전문요원으로 출발한 사회복지전담공무원제도[5]가 도입되어 전문적 사회복지서비스 제공을 공공에서 시작하였다는 의미가 있다.

4) 제6공화국(노태우, 1988~1993)

제6공화국 정부는 노동자, 시민 등이 연대하여 군부정권을 무너뜨린 민주화 운동의 결과 3대 복지정책으로 최저임금제(1988)와 국민연금(1988), 그리고 전 국민 건강보험(1989), 5인 이상 사업장 의료보험 적용(1989)이 빠르게 진행되었다는 것도 긍정적인 평가를 할 수 있다(한국사회복지사협회 50년사편찬위원회, 2017). 최저임금제도의 도입배경을 보면, 1980년대에 들어와서 실질임금의 상승률이 노동생산성 증가율을 하회하는 결과에 따라 노동자의 실질임금 보전요구가 증대하였고, 생계비에 미달하는 저임금 계층의 문제와 계층 간의 지나친 임금격차로 저소득노동자의 불만과 사기저하가 폭증되었다. 또한 고소득층의 사치성 소비문화에 따라 계층 간 위화감이 심화되어 사회적인 문제로 대두되자 정부는 생계에 어려움을 겪는 저임금노동자를 보호하기 위한 정책의 필요성을 인식하게 되었다. 그리하여 1988년부터 제도가 시행되었다. 국민연금제도는 고령인구의 급속한 증가, 퇴직 근로자들의 생계보장 미흡 및 각종 사고로 인한 소득상실 위험 등에 대처하기 위해 1973년 12월 「국민복지연금법」이 제정된 후 1986년 명칭이 변경되었다가 1988년 1월부터 전격 시행되었다(〈표 4-2〉 참조).

5) 사회복지전담공무원제도 초기에는 이들에게 생활보호 업무만 담당하게 하였다. 1995년 이후 장애인, 노인, 모자, 아동복지 업무 등 생활보호대상자 이외의 취약계층에 대한 공공부조 업무를 수행하게 하였다.

노태우 정부는 1988년 1월 '농어촌 의료보험제도' 시행에 들어간 후 1년 후인 1989년부터는 그 시행범위를 도시 지역으로 확대하여 전 국민의 의료보험제도를 확립하였고, 1990년 1월에는 「장애인 고용촉진법」을 제정하여 장애인의 고용촉진을 위한 중요한 계기를 마련하였다. 사회서비스 부분에서는 1988년 장애인등록제, 1989년 「모자복지법」, 1989년 「장애인복지법」과 「장애인 고용촉진 등에 관한 법률」을 제정하였다. 우리나라 장애인에 관한 법률은 1950년대 원호 차원에서의 「군사원호법」을 시초로, 「특수교육진흥법」(1975), 「심신장애자복지법」(1981), 「장애인 고용촉진 등에 관한 법률」(1990) 등이 제정되면서 교육, 고용 등 관련 정책들이 시행되었는데, 이러한 법률의 제정은 장애인의 재활과 복지향상에 주된 목적을 둔 것이라기보다는 선언적 의미가 강했다. 1989년에 「장애인복지법」이 시행되어 장애인의 인권과 자립을 보장할 수 있는 계기를 마련하였다. 1989년에 제정된 「장애인 고용촉진 등에 관한 법률」은 장애인에 대한 정책을 시혜중심적 패러다임에서 권리중심적 패러다임으로 바꾸려는 시도로 평가할 수 있다.

5) 문민정부(김영삼, 1993. 3.~1998. 2.)

문민정부는 1994년부터 자본시장의 개방을 목적으로 OECD 가입을 추진하면서 낮은 수준의 사회보장수준이 OECD 가입의 장애요인으로 작용한 것과 1995년 덴마크 코펜하겐에서 열린 사회개발정상회의에 참석한 이후 의제였던 빈곤, 실업, 사회분열 등의 문제 해결 필요성에 따라 국가기본전략으로 '삶의 질의 세계화'를 한국적 사회복지모델로 제시하였다(한국사회복지사협회 50년사편찬위원회, 2017). 먼저, 고용보험은 전통적 의미의 실업보험사업을 비롯하여 고용안정사업과 직업능력사업 등의 노동시장정책을 적극적으로 연계하여 통합적으로 실시하는 고용보험(1995)을 시행하였고, 동년 농어촌 주민까지 국민연금을 적용하도록 하였다. 사회서비스 확대의 일환으로 1993년에 영유아의 심신을 보호하고 건전하게 교육하여 건강한 사회구성원으로 육성함과 아울러 보호자의 경제적·사회적 활동이 원활하게 이루어지도록 함으로써 영유아 및 가정의 복지증진에 이바지함을 목적으로 「영유아보육법」을 제정하여 시간제보육 서비스를 제공하거나 보육에 관한 정보의 수집·제공 및 상담을 위하여 육아종합지원센터를 설치하였다(〈표 4-2〉 참조). 1997년에는 청소년에게 유해한 매체물과 약물 등이 청소년에게 유통되는 것과 청소년이 유해한 업소에 출입하는 것 등을 규제하고 청소년을 유해한 환경으로부터 보호·구제함으로써 청소년이 건전한 인격체로 성장할 수 있도록 「청소년보호법」을 제정하여 가정과 사회, 국가와 지방자치단체의 책무를 명시하였다(〈표 4-2〉 참조). 한편, 행정기관이 주도하던 이웃돕기운동을 민간에 이관하여 공동모금회가 모금 및 배분을 담당하도록 함으로써 민간의 자율적인 복지참여를 촉진하고 민간복지재원을 확충하고 국고 또는 지방비로 지원되지 아니하는 각종 사회복지사업과 시설에 지원함으로써 민간 사회복지의 활성화를 지원하도록 하는 「사회복지공동모금법」을 1997년에 제정한 것(〈표 4-2〉 참조)은 기억할 만하다. 다만, 「사회복지공동모금법」에서는 모금배분의 대상을 「사회복지사업법」 제2조에 의한 사회복지사업으로 한정하고 있어(동법 제2조, 제11조) 「민법」 제32조나 「공익법인의 설립·운영에 관한 법률」 및 「사회단체신고에 관한 법률」 등 다른 법에 의해 설립되어 적용을 받고 있는 자발적 단체 또는 기관에 의해서도 사회복지사업들은 지원을 받지 못할 수도 있어 개선이 필요해 보인다.

6) 국민의 정부(김대중, 1998~2003, 생산적 복지)

전대미문의 IMF 체제하에서 1998년 2월에 출범한 김대중 정부는 고실업과 그로 인한 경제적·사회적 혼란 속에서 시작하여 실업 등 사회보장제도의 안정을 구축해야 하는 부담을 안고 있었다. 이를 위해 '생산적 복지'를 기치로 걸고 시장경제와 사회적 평등을 조화시키고, 복지 지출을 사회적 인적 투자를 확대하여 사회적 생산성을 극대화하고자 하였다. 생산적 복지는 크게 3단계로 추진되었는데(신동면, 2003), 1단계는 경제위기하의 실업대책, 취약계층의 보호를 목표로 하고 1998년 10월에 고용보험 1인 이상 전 사업장 적용을 실시하였다. 2단계로는 복지정책의 제도화를 추진하여 1999년 4월 전 국민 연금제도, 2000년 7월에는 산재보험을 1인 이상 전 사업장에 확대하고, 2000년 10월에는 국민기초생활보장제도를 실시하였다. 3단계는 2001년부터 내실화와 정착을 위해 시혜적 차원에 머물고 있던 생활보호를 국가의 의무이자 국민의 권리로 자리매김하도록 기존 「생활보호법」의 가장 큰 문제점으로 지적되어 온 65세 이상과 18세 미만이라는 인구학적 기준을 개선하여 근로능력의 유무와 관계없이 소득이 최저생계비에 미달하는 국민은 누구나 대상자로 선정될 수 있도록 하고 「생활보호법」의 명칭을 「국민기초생활 보장법」으로 개칭하였다(〈표 4-2〉 참조).

국민의 정부하에서 새로운 공공부조정책을 실시하고, 사회보험정책을 내실화하였다는 긍정적인 평가를 할 수 있는 반면, 인간의 존엄과 가치를 전제하는 복지의 개념이 노동능력을 우선시하는 생산적 복지를 추구하여 인간의 존엄과 가치보다는 절약과 능률을 지향하였다는 점에서 아쉬운 측면이 있다.

7) 참여정부(노무현, 2003~2007, 참여복지)

참여정부는 참여복지를 제시하여 생산적 복지의 기조를 계승하고 발전시켜 나가기 위해 '빈부격차 해소와 국민의 70%가 더불어 잘사는 시대를 지향하여 복지의 보편성' '복지에 대한 국가의 책임강화' '복지정책 과정에 대한 국민의 참여강화'를 추진하였다(김영순, 2008). 사회서비스 일자리 창출(2004), 보육지원 확대(2004), 장애수당확대(2005), 국민기초생활보장제도를 차상위계층으로 확대하며(2004), 고령화시대에 대비한 노인복지종합대책을 추진하기 위해 대통령 직속의 '고령사회대책특별위원회'를 구성하여 대응하고(2005) 소외계층 사회서비스 지원을 위해 다문화가족센터(2006)와 희망스타트 사업(2007)을 실시하였다.

참여정부는 기초생활보장제도의 부양의무자 기준 완화 및 대상자 확대, 차상위계층에 대해 의료급여 적용 확대, 장애수당과 장애아동수당 확대를 통해 계층 간 격차의 완화를 시도하였다. 국민연금의 지속가능성 확보를 위해 2007년 7월 국민연금 급여수준을 60%에서 50%로 인하하고, 노인층의 생계보장을 위해 2008년 1월부터 기초노령연금제도를 시행하며, 저소득 근로자의 일을 통한 탈빈곤을 지원하기 위해 근로장려세제(Earned Income Tax Credit: EITC)를 도입하고, 「노인장기요양보험법」 등을 통과시킨 것(〈표 4-2〉 참조)은 사회복지 대상자들의 삶의 질 개선을 위해 시도한 획기적인 정책적 성과라 할 수 있다.

한편 주민참여와 민관협력을 기반으로 시 · 군 · 구 · 읍 · 면 · 동 간 유기적 연계 · 협력을 통해 지역단위 사회보장 증진 및 지역사회 보호체계 구축, 지방자치단체 지역사회복지협의체(2015년 1월 이후 지역사회보장협의체로 명칭 변경)[6] 설치 · 운영 및 지역사회복지 계획 수립 의무화를 하는 「사회복지사업법」(2003)을 시행한 것은 사회복지정책사에 기억될 만한 성과이다.

6) 지역사회보장협의체의 역할은 다음과 같다.
- 대표협의체: 지역사회보장계획 등 사회보장 관련 중요사항 심의 · 자문
- 실무협의체: 대표협의체 심의지원, 실무분과 간 연계 · 조정
- 실무분과: 사회보장기관 간 연계 · 협력 강화 및 통합서비스 연계

8) 이명박 정부(이명박, 2008~2013, 능동적 복지)

이명박 정부는 보수적 · 잔여적 복지이념을 배경으로 하였음에도 국민의 복지욕구를 충족시켜야만 하였기에 서민생활을 안정시키는 정책 확대를 추진하였다(김교성, 김성욱, 2012). 빈곤과 질병 등 사회적 위험을 사전에 예방하고, 위험에 처한 사람들이 일을 통해 재기할 수 있도록 돕고, 경제성장과 함께하는 '능동적 복지'를 지향하면서 2009년 근로장려세제(EITC)를 시행하였다. 또한 출산, 자녀교육, 일자리, 중년, 노후생활 각각의 생애주기 단계별로 국민에게 희망을 주는 '디딤돌 복지' 개념을 제시하여 정책대상을 저소득층과 중산층을 포괄하는 형태로 지원하였다. 이를 위해 2007년 도시근로자 평균소득의 100% 가구까지 보육료를 차등 지원하던 것을 2012년까지 고소득층 일부를 제외한 전 가구로 확대하였다. 기초노령연금 지급대상을 190만 명(70세 이상 노인의 60%)에서 2009년 363만 명(65세 이상 노인의 70%)까지 확대하였다. 가난의 대물림 방지와 균등한 기회보장을 위해 저소득 아동에게 통합서비스를 제공하는 '드림스타트(기존 희망스타트)' 사업(2009)을 추진하였다. 또한 치매 · 중풍 등 장기요양이 필요한 어르신을 위한 장기요양보험제도를 2008년 7월에 시행하였다(〈표 4-2〉 참조). 복지서비스에 대해서는 공

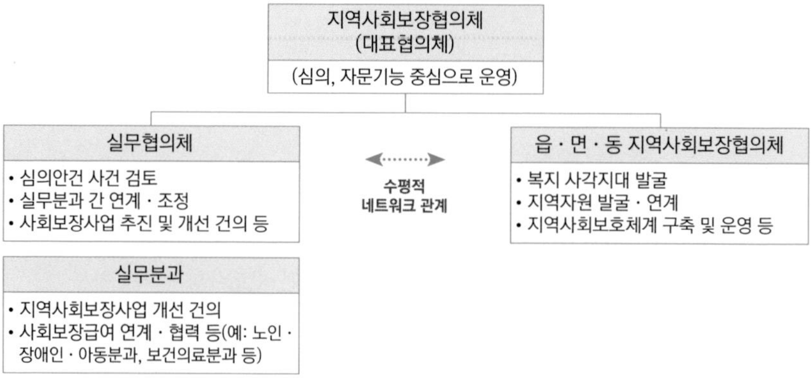

지역사회보장협의체
(대표협의체)
(심의, 자문기능 중심으로 운영)

실무협의체
- 심의안건 사건 검토
- 실무분과 간 연계 · 조정
- 사회보장사업 추진 및 개선 건의 등

수평적
네트워크 관계

읍 · 면 · 동 지역사회보장협의체
- 복지 사각지대 발굴
- 지역자원 발굴 · 연계
- 지역사회보호체계 구축 및 운영 등

실무분과
- 지역사회보장사업 개선 건의
- 사회보장급여 연계 · 협력 등(예: 노인 · 장애인 · 아동분과, 보건의료분과 등)

급자 중심의 단편적 · 분절적 서비스를 수요자 중심의 맞춤형 통합서비스로 전환하고자 ① 사회복지통합관리망 성과의 전 부처 확산을 위해 사회보장정보시스템(범정부)[7]을 설치하고, ② 국민의 복지체감도 제고를 위한 통합서비스 지원, 찾아가는 보건복지전담팀 운영 및 복지업무 역량 강화, 민관협업을 통한 지역사회 복지자원 총량 극대화를 목표로 대상자 발굴, 통합사례관리 실시, 자원관리 등을 위한 희망복지지원단을 출범시켰다(2012).

이명박 정부의 능동적 복지는 노무현 정부의 참여복지와 내용상 유사한 측면이 있으나 통합사례관리를 가능하게 한 사회보장정보시스템 도입이나 대상자 발굴, 통합사례관리 실시, 자원관리 등을 위한 희망복지지원단의 출범은 사회복지 소외계층을 효과적으로 지원하기 위한 기초를 놓았다는 데 의미를 부여할 수 있다.

---

7) 각 부처 및 정보보유기관에서 제공하고 있는 복지사업 정보와 지원대상자의 자격정보, 수급이력 정보를 통합 · 관리하는 시스템으로 복지업무 담당자는 관리정보를 기반으로 민원대응, 업무처리, 복지사업 설계 등 효율적 복지행정 업무를 수행하고, 복지대상자에게 꼭 필요한 복지서비스를 맞춤형으로 제공할 수 있도록 지원하기 위한 시스템으로서 복지알림이[중앙부처 및 지방자치단체 복지사업의 서비스 대상, 서비스 내용, 신청 절차 등을 각 부처 및 지방자치단체(행정망의 범정부포털, www.wish.go.kr), 일반 국민(복지로, www.bokjiro.go.kr)에 제공], 복지지킴이(복지대상자의 중복이나 부적정한 복지서비스 수급을 사전에 방지하고, 사후 중단할 수 있도록 지원하기 위해 변동 · 부적정 · 중복 관리), 업무처리 지원(복지대상자의 소득 · 재산, 인적자료, 수급이력 정보를 연계하여 정확한 복지대상자 선정 및 효율적 복지업무 처리를 지원), 서비스 의뢰(각 부처 혹은 기관에서 복지서비스를 신청하기 위하여 방문한 민원인에게 중앙부처뿐만 아니라 해당 지방자치단체의 각종 복지서비스 안내 및 서비스 의뢰를 지원), 자격 · 수급이력 통합 DB[각 부처별로 분산 · 운영되던 복지서비스 정보(복지서비스 대상자 및 자격 · 수급이력 정보)를 연계하여 통합 관리]를 주요 서비스로 한다(한국사회보장정보원, 2020).

9) 박근혜 정부(박근혜, 2013~2017)

박근혜 정부는 맞춤형 고용 · 복지 추진전략을 중심으로 국가발전의 선순환을 지향하여 국민행복실현을 목표로 일을 통한 빈곤탈출(2013), 기초연금 도입(2014), 저소득층 맞춤형 급여체계 구축(2014), 무상보육, 교육 실현과 내실화(2013)(〈표 4-2〉 참조) 등을 위시한 23개 국정과제를 추진하였다(관계부처 합동, 2013). 이명박 정부에서 출범시킨 희망복지지원단은 2014년 5월 14일부터 찾아가는 동주민서비스 시범사업을 실시하였다. 동 단위의 행정기관에 복지와 보건을 결합한 기능 부여(방문간호사 배치), 주민의 복지욕구에 대한 적극적인 발굴체계(찾아가는 복지), 발굴된 복지욕구에 대한 통합적인 지원체계(동 단위 사례관리), 주민관계 복원을 통한 지역복지력 강화(복지공동체) 등을 설계하여 복지를 시혜적 · 구제적 개념이 아닌 시민의 보편적 권리로 인식하는 것을 지향하는 것이 특징이라고 할 수 있다.

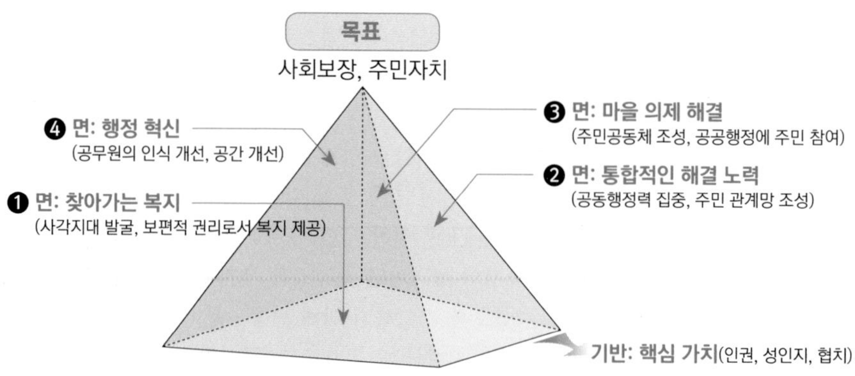

[그림 4-1] 찾동의 목표 및 4개 사업, 핵심 가치

출처: 황금용(2017), p. 28.

〈표 4-1〉 찾동의 비전, 목표, 전략, 추진방향, 세부과제

비전	주민과 함께하는 복지공동체/주민과 함께하는 동주민센터			
목표	지역의 사회보장 증진		주민자치 실현	
전략	공공의 책임성 강화	민관 협력 체계 강화	마을공동체 강화	
추진 방향	주민을 찾아가는 복지 · 건강	주민을 위한 통합서비스	주민 중심의 행정 혁신	주민에 의한 마을 의제 해결
세부과제	• 복지 사각지대 발굴 • 복지통반장, 우리동네주무관	• 동 단위 사례관리 강화 • 위기가구 적극 개입, 해결	• 민관 협치 동행정 구현 • 동장의 역할 강화	• 주민 자조모임 지원 • 주민 참여 활성화 지원 사업
	• 빈곤위기가정 방문 • 차상위, 기초생활수급, 주거위기 등	• 원스톱 복지 상담 • 복지상담전문관 배치	• 주민들의 생활민원 해결 • 우리동네주무관	• 주민 회의 체계 활성화 • 주민자치위원회 개선
	• 돌봄위기가정 방문 • 아동학대, 폭력, 방임가구 등	• 복지공동체 조성 • 나눔이웃, 나눔가게 운영	• 동주민센터 공간 혁신 • 주민 공유, 자치 공간 확대	• 공동 의제 실행력 강화 • 마을기금, 마을계획 운영
	• 65세, 70세 어르신 방문 • 복지, 건강 연계 서비스 제공	• 민관 자원 공유, 협치 실현 • 통합사례관리 회의 진행	• 직원의 직무 역량 강화 • 학습동아리 운영	• 공유 공간 운영 경험 • 마을활력소 마련
	• 임산부, 영유아 보편 지속 방문 • 복지, 건강 연계 서비스 제공	• 보건, 의료서비스 연계 • 정신건강, 치매, 시립병원 운영	• 동 행정 조직 체계 관리 • 복지, 자치 중심 운영	• 효과적 주민자치 실현 • 주민자치회 전환
핵심 가치	인권 · 성인지 · 협치			

출처: 황금용(2017), p. 26.

10) 문재인 정부(문재인, 2017~2022, 포용적 복지국가)

경제적으로 노동시장의 불평등, 소득 · 자산 · 교육의 불평등, 노동시장 격차로 이어지는 악순환과 사회적으로 저출산 · 고령화 등 구조적 문제와 4차 산업혁명 등의 변화를 대응하기 위해 '나라다운 나라' '포용적 복지국가'를 선포한 문재인 정부는 국민의 행복한 삶의 질 향상을 추구한다. 포용적 복지국가는 "국민 누구나 성별, 지역, 계층, 연령에 상관없이 차별이나 배제를 받지 않고 인간다운 삶을 보장받으며 함께 잘 살 수 있도록 국가가 국민의 전 생애주기에 걸쳐 삶을 책임지며, 공정한 기회와 정의로운 결과가 보장될 수 있도록 하며 이를 뒷받침하는 미래를 위해 혁신하는 나라"를 말한다(대한민국 정책브리핑, 2020, p. 1).

포용국가정책은 사회안전망 강화/생애주기별 맞춤형 정책으로 건강보험 보장성 강화(2018), 근로장려금(EITC, 2018), 아동수당(2019), 저소득층 일자리 소득지원대책(2018), 발달장애인 생애주기별 맞춤형 지원(2018)을 포함하였다(〈표 4-2〉 참조). 일자리정책으로 일자리 인프라 구축, 공공일자리 창출, 민간일자리 창출, 일자리 질 개선, 맞춤형 일자리 지원을 제시하여 진행하고 있다.

대상별로는 아동양육의 책임을 국가의 역할로 인식하고 2018년에 시작된 아동수당을 2019년부터 7세 미만 모든 아동에게 확대하고 월 10만 원의 수당을 지급하였다. 노인빈곤 문제를 해소하기 위하여 소득하위 70%에게 월 25만 원씩 지급하던 기초연금을 2019년 4월부터 소득하위 20% 노인에게는 지급액을 최대 30만 원으로 인상하여 사각지대 노인의 노후생활보장을 시도하였다. 국민기초생활대상자의 부양의무자 기준을 단계적으로 철폐하고 2019년 7월부터 장애등급제를 폐지하여 수요자 중심의 맞춤형 장애인복지 향상을 목적으로 하였다. 이처럼 기초생활보장제도 주거급여 부양의무자 기준 폐지(2018), 의료급여기초연금수급 노인 포함된 부양의무자 기준 제외(2022), 2022년까지 생계급여

부양의무자 단계적 폐지 등을 통한 복지개혁 과제들을 수행하여 포용복지를 단계적으로 실천해 오고 있는 것으로 평가할 수 있다.

문재인 정부는 사회복지정책 과제 해결을 향한 상당히 의미 있는 성과들을 냈음에도 불구하고 남은 임기 동안 국정과제들로 제시하였던 복지개혁 과제들을 코로나 상황으로 인한 국가재정위기에서도 적절하게 성취할 수 있는 재원을 마련해 낼 수 있을지에 대한 의문을 남긴다.

〈표 4-2〉 역대 정부별 사회보험, 공공부조, 사회서비스, 사회복지 전달체계별 주요 복지정책

정부명(대통령), 정책 방향		제1 · 2공화국 (1948. 8.~1961. 5.)	제3 · 4공화국(박정희, 1961. 5.~1981. 3.)	제5공화국(전두환, 1981~1987)	제6공화국(노태우, 1988~1993)	문민정부(김영삼, 1993. 3.~1998. 2.)
사회보험	고용실업	• 「근로기준법」(1953)	• 산재보험(1964)	• 「남녀고용평등법」(1987)	• 「최저임금법」(1988)	• 고용보험(1995)
	의료		• 건강보험(1977) • 생활보호대상자 의료보호제도(1977) • 500인 이상(1977), 300인 이상(1979) 사업장 근로자의료보험 • 공무원 및 사립학교교육직원 의료보험제도(1979)		• 5인 이상 사업장 의료보험(1989) • 전 국민 건강보험(1989)	
	연금		• 공무원연금(1960) • 군인연금(1963) • 사학연금(1975)		• 「국민연금법」(1988)	• 농어촌주민까지 국민연금 적용(1995)
공공부조			• 「생활보호법」(1961)		• 저소득층 영구임대주택(1989)	• 「사회보장기본법」(1995)

사회서비스	• 휴전협정 이후 고아시설, 양로시설, 모자원 등 사회복지시설 686개소 설립(1959)	• 「아동복리법」(1961) • 「사회복지사업법」(1970) • 「사회복지사업기금법」(1980)	• 「아동복지법」(1981) • 「노인복지법」(1981) • 「재가노인복지사업」(1987)	• 장애인등록제(1988) • 「모자복지법」(1989) • 「장애인복지법」(1989) • 「장애인 고용촉진 등에 관한 법률」(1989)	• 육아종합지원센터 설치[「영유아보육법」(1993)] • 「청소년보호법」(1997) • 「사회복지공동모금법」(1997)
사회복지 전달체계			• 사회복지전담공무원제도(1987)		

정부명(대통령), 정책 방향		국민의 정부(김대중, 1998~2003, 생산적 복지)	참여정부(노무현, 2003~2007, 참여복지)	이명박 정부(이명박, 2008~2013, 능동적 복지)	박근혜 정부(박근혜, 2013~2017)	문재인 정부(문재인, 2017~2022, 포용적 복지국가)
사회보험	고용실업	• 산재고용보험 확대(2000~2006)				
	의료			• 노인장기요양보험(2008)	• 의료보장성 강화(2013)	
	연금	• 전 국민 국민연금 기반 구축(1999)	• 「국민연금법」 개정(2007) • 퇴직연금(2005)	• 「공무원연금법」 개정(2009)		

공공부조	• 경로연금(1998) • 국민기초생활보장제도(2000)	•「기초노령연금법」(2007) • 차상위계층 지원(2004) • 장애수당 확대(2005)	• 기초노령연금(2008) • 장애인연금(2010) • 근로장려세제(EITC, 2009)	• 기초연금(2014) • 기초보장 맞춤형급여(2014) • 일을 통한 빈곤 탈출(2013)	• 기초생활보장제도 주거급여 부양의무자 기준 폐지(2018) • 의료급여기초연금 수급 노인 포함된 부양의무자 기준 제외(2022) • 2022년까지 생계급여 부양의무자 단계적 폐지
사회서비스	• 장애인복지 5개년 계획(1998)	• 보육확대(2004) • 저출산고령사회 대응(2005) • 사회서비스일자리(2004) • 다문화가족센터(2006) • 희망스타트 실시(2007)	• 5세아 누리과정, 0~2세 무상보육(2012) • 적극적 노동시장정책(2008) • 드림스타트로 변경 추진(2009) •「다문화가정지원법」제정(2008) •「한부모가정지원법」제정(2008)	• 무상보육, 교육 실현과 내실화(2013) • 중앙아동보호전문기관 설치(2015)	

사회복지 전달체계		• 지방자치단체 지역사회복지협의체 설치 · 운영 및 지역사회복지계획 수립 의무화[「사회복지사업법」(2003)]	• 사회복지통합관리망(행복e음) 개통(2010) • 시 · 군 · 구 희망복지지원단 설치(2012)	• 찾아가는 동주민서비스 시범사업 실시(2014) • 지역사회보장협의체로 명칭 변경[「사회보장급여의 이용 · 제공 및 수급권자 발굴에 관한 법률」(2015)]	• 전국 2,911개소에 찾아가는 보건복지 전담팀 설치(2019)

생각해 볼 문제

1. 영국의 복지국가 형성과 역사적 전개과정을 설명해 보시오.
2. 미국의 복지국가 형성과 역사적 전개과정을 설명해 보시오.
3. 사회복지정책 역사에서 제1 · 2공화국의 정책적 기여도를 평가해 보시오.
4. 제3 · 4공화국에서 제정된 주요 사회복지정책 법안들을 나열하고 정책 의의를 설명해 보시오.
5. 제5공화국에서 이루어진 사회복지정책들의 역사적 의의를 설명하고, 사회복지전담공무원제도 시작의 의미를 설명해 보시오.
6. 제6공화국에서 제정된 사회복지정책들의 주요 변화들을 설명해 보시오.
7. 문민정부의 사회복지정책 방향 설정 배경을 제시해 보시오.
8. 국민의 정부의 생산적 복지 추진 단계를 나열하고 정책 성과를 비판적으로 설명해 보시오.
9. 참여정부의 정책적 성과와 한계를 설명해 보시오.
10. 이명박 정부하에서 시작된 사회복지 전달체계 개편 성과를 설명해 보시오.
11. 박근혜 정부에서 확대 시행된 찾동사업을 설명하고 현장의 실천에 있어 문제점들을 설명해 보시오.
12. 문재인 정부의 정책 성과와 한계를 제시해 보시오.

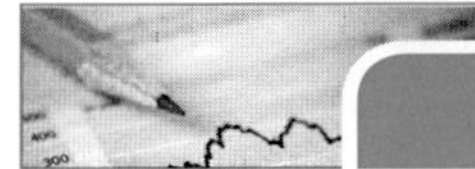

참고문헌

강성원(1999). New Deal 구호정책의 성과. 경제논집, 38(1), 89-124.

고세훈(2011). 영국정치와 국가복지. 경기: 집문당.

관계부처 합동(2013). 박근혜 정부 국정비전 및 국정목표. 서울: 청와대.

김경우, 양승일, 강복화(2008). 사회복지정책론. 서울: 창지사.

김교성, 김성욱(2012). 복지의 양적 확대와 체계적 축소: 이명박 정부의 복지정책에 대한 평가. 사회복지정책, 39(3), 117-149.

김명희(2008). 미국과 한국 근로연계복지정책의 형성과 변화: 역사적 제도주의. 한국자치행정학부, 22(1), 235-261.

김영순(2008). 노무현 정부의 복지정책과 복지정치. 비판과 대안을 위한 사회복지학회 학술대회 발표 자료집.

김형수(2002). 미국 TANF와 SSI 제도의 현황 분석 및 시사점. 보건과복지, 5, 43-62.

대한민국 정책브리핑(2020). 혁신적 포용국가. http://www.korea.kr/special/policyCurationView.do?newsId=148855401

박병현(1992). 미국 AFDC 프로그램의 변천과정을 통해서 본 빈곤문제와 자유주의사상과의 관계. 사회과학논총, 11, 1-29.

신동면(2003). 김대중 정부의 '생산적 복지'와 노무현 정부의 '참여복지'. 한국행정포럼, 101, 17-21.

최영준, 손병덕, 정기혜, 김용하, 이지현(2012). 주요국의 사회보장제도: 영국. 서울: 한국보건사회연구원.

최유(2013). 영국의 중앙과 지방간 사회복지재정 배분제도 연구. 세종: 한국법제연구원.

한국사회보장정보원(2020). 사회보장정보시스템. http://ssis.or.kr/lay1/S1T750C767/contents.do

한국사회복지사협회 50년사편찬위원회(2017). 한국사회복지협회 50년사 1967~2017.

황금용(2017). 찾아가는 동주민센터, 현황과 과제: 정책의 전국화에 따른 점검. 한국보건사회연구원 보건복지포럼.

제5장

사회복지정책의 형성과정

1. 사회정책 발달이론
2. 신제도주의와 자본주의 다양성 이론
3. 사회복지정책 욕구와 사회복지정책의 순환적 정책 형성과정

사회정책의 형성과정에 대하여 설명하는 다양한 이론이 존재한다. 이 장에서는 사회복지정책 발달에 기여한 대표적인 이론으로 산업화이론(수렴이론, 근대화이론), 독점자본주의론, 사회민주주의론(권력자본론), 이익집단정치론, 국가중심론에 대하여 살펴본다.

1. 사회정책 발달이론

1) 산업화이론 혹은 수렴이론

산업화이론(industrialization theory, 근대화이론) 혹은 수렴이론(convergency theory)에서는 서로 다른 국가, 정치, 경제, 사회, 문화적 체제를 가지고 있다 할지라도 국가 경제발전의 수준이 비슷하다면 사회보장제도의 발전도 비슷하게 수렴되어 그 발달양상이 유사하게 나타난다고 설명한다. 즉, 과거 서구 국가들이 산업화를 경험하면서 노동자의 도시이주가 초래되고 이에 따른 생애기반 약화와 가족기능 저하로 인한 노동자들의 불안정한 삶을 지원하기 위해 마련된 의료, 연금, 주택, 교육 등의 복지정책들이 생산성 향상을 이뤄 내어 결국 산업화 촉진에 기여하게 된 것이라고 본다. 대표적인 학자로는 윌렌스키와 르보(Wilensky & Lebeaux, 1965)가 있다. 이들은 산업화와 도시화의 과정에서 나타나는 복지적 위협들을 해소하기 위하여 복지국가를 지향하게 된다고 보았다. 산업화 · 도시화 과정에서 필연적인 빈곤의 문제와 이에 관련한 당면한 복지욕구를 국가 차원에서 소득재분배를 통해 대응하고 그 대상을 보편적으로 확대한다. 따라서 국가는 정치, 사회, 문화체계에 상관없이 산업화를 거쳐 경제성장을 이룩해 나갈 때 보편적인 사회보장제도를 수렴하게 되는 것이다.

2) 독점자본주의론

독점자본주의론(monoply capitalism)은 마르크스주의(maxism)의 영향으로 자본주의 국가들이 복지국가를 지향하는 것은 자신들의 자본주의 체제를 유지하기 위한 목적에서 비롯된 것이라고 본다(O'Conner, 1973). 마르크스주의는 자본주의자 소수가 생산수단을 독점하는 까닭에 노동자와 농민들은 착취의 대상이라고 보아 자본주의 체제에서는 사회보장이 될 수 없기 때문에 복지국가에 대한 설명을 시도하지 않았던 것으로 이해된다. 제2차 세계대전 이후 자본가가 아닌 국가가 자본주의 경제에 적극적으로 개입하게 되자 네오 마르크스주의(neo-marxism)자들은 전통적인 마르크스주의를 수정하여 도구주의적 관점에서 국가는 자본가 계급의 이익을 위한 도구로 사용되어 결국 복지정책도 자본가 계급에서 결정한다고 비판하였다(Miliband, 1969). 자본주의 사회에서 경제조직을 독점하고 있는 자본가들이 자신들의 독점적 지위를 이용하여 정치조직인 국가를 영향력 아래 두고 있기 때문에 국가도 불가피하게 자본가들의 요구를 실행할 수밖에 없다는 것이다. 제2차 세계대전 이후 도구주의적 네오 마르크스주의 관점에서 사회보장제도는 미래에 발생할지도 모르는 대공황과 같은 상황에서 일어날 수 있는 노동자 폭동을 대비하거나 사회주의로 가는 길을 저지하려는 시도로 보았다. 이처럼 독점자본주의론은 국가독점주의에 대한 해석에 있어 그 중심에 국가 독점이 있고 자본가가 국가권력에 결정적인 영향을 미친다고 보나, 국가독점 영역뿐만 아니라 사적자본 영역이 확실하게 존재하고, 그리스 등 재정위기를 경험하고 있는 나라들의 경우 국가가 오히려 국가위기 상황을 초래하는 원인으로 작용하는 것을 볼 때 독점자본주의론은 모순이 있다고 보인다. 그럼에도 불구하고 독점자본주의론은 경제 분야의 실질적 지배자인 독점자본의 성격과 국가와의 관계를 비판적 관점에서 파악하게 하여 변혁적 전략을 제시하는 데 아이디어를 제공한다는 측면에서 긍정적으로 평가할 수 있을 것이다.

3) 사회민주주의론

사회민주주의론[social democracy, 권력자원론(power resources theory)]에서는 노동조합이나 좌파정당의 권력이 복지국가를 발전시키는 데 핵심적인 역할을 한다고 보았다. 사회민주주의론(권력자원론)은 복지국가 발전에 경제적 규모의 기여정도를 명확하게 제시하지 못하는 산업화이론(수렴이론), 그리고 정치적 역동성을 고려하지 않는 독점자본주의론을 비판하면서 복지국가는 자본가를 중심으로 한 우파세력과 노동자들을 중심으로 하는 좌파세력 간 투쟁에 의하여 복지제도가 발전하게 된다고 하였다(Esping-Andersen & Korpi, 1984). 산업사회에서 사회보장제도의 기틀은 실직, 산재 등 사회적 위험에 노출된 노동계급의 당면과제들을 해소하기 위하여 발전하였고 노동자 계급이 좌파정당과 연대하여 더욱 사회보장제도의 발달이 가속화되는 계기가 마련되었다는 것이다. 반면에 자본가들은 노동자들의 실질적 복지비용을 직간접적으로 지출해야 하는 당사자의 위치에 있기 때문에 자신들을 지지기반으로 하는 우파정당들은 사회보장제도의 확대에 적극적이지 않다고 평가한다. 20세기 초 제국주의시대에 마르크스레닌주의가 지배계급을 고립시키기 위해 노동자-농민 동맹전략으로 시작한 사민주의는 당시 혁명정당과 노동자-농민 권력자원 결합이었던 반면에 오늘날 사민주의론(권력자원론)적 복지정책은 정규직-비정규직, 취업자-실업자, 상위계층 노동자-노동빈민자 사이에도 존재하는 부담계층과 수혜계층 간 계급갈등이 양산되는 문제가 있고, 권력을 획득한 이후 (사회경제적 상황에 따라) 지배체제와 복잡한 노동자 계급 간 타협이 쉽지 않게 전개되는 취약점이 있다.

4) 이익집단이론

이익집단이론(interest group theory)은 권력자원론과 비슷하게 정치를 중요하게 간주하며 복지정책도 개별 이익을 대변하는 이익집단이 복지국가 형성에 영향을 미친다고 생각하는 이론으로 낙관적 이익집단론(Bentley, 1908, p. 211; Truman, 1951, p. 33)과 이익집단 역기능론(Lowi, 1964)이 존재한다. 벤틀리(Bentley)와 트루먼(Truman)은 미국의 정치체계가 다양한 이익집단의 요구에 민주적으로 부응할 수 있으나 결정자는 다수의 잠재적 이익집단의 이익을 염두에 둘 수밖에 없으므로 활동적 소수의 특수이익이 정책을 지나치게 좌우할 수 없고, 일반적으로 이익집단 구성원들이 중복 소속되어 있는 경우가 많기 때문에 특수이익이 극대화되기 어려우며, 특수이익보다는 공익이 우선시되는 경향이 있어 공익적 이익에 따른 정책이 중요하게 작용할 것이라고 보는 낙관적인 이익집단론을 제시하였다. 로위(Lowi, 1964)는 비활동적인 이익집단이 활동적 이익집단에 의해 배제될 가능성이 많다고 보고 특히 정부의 특정 기관이 이익집단과 결탁하여 정책을 결정할 가능성이 많기 때문에 이런 것을 방지하기 위해 사법적 절차강화를 목적으로 하는 사법민주주의가 필요하다고 주장하였다.

5) 국가중심론

국가중심론[state centered theory, 국가론(statist approach)]은 국가론이

라고 불리기도 하며 사회복지정책이란 국가 혹은 정부 관료조직이 중심이 되어 국가의 사회복지적 당면과제들을 인식하고 해소해야 한다는 견해이다. 이 이론은 산업화이론이나 마르크스주의와 다르게 복지제도의 형성에서 국가 자체, 즉 국가구조의 역할을 강조하여 국가의 권력구조, 특히 행정부의 권력구조가 중요한 역할을 한다고 본다. 스콕폴(Skocpol, 1980, 1985)은 국가정책의 핵심 기여자를 국가와 정부조직으로 보고 정책추진 전달체계의 역할이 정책의 성공에 있어 중요하다고 제시하였다. 헤클로(Heclo, 1974) 또한 사회복지정책 이행에 있어 국가의 역할을 중요하게 거론하면서 경제성장이나 정치적 이익집단, 그리고 정당 및 이데올로기의 역할들은 미미하게 간주하였다. 제솝(Jessop, 1982)도 경제위기와 같은 사회적 상황 속에서 특정한 전략을 수행하는 행위자, 즉 권력구조 안에 있는 당사자들이 정책 결정에 핵심적인 역할을 한다고 보았다. 과거 산업화이론이 복지국가제도의 형성과정에서 세력 간 합의와 타협 과정을 지나치게 강조하여 갈등과 투쟁 과정을 간과하였다고 비판하면서 국가조직과 관료들이 정책 결정을 둘러싼 이해관계 속에서 갈등과 투쟁 과정에 해법을 제시하는 결정적인 역할을 한다고 본다(Skocpol, 1985). 정책과 관련하여 전문적인 아이디어를 제시하는 전문성 투쟁과정에서 높은 권력 위치에 있는 행정기관조직의 전문성이 결국 정책을 결정짓는 역할을 한다는 것이다. 예를 들어, 우리나라의 「국민기초생활 보장법」의 제정과정에서도 시민단체의 역할보다 청와대, 경제부처 등 정부의 핵심 관료조직이 결정적인 역할을 한 것으로 보는 것은 국가중심론적 견해라 할 수 있다(유길연, 최재훈, 2015).[1]

1) 유길연과 최재훈(2015)은 「국민기초생활 보장법」 제정이 정부 내 행위자 간의 대립과 갈등 과정에서 진보적 정치세력이나 사회세력보다 청와대와 기획예산처와 같은 정부기관의 전문성 있는 의견이 반영된 결과라고 평가하였다.

2. 신제도주의와 자본주의 다양성 이론

1) 신제도주의

1980년대 초 구미 학계에서 등장한 신제도주의는 정치학과 사회학에서 역사적 제도주의와 행위자 중심의 제도주의로 각각 다루어졌다(김태근, 김학실, 2014).

(1) 역사적 제도주의

역사적 제도주의에 따르면 제도는 그것이 형성된 이후 역사적 경로를 따라 지속·유지되며[2] 이때 개인이나 집단의 상호작용으로 인해 형성되고 다른 제도와의 연결망을 통해 구조화되면서 예측 가능한 균형 상태가 되는데, 이는 제도를 보완하고 개선하기를 기대하는 행위자의 피드백에 의해 이루어진다(North, 1993). 피어슨(Pierson, 2000)은 역사적 맥락의 역동적 과정에서 권력과 문화가 서로 제도에 적응하는 과정에서 안정감을 가지게 되는데, 정권이 교체되면서 정당의 정강 및 정책에 따라 정책기조가 바뀌어도 정치체계와 관료체계 등의 제도가 역사적으로 지속되는 것으로 설명할 수 있다고 평가하였다. 따라서 역사적 제도주의는 정착된 제도가 경로의존성(path dependency)에 의해 역사적 에피소드들을 따라 진행되는 특성이 있으므로 기존의 제도를 변화시키기가 쉽지

2) 이것을 제도의 역사적 '경로의존성'이라 부른다. 이는 과거와 현재의 역사적인 사건들이 미래에 영향을 미친다는 것으로 일련의 에피소드와 결합과정으로 이해한다. 역사적 경로의존성란 개인, 집단의 상호작용으로 역사적 과정을 거쳐 느린 변화를 경험하는 형태로 보는 것이다. 제도는 역사적인 과정에서 변화에 저항적이므로 전혀 새로운 제도로 바꾸기보다는 기존 전통을 지키고 초기에 형성된 구조화된 제도를 유지하는 역사적 지속성을 유지하게 된다는 것이다.

않다고 보았다. 피어슨(1996)은 복지정책에 관하여 복지국가가 성숙함에 따라 공식적 제도(formal institutions)의 수직적/수평적 통합과 같은 전통적인 설명변수들이 사회·경제적 이해관계자의 네트워크를 형성시키고, 다른 정책대안의 복잡한 이해관계를 탈피하기 힘들게 되는 경로의존성 때문에 급격한 정책변화가 어려워진다고 설명하였다.

(2) 행위자 중심의 제도주의

행위자 중심의 제도주의는 역사적 제도주의를 수용하되 동시에 현실에 적합한 이론으로 재구성한 결과물로서 협력적 관계, 적대적 관계, 경쟁적 관계, 이기적-합리적 관계로 각기 구성된 서로 다른 행위자 간(일면적 적응, 쌍방향 적응, 협상, 표결, 그리고 위계질서적 결정에 의해) 사회적 행위조정의 결과물이 산출되고 그 결과물이 구조화된 제도를 변화시킨다고 보았다(Mayntz & Scharpf, 1995). 행위자 중심의 제도주의는 제도의 경로의존성에서 탈피하여 새로운 제도적 변화를 추구하는 것으로 우리나라의 경우 사회적 요구를 매개로 하여 이념적 대립을 넘어선 정당 간 타협을 이루어 내고 이때 협동조합, 사회서비스 제공자 등 다양한 형태의 행위자들이 참여하여 제도의 변화를 이끌어 낸 사회적 기업이나 사회서비스 정책에서 예를 찾을 수 있을 것이다.

(3) 자본주의 다양성 이론

역사적 제도주의나 행위자 중심의 제도주의를 강조하는 신제도주의 입장에 반하여 자본주의 체제는 수렴하지 않고 다양하다는 자본주의 다양성(varieties of capitalism) 이론이 등장하였다. 자본주의 다양성 이론(Hall & Soskice, 2001; Ebbinghaus & Manow, 2001)은 국가구조, 노사관계, 금융시스템, 조세제도, 복지제도 및 교육제도 등 다양한 제도적 조합으로 구성된 다양한 생산구조(production regime)와 사회적 보호체계, 그리고 노사관계 등 경제행위자들이 생존을 위한 특정한 규범체계를 지닌

권력관계를 형성하여 행위자들 간의 전략적 상호작용에 의해 제도적 구조와 복지국가정책이 나타난다는 것이다. 특히 자본주의 다양성 이론은 기존의 권력자원이론이나 국가중심론이 기업 및 사용자에 대한 관심이 부족하였다고 보고, 사회보장정책 결정에 핵심적인 기제로 작용하는 소득불평등에 생산체제를 구성하는 경제주체들, 특히 노사관계, 금융관계, 기업 간 관계 등 생산체제의 구성요소들의 상호보완성 혹은 선택적 친화성(selective affinity) 등 조정양식이 복지정책 형성에 중요한 역할을 한다고 본다. 특히 자본주의 다양성 이론은 여러 제도가 생산체제에 따라 상호 보완적 관계에 있다고 보는데, 현대사회가 국가 간 경제장벽이 무너진 상황임에도 불구하고 독자적인 복지체계를 발전시키고 있는 것은 각 국가에서 복지체제에 대한 생산체제의 이해관계와 노동조합의 조직유형에 따라 다양한 복지정책 형태가 나타나게 된다는 것이다. 즉, 주력산업의 형태가 비숙련 생산체제에 의존하고 있는 국가의 경우에는 실업보험이나 고용보호 등의 제도가 발전하지 않는 반면에 고도 숙련기술 위주 국가는 고용보호 등 사회보장정책이 발달할 수밖에 없다는 것이다 (Soskice, Estevez-Abe, & Iversen, 2001).

3. 사회복지정책 욕구와 사회복지정책의 순환적 정책 형성과정

사회복지정책은 실제 발생한 사회적 문제를 대처하기 위해 제시된 전략적인 방안이므로 실현 가능하고 지속 가능한 정책개발에 이르기까지 일련의 과정을 거친다. 즉, 사회문제를 해소하기 위한 사회의 다양한 욕구를 적정하게 아우르는 정책문제 발견(정책의제 개발)에서 출발하여 정책 형성, 정책대안 결정, 실행, 평가에 이르기까지 오류를 최소화하기 위한 일련의 정책분석 순환(policy cycle)과정을 필요로 하는 것이다. 앤더슨(Anderson, 2011), 스미스와 라리머(Smith & Larimer, 2009) 등은 공공 정책 개발에 있어 필수적으로 정책의제 설정(agenda setting), 정책 입안(policy formulation), 정책 결정(policy adoption or decision making), 정책 실행(policy implantation), 정책 평가(policy evaluation)의 다섯 단계 정책 분석 과정을 거쳐야 한다고 제시하였다.

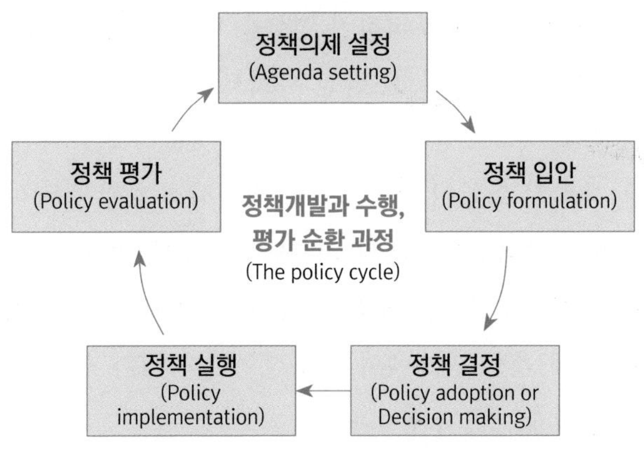

[그림 5-1] 정책개발과 수행, 평가 순환 과정

출처: Anderson (2011), Smith & Larimer (2009)에서 '사회정책 형성과정안' 수정 · 보완.

1) 정책의제 설정

의제개발 단계는 공공의 관심에 부합하면서 사회적 문제로 제기된 사안에 대하여 논의 및 결정 과정을 거쳐 정책의제로 발굴하는 단계를 말한다(Scheberle, 1994). 이때 제기되는 사안은 주로 사회적으로 문제가 되는 이슈들 중에서도 그 상황이 확연하게 드러나 보이는 것이다. 예를 들어, 제2차 사회보장기본계획(2019~2013)을 수립하는 과정에서 이루어진 우리 사회의 사회현실 진단에 따르면, 우리 국민의 행복수준은 낮고[경제적 발전 GDP 순위 11위(IMF) 대비 국민들의 삶의 만족도가 낮은 편으로 OECD 삶의 만족도 지수 Better Life Index 중 Life Satisfaction이 2017년 기준 38개국 중 28위이고 2016년 기준 인구 10만 명당 자살률 25.6명으로 OECD 최고 수준; [그림 5-2] 참조], 고용과 소득 그리고 생활여건 부분에서 2인 이상 가구의 상대빈곤율(중위 50%)은 2015년 감소하다 2016년 다시 빠르게 상승하고 있으며([그림 5-2] 참조), 1인 이상 전체가구의 빈곤율 또한 유사한 추이를 보이고 있고([그림 5-3] 참조), 여성들은 맞벌이가 불가피한 상황에서 성별 임금격차와 경력단절 위험, 독박육아 등 삼중고에 노출되어 있으며, 이는 결혼과 출산에 부정적인 영향을 미치고 있다. 또한 탈산업화와 저성장, 노동시장의 양극화, 핵심 사회서비스인 주거와 교육 부문의 과도한 지출부담, 사회보장제도의 저발전이 맞물려 전통적인 사회적 위험과 새로운 사회적 위험이 복합적으로 경제사회적 갈등을 야기하고 있다. 그래서 기존 사회보장체계의 저부담-저복지 구조([그림 5-4] 참조)로는 국민들의 다양한 복지욕구를 충족시키기 어려운 상황이라고 분석하였다. 정책의제 개발 단계에서 필수적으로 논의가 필요한 사회적 문제 이슈가 정책의제 계발과제이다.

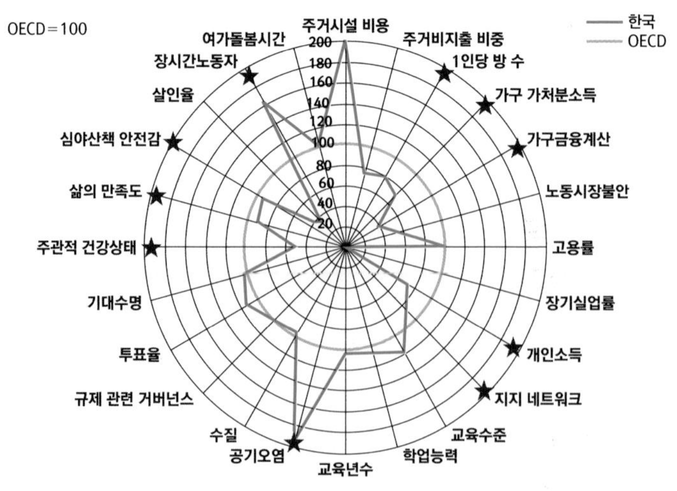

[그림 5-2] 한국사회의 행복지수

자료: OECD. stat.에서 2018. 8. 2. 인출.

출처: 노대명 외(1998), p. 24.

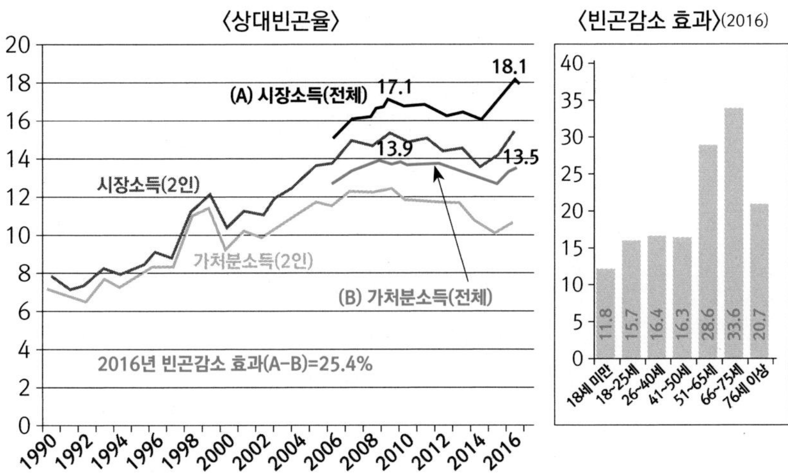

[그림 5-3] 1990년 이후 한국사회의 상대빈곤율 추이

자료: 통계청, 가계동향조사(한국보건사회연구원, 2016년 빈곤통계연보에서 인용).
출처: 노대명 외(1998), p. 27.

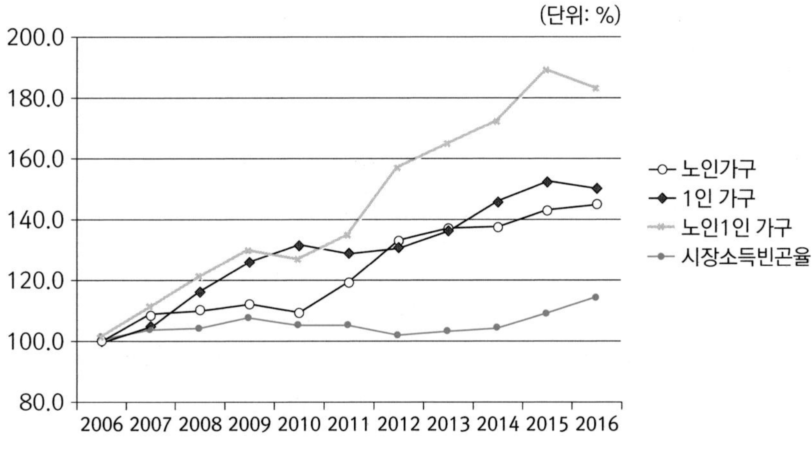

[그림 5-4] 가구구성에 따른 빈곤율 변화(2006년=100%)

자료: 통계청, 가계동향조사 각 연도 원자료.
출처: 노대명 외(1998), p. 31.

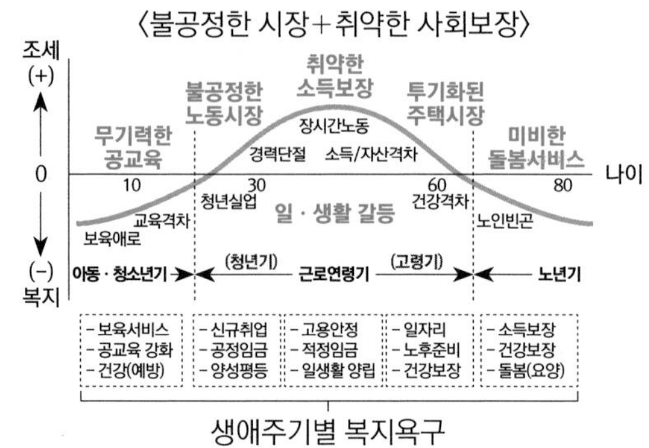

[그림 5-5] 생애주기별 복지욕구

출처: 노대명 외(1998), p. 30.

2) 정책 입안

정책 입안 단계에서 정책관련자들은 사회적 문제 해소를 위한 다양한 정책옵션들을 놓고 가능한 방안이 무엇인지 분석한다(Stone, 1989). 이때 주로 시도하는 방법은 과거 정책에 대한 평가이다. 과거 1960년대에는 극빈층, 공무원, 교사, 군인을 대상으로 하는 복지제도 중심이었으나 김영삼 정부 때 고용보험과 퇴직연금 등 최초로 사회보험제도가 도입되었고 김영삼 정부 때 4대 사회보험 가입대상 전 국민 확대와 기초생활보장제도를 도입하였다. 노무현 정부는 보육과 사회서비스 확충과 기초노령연금을, 이명박 정부는 노인장기요양보험과 근로장려세제, 장애연금, 무상보육을, 박근혜 정부는 전 정권에서 이루어진 사회보장제도의 개편을 시도하였다. 그러나 이제 거버넌스 혁신과 사회안전망 재구조화를 통해 국민들의 복지욕구에 부응하는 상황에 있고, 제1차 사회보장기본계획은 사회보장제도의 재구조화를 겨냥했으나 부처를 넘어 사회보장제도를 개혁할 권한을 가진 거버넌스 개편을 고민하지 못한 한계가 있었다고 평가하고(〈표 5-1〉 참조) 제1차 계획의 지표 달성수준을 분석(〈표 5-2〉 참조)함으로써 정책의 방향성을 분명하게 하였다.

〈표 5-1〉 역대 정부의 주요 사회보장정책

정부별 (대통령)	문민정부 (김영삼)	국민의 정부 (김대중)	참여정부 (노무현)	이명박 정부 (이명박)	박근혜 정부 (박근혜)	문재인 정부 (문재인)
연도	1993~1997년	1998~2002년	2003~2007년	2008~2012년	2013~2017년	2017~2022년
정책 기초		생산적 복지	참여복지	능동적 복지	맞춤형 고용·복지	포용적 복지
사회복지	• 고용보험(1995)	• 산재/고용보험 적용 확대 (2000~2005)				• 산재보험 적용 확대(2018. 12.)
		• 의약분업(2000) • 건보 통합(조직 2000, 재정 2003)		• 노인장기요양 보험(2008)	• 의료보장성 강화(2013~) • 노인장기요양 보험 치매특별 등급(2014)	• 건강보험 보장성 강화(2017~) • 치매국가책임제 추진(2017. 9.)
	• 국민연금 확대	• 전 국민 국민연금 기반 구축 (1999)	• 「국민연금법」 개정(급여 인하 등, 2007)	• 「공무원연금법」 개정(2009)		• 국민연금 취약 계층 가입 대상자 확대 (2018)
공공부조 국가보훈		• 경로연금(1998) • 국민기초생활 보장제도(2000)	• 「기초노령 연금법」(2007) • 차상위계층 지원 (의료급여, 자활, 2004) • 장애수당 확대 (2005)	• 기초노령연금 (2008) • 장애인연금 (2010)	• 기초연금(2014) • 기초보장 맞춤형 급여체계(2014) • 일을 통한 빈곤 탈출 지원(2013)	• 기초연금 인상 (2018) • 장애인연금 기초 급여 인상(2018)

사회 서비스	• 공중보건, 건강증진정책 확대(1995) • 보육시설확충 3개년계획(1995) • 퇴직연금제도 도입(1995)	• 장애인복지 5개년계획(1998)	• 보육 확대(2004) • 저출산 · 고령사회 본격 대응(2005) • 사회서비스 일자리(2004) • 다문화가족지원센터(2006)	• 5세아 누리과정, 0~2세아 무상 보육(2012) • 적극적 노동시장 정책 확대(ALMP, 2008)	• 무상보육 · 무상교육 실현과 내실화(2013~) • 보편적 주거복지 • 경력단절 여성 지원, 양성평등 확산 등	• 장애등급제 축소(2018), 폐지(2019) • 맞춤형 주거복지 실현(2017~)
교육비 지원				• 든든학자금대출(ICL, 2010) • 맞춤형 국가장학금(반값등록금, 2012)	• 든든학자금 대출 이자 인하 • 반값등록금 지원 확대(2013)	• 사회적 배려계층 지원 강화(성적 기준 완화 · 폐지)(2018~)
조세지출				• 근로장려세제(EITC, 2009)	• 근로장려세제 확대	• 근로장려세제 지원 대상, 지급액 확대

출처: 노대명 외(2018), p. 37.

〈표 5-2〉 제1차 계획 지표 달성수준 분석

구분	지표명	출처	2014년	목표 (2018년)	현황
총괄	공공사회복지지출 (GDP 대비)	OECD(2018년)	9.6%	12%	11.1% (2018년), 잠정
교육·교육	평생학습 참여율	한국교육개발원 (2012년)	32.6%	40%	35.8% (2017년)
	보육료 지원대상	복지부 (2012년)	128만 명	139만 명	145만 명 (2017년)
	육아휴직자 수	고용보험DB (2013년)	7만 명	10만 명	9.9만 명 (2018년)
	고용률(15~64세)	통계청 (2013년)	64.4%	70%	66.6% (2018년)
	청년실업률	통계청 (2013년 5월)	7.4%	6%	9.5% (2018년)
소득보장	65세 이상 빈곤율 (처분가능소득)	통계청 (2013년)	48.1%	40%	46.7% (2016년)
	국민연금 수급률	복지부 (2012년)	28.2%	33%	41.6% (2018년)
	저소득층 자활성공률	복지부 (2012년)	28%	40%	34.4% (2017년)
건강보장	국민의료비 중 가계직접부담비율	OECD (2011년)	35.2%	33%	36.8% (2015년)
	건강수명	WHO (2011년)	71세	75세	73.2세 (2015년)
사회서비스	장기요양서비스 수혜율	복지부(2010년)	5.8%	7%	7.4%(2015년)
	행복주택 공급	국토교통부 (2013년)	14만 호	14만 호	156만 호 공급 (2018년)

출처: 보건복지부(2019), p. 3.

이때 해당 문제를 해소하기 위해 선택 가능한 전략의 선택을 위해 해외에서 비슷한 상황을 경험한 국가들의 정책 대처 사례들을 살펴보는 것도 중요한 방법이 될 수 있다. 예를 들어, 제2차 사회보장기본계획 입안을 위한 사회보험 관리체계의 통합현대화, 자영업자를 포함한 보편적 구직수당제도의 도입, 일반사회기여금을 통한 실업보험 및 건강보험 보험료 대체, 단기고용계약 남발 고용주에 대한 징벌적 조치 강화를 실시한 프랑스의 사회보장제도 개혁과 사회안전망을 충분하게 갖춘 영국과 노르웨이의 사회보장제도를 살펴본 내용(노대명 외, 2018, pp. 51-85)이 이에 해당될 수 있다.

3) 정책 결정

정책 결정은 정부 차원에서 주어진 사회적 문제를 해소하기 위해 가장 적절하다고 판단되는 정책적 결정을 내리고 정책을 선택하는 단계이다(DeLeon, 1999). 적절한 정책 결정을 위하여 정책 입안 시 과거에 해당 문제를 해소할 목적으로 시행한 정책 및 해외 유사 관련 정책의 평가를 진행하였으므로 이 평가가 적정하게 이루어졌는지 그 정당성을 검토하여야 한다. 또한 해당 문제를 해소하기 위해 현재 가용한 자원과 새로이 입안한 정책 간에 어떠한 차이가 존재하는지 파악하여 문제를 해소하기 위해 추가적으로 어떤 내용이 개선되어야 하는지에 대한 제안사항들이 적정하게 수립되었는지도 파악할 필요가 있다. 나아가 제시된 대안적 정책들 중 가장 우선적으로 시행할 필요가 있는 사항들[3]에 대한 검

3) 보건복지부는 제2차 사회보장기본계획(2019~2013) 수립을 위하여 우선적으로 해결해야 할 당면과제로 ① 사회지출의 가파른 증가에도 불구하고 사회복지 지출수준이 OECD 국가 평균의 53.7%인 점(2015), ② 공공부조 부분에서 기초생활보장제도의 부양의무자 기준 등으로 비수급 빈곤층이 93만 명가량 존재하고,

토도 이루어져야 할 것이고, 이렇게 우선적으로 해결할 과제들을 수행할 시 정부 부처 간에 어떤 협력이 이루어져야 하며 그런 협력이 가능한지 여부도 판단하여야 할 것이다. 수립된 목표를 수행하기 위한 정책전략과 세부과제들이 적정하게 연차별 수행목표에 따라 모니터링이 가능한 형태로 제시되어야 하고, 이 모든 사업을 수행하기에 필수적인 행·재정계획과 모니터링 계획도 타당하게 수립되어 있는지 점검한 이후에 최종 정책 결정이 이루어져야 한다(〈표 5-3〉 참조).

4) 정책 실행

정책 실행은 정책의 궁극적 결과에 영향을 미칠 실제 정책전략에 따른 구체적인 개별사업들을 시행하는 단계이다(Sabatier & Mazmanian, 1995). 해당 문제를 해소하기 위해 향후 정책환경 전망[4]을 기조로 실제 계획 비전과 전략 추진과제를 제시하여 행정구조 개편에 따른 인력, 서비스 및

사회보험 부분에서 국민연금 납부예외자가 359만 명(2018)이며, 고용보험 가입률이 정규직 85.9%, 비정규직 44.1%인 점(2017), ③ 건강보험의 보장률이 낮고(2016년 기준 62%, OECD 80%), 실업급여의 지급 수준 및 기간이 부족하며(2016년 기준 한국 10.3%, OECD 40.6%), 국민연금의 소득대체율이 낮은 점(2016년 기준 39.3%, OECD 40.6%), ④ 민간중심 공급이용체계(주거, 요양, 돌봄, 보육 등)로 서비스의 질이 낮고(국공립 비중 2017년 기준 성인돌봄 3.6%, 보육 8.9%, 건강 13.7%) 취약계층 위주 사회서비스 제공으로 국민의 복지체감도 제고에 한계가 있다는 점을 파악하였다(보건복지부, 2019, pp. 7-8).

4) 제2차 사회보장기본계획 수행을 위한 정책환경 전망으로 ① 경제사회구조 변화(고령화 심화 및 가족기능 약화, 생산가능인구 감소와 세계경제 성장둔화 등 내외 여건 악화로 성장률 저하 전망, 4차 산업혁명으로 고용구조 변화, 정보통신기술 발달과 새로운 소통방식 확산), ② 국민의 사회보장 인식과 욕구(낮은 삶의 만족도, 일자리·건강·노후생활·자녀교육 등 걱정거리 증가, 탈빈곤과 일자리가 향후 5년간 중점추진 정책 선호)를 제시하였다(보건복지부, 2019, pp. 9-11).

예산[5]이 실제로 집행되는 단계이기도 하다. 정책 실행단계에서 목표로 한 정책을 구현하기 위해 제시된 전략과 그 하위단위 사업들을 수행할 때 수립한 연차별 수행단위 목표와 수행방안들이 적절하게 이루어지고 있는지 그 과정을 모니터링하는 것이 매우 중요하다. 모니터링 과정을 통해 발견된 문제점들을 그다음 해 사업수행에서 환류 적용함으로써 문제 상황이 추가적으로 발생하지 않도록 하는 것이 타당할 것이다.

5) 제2차 사회보장기본계획의 총 투자규모는 약 3,321조 원으로 추계하였다.

(단위: 조 원)

구분		계	2019년	2020년	2021년	2022년	2023년
계		332.1	54.9	62.5	67.1	71.3	76.3
보편적 사회 안전망 구축	고용·교육	68.9	12.4	14.1	14.1	14.1	14.2
	소득	119.6	18.8	21.2	23.6	26.4	29.6
	건강	38.1	5.7	6.8	7.8	8.8	9.0
	사회서비스	105.5	18.0	20.4	21.6	22.0	23.5

주: 1) 기본계획에 포함된 90여 개 세부과제의 예산을 포함함(일반회계, 기금, 지방비 및 건보재정).

2) 국민연금재정 등 일부는 미반영 상태임.

3) 구체적인 투자계획 규모는 관계부처의 사업계획 구체화, 재정당국과의 협의결과 등에 따라 변동 가능함.

비전	국민 모두가 함께 잘사는 포용사회			
추진 원칙 및 전략	포용적 사회보장체계 구축		사회보장 제도의 연계 · 조정 강화	
	지역사회 중심 서비스 이용체계 구축		포용과 혁신의 상호보완체계 구축	
중장기 목표	국민 삶의 질 향상: OECD 28위(2017) → 20위(2023) → 10위(2040)			
4대 핵심 분야별 목표 및 중장기 방향 (2040)	고용	저임금 근로자 비충 축소 22.3(2017) → 15.0%(2040)	• 노동형태 다양화, 노동이동 증가에 대응하는 일자리 안정망 확충 • 평생학습체계 구축 및 인적자원 역량 제고	
	소득	상대빈곤율 완화 17.4%(2017) → 11.3%(2040)	• 공공부조 역할 강화 및 청년층 · 장년층 등 근로연령층의 소득보장 확대 • 초고령사회에 대응하여 1인 1연금 및 다층노후소득보장 체계 확충	
	건강	건강수명 연장 73세(2016) → 78세(2040)	• 건강보험 보장성 강화로 의료비 부담 경감 • 의료이용체계의 효율화로 건강보장의 지속가능성 제고	
	사회서비스	GDP대비 사회서비스 투자 비율 확대 5.7%(2015) → 10.7%(2040)	• 생애주기별 · 대상별 다양한 사회서비스 확충 • 지역사회에서 주거 · 돌봄 · 의료 등 통합 서비스를 제공하는 지역사회 통합돌봄 완성 및 질 높은 사회서비스 인력 양성	
핵심 추진 과제 (2023)	고용 · 교육	소득	건강	사회서비스
	1. 인적 자원의 역량 제고 및 차별 없는 출발선 제공 2. 일자리안정망 확충 및 적극적 노동시장 정책 강화 3. 노동시장 격차완화 및 일 · 생활균형 달성	1. 취약계층의 인간다운 삶을 위한 공공부조제도 역할 강화 2. 근로연령층 소득보장 확대 3. 노후소득보장체계 확충	1. 건강보험 보장성 강화 및 건강보장의 지속가능성 제고 2. 필수의료 보장 3. 예방적 건강관리 체계 구축	1. 생애주기별, 대상별 사회서비스 확충 2. 지역사회 중심 서비스 보장체계 구축 3. 공급체계의 공공성 강화 및 신뢰성 제고
기반	• 사회투자 확대 • 사회보장 이용체계의 연계 강화 • 차세대 사회보장 정보시스템 구축 및 정책 분석의 과학화			

[그림 5-6] 제2차 사회보장기본계획 비전 및 전략 체계도

출처: 보건복지부(2019), p. 19.

5) 정책 평가

이 단계에서는 수립된 정책이 시행됨에 따라 목적했던 목표들이 적절하게 달성되었는지 확인하는 작업[6]이 이루어진다(Jann & Wegrich, 2007). 정책 평가는 정부가 제시하는 평가지표에 따른 공공 자체평가나 민간연구에 의한 평가로 수행될 수 있다. 정책 평가에서는 기본적으로 목표로 한 내용을 실제 수행의 결과 발생한 실적과 어떤 차이가 있는지 확인하는 작업과 계획 · 수행 · 모니터링 과정에서 어떠한 수준으로 과정이 적정하게 진행되었는지 확인하는 작업의 두 가지가 이루어져야 할 주된 평가내용이다(〈표 5-3〉 참조).

6) 제2차 사회보장기본계획은 고용교육 보장 분야에서 저임금 근로자 비중(%): 22.3(2017) → 18.0(2023), 평생교육참여율(%): 35.8(2017) → 40.4(2023), 고용보험 피보험자(만 명): 1,343(2018) → 1,500(2023), 연간 노동시간(시간): 2,014(2017) → 1,800(2023), 소득보장 분야에서 상대빈곤율(%): 17.4(2017) → 15.3(2023), 기초생활보장세도 비수급 빈곤층(만 명): 89(2018) → 47(2023), 노후 소득보장 대체율(%): 48.3(2017) → 52.0(2023), 건강보장 분야에서 건강수명(세): 73(2016) → 75(2023), 건강보험 보장율(%): 62.6(2016) → 70.0(2023), 예방가능 사망률(%): 30.5(2015) → 25.0(2023), 흡연율(%): 18.5(2016) → 14.0(2023), 사회서비스 보장 분야에서 GDP 대비 사회서비스 투자(%): 5.7(2015) → 7.4(2023), 장기요양서비스 수급률(%): 8.0(2017) → 10.0(2023), 국공립어린이집 이용률(%): 25(2018) → 40(2021), 공공임대주택재고율(%): 6.3(2016) → 9.0(2023), 보건사회복지서비스업 종사자 비율(%): 6.8(2017) → 10.5(2023)로 제시하였다.

〈표 5-3〉 정책 형성과정

단계	주요 업무
정책의제 설정 (정책문제 구조화)	• 사회적 문제 상황의 심각성을 인지할 수 있는 증거 제시를 통해 사회문제 발굴 • 공공의 관심에 부합하면서 사회적 문제로 제기된 사안에 대하여 논의 및 결정 과정을 거칠 수 있도록 핵심사항과 정책 결정요인들의 문서화 작업 • 문제의 연대기적 심각성 축적상황 등 적절한 결정적 데이터 제시
정책 입안 (정책 방향 예측)	• 과거 정책 및 해외 유사 관련 정책 평가 • 정책개입에 필요한 수단과 정책대안 적시 • 각 정책대안의 영향력 제시 • 제기된 문제를 해소하기 위한 정책대안에 소요될 예산과 행정구조 재편 사항 적시
정책 결정	• 과거 정책 및 해외 유사 관련 정책 평가의 정당성 검토 • 사회적 문제를 해소하기 위한 현재 자원과 요구도 간 격차 분석 • 문제 해소를 위한 정책 우선적 과제들의 적정성 검토 • 관련 정책 부처 간 연계 적합성 검토 • 전략 및 세부과제의 적정성 검토 • 행 · 재정계획의 적정성 검토 • 최종 정책 결정
정책 실행 및 모니터링	• 정책사업 실행 • 정책사업 실행 과정 및 목표달성 여부 연차별 모니터링
정책 평가	• 연차별 모니터링 계획에 의해 실행한 사업들의 목표달성 수준 평가 • 목표와 실제 수행한 내용의 격차 파악 • 계획단계, 수행과정, 모니터링 단계의 각 과정별 평가

생각해 볼 문제

1. 위렌스키와 르보(1965)가 주장한 '산업화이론(근대화이론, 수렴이론)'을 개념화하고 우리나라의 산재 · 고용보험제도의 발달을 산업화이론에 따라 설명하여 보시오.

2. '네오 마르크스주의'와 '독점자본주의론'의 관계를 설명하고 '독점자본주의이론'의 한계와 사회복지정책 발전에 기여한 부분을 제시해 보시오.

3. '사회민주주의론'에 기초하여 복지국가 발전에 대한 '산업화이론'과 '독점자본주의론'의 설명을 비판적으로 비교하여 보시오.

4. '이익집단이론'과 '사회민주주의론'의 유사점과 차이점을 설명하고 이익집단이 국가권력과의 결탁을 예방할 방안을 제시해 보시오.

5. '국가중심론' '산업화이론(근대화이론, 수렴이론)' '독점자본론'의 차이를 개념화하여 보시오. 그리고 우리나라의 대표적 사회보장제도 중 '국가중심론(국가론)'으로 이해할 수 있다고 여겨지는 사회보장제도를 한 가지 찾아 '국가중심론(국가론)' 관점에서 해당 제도의 발전과정을 설명해 보시오.

6. 사회복지정책 발달 관련 이론들 중 '산업화이론(근대화이론, 수렴이론), 독점자본주의론, 사회민주주의론(권력자원론), 이익집단론, 국가중심론(국가론)'과 '신제도주의, 자본주의 다양성 이론'을 구분할 수 있는 근거는 무엇이 될 수 있을지 설명해 보시오.

7. 사회복지정책 발달을 '역사적 제도주의'와 '행위자 중심의 제도주의'로 각각 설명해 보시오.

8. '자본주의 다양성 이론' '권력자원이론' '국가중심론'의 유사점과 차이점을 설명하고 '자본주의 다양성 이론'이 사회복지정책 발달에 기여한 측면을 설명해 보시오.

9. 앤더슨(2011), 스미스와 라리머(2009) 등이 제시한 공공정책 개발에 있어 필수적인 정책순환과정으로 제시한 '정책의제 설정' '정책 입안' '정책 결정' '정책 실행' '정책 평가'를 각각 사회복지정책 개발과정의 예를 들어 설명해 보시오.

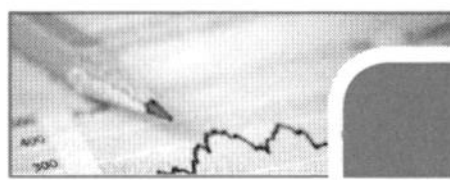

참고문헌

김태근, 김학실(2014). 신제도주의 관점에서 본 독일과 한국 사회적기업의 등장 배경과 의미 비교. 한국정보비교학보, 18(3), 1-33.

노대명(2018). 사회보장 2040 및 제2차 사회보장 기본계획 수립. 세종: 한국보건사회연구원.

노대명 외(1998). 일을 통한 빈곤탈출 지원방안연구. 서울: 한국보건사회연구원.

보건복지부(2019). 제2차 사회보장기본계획(2019~2023).

유길연, 최재훈(2015). 국가구조의 분열과 정책형성의 과정 국민기초생활 보장법의 형성과정(1998~2000년)을 중심으로. 경제와 사회, 107, 204-243.

Anderson, J. E. (2011). *Public Policy Making* (7th ed.). Boston, MA: Wadsworth, Cengage Learnings.

Bentley, A. F. (1908). *The Process of Government*. Chicago, IL: University of Chicago Press.

DeLeon, P. (1999). The stages approach to the policy process: What has it done, where is it going? In P. A. Sabatier (Ed.), *Theories of the Policy Process* (pp. 19-34). Boulder, CO: Westview Press.

Ebbinghaus, B., & Manow, P. (2001). *Comparing Welfare Capitalism*. London, UK: Routledge.

Esping-Andersen, G., & Korpi, W. (1984). Social policy as class politics in post-war capitalism: Scandinavia, Austria, and Germany. In J. H. Goldthorpe (Ed.), *Order and Conflict in Contemporary Capitalism* (pp. 179-208). London, UK: Oxford University.

Hall, P. A., & Soskice, D. (2001). *Varieties of Capitalism*. New York, NY:

Oxford University Press.

Heclo, H. (1974). *Modern Social Politics in Britain and Sweden: From Relief to Income Maintenance*. New Haven, CT: Yale University Press.

Jann, W., & Wegrich, K. (2007). Theories of the policy. In F. Fischer, G. J. Miller, & M. S. Sidney (Eds.), *Handbook of Public Policy Analysis: Theory, Politics, and Methods* (pp. 43–62). Boca Raton, FL: CRC Press.

Jessop, B. (1982). *The Capitalist State*. New York, NY: New York University Press.

Lowi, T. J. (1964). American business, public policy, case studies and political theory. *World Politics, 16*(July), 677–715.

Mayntz, R., & Scharpf, F. W. (1995). Steuerung und Selbstorganisation in staatsnahen Sektoren. In R. Mayntz & F. W. Scharpf (Eds.), *Gesellschaftliche Selbstregelung und politische Steuerung* (pp. 9–38). Frankfurt/New York: Campus Verlag.

Miliband, R. (1969). *The State in Capitalist Society*. London, UK: Weidenfeld and Nicolson.

North, D. C. (1993). Institutional change: A framework of analysis. In Sven-Erik Sjostrand (Ed.), *Institutional Change? Theory and Empirical Findings* (pp. 35–46). New York, NY: M. E. Sharpe.

O'Connor, J. (1973). *The Fiscal Crisis of the State*. New York, NY: St. Martins Press.

Pierson, P. (1996). The new politics of the welfare state. *World Politics, 48*(2), 143–179.

Pierson, P. (2000). Returns, path dependence, and the study of politics. *The American Political Science Review, 94*(2), 251–267.

Sabatier, P. A., & Mazmanian D. (1995). A conceptual framework of the implementation process. In S. Z. Theodolou & M. A. Cahn (Eds.), *Public Policy: The Essential Readings* (pp. 153–173). Upper Saddle River, NJ: Prentice Hall.

Scheberle, D. (1994). Radon and asbestos: A study of agenda setting and causal stories. *Policy Studies Journal, 22*(1), 74–86.

Skocpol, T. (1980). Political response to capitalist crisis: Neo-marxist theories of the state and the case of the new deal. *Politics and Society, 10*, 155–201.

Skocpol, T. (1985). Bringing the state back in: Strategies of analysis in current research. In P. B. Evans, D. Rueschemeyer, & T. Skocpol (Eds.), *Bringing the State Back In* (pp. 3–37). Cambridge, MA: Cambridge University.

Smith, K. B., & Larimer, C. W. (2009). *The Public Policy Theory Primer*. Boulder, CO: Westview Press.

Soskice, D., Estevez-Abe, M., & Iversen, T. (2001). Social protection and the formation of skills: A reinterpretation of the welfare state. In S. David & H. Peter (Eds.), *Varieties of Capitalism: The Institutional Foundations of Comparative Advantage* (pp. 145–183). Oxford, UK: Oxford University Press.

Stone, D. (1989). Causal stories and the formation of policy agendas. *Political Science Quarterly, 104*(2), 281–300.

Sutcliffe, S., & Court, J. (2005). *Evidence-based Policymaking: What Is It? How Does It Work? What Relevance for Developing Countries?* London, UK: Overseas Development Institute.

Truman, D. B. (1951). *The Governmental Process: Political Interests and Public Opinion*. New York, NY: Alfred.

Wilensky, H. L., & Lebeaux, C. N. (1965). *Industrial Society and Social Welfare*. New York, NY: The Free Press.

제6장

사회복지정책의 내용분석

1. 사회복지정책 분석의 의미
2. 사회복지정책 분석틀
3. 사회복지정책 선택 차원: 할당, 급여, 전달체계, 재원
4. 사회복지정책의 선택 차원에서 고려해야 할 기준과 장단점, 원리
5. 정책내용 분석 예시: 긴급지원사업 정책내용 분석

사회복지정책의 내용분석은 사회복지 문제들을 완화하고 해결하기 위한 정책대안을 찾고 만들기 위해 정책형성 전 단계에서 사회복지정책 분석을 통해 객관적이고 합리적인 정책 제시를 시도한다. 내용분석을 위해 사회복지정책 분석을 위한 분석틀이 매우 유용하게 사용된다. 이 장에서는 사회복지정책 분석의 의미와 사회복지정책 분석틀을 살펴본다.

1. 사회복지정책 분석의 의미

사회복지정책 분석은 협의적 의미에서 사회복지 문제와 관련하여 완화 및 해결을 위해 바람직하고 나은 정책대안을 발견하고 만들어 내기 위한 방법을 의미하고(Dror, 1971), 광의적 의미에서는 정책 결정, 정책 집행, 정책 평가 등 정책의 결정부터 평가에 이르는 전 과정에 대한 분석을 말한다(Quade, 1982). 즉, 사회복지정책 분석이란 사회복지정책이 제시하는 정책내용이 가져올 영향을 체계적으로 식별, 검토 및 평가함으로써 정책의 형성, 결정, 집행 및 평가 과정에서 야기될 수 있는 다양한 문제를 극복하기 위하여 객관적이고 합리적인 방안들을 제공하는 것이라 할 수 있다. 따라서 사회복지정책 분석은 사회복지정책 설계와 과정의 중요한 구성요소들을 구분하고 분해하는 데 초점을 맞춘다.

이상에서 제시된 사회복지정책의 의미에 기초할 때, 사회복지정책 분석의 범위는 사회복지정책의 형성, 정책 결정, 정책 집행, 정책 평가 등 정책의 설계와 과정 전체를 포함해야 할 것이다. 즉, 정책 형성의 초기 단계인 정책욕구의 식별에서부터 정책의 결정, 결정된 정책을 집행하고 이후 집행한 정책에 대한 모니터링과 평가 전반이 모두 사회복지정책 분석 범위에 해당한다.

2. 사회복지정책 분석틀

길버트와 테렐(Gilbert & Terrell, 2007)에 따르면 사회복지정책 분석틀은 수립된 사회복지정책에 의하여 어떤 대상에게 어떠한 구체적인 급여를 제공할 것인지, 그 급여를 어떻게 전달할 것인지, 해당 급여를 마련하는 데 필요한 재정을 어떻게 확보할 것인지를 확인하기 위한 분석의 기준을 의미한다. 따라서 사회복지정책을 분석하는 기준이 적절하게 구성되었는지 확인하는 질문은 다음과 같이 제시할 수 있다.

첫째, 누구에게 사회적 할당을 제공할 것인가? 길버트와 테렐은 사회복지정책에 따른 급여대상 선택의 기준을 시장에 존재하는 기존의 제도에 의해 충족되지 않아 법적으로 공통의 욕구를 가진 집단 소속 적격성을 법으로 결정하는 '귀속적 욕구',[1] 사회보험이나 국가유공자들에게

---

1) 예를 들어, 육아휴직 급여, 요보호아동 대상 아동발달지원계좌 등이 귀속적 욕구에 따른 급여자격에 해당한다. 육아휴직 급여는 육아휴직을 30일(출산 전후 휴가기간과 중복되는 기간은 제외) 이상 부여받은 근로자 중 육아휴직을 시작한 날 이전에 피보험 단위기간(「고용보험법」 제41조)이 합산하여 180일 이상이고, 같은 자녀에 대하여 피보험자인 배우자가 30일 이상의 육아휴직을 부여받지 않거나 육아기 근로시간 단축을 30일 이상 실시하지 않은 모두 갖춘 근로자에게 지급한다(「고용보험법」 제70조 제1항). 아동발달지원계좌는 18세 미만의 아동양육시설, 가정위탁, 공동생활가정, 소년소녀가정, 장애인 생활시설 아동이나 기

지급하는 '사회적 공헌 · 기여에 대한 보상',[2] 장애 · 질병 · 요양 진단 등 '전문가에 의한 진단',[3] '개인이나 가족의 자산 상황에 따른 욕구'[4]에 둘

초수급가구(중위소득 40% 소득수준(생계, 의료)의 아동 중 매년 만 12~17세 아동이 신규가입 대상이며, 2020년에는 2003년생, 2004년생, 2005년생, 2006년생, 2007년생, 2008년생이 해당된다(가입하여 만 18세까지 지원).

2) 사회보험(국민연금, 건강보험, 산재보험, 실업급여)과 보훈서비스가 해당된다. 보훈보상대상은 보훈보상대상자, 그 유족 또는 가족[배우자, 자녀, 부모, 성년인 직계비속이 없는 조부모, 60세 미만의 직계존속과 성년인 형제자매가 없는 미성년 제매(弟妹)]이며 다음에 해당하는 사람이 법에 따른 지원을 받는다.
   - 재해사망군경: 군인이나 경찰 · 소방 공무원으로서 국가의 수호 · 안전보장 또는 국민의 생명 · 재산 보호와 직접적인 관련이 없는 직무수행이나 교육훈련 중 사망한 사람(질병으로 사망한 사람 포함)
   - 재해부상군경: 군인이나 경찰 · 소방 공무원으로서 국가의 수호 · 안전보장 또는 국민의 생명 · 재산 보호와 직접적인 관련이 없는 직무수행이나 교육훈련 중 상이(질병 포함)를 입고 전역(퇴역 · 면역 또는 상근예비역 소집해제 포함. 이하 이 조에서 동일)하거나 퇴직(면직 포함. 이하 이 조에서 동일)한 사람 또는 6개월 이내에 전역이나 퇴직하는 사람으로서 그 상이정도가 국가보훈처장이 실시하는 신체검사에서 제6조에 따른 상이등급(이하 '상이등급')으로 판정된 사람
   - 재해사망공무원: 「국가공무원법」 제2조 및 「지방공무원법」 제2조에 따른 공무원(군인과 경찰 · 소방 공무원은 제외)과 국가나 지방자치단체에서 일상적으로 공무에 종사하는 대통령령으로 정하는 직원으로서 국민의 생명 · 재산 보호와 직접적인 관련이 없는 직무수행이나 교육훈련 중 사망한 사람(질병으로 사망한 사람 포함)
   - 재해부상공무원: 「국가공무원법」 제2조 및 「지방공무원법」 제2조에 따른 공무원(군인과 경찰 · 소방 공무원은 제외)과 국가나 지방자치단체에서 일상적으로 공무에 종사하는 대통령령으로 정하는 직원으로서 국민의 생명 · 재산 보호와 직접적인 관련이 없는 직무수행이나 교육훈련 중 상이(질병 포함)를 입고 퇴직하거나 6개월 이내에 퇴직하는 사람으로서 그 상이정도가 국가보훈처장이 실시하는 신체검사에서 상이등급으로 판정된 사람

3) 장애인급여(장애인연금, 경증장애수당, 장애아동수당, 장애인 의료비지원), 노인장기요양보험 지원대상이 해당된다.

수 있다고 하였다.

둘째, 사회적 급여의 형태(현물, 현금, 바우처 등)는 무엇인가? 급여자격에 해당하는 대상자에게 어떤 형태의 급여를 제공할 것인가와 관련된다. 전통적인 급여형태는 현금과 현물이었으나 사회서비스가 발달하면서 바우처와 같은 대체급여가 활발하게 사용된다.

셋째, 사회적 급여를 전달하기 위한 전략은 무엇인가? 공공전달체계

- 장애인연금: 만 18세 이상의 중증장애인 중 본인과 배우자의 소득과 재산을 합산한 금액(소득인정액)이 선정기준액 이하인 자, 국민연금공단 장애위탁심사 여부 확인
  - –중증장애인: 「장애인연금법」상 중증장애인(종전 1급, 2급, 3급 중복)에 해당하는 자
  - –「장애인연금법」 제2조 제1호, 동법 시행령 제2조, 장애정도 판정기준(보건복지부 고시 제2019-117호) 제5장 장애인연금 수급을 위한 중증장애인 기준, 소득인정액은 월 소득평가액과 재산의 월 소득환산액을 더한 금액
- 경증장애수당: 「국민기초생활 보장법」상의 수급자 중 경증장애인 및 차상위계층(120% 이하)의 18세 이상 등록장애인, 「장애인연금법」상 중증장애인에 해당하지 않는 자(종전 3~6급)
- 장애아동수당: 「국민기초생활 보장법」에 의한 수급자 및 차상위계층(120% 이하)의 18세 미만 재가 장애아동, 중증장애인[「장애인연금법」상 중증장애인(종전 1급, 2급, 3급 중복)에 해당하는 자], 경증장애인[「장애인연금법」상 중증장애인에 해당하지 않는 자(종전 3~6급)]
- 장애인 의료비 지원: 「의료급여법」에 의한 의료급여 2종 수급권자인 장애인. 건강보험의 차상위 본인부담 경감대상자인 등록장애인(만성질환자 및 18세 미만 등록장애인)

4) 국민기초생활보장제도, 사회복지긴급지원제도 등이 해당된다. 사회복지긴급지원제도는 갑작스러운 위기상황으로 도움이 필요한 저소득층을 조기에 발견하여 신속하게 지원함으로써 이들이 위기상황에서 벗어나 건강하고 인간다운 생활을 영위하게 함을 목적으로 만들어진 제도로서 소득기준은 기준 중위소득의 75% 이하, 재산기준 18,800만 원 이하, 금융재산 500만 원 이하, 주거지원 700만 원 이하인 자가 해당된다.

를 통하여 급여를 전달할 것인가? 민간도 포함된 전달체계에 의하여 전달하는가? 사회복지정책에 따른 급여를 전달하기 위한 전략과 구체적인 전달체계를 어떻게 설계할 것인가의 문제와 관련된다. 국민기초생활보장은 거주지 읍·면·동 주민센터를 통해 신청하고, 사회보장정보시스템을 통해 자료를 확인하며, 조사결과에 의거하여 급여여부와 급여내용을 결정 및 실시하는 형태로 이루어진다([그림 6-1] 참조). 보훈대상은 각 군본부·경찰청 등에 신청하면 국가보훈처에서 요건 접수하여 보훈심사위원회의 보훈심사를 걸쳐 보훈청에서 결정하여 민원인에게 최종 통보된다([그림 6-2] 참조).

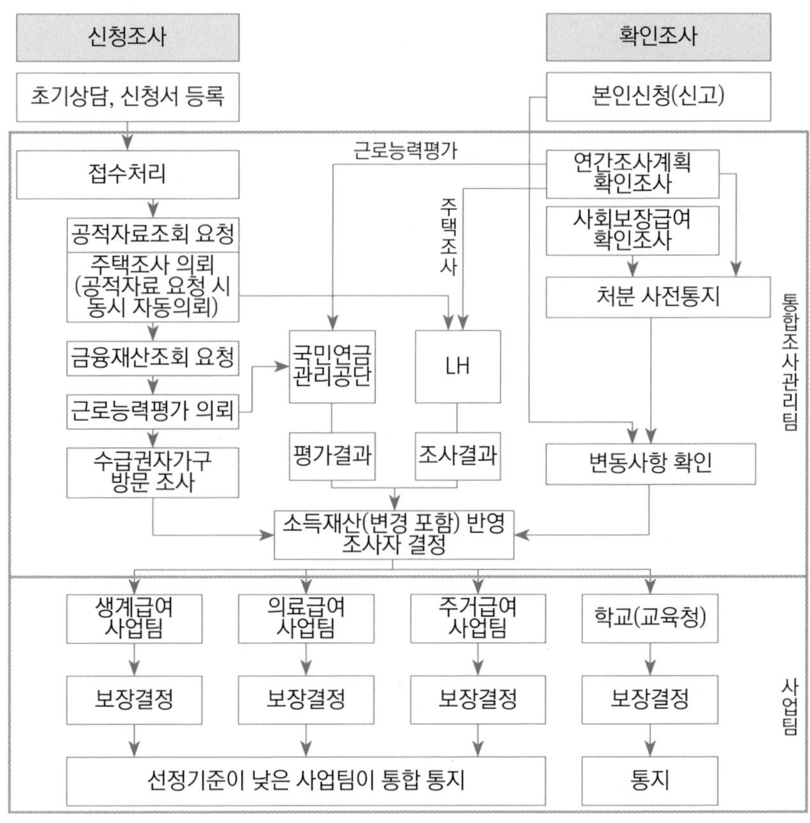

[그림 6-1] 기초생활보장 신청 절차

출처: 보건복지부(2020a), p. 8.

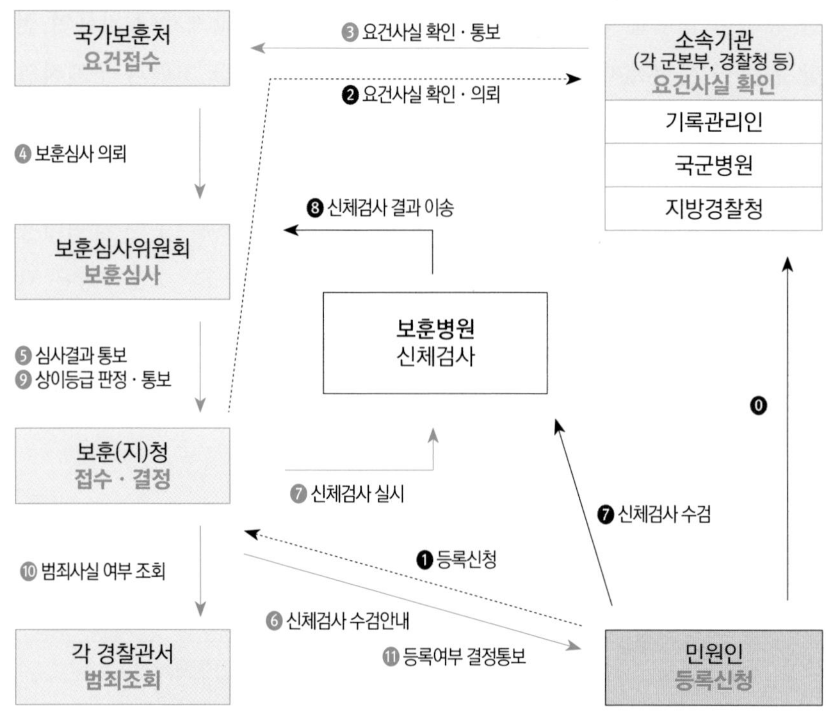

[그림 6-2] 보훈보상대상자 처리흐름도

출처: 국가보훈처(2020).

넷째, 사회적 급여에 필요한 재정을 마련하기 위한 방법은 무엇인가? 재원 조달방법은 무엇인가? 급여지원을 위해 공적 재원을 사용할 것인지, 민간재원을 사용할 것인지, 혹은 두 가지 재원을 복합적으로 사용할 것인지 방안을 찾는 과정이 필요하다.

3. 사회복지정책 선택 차원: 할당, 급여, 전달체계, 재원

사회복지정책에서 결정한 사회복지급여를 누구에게, 어떻게 전달하는가, 그리고 재원을 어떻게 조달하는가의 문제는 결국 선택의 문제이다. 국민들이 이해하는 대상을 어떻게 선택하고 무엇을, 어떻게 적절하게 전달할지 그리고 재원 조달은 어떻게 할 것인지는 상호조율과 타협이 수반되어야 한다. 할당의 기준을 마련하기 위하여 가치가 반영될 것이고, 급여내용, 전달방법, 재정지원을 위한 다양한 이론을 살펴보는 것이 필요하고, 결국 이 모든 것을 고려하여 가장 타당한 대안이 제시될 수 있다([그림 6-3] 참조).

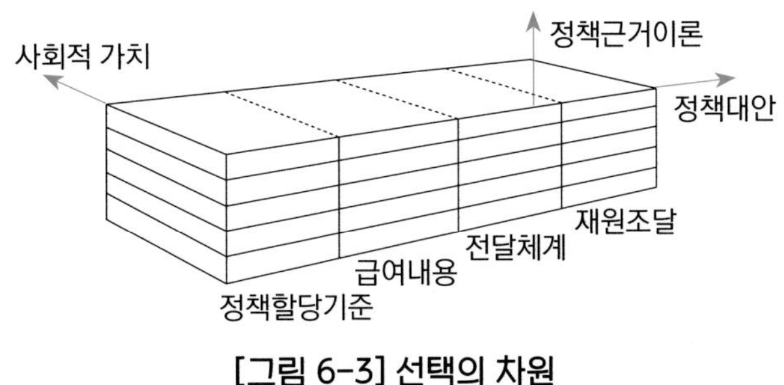

[그림 6-3] 선택의 차원

4. 사회복지정책의 선택 차원에서 고려해야 할 기준과 장단점, 원리

1) 할당원리

복지국가의 목적은 인간답게 살 권리를 보장하는 데 있으나 제한된 자본의 분배가 전제되기 때문에 형평성, 효율성, 보충성의 복지원리에 따라 사회적 재분배 기능을 수행한다. 복지국가의 목적은 인간답게 살 권리를 보장하는 데 있으나 제한된 자본의 분배가 전제되기 때문에 형평성, 효율성, 보충성의 복지원리에 따라 사회적 재분배 기능을 수행한다. 복지국가를 추구하는 자본주의 국가들은 특히 공공부조정책에서 재산의 소득환산제에 따라 할당원리를 소득조건으로 지원하는 선별주의적 사회보장정책을 적용해 오고 있다. 우리나라의 사회보장제도는 사회보험,[5] 공공부조,[6] 사회서비스[7]로 이루어지며(「사회보장기본법」 제3조 제1항[8]), 이때 사회보험은 기여, 공공부조와 사회서비스는 기여금과 상관없이 자산조사에 따른 선별지원으로 시행되고 있다. 그리고 인구학적 조건(노령, 아동, 장애 등)에 따른 소득보장정책으로 자산조사를 통해 기초연금,[9] 아동수당,[10] 장애수당[11]을 지급한다.

---

5) '사회보험'이란 국민에게 발생하는 사회적 위험을 보험의 방식으로 대처함으로써 국민의 건강과 소득을 보장하는 제도를 말한다.

6) '공공부조(公共扶助)'란 국가와 지방자치단체의 책임하에 생활유지 능력이 없거나 생활이 어려운 국민의 최저생활을 보장하고 자립을 지원하는 제도를 말한다.

7) '사회서비스'란 국가 · 지방자치단체 및 민간부문의 도움이 필요한 모든 국민에게 복지, 보건의료, 교육, 고용, 주거, 문화, 환경 등의 분야에서 인간다운 생활을 보장하고 상담, 재활, 돌봄, 정보의 제공, 관련 시설의 이용, 역량 개발, 사회참여 지원 등을 통하여 국민의 삶의 질이 향상되도록 지원하는 제도를 말한다.

8) '사회보장'이란 출산, 양육, 실업, 노령, 장애, 질병, 빈곤 및 사망 등의 사회적 위험으로부터 모든 국민을 보호하고 국민 삶의 질을 향상시키는 데 필요한 소득 · 서비스를 보장하는 사회보험, 공공부조, 사회서비스를 말한다.

9) 기초연금은 만 65세 이상이고 대한민국 국적을 가지고 국내에 거주(「주민등록법」 제6조 제1, 2호에 따른 주민등록자)하는 어르신 중 가구의 소득인정액이 선정기준액 이하 해당(부부 중 한 분만 신청하는 경우도 부부가구에 해당)한다.

구분	단독가구	부부가구
일반수급자	1,480,000원	2,368,000원
저소득수급자	380,000원	608,000원

출처: 보건복지부(2020c).

10) 아동에게 아동수당을 지급하여 아동양육에 따른 경제적 부담을 경감하고 건강한 성장환경을 조성함으로써 아동의 기본적 권리와 복지 증진에 기여한다(보건복지부, 2020d). 아동수당은 2018년 9월부터 시행되며, 신청일이 속하는 달부터 매달 25일에 대상 아동 1인당 10만 원이 지급된다(상대적으로 소득이 높은 일부 가구의 경우, 1인당 월 5만 원 지급). 아동수당은 2인 이상 전체가구의 소득하위 90% 이하 가구의 아동에게 지급하는데 2018년 아동수당 선정기준

액은 다음과 같다.

구분	3인 가구	4인 가구	5인 가구	6인 가구
금액(월)	1,170만 원	1,436만 원	1,702만 원	1,968만 원

한부모 가구 또는 보호자가 (외)조부모 중 1인만 있는 경우에 가구원 수에 1명을 더한다. 아동만으로 이루어진 가구의 경우, 가구원 수에 2명을 더한다. 7인 이상 가구의 경우, 가구원 1명 추가 시마다 선정기준액에 266만 원을 더한다.

- 소득인정액＝소득평가액＋재산의 소득환산액
  - 소득평가액＝총소득(재산)－다자녀 공제－맞벌이 공제
  - 재산의 소득환산액＝(총 재산－지역공제－부채)
  - 재산의 소득환산율: 월 1.04%
  - 다자녀 공제: 둘째부터 1인당 65만 원
  - 맞벌이 공제: 부부합산 소득의 25%(부부 소득 중 낮은 금액 이하로 제한)

11) '장애수당'이란 장애인의 장애정도와 경제적 수준을 고려하여 장애로 인한 추가적 비용을 보전하게 하기 위해 국가와 지방자치단체가 지급하는 것을 말한다(「장애인복지법」 제49조).

구분	비고	내용
연령	신청월 현재 만 18세 이상인 사람	만 18～20세로서 「초 · 중등교육법」 제2조에 따른 학교에 재학(휴학 및 의무교육대상자 중 유예자도 포함) 중인 사람 제외
등록장애인	신청일 현재 「장애인복지법」에 따라 등록한 장애인	재외동포(재외국민 포함) 및 외국인은 제외하나 난민은 지원
장애정도	「장애인연금법」상 중증장애인에 해당하지 않는 자	종전 3～6급(「장애인연금법」 제2조 제1호 참고)

출처: 보건복지부(2020b), pp. 199－209.

대상자 선정기준은 국민기초생활보장 수급자 및 차상위계층으로서 다음 기준에 해당해야 한다.

구분	내용
가구의 범위	• 국민기초생활보장제도의 가구 범위 동일 적용 • 「가정 해체 방지를 위한 별도 가구 특례」 적용 가능
소득인정액	• 소득인정액 산정방식은 국민기초생활보장제도의 방식 적용 • 소득의 범위: 사적이전소득, 보장기관 확인소득, 부양비 미적용 • 「수급자의 재산범위 특례」 등도 적용

우리나라의 사회보장 할당원리로서 작용하는 재산의 소득환산에 따른 선별적 지원정책은 기회와 평등 실현이 어려운 자본주의 체제를 감안하여 비용효과 측면을 강조하기보다는 실질적으로 빈곤을 극복할 수 있는 방향으로 접근할 필요가 있다. 조세방식의 자산조사 접근을 사회적 재분배가 가능하도록 최저생활보장과 빈곤탈출을 재설계하는 방식으로 시도하는 것이 적절할 것이다.

2) 급여

정부는 사회보장급여의 이용 및 제공에 관한 기준과 절차 등 기본적 사항을 규정하고 지원을 받지 못하는 지원대상자를 발굴하여 지원함으로써 사회보장급여를 필요로 하는 사람의 인간다운 생활을 할 권리를 최대한 보장하고, 사회보장급여가 공정하고 효과적으로 제공되도록 하며, 사회보장제도가 지역사회에서 통합적으로 시행될 수 있도록 그 기반을 구축하는 것을 목적으로 2015년 7월 1일 「사회보장급여의 이용·제공 및 수급권자 발굴에 관한 법률」을 제정·시행하고 있다.

'사회보장급여'란 그것을 제공하는 국가기관과 지방자치단체 등 사회보장기관이 「사회보장급여의 이용·제공 및 수급권자 발굴에 관한 법

<table>
<tr><td rowspan="6">차상위계층 선정기준</td><td colspan="8">• 소득인정액≦기준 중위소득의 50%</td></tr>
<tr><td colspan="8">〈2020년 기준 중위소득〉 (단위: 원/월)</td></tr>
<tr><td>구분</td><td>1인 가구</td><td>2인 가구</td><td>3인 가구</td><td>4인 가구</td><td>5인 가구</td><td>6인 가구</td><td>7인 가구</td></tr>
<tr><td>기준중위 소득</td><td>1,757194</td><td>2,991,980</td><td>3,870,577</td><td>4,749,174</td><td>5,627,771</td><td>6,506,368</td><td>7,389,715</td></tr>
<tr><td>기준중위 소득의 50%</td><td>878,597</td><td>1,495,990</td><td>1,935,289</td><td>2,374,587</td><td>2,813,886</td><td>3,253,184</td><td>3,694,858</td></tr>
<tr><td colspan="8">* 8인 이상 가구의 기준 중위소득: 1인 증가 시마다 883,347원씩 증가(8인 가구: 8,273,062원)</td></tr>
</table>

출처: 보건복지부(2020b), p. 200.

률」 제3조 제1호에 따라 제공하는 현금, 현물, 서비스 및 그 이용권을 말한다. 「사회보장기본법」은 사회보장기관이 ① 사회보장급여가 필요한 사람은 누구든지 자신의 의사에 따른 사회보장급여 신청 및 필요한 안내와 상담 등의 지원 제공, ② 지원이 필요한 국민이 급여대상에서 누락되지 아니하도록 지원대상자를 적극 발굴하여 이들이 필요로 하는 사회보장급여 제공, ③ 국민의 다양한 복지욕구를 충족시키고 생애주기별 필요에 맞는 공정 · 투명 · 적정한 사회보장급여 제공, ④ 사회보장급여와 「사회복지사업법」 제2조 제3호 및 제4호의 사회복지법인, 사회복지시설 등 사회보장 관련 민간 법인 · 단체 · 시설이 제공하는 복지혜택 또는 서비스의 연계 및 제공, ⑤ 국민이 사회보장급여를 편리하게 이용할 수 있도록 사회보장 정책 및 관련 제도의 수립 · 시행, ⑥ 지역의 사회보장 수준의 균등한 실현에 관한 기본원칙을 명시하고 있다(「사회보장급여의 이용 · 제공 및 수급권자 발굴에 관한 법률」 제4조 기본원칙). 동 법률은 사회보장급여의 관리를 위해 사회보장급여의 적정성 확인조사(동법 제19조), 사회보장급여 부정수급 실태조사(동법 제19조의2), 수급자의 변동신고(동법 제20조), 사회보장급여의 변경 · 중지(동법 제21조), 사회보장급여의 환수(동법 제22조)를 명시하고 급여업무의 효율적 수행을 위해 사회보장정보시스템을 사용하고, 사회보장정보시스템의 운영 · 지원을 위하여 한국사회보장정보원의 설립을 규정하고 있다.

사회보장급여 중 국민기초생활보장, 공적연금, 기초연금 등 현금성 급여는 빈곤가구율과 빈곤갭을 감소시키는 효과가 있으며(김환준, 2017), 2000년 이후 사회보장급여가 꾸준히 확대되고 있어 향후에도 기여할 것으로 평가된다. 또한 현물급여도 현물서비스는 현금급여와는 다른 방식으로 주거, 의료, 돌봄 등 일과 가정 양립에 대해 선택권을 넓히고 빈곤의 불평등 완화에도 기여하는 것으로 추정된다(이현주, 김진, John Hudson, Stefan Kühner, 전지현, 2018). 따라서 가족현금급여와 장애현금 지원과 같이 선진국과 비교할 때 미흡하게 진행되고 있는 영역을 확대하고 주거, 의료, 돌봄 등의 현물서비스 확대를 위한 사회지출을 확충하는 것이 필요하다.

3) 전달체계

1997년 외환위기와 함께 기존 사회적 위험과 저출산 · 고령화, 가족체계의 변화 등 새로운 사회적 위험에 대처하고자 다양한 형태의 사회복지 프로그램이 진행되어 오고 있다. 복지지출의 증가에도 불구하고 낮은 수준의 복지체감도는 정책내용 또는 전달체계의 문제로 이해할 수 있다. 이에 급여대상자의 확대, 품질, 재원 확보의 문제와 함께 정책효율성을 달성하기 위하여 중복부정수급, 행정 비효율성, 민관협력 미흡 등을 해결하기 위한 지역사회보장협의회와 같은 체계를 구축하기 위해 노력해 온 것이 사실이다. 현행 복지전달체계는 사회보험, 공공부조와 사회서비스 부분으로 구성되며 사회보험은 분립된 관리운영기구를 가지고 있고 공공부조와 사회서비스는 별도의 전담기구 없이 보건복지부–광역시 · 도 · 시 · 군 · 구–읍 · 면 · 동으로 이어지는 서비스 전달업무로 진행된다([그림 6-4] 참조).

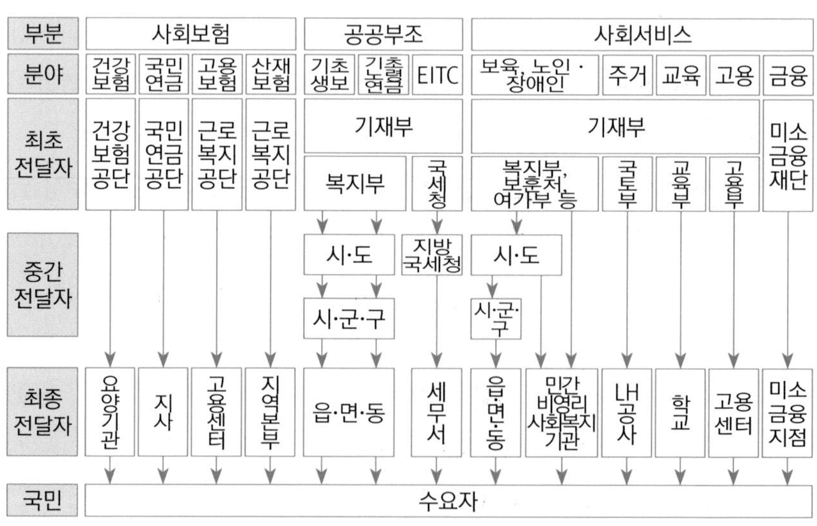

[그림 6-4] 중앙정부의 복지전달체계

출처: 문종열, 김기현(2014), p. 169.

복지정책 전달체계는 대부분의 사회서비스는 중앙부처가 기획하고 지방행정체계를 통해 전달되는 구조로 되어 있어 중앙정부는 대상자의 욕구를 정부가 파악하기 어렵고, 일선 행정기관은 중앙정부 정책의 방향에 따라 일관성 있는 정책수행을 수행하기 어려운 측면이 있다. 또한 중앙부처의 복지서비스가 대상별, 분야별, 기관별로 혼재되어 있어 서비스 간 연계가 용이하지 않다. 보건과 복지, 교육과 복지, 고용업무와 복지 간의 정보공유와 정책조정이 쉽지 않아 가용자원의 통합적 활용과 일원화된 서비스 제공이 미흡하게 이루어지고 있는 상태이다. 전달체계는 단순히 업무전달을 위해 존재하지 않으며 사회복지 분야의 당면한 문제들을 완화하거나 해소하기 위해 존재하여야 하므로 책임 있는 정책 전달체계의 역할을 수행할 수 있도록 하여야 할 것이다.

4) 재원

우리나라를 비롯한 복지국가를 추구하는 서구 국가들은 국제화, 글로벌 금융위기로 인한 실업 및 불평등 심화, 가족형태의 변화, 저출산, 인구 고령화 등으로 인해 복지제도와 재정의 지속가능성에 대하여 우려하며 각국의 사회경제적 · 정치적 환경에 따라 복지제도의 개혁과 조세 및 재정 제도의 개혁을 추진하고 있다. 복지제도를 뒷받침해 줄 재정은 증세를 통해 확보하는 방안이 가장 적절할 것이나 경기침체 및 내수위축 상황에서 경제불황을 야기할 수 있을 것이다. 국가채무로 사회복지재정을 조달하는 것은 바람직하지 않고 재정조달을 위한 사회보장기여금과 일반조세수입의 적절한 결합을 찾고, 공평과세를 통한 조세의 형평성 제고 및 재정사업의 예산편성 예비타당성제도와 재정사업의 사전 · 사후평가 강화를 통한 재정효율화를 기하며 미래 재정수요에 대한 타당한 전망를 실시하여 각 복지 분야에 필요한 재원을 적절하게 배분하는 것이 필요하다(고경환, 윤영진, 강병구, 김은경, 김태은, 2012). 추가적으로 현재 추진 중인 상장주식과 파생상품의 양도차익에 대하여 과세하는 방안을 보다 확대하여 자본거래에 대한 이득과세(고경환 외, 2012)를 강화하는 것이 복지재원 마련에 도움이 될 것이다.

5. 정책내용 분석 예시: 긴급지원사업 정책내용 분석

1) 원칙

긴급지원사업은 사업시행에 있어 네 가지 원칙을 두고 있다.

첫째, 위기상황에 처한 자 등의 지원요청 또는 신고가 있는 경우 긴급지원담당공무원 등의 현장확인(접수 후 1일 이내)을 통해 긴급한 지원의 필요성을 포괄적으로 판단하여 우선 지원(추가 1일 이내, 총 48시간 이내)을 신속하게 실시하고 나중에 소득, 재산 등을 조사하여 지원의 적정성을 심사하는 선지원 후처리 원칙을 적용한다.

둘째, 위기상황에 처한 사람에게 일시적으로 신속하게 지원하고(단기지원: 생계, 주거, 시설이용, 연료비지원의 경우 1개월, 의료 · 교육지원의 경우 1회, 시 · 군 · 구청장의 결정에 의해 생계, 주거, 시설이용, 연료비지원의 경우 추가 2개월, 위기상황이 지속되는 경우에는 긴급지원심의위원회를 통해 생계, 시설이용, 연료비지원은 3개월, 주거지원 9개월, 의료 · 교육지원의 경우 1회 추가 지원 가능), 지원이 종료되면 동일한 사유로 인하여는 다시 지원할 수 없다(예: 출소나 실직을 반복하는 경우 등은 불가하나, 다만 지원이 종료된 때로부터 2년이 경과한 후에는 동일한 사유로 다시 지원할 수 있음). 생계지원이 종료된 때, 의료지원은 퇴원한 때, 다른 위기사유라 하더라도 긴급지원이 종료된 때로부터 3개월 이내에는 지원이 불가하다는 단기지원 원칙을 규정하였다.

셋째, 「재해구호법」「국민기초생활 보장법」「의료급여법」「사회복지사업법」「가정폭력 방지 및 피해자보호 등에 관한 법률」「성폭력방지 및 피해자보호 등에 관한 법률」「사회복지공동모금회법」 등 다른 법률에 의하여 긴급지원과 동일한 내용의 구호 · 보호나 지원을 받고 있는 경우에는 긴급지원을 제외하고 지원요청 또는 신고를 받은 때 시장 · 군수 · 구청장이 가구특성, 생활실태 등을 고려하여, 긴급지원보다는 국민기초생활보장, 의료급여, 시설보호 등 다른 법률에 의한 지원의 대상이 되는 것이 적합하다고 판단되는 경우에는 해당 지원에 연계하도록 하며, 다른 법률에 의한 지원결정이 완료되기 전까지 긴급지원 신청자의 위기상황을 고려하여 우선 긴급지원이 가능한 타 법률 지원 우선의 원칙을 둔다.

넷째, 가구단위로 산정(가정폭력 · 성폭력 또는 학대 등으로 인하여 위기상황에 처한 자에 대하여는 폭력 또는 학대를 당한 자 및 그와 함께 보호를 받아야 하는 자를 하나의 가구로 봄)하여 지원하는 것을 원칙으로 하고, 다만 의료 · 교육지원 등의 경우 필요한 가구구성원에 한하여 개인단위로 지원하는 가구단위 지원의 원칙을 두고 있다. 이상의 원칙들을 통하여 국민기초생활제도가 신속하게 대처하기 어려운 긴급상황에 대하여 적절하게 지원할 수 있도록 기반을 마련하였다. 향후 긴급지원담당 공무원의 재량권 확대를 통하여 긴급재난 발생이나 경제위기 상황에 대하여 신속하게 지원할 수 있도록 하여야 하고(여유진, 김미곤, 황도경, 정재훈, 김기태, 김성아, 2014), 위기상황이 종료된 이후에도 언제나 문제는 발생할 수 있기 때문에 장기적이고 지속적인 지원필요 대상의 선별이나 지원방법에 대하여 고민할 필요가 있을 것이다.

2) 목적

긴급지원사업은 생계곤란 등의 위기상황에 처하여 도움이 필요한 사람을 신속하게 지원함으로써 이들이 위기상황에서 벗어나 건강하고 인간다운 생활을 하게 함을 목적으로 한다. '위기상황'이란 본인 또는 본인과 생계 및 주거를 같이하고 있는 가구구성원이 다음 중 어느 하나에 해당하는 사유로 인하여 생계유지 등이 어렵게 된 것을 말한다. 즉, ① 주소득자(主所得者)가 사망, 가출, 행방불명, 구금시설에 수용되는 등의 사유로 소득을 상실한 경우, ② 중한 질병 또는 부상을 당한 경우, ③ 가구구성원으로부터 방임 또는 유기되거나 학대 등을 당한 경우, ④ 가정폭력을 당하여 가구구성원과 함께 원만한 가정생활을 하기 곤란하거나 가구구성원으로부터 성폭력을 당한 경우, ⑤ 화재 또는 자연재해 등으로 인하여 거주하는 주택 또는 건물에서 생활하기 곤란하게 된 경우, ⑥ 주소득자 또는 부소득자(副所得者)의 휴업, 폐업 또는 사업장의 화재 등으로 인하여 실질적인 영업이 곤란하게 된 경우, ⑦ 주소득자 또는 부소득자의 실직으로 소득을 상실한 경우, ⑧ 보건복지부령으로 정하는 기준에 따라 지방자치단체의 조례로 정한 사유가 발생한 경우, ⑨ 그 밖에 보건복지부 장관이 정하여 고시하는 사유가 발생한 경우를 명시하여 생계곤란 등 위기상황에 처한 어떤 국민도 지원할 수 있도록 하는 것을 목적으로 한다.

3) 할당(급여자격), 급여형태, 전달체계, 재원에 따른 내용분석

(1) 할당(급여자격)

긴급복지지원제도는 지원대상을 「긴급복지지원법」 제2조에서 "갑작스러운 위기사유 발생으로 생계유지 등이 곤란한 가구"로 규정하여 긴급한 사유가 발생한 국민 모두를 대상으로 하는 보편적인 복지제도로 설명하고 있다. 그러나 그 사유를 ① 주소득자(主所得者)가 사망, 가출, 행방불명, 구금시설에 수용되는 등의 사유로 소득을 상실한 경우, ② 중한 질병 또는 부상을 당한 경우, ③ 가구구성원으로부터 방임 또는 유기되거나 학대 등을 당한 경우, ④ 가정폭력을 당하여 가구구성원과 함께 원만한 가정생활을 하기 곤란하거나 가구구성원으로부터 성폭력을 당한 경우, ⑤ 화재 또는 자연재해 등으로 인하여 거주하는 주택 또는 건물에서 생활하기 곤란하게 된 경우, ⑥ 주소득자 또는 부소득자(副所得者)의 휴업, 폐업 또는 사업장의 화재 등으로 인하여 실질적인 영업이 곤란하게 된 경우, ⑦ 주소득자 또는 부소득자의 실직으로 소득을 상실한 경우, ⑧ 보건복지부령[12]으로 정하는 기준에 따라 지방자치단체의 조례로 정한 사유가 발생한 경우, ⑨ 그 밖에 보건복지부 장관이 정하여 고시하는 경우(주소득자와 이혼한 때, 단전된 때, 교정시설에서 출소한 자가 생계가 곤란한 경우, 가족으로부터 방임, 유기 또는 생계 곤란 등으로 노숙을 하는 경우, 복지사각지대 발굴대상자, 통합사례관리 대상자 또는 자살고위험군으로서 관련 부서 또는 기관으로부터 생계가 어렵다고 추천을 받은 경우)로 제한하고 있어 잔여적 복지제도에 해당한다고 볼 수 있다. 특히 자산조사의 기준은 소득기준 중위소득 75%(1인 기준 1,318천 원, 4인 기준 3,562천 원) 이하이고, 재산[13]은 대도시 188백만 원 이하, 중소도시 118백만 원 이하, 농어촌 101백만 원 이하를 말하며, 금융재산은 500만 원 이하(단, 주거지원은 700만 원 이하)여야 한다고 설정하여 자산조사에 의한 선별적 복지제도라는 사실을 분명하게 알 수 있다.

---

12) 「긴급복지지원법」 제2조 제8호에서 '보건복지부령으로 정하는 기준'이란 다음 각 호의 어느 하나에 해당하는 경우를 말한다. 〈개정 2019. 6. 11.〉
「긴급복지지원법 시행규칙」 제1조의2(위기상황의 기준): ① 가구원의 보호, 양육, 간호 등의 사유로 소득활동이 미미한 경우, ② 「국민기초생활 보장법」에 따른 급여가 중지된 경우, ③ 「국민기초생활 보장법」에 따라 급여를 신청하였으나 급여의 실시 여부와 내용이 결정되기 전이거나 수급자로 결정되지 아니한 경우, ④ 수도, 가스 등의 공급이 그 사용료의 체납으로 인하여 상당한 기간 동안 중단된 경우, ⑤ 사회보험료, 주택임차료 등이 상당한 기간 동안 체납된 경우, ⑥ 그 밖에 제1호부터 제5호까지에 준하는 사유가 있는 경우

13) 재산은 '일반재산+금융재산+보험, 주택청약 종합저축−부채'를 의미한다.

(2) 급여형태

긴급복지제도상 급여형태는 '금전 또는 현물 등의 직접 지원(생계지원, 의료지원, 주거지원, 사회복지시설 이용지원, 교육지원, 그 밖의 지원)'과 '민간기관 · 단체와의 연계 등의 지원(「대한적십자사 조직법」에 의한 대한적십자사, 「사회복지공동모금회법」에 의한 사회복지공동모금회 등의 사회복지기관 · 단체로의 연계 지원 또는 상담 · 정보 제공 등 그 밖의 지원)'으로 구분하여 지원한다(〈표 6-1〉 참조).

먼저 '금전 또는 현물 등의 직접 지원'은 ① 위기상황주급여와 ② 부가급여로 나뉜다. 위기상황주급여[14]에는, 첫째, 식료품비, 의복비 등 1개월 생계유지비로 최대 6회까지 1,230천 원(4인 기준)을 지원한다. 둘째, 의료지원을 위해 각종 검사, 치료 등 의료서비스 지원(본인 분담금 및 비급여 항목)으로 최대 2회까지 300만 원 이내 지원한다. 셋째, 주거지원으로 국가 · 지방자치단체 소유 임시거소 제공 또는 타인 소유의 임시거소 제공(제공자에게 거소사용 비용 지원)을 위해 최대 12회까지 지원한다(중소도시 4인 기준 3천 원 이내, 대도시 4인 기준 643.2천 원 이내). 넷째, 복지시설 이용지원으로 사회복지시설 입소 또는 이용서비스 제공 형태(시설운영자에게 입소 또는 이용비용 지급)로 최대 6회 4인 기준 1,450,5천 원 이내 지급한다. 부가급여[15]에는, 첫째, 교육을 위해 초 · 중 · 고등학생 중 수업료 등이 필요하다고 인정되는 사람(초 221.6천 원, 중 352.7천 원, 고 432.2천 원 및 수업료 · 입학금)에게 학비로 최대 2회(4회)[16] 지원한다. 둘째, 그 밖에 위기사유 발생으로 생계유지가 곤란한 자에게 동절기(10~3월) 연료비나 월 98천 원, 해산비(70만 원), 장제비(80만 원), 전기요금(50만 원

14) 위기상황이 복합(複合)으로 나타난 경우 주급여 종류별 복합지원이 가능하다.

15) 부가급여는 주급여 지원가구를 대상으로 해당 사항이 있을 경우 추가적으로 지원 가능하다.

16) 주거지원(최대 12월) 대상의 교육지원은 최대 4회 범위에서 한다.

이내)으로 1회(연료비 6회) 지원한다.

'민간기관 · 단체와의 연계 등의 지원'에는 사회복지공동모금회, 대한적십자사 등 민간의 긴급지원 프로그램으로 연계, 상담 등 기타 지원이 해당되며 횟수 제한 없이 지원된다.

긴급복지지원제도는 '금전 또는 현물 등의 직접 지원'과 '민간기관 · 단체와의 연계 등의 지원' 등 다양한 형태의 급여종류를 가지고 있다. 다만 현금급여의 경우 지정된 용도로만 사용하여야 하고, 현물 및 그 밖의 급여도 급여용도가 분명하게 정하여 있으므로 제한규정에 의한 급여를 제공하고 있다 할 것이다. 급여내용에 있어서도 긴급지원의 지원기준이 국민기초생활보장제도상의 생계급여 대비 미미한 수준으로 높아 단기간 위기대처를 하기에 미흡한 측면이 있다. 따라서 생계지원액을 상향조정할 필요가 있다.

〈표 6-1〉 긴급복지제도의 급여형태

종류			지원내용	지원금액	최대횟수
금전 · 현물 지원	위기상황주급여[1]	생계	• 식료품비, 의복비 등 1개월 생계유지비	• 1,230.0천 원 (4인 기준)	6회
		의료	• 각종 검사, 치료 등 의료서비스 지원 –300만 원 이내(본인부담금 및 비급여 항목)	• 300만 원 이내	2회
		주거	• 국가 · 지자체 소유 임시거소 제공 또는 타인 소유의 임시거소 제공 –제공자에게 거소사용 비용 지원	• 290.3천 원 이내 (중소도시, 4인 기준) • 643.2천 원 이내 (대도시, 4인 기준)	12회
		복지시설 이용	• 초 · 중 · 고등학생 중 수업료 등이 필요하다고 인정되는 사람에게 학비 지원	• 1,450.5천 원 이내 (4인 기준)	6회

부가급여[2)]	교육	• 초 · 중 · 고등학생 중 수업료 등이 필요하다고 인정되는 사람에게 학비 지원	• 초 221.6천 원 • 중 352.7천 원 • 고 432.2천 원 및 수업료 · 입학금	2회 (4회)[3)]
	그 밖의 지원	• 위기사유 발생으로 생계유지가 곤란한 자에게 지원 –동절기(10~3월) 연료비: 98천 원/월 –해산비(70만 원) · 장제비(80만 원) · 전기요금(50만 원 이내): 각 1회		1회 (연료비 6회)
민간기관 · 단체 연계지원 등		• 사회복지공동모금회, 대한적십자 등 민간의 긴급지원 프로그램으로 연계 • 상담 등 기타 지원		횟수제한 없음

주: 1) 위기상황이 복합(複合)으로 나타난 경우 주급여 종류별 복합지원이 가능함.
2) 부가급여는 주급여 지원가구를 대상으로 해당 사항이 있을 경우 추가적으로 지원함.
3) 주거지원(최대 12월) 대상의 교육지원은 최대 4회 범위에서 함.

(3) 전달체계

긴급복지지원제도는 지원요청 또는 신고에 의해 시작된다. 지원요청은 긴급지원대상자(위기상황에 처한 사람)와 친족, 그 밖의 관계인은 구술 또는 서면 등으로 관할 시장 · 군수 · 구청장에게 지원을 요청할 수 있고 신고는 긴급지원대상자를 발견한 사람이나 진료 · 상담 등 직무수행 과정에서 긴급지원대상자가 있음을 알게 된 발굴협력 · 신고의무자(「긴급복지지원법」 제7조 제3항 제1호부터 제11호 해당하는 사람)[17]에 의해 이루어

17) ①「의료법」에 의한 의료기관(종합병원, 병원, 치과병원, 한방병원, 요양병원, 의원, 치과의원, 한의원 및 조산원)의 종사자, ② 의료인(의사, 치과의사, 한의사, 조산사 및 간호사)뿐만 아니라 의료기관에 실제로 종사하고 있는 자 모두, ③「유아교육법」 제20조 제1항의 유치원 원장, 원감 및 교사, ④「초 · 중등교육

진다([그림 6-5] 참조). 지원요청 혹은 신고를 받은 상담센터(상담사)가 시장 · 군수 · 구청장(긴급지원담당공무원)에게 연계하면 시장 · 군수 · 구청장(긴급지원담당공무원)은 지원절차 처리과정을 사회보장정보시스템(행복e음)을 통해 상담센터에 통보하는 순으로 진행된다([그림 6-4] 참조).

긴급복지지원 전달체계에서 긴급지원기관의 시장 · 군수 · 구청장은 신고접수 · 현장확인 및 지원결정, 지원(사후조사 등)을 하고, 긴급지원심의위원회는 시장 · 군수 · 구청장의 요청에 따라 긴급지원 연장결정, 적정성 심사, 지원비용 환수 등을 심의 · 의결한다([그림 6-5] 참조). 긴급지원 담당기구 보건복지상담센터(129)는 상담(접수) · 정보제공 및 기관 · 단체 등을 연계하며 민간협력체계인 의사 등 의료기관종사자, 교사, 사회복지시설 종사자, 공무원 등은 대상자를 조기에 발굴(신고)하며, 지역사회보장협의체 등 민간자원 연계를 지원한다([그림 6-6] 참조).

이상과 같은 연계계획에도 불구하고 지방자치단체의 찾동 사례관리팀이나 무한돌봄서비스, 희망스타트 등 다양한 사회복지서비스 연계체계를 구축하여 긴급복지지원 대상 특성에 따른 연계지원이 강화될 수 있도록 하여야 할 것이다.

법」 제2조 및 제19조의 초등학교, 공민학교, 중학교, 고등공민학교, 고등학교, 고등기술학교, 특수학교, 각종학교의 교장, 교감 및 교사, ⑤「고등교육법」 제2조 및 제14조의 대학, 산업대학, 교육대학, 전문대학, 방송통신대학, 기술대학의 총장, 학장, 교수, 부교수, 조교수 및 전임강사를 말한다.

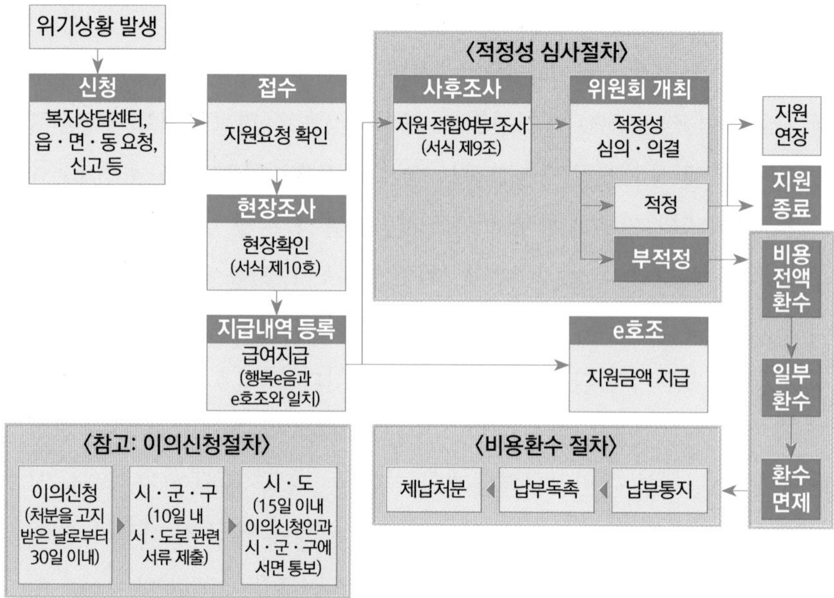

[그림 6-5] 긴급복지지원 전달체계

출처: 보건복지부(2020a), p. 37.

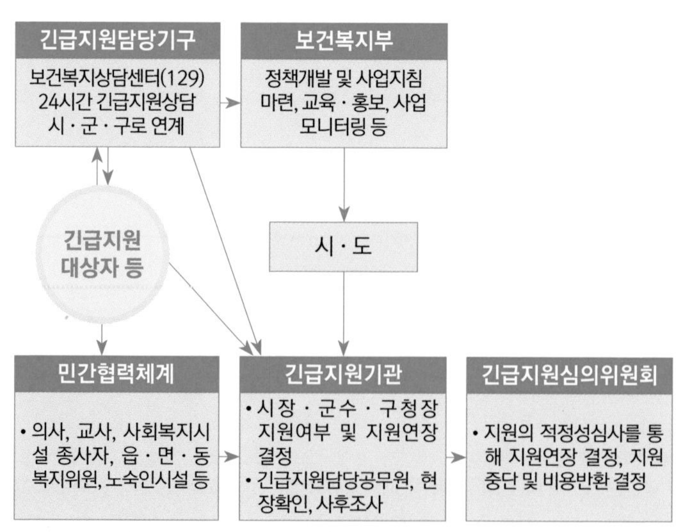

[그림 6-6] 긴급지원체계별 역할

출처: 보건복지부(2020a), p. 8.

(4) 재원

「긴급복지지원법」 제17조에는 국가 및 지방자치단체가 긴급지원 업무를 수행하기 위하여 필요한 비용을 분담하도록 명시하고 있다. 즉, 기타 다른 사회복지사업과 비슷하게 긴급복지지원사업의 재원은 국고보조금과 지방자치단체의 예산분담 구조로 이루어져 있다. 긴급복지지원사업의 국고보조율은 서울 50%, 지방 80%(박용주 외, 2020, p. 126)로 사회복지비 지수와 재정자주도에 따라 차등보조율이 적용되는 국민기초생활보장사업과 달리 긴급복지지원사업은 기준보조율이 단일하게 적용되어 다른 국고보조금이 남아 있더라도 긴급지원을 위해 전용할 수 없는 상황이다. 긴급복지지원사업 자체가 급여지원의 지연에 따른 심각성이 있어 긴급성을 요하기 때문에 다른 국고보조사업의 불용예산을 집행할 수 있도록 하는 방안이 필요한 것으로 판단된다.

생각해 볼 문제

1. 사회복지정책 분석의 의미와 사회복지정책 분석범위를 설명해 보시오.

2. 사회복지정책을 분석하는 기준이 적절하게 구성되었는지 확인하기 위하여 길버트와 테렐이 제시한 네 가지 질문이 무엇인지 제시하고, 네 가지 질문이 의미하는 바를 설명해 보시오.

3. 사회복지정책의 선택 차원에서 고려해야 할 차원 중 할당원리를 설명해 보시오.

4. 사회복지정책의 선택 차원에서 고려해야 할 차원 중 '사회보장급여'를 「사회보장급여의 이용 · 제공 및 수급권자 발굴에 관한 법률」에 기초하여 ① 의미, ② 사회보장기관의 급여제공 기본원칙, 그리고 ③ 급여제공 효과에 대하여 설명해 보시오.

5. 사회보장급여를 전달하기 위한 중앙정부의 복지전달체계를 도식화하고 효과적인 사회보장급여 전달을 위한 체계개선 방안을 제시해 보시오.

6. 복지국가 추구를 위한 재원조달 방안을 자신의 말로 설명해 보시오.

7. 국민기초생활보장제도를 원칙, 목적, 할당(급여자격), 급여형태, 전달체계, 재원에 따라 분석해 보시오.

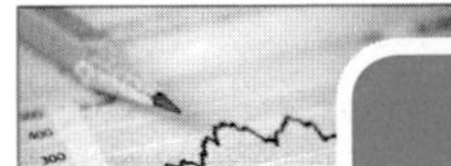

참고문헌

고경환, 윤영진, 강병구, 김은경, 김태은(2012). 복지정책의 지속가능성을 위한 재정정책: 스웨덴, 프랑스, 영국을 중심으로. 세종: 한국보건사회연구원.

국가보훈처(2020). 보훈보상대상자 및 가족등록신청. https://www.mpva.go.kr/mpva/support/bohunreward02.do

긴급복지지원법. http://www.law.go.kr

김환준(2017). 사회보장급여의 빈곤완화효과 분석. 사회복지연구, 48(3), 5-28.

문종열, 김기현(2014). 수요자 중심 사회복지 전달체계 모델연구. 예산정책연구, 3(1), 163-207.

박용주, 연훈수, 한승희, 조승현, 김서영(2020). 국고보조금 이해하기: 제도, 사업, 시스템. 서울: 한국재정정보원.

보건복지부(2020a). 2020 긴급지원사업안내.

보건복지부(2020b). 2020년 장애인연금 사업안내.

보건복지부(2020c). 기초연금. http://basicpension.mohw.go.kr/Nfront_info/basic_pension_2.jsp

보건복지부(2020d). 아동수당. http://ihappy.or.kr/info/intro.php

여유진, 김미곤, 황도경, 정재훈, 김기태, 김성아(2014). 긴급복지지원제도 사업성과 평가 및 제도개편 방안 연구. 세종: 보건복지부, 한국보건사회연구원.

이현주, 김진, John Hudson, Stefan Kühner, 전지현(2018). 현금지원과 현물지원 정책의 구성과 효과. 세종: 한국보건사회연구원.

Dror, Y. (1971). *Design for Policy Sciences*. New York, NY: American Elsevier Publishing Company.

Gilbert, N., & Terrell, P. (2007). *Dimensions of Social Welfare Policy*. 남찬섭,

유태균 공역. 사회복지정책론. 서울: 나눔의집. (원저는 2002년에 출간)
Quade, E. S. (1982). *Analysis for Public Decisions*. New York, NY: North Holland.

제7장

사회복지정책의 평가

1. 정책 평가의 개념과 의미
2. 정책 평가의 종류: 총괄평가, 형성평가
3. 총괄평가, 형성평가의 주체, 절차, 방법
4. 정책의 효과성, 효율성, 형평성, 적절성

이 장에서는 정책 평가의 개념과 의미, 정책 평가에 해당하는 총괄평가(목표지향적 평가, summative/objective oriented evaluation) · 형성평가(과정지향적 평가, formative evaluation)의 개념, 총괄평가와 형성평가의 주체 · 절차 · 방법, 정책의 효과성 · 효율성 · 형평성 · 적절성에 관하여 살펴본다.

1. 정책 평가의 개념과 의미

정책분석이 정책을 실행 혹은 집행하기 전에 계획단계에서 그 효과를 분석하여 여러 가지 대안 중의 어느 한 정책을 선택하려고 할 때 요구되는 과정이라고 한다면, 일반적으로 정책 평가는 정책을 실행한 이후에 그 정책에 따른 결과물에 대하여 평가하는 작업이다.[1]

정책 평가는 기본적으로 시행한 정책에 따른 사업이 정책목표에 부합하여 수행되었는지 파악하여 기존 정책을 현재 방향으로 계속 추진할 것인지 여부를 결정하고자 할 때 수행한다.[2] 만약 정책 평가가 적절하게 이루어진다면 정책 평가 자체가 환류적 기능을 하기 때문에 기존 정책의 미

1) 정책 평가 중 '계획단계 평가중심 형성평가'는 예외적으로 정책사업 구상과 설계를 위하여 계획단계에서 수행한다.

2) '계획단계 평가중심 형성평가'는 제외한다.

흡한 부분을 발견하고 문제를 해소할 수 있는 정책개선 작업이 가능해질 수 있을 것이다. 정책수행 이후에 정책 평가를 성실하게 수행하는 것은 국가나 지방자치단체가 국민과 지역주민들에게 국세와 지방세로 수행된 정책사업에 대하여 책임 있는 태도를 보이는 것이며, 적절하게 이루어진 정책 평가를 통하여 관련 연구에 이론적인 기여를 할 수도 있을 것이다.

2. 정책 평가의 종류: 총괄평가, 형성평가

1) 총괄평가/목표지향적 평가

총괄평가는 정책의 효과성에 대한 총괄적 판단을 강조하는 목표지향적 평가이다. 정책이 시행기간의 모든 사업이 종결된 이후 시행하는 것으로 정책사업의 결과 정책이 목표한 내용을 달성하였는지, 정책사업의 결과 긍정적인 영향과 부정적인 영향은 무엇이었는지, 비용대비 얼마나 효과적 · 효율적으로 달성하였는지 분석한다(Guskey, 2000). 총괄평가에 따라 정책사업의 지속, 확대, 혹은 개선방향을 결정하게 되며, 정책사업이 시행되기 전 기본값이 비교기준이 된다(Scriven, 1991). 총괄평가는 시기적으로 프로그램이 모두 종결된 후에 시행하는 것으로 주로 프로그램의 결과에 평가의 초점을 두기 때문에 이미 발생한 문제들을 도중에 고칠 수 없다는 단점이 있다. 즉, 총괄평가는 정책사업이 사업을 시행하기 이전과 비교하여 애초에 설정했던 목표를 얼마나 효과적 · 효율적으로 달성하였는지를 파악하고자 한다.

2) 형성평가/과정지향적 평가

형성평가에는 정책사업 결과물의 질, 사업에 참여한 인력 · 조직구조 및 진행절차를 점검하여 향후 정책사업을 강화하고 개선하는 것을 목적으로 하는 실행과정 평가중심 형성평가(Scriven, 1967)와 내부적으로 정책사업을 구상하고 설계하고자 할 때 적용하는 계획단계 평가중심 형성평가(노화준, 1991)로 구분할 수 있다. 실행과정 평가중심 형성평가는 정책을 구상하고 계획을 수립하는 단계에서 수행된다. 애당초 계획했던 방향과 진행과정 중에 발생한 실제 상황의 간극을 분석하여 사업에 참여한 인력·조직구조 및 절차의 강점과 단점, 장애물과 예기치 않았던 절차상 문제 등을 파악하여 향후 사업을 어떻게 나은 방향으로 설계할 수 있을지 방안을 도출하는 과정이다(Scriven, 1991). 따라서 형성평가는 정책(사업) 실행과정 중에 발생하는 역동적 상황들에 대한 대응이자 고정되어 있지 않은 정책환경에서 복잡하고 다면적인 정책(사업)에서 불가피하게 발생하는 문제들을 수정·보완하는 시도라고 할 수 있다. 특별히 형성평가는 정책사업의 전달 및 개입체계에 관심을 두어 체계에 따른 성과와 영향 정도를 분석해야 한다. 정책사업 계획단계에서 이루어지는 계획단계 평가중심 형성평가에는 정책의제 형성, 정책수립, 정책집행, 정책홍보를 평가하는 것이 적절하다.

총괄평가는 투입인력, 재정 대비 효과성, 효율성 평가에 적절하고, 정책 주체에 대한 신뢰도 향상에 기여하며, 정책사업 지도역량 평가가 가능하고, 정책사업 관여자들의 참여수준 모니터링이 가능하다는 장점이 있다(〈표 7-1〉 참조). 반면에 총괄평가 결과에 과도하게 의존하여 정책사업 수행과정이나 정책사업 지도역량 향상을 기할 정보제공이 없다는 단점이 있다. 형성평가 중 실행과정 평가중심 형성평가는 정책사업 수행에 비효과적인 지도방법 개선정보 제공, 정책사업 진행과정 환류 가능, 사업수행 방법 향상에 따른 사업의 질 향상, 환류·개선과정 촉진도모의 장점이 있고, 계획단계 평가중심 형성평가는 실행성과 검토용이, 계획수립 단계 정보제공, 계획실행 단계 평가, 평가결과 환류의 장점이 있다. 반면에 형성평가는 정책사업의 효과성, 효율성 파악이 어렵다는 단점이 존재한다.

〈표 7-1〉 총괄평가, 형성평가 비교

<table>
<tr><th>구분</th><th colspan="2">장점</th><th>단점</th></tr>
<tr><td>총괄평가/
목표지향적
평가</td><td colspan="2">• 투입인력, 재정 대비 효과성, 효율성 평가에 적절
• 정책 주체에 대한 신뢰도 향상
• 정책사업 지도역량 평가 가능
• 정책사업 관여자들의 참여 수준 모니터링 가능</td><td>• 총괄평가 결과에 대한 과도한 의존
• 정책사업 수행과정에 대한 정보제공 없음
• 정책사업 지도역량 향상을 기할 정보제공 없음</td></tr>
<tr><td rowspan="2">형성평가/
과정지향적
평가</td><td>실행과정
평가중심
형성평가</td><td>• 정책사업 수행에 비효과적인 지도 방법 개선정보 제공
• 정책사업 진행 과정 환류 가능, 사업수행 방법 향상에 따른 사업의 질 향상
• 환류, 개선과정 촉진도모</td><td rowspan="2">• 효과성, 효율성 파악이 어려움</td></tr>
<tr><td>계획단계
평가중심
형성평가</td><td>• 실행성과 검토용이
• 계획 수립단계 정보제공
• 계획 실행단계 평가
• 평가결과 환류</td></tr>
</table>

출처: Chatterji (2003) 재구성.

3. 총괄평가, 형성평가의 주체, 절차, 방법

1) 총괄평가 주체, 절차, 방법

정책 평가방법으로서 총괄평가는 정부나 지방자치단체가 정책사업이 완료된 이후 정책효과를 분석하는 것으로 정책원인, 정책 결정, 정책집행의 3단계로 이루어진다(〈표 7-2〉 참조).

먼저 정책 평가 절차의 첫 번째 단계인 정책원인은 정부나 지방자치단체의 개입 정당성과 정책과제의 부정적 측면을 평가함으로써 정책사업의 공공성을 평가한다. 국민이나 지역사회 구성원들의 공공의 이익을 도모하는 공공성의 추구가 중요하므로 해당 정책을 통해 공공성, 공익의 가능성이 긍정적인 측면과 부정적인 측면에서 무엇인지 평가한다.

다음으로, 정책 결정 단계에서는 정부나 지방자치단체가 결정한 정책대안이 정책목적 측면과 정책내용 측면에서 명확하고 적합한지 여부를 판단한다.

마지막으로, 정책집행 단계에서는 정책집행을 통해 당초 의도한 효과가 어느 정도로 발생하였는지, 의도하지 않은 긍정적 효과와 부정적 효과의 종합적 정도, 지금까지는 제도기반 구축으로 서비스 등이 본격 시행되지 않았으나, 향후 경제 · 사회적 효과(영향)가 발생할 것으로 기대되는 정도, 정책 추진과정에서 이해관계자 반발, 오보로 인한 부정적 여론 등 불리한 대외적 추진 여건을 극복하기 위해 정부나 지방자치단체가 추진한 노력의 정도를 평가한다.

〈표 7-2〉 정책 총괄평가 절차, 기준, 평가지표

절차	기준	평가지표
정책원인	공공성, 공익의 가능성에 필요성 평가	• 공공성, 공익을 위하여 해당 정책의 필요성이 있는가?
정책 결정	정책대안의 타당성	• 정책의 목적은 명확한가? • 정책내용은 적합한가?

정책집행	당초 의도한 효과 발생정도	• 정책 추진을 통해 달성하고자 하는 정책효과의 현재 시점에서 발생여부 및 크기의 정도 • 정책 실행, 제도개선 사실 자체가 아니라, ① 실행된 제도나 정책이 현장에서 실효성 있게 작동되고 있는지, ② 서비스의 질 개선 등 실제 효과가 나타나고 있는지를 평가
	부수적 효과	• 당초 의도한 효과 이외에 발생한 효과로서 정부나 지방자치단체가 의도하지 않은 긍정적 효과와 부정적 효과의 종합적 정도
	향후 기대효과	• 지금까지는 제도기반 구축으로 서비스 등이 본격 시행되지 않았으나, 향후 경제 · 사회적 효과(영향)가 발생할 것으로 기대되는 정도
	과제 추진 과정에서의 어려움 극복 노력	• 정책 추진과정에서 이해관계자 반발, 오보로 인한 부정적 여론 등 불리한 대외적 추진 여건을 극복하기 위해 정부나 지방자치단체가 추진한 노력의 정도

출처: 이진경(2014), p. 72에서 〈표 5〉 '도시정비정책시스템 평가항목과 지표' 재정리.

총괄평가 절차와 방법을 활용하여 정부의 '공무원 육아 및 가족돌봄 지원체계 강화 등 일 · 가정 양립 지원정책'에 대하여 다음과 같이 적용해 볼 수 있다.

〈정책 총괄평가 예시〉 '공무원 육아 및 가족돌봄 지원체계 강화 등 일 · 가정 양립 지원정책'에 대한 총괄평가

〈2019년 정부 공무원 육아 및 가족돌봄 지원체계 강화 등 일·가정 양립 지원 정책 세부내용〉

구분	주요 내용
유 · 사산휴가 확대	유 · 사산휴가 대상(남성, 3일) 확대, 임신 초기 유 · 사산휴가 범위 확대(임신 11주 이내: 5일 → 10일)
여성보건휴가 일원화	여성보건휴가를 생리목적(무급휴일, 월 1일)으로 일원화
임신검진휴가 신설	임신검진 목적으로 필요시 자율적으로 사용할 수 있도록 임신기간 동안 10일의 휴가를 일괄 부여하는 휴가(유급휴가) 신설
자녀돌봄휴가 가산기준 완화	2자녀 이상 1일 가산, 총 3일 부여

- 정책 총괄평가 절차에 따른 실제 평가
  - 정책 원인(공공성, 공익의 필요성 평가)
    ① 공직 내 장시간 근무 여건 개선을 통한 일 · 생활 양립, 후생복지 강화 등을 통해 모범 고용주로서 정부의 선도적 노력을 필요로 한다.

    - 우리나라 1인당 평균 노동시간: OECD 38개국 중 36위(2018년)
    - 일과 삶의 균형 부문: OECD 40개국 중 36위(2018년)
    - 시간당 노동생산성: OECD 22개국 중 22위(2017년)

    ② 세종 소재 부처 공무원의 잦은 서울 출장에 따른 의사결정 지연, 정책 소통 부족, 공직사회 활력저하 등 해결이 필요하며, 초과근무 감축 · 연가 활성화 및 육아출산 지원을 강화할 필요가 있다.

- 정책 결정
  - 정책의 목적은 명확한가?

    정부가 제시한 유 · 사산휴가 확대, 여성보건휴가 일원화, 임신검진휴가 신설, 자녀돌봄휴가 가산기준 완화 등의 정책은 '공무원 육아 및 가족돌봄 지원체계 강화 등 일 · 가정 양립 지원' 정책을 실현하기 위한 구체적 목적을 반영한 것으로 평가한다.
  - 정책내용은 적합한가?

    정부의 공무원들을 위한 유 · 사산휴가 확대, 여성보건휴가 일원화, 임

신검진휴가 신설, 자녀돌봄휴가 가산기준 완화 등의 '공무원 육아 및 가족돌봄 지원체계 강화 등 일 · 가정 양립 지원' 정책은 공무원 육아 및 가족돌봄체계 강화를 통해 일 · 가정 양립을 지원하기 위한 정책으로, 정책원인에 따라 상황을 적절하게 파악하여 제시한 것이기에 정책 내용이 적합한 것으로 평가할 수 있다.

• 정책집행

-당초 의도한 효과 발생정도(정책시행의 결과)

① 연가 활성화: (2017년) 10.9일 → (2018년) 12.3일

◦ 지난 7년 중 최대 폭(1.4일, 12.8%) 증가

◦ 2019년 상반기 기준 2018년 동기 대비 0.4일 증가(8.5%↑)

◦ 국가직 공무원 연가 사용일수 1일 증가 시 2,660억 원 부가가치, 1,365명 고용창출 효과

② 가정친화적 복무제도 활성화: 전년 대비 2018년 실적 육아시간(22배), 모성보호시간(1.4배), 자녀돌봄휴가(1.4배) 대폭 증가

◦ 2018년 7월 복무규정 개정으로 가정친화적 복무제도를 전반적으로 강화하여 국가공무원의 육아 등 가사 참여 활성화 및 만족도 증가

③ 초과근무 대폭 감축: (2018년 상) 19.7시간 → (2019년 상) 17.1시간

◦ 2.6시간 감소가 이루어진 것으로 평가

-부수적 효과: 정책효과 평가기준 외 부수적 효과 기술

① (세종 중심 근무 정착 방안) 관계부처 합동으로 발표하여 세종 소재 권역 부처 공무원의 근무여건 및 업무생산성 향상 유도(5.9일)

② 재해보상 종합체계 구축: 사후적 재해관리 → 재해예방-보상-재활 선순환 기반 구축

◦ 기존의 재해보상 외에 재해예방 및 재활 · 직무복귀 개념을 공무원 재해보상제도에 새롭게 도입해, 공무상 재해에 대한 정부 역할을 대폭 확대하고 모든 공무원이 안심하고 직무에 전념할 수 있는 여건을 조성하는 것(재해보상제도의 조기 안착, 종합체계의 원활한 운영을 위해 인사처장이 직접 포럼 참여, 공무원 격려, 마음건강센터 홍보 등 추진)이 이루어져 목표한 효과 이외에도 부수적인 효과가 있었던 것으로 사료됨

–향후 기대효과

① 이번 정책시행의 결과 배우자 출산휴가 등 지속 개선: 복무규정, 복무예규 개정 → 일상생활 균형 기반 강화

② 일하는 방식 개선 및 세종 중심 근무 지속 추진: 업무생산성 향상, 근로시간 단축 등

③ 자기주도 근무시간제 등 근무혁신 지속: 공무원의 삶의 질과 업무 효율성이 제고

–과제 추진과정에서의 어려움 극복 노력이 있었는지 파악해 본 결과

① (어려움) 공직사회 근무여건 개선을 위한 관련 법령 개정이 소관 부처별로 개별적으로 추진되어 적용대상자들 간의 형평성 문제*가 야기

→ (해결방법) 공무원 직종에 관계없이 공통 적용할 필요 있는 내용은 관계부처 간 협업을 통한 동시 개정*을 통해 공무원 직종별 형평성 제고

* 일반직(국가, 지방) 외 특정직(경찰, 소방, 교육, 외무, 군인, 군무원) 관련 법령 동시 개정 추진(관계부처 사전 조회 후 복무규정 개정안 동시 입법예고 10월 예정)을 통해서도 발견된 어려움이 추가적으로 해소될 수 있을 것으로 평가

② (어려움) 경찰 · 소방 · 우정 등 현장직의 공무상 재해문제가 특히 심각

→ (해결방법) 직종 및 기관별 고충과 수요 파악을 위한 의견수렴을 적극 실시하고, 재해 고위험기관 방문면담으로 직종별 업무 특성에 따른 유해위험 요인 및 재해 실태 등을 청취하여 재해예방 대책 마련 시 고려하려 계획하고 있는 것으로 파악됨. 따라서 과제 추진과정에서 정부부처의 실제적인 어려움 극복 노력이 있었고, 그에 따른 대처는 적절하였던 것으로 파악

–외부 지적사항에 따른 정책개선 노력(감사원, 언론, 국회 지적사항에 대한 개선조치)

① (지적사항) 배우자 출산휴가의 경우 분할 사용으로 가능한지 여부(2020년 예산 국회 예결위 예비검토 질의)에 대한 감원, 언론, 국회 지적사항

→ (개선) 민 · 관의 분할 사용 관련 형평성을 맞추기 위해 12월까지 국가공무원 복무예규 개정 추진

② (지적사항) 위험직무순직 심사과정에서 직무의 위험성, 인과관계 등을 판단함에 있어 현장의 목소리 반영이 필요하다는 의견 제기(2월 임시국회 행안위 업무보고 질의)

→ (개선) 직무특성상 경찰 · 소방 공무원이 공무상 재해를 입는 다수인 점을 고려하여 경찰 · 소방 출신 현장전문가 위원을 위촉하고 재해보상 현장조사단에 포함시켜 심사의 전문성 및 현장성 강화를 실시한 것으로 파악

2) 형성평가 주체, 절차, 방법

(1) 정책 실행과정 평가중심 형성평가의 주체, 절차, 방법 (〈표 7-3〉 참조)

정부나 지방자치단체가 정책 형성평가의 주체가 되어 형성평가를 실시할 때의 첫 번째 단계는 정책성과 분석이다. 실행한 정책이 기존에 수립한 정책전략에 따라 핵심 과제를 설정하고 그에 따라 세부사업을 수행하였을 것이므로 연단위로 실행성과가 실제 목표로 했던 그대로 성취되었는지 살펴보아야 한다.

두 번째 단계는 수행한 정책계획을 수립하였던 과정에서 미진하였던 내용이 무엇이었는지 파악하는 것이다. 계획 수립주체가 인력과 추진체계 계획 수립단계, 조사 및 분석 단계, 사업개발 과정(자원현황, 지역자원의 연계성 및 격차 파악, 관련 문헌연구와 중앙 및 지방자치단체 정책 방향과의 연계성 검토, 중점과제 도출, 목표수립 및 세부사업 선택 등), 추진체계(개별 역할 명료화, 협력적 실천), 조정권고 실행 여부, 그리고 주민참여(공청회, SNS 등을 통한 의견수렴 반영)가 포함된다. 계획수립 주체가 기존에 수행한 정책계획을 수립할 때 수립의 주체구성과 추진체계 구성을 어떻게

하였는지, 사업개발 과정에서 ① 자원현황, ② 지역자원의 연계성 및 격차 파악, ③ 관련 문헌연구와 중앙 및 지방자치단체 정책 방향과의 연계성 검토, ④ 중점과제 도출, ⑤ 목표수립 및 세부사업 선택을 적절하게 하였는지 그리고 추진체계의 개별 역할 명료화와 협력적 실천이 이루어졌는지, 시 · 도 조정권고 사항을 잘 실행하였는지, 그리고 지역주민 의견을 적절하게 수렴하였는지를 살펴보는 단계이다.

세 번째 계획실행 단계에서는 연차별 시행결과를 검토하여 사업실행력을, 세부사업의 성과목표의 성취 여부를 점검하는 개별 사업의 성과목표 달성 여부 확인, 상위계획과 연계하여 사업을 수행하였는지, 그리고 계획 실행과정에서 주민 참여 및 민관협력이 잘 이루어졌는지를 점검한다.

네 번째 환류단계에서는 적절한 인력구성을 통한 정책 모니터링 추진체계 구성, 계획의 효과성 및 효율성, 책무성 등을 향상시키는 모니터링 결과 정책 반영 실적, 연차별 평과결과의 정책환류가 포함된다.

〈표 7-3〉 정책 실행과정 평가중심 형성평가 절차, 검토항목

구분	항목별 점검사항	비고
정책성과 분석	• 전략, 핵심과제에 따른 세부사업 실행성과 검토	
계획수립 단계 미진한 내용 진단	• 계획수립 단계 미진한 내용진단 –계획수립 주체가 인력과 추진체계계획 수립단계 –조사 및 분석 단계 –사업개발과정(자원현황, 지역자원의 연계성 및 격차 파악/관련 문헌연구와 중앙 및 지방자치단체 정책 방향과의 연계성 검토/중점과제 도출/목표수립 및 세부사업 선택 등) –추진체계(개별역할 명료화, 협력적 실천) –조정권고 실행여부 –주민참여(공청회, SNS 등을 통한 의견 수렴 반영)	

계획실행	• 사업실행력 • 개별사업의 성과목표 • 연차별 계획과의 연계 • 계획 실행 과정에서 주민 참여 및 민관 협력	
환류	• 모니터링 추진체계 • 모니터링 결과반영 • 평가결과 환류	

출처: 보건복지부(2018) 재정리.

다음은 정책 실행과정 평가중심 형성평가 방법을 적용하여 지방자치단체가 제3기 지역사회보장계획에 대한 평가를 실시한 내용이다.

〈정책 실행과정 평가중심 형성평가 예시〉 ○시 ○구 제3기 지역사회보장정책에 대한 정책 실행과정 평가중심 형성평가

구분	○시 ○구 제3기 지역사회보장정책 요약		
전략목표	I. 민관협력 강화를 통한 지역형 복지	II. 전달체계 개선을 통한 맞춤형 복지	III. 적극적 사회참여를 통한 생산적 복지
핵심과제 및 세부사업	과제 1. 지역사회보장협의체 기능 강화 • 협의체 운영 전문인력 채용 • 동 단위 지역사회보장협의체 구성 · 운영 • 실무분과 활성화	과제 4. 복지서비스 정보전달 체계 개선 • 복지서비스 이용정보 제공 개선 • 복지서비스 종합 안내서 제작	과제 7. 취약계층 고용기반 확대 • 경력단절여성 재취업 교육 프로그램 운영 • 어르신 일자리사업 실시 • 사회적경제지원센터 설립 및 운영 활성화

			• 인생이모작지원센터 건립 및 운영 • 장애인 맞춤형 일자리 제공을 통한 자립생활 지원
	과제 2. 민관 · 민민 협력 네트워크 강화 • 민관복지 관련 협력 워크숍 • 복지 분야별 방문의 날 운영 • 다문화 축제	과제 5. 통합사례관리시스템 개발 • 사례관리 공유 카페 활성화 • 통합사례관리회의 정례화	과제 8. 나눔 환경 조성 • 나눔 환경 활성화를 위한 구 공모사업 • 자원봉사 참여 환경 활성화 • 1:1 결연사업 확대
	과제 3. 복지시설 종사자 역량 강화 • 복지수당 지급 • 사회복지 전문교육 실시	과제 6. 복지시설 공간의 효율적 활용 및 안전한 생태 환경 조성 • 청소년중독예방센터 • 영 · 유아 일시안심 보호센터 확대 • 노인요양시설 확충	과제 9. 사회서비스 접근성 증진 • 찾아가는 방문복지 서비스 확대 • 생활체육 보건서비스 • 임신출산 토털서비스 • 심리상담센터 설치 · 운영

구분	정책 실행과정 평가중심 형성평가 항목별 점검사항 비교
정책 성과 분석	• 전략, 핵심과제에 따른 세부사업 실행성과 검토

〈제3기 지역사회보장계획 실행 성과 요약〉

전략	핵심 과제	세부사업	실행 성과
I. 민관 협력 강화를 통한 지역형 복지	1. 지역사회보장협의체 기능 강화	1-1. 협의체 운영 전문인력	민간 실무 간사 채용(2018)
		1-2. 동 단위 협의체 구성 · 운영	15개 동 모두 협의체 운영
		1-3. 실무분과 활성화	연차별 회의실적 편차가 있음

	2. 민관 · 민민 협력 네트워크 강화	2-4. 민관복지 관련 협력 워크숍	2017년 1박2일 워크숍 진행
		2-5. 복지 분야별 방문의 날	2017년부터 시작(6개소)
		2-6. 다문화축제	매년 개최/2017년 5천 명
	3. 종사자 역량 강화	3-7. 복지수당 지급	2017년부터 지급
		3-8. 사회복지 전문교육 실시	매년 교육 실시
II. 전달체계 개선을 통한 맞춤형 복지	4. 복지서비스 정보전달체계 개선	4-9. 복지서비스 이용정보 제공 개선	이용정보 제공(특히 복지관과 종합병원 방문자 중심)
		4-10. 복지서비스 종합안내서	안내서 제작 및 배부
	5. 통합사례관리 시스템 개발	5-11. 사례관리공유카페 활성화	사례관리 공유카페 운영 중
		5-12. 통합사례관리회의 정례화	통합사례관리회의 정기 진행 중
	6. 복지시설 공간 효율적 활용/안전한 생태환경 조성	6-13. 청소년중독예방센터	유관기관에서 청소년중독예방 사업 실시/향후 센터 설치 필요
		6-14. 영 · 유아 일시안심보호센터 확대	시간제보육시설 설치 및 운영/일시안심보호센터 설치 필요
		6-15. 노인요양시설 확충	2개 시설 건립 및 운영
III. 적극적 사회 참여를 통한 생산적 복지	7. 취약계층 고용기반 확대	7-16. 경력단절여성 재취업 교육 프로그램 운영	교육 및 취 · 창업 지원 중
		7-17. 어르신 일자리 사업 실시	어르신 일자리 사업 추진 중/타 구와 구별되는 사업 필요
		7-18. 사회적경제지원센터 설립	사회적경제지원센터 설립 및 운영
		7-19. 인생이모작지원센터 건립	50+센터 설치 및 운영
		7-20. 장애인 맞춤형 일자리 제공을 통한 자립생활 지원	맞춤형 일자리 제공 중

8. 나눔 환경 조성	8-21. 나눔 환경 활성화를 위한 구 공모사업	매년 타 구의 사업 검토를 진행하였으나, 공모사업은 미실시
	8-22. 자원봉사 참여 환경	봉사자 발굴과 교육, 관리/자원봉사센터의 자체사업으로, 지역사회보장계획의 세부사업으로 부적절, 세부사업 개발 필요
	8-23. 1:1 결연사업 확대	진행하지 않음
9. 사회서비스 접근성 증진	9-24. 방문복지서비스 확대	방문복지서비스 운영 중
	9-25. 생활체육 보건서비스	생활체육 및 보건 관련 교육 제공 및 건강동아리 운영 중
	9-26. 임신출산 토털서비스	임신출산 토털서비스 제공 중
	9-27. 심리상담센터 설치·운영	심리상담센터 설치 및 운영 중

계획수립 단계 미진한 내용 진단	• 계획수립 단계 미진한 내용 진단 –핵심과제 1. 지역사회보장협의체 기능강화 부분 ◦ 동 단위 지역사회보장협의체가 15개 동 모두에 설치·운영되고 있는 점은 긍정적이지만, 협의체 운영이 일회성 특수사업에 국한하여 추진된 것은 아쉬운 점이다. 2019년부터는 주민 참여 예산, 대외 공모사업 등의 외부자원 연계를 위하여 노력하는 것이 필요 ◦ 이와 함께 지역사회복지협의체에서 지역사회보장협의체로 명칭이 변경되며 영역이 확대된 만큼, 지역사회보장에 포함되는 주거, 환경, 문화여가, 보호안전, 건강 등에 관한 실무분과의 추가 구성이 요청되며, 실무분과 정기회의를 강화하여 보다 활성화·내실화하는 것이 필요

• 계획수립 단계

–계획수립 주체 관련: 제3기 지역사회보장계획 수립의 주체 구성을 위해 구청 내 지역사회보장계획 수립을 담당할 인력과 추진체계를 구성하고 이를 추진할 연구용역에 관련한 계획을 수립하였고, 공정한 절차와 기준에 따라 선정한 연구용역 기관과 활발하게 소통 및 협력함

–조사 및 분석 단계: 3기 지역사회보장계획은 지역사회의 복지 관련 욕구 파악을 위해서 구민 대상의 욕구 조사, 전문가 대상의 포커스 그룹 면접(Focus Group Interview), 구민 의견 수렴 조사 등을 진행하고, 복지 관련 자원 현황 파악을 위해서 복지자원 조사를 실시함. 조사 결과 분석을 통해서는 주민의 생활실태 및 욕구 현황, 지역 내 복지자원(복지시설, 종사자, 자원봉사자 등)의 현황과 네트워크 등을 파악함

–사업개발과정(자원현황, 지역자원의 연계성 및 격차 파악/관련 문헌연구와 중앙 및 지방자치단체 정책 방향과의 연계성 검토/중점과제 도출/목표수립 및 세부사업 선택 등): 첫째, 지역사회복지조사 결과에 대한 분석을 통해 지역사회의 복지 관련 욕구와 자원 현황, 주민 욕구와 지역자원의 연계성 및 격차, 충족되지 않은 욕구의 내용과 정도 등을 파악함. 둘째, 지역사회보장계획 관련 문헌과 자료, 중앙정부 및 광역시 · 도의 복지 관련 계획 등에 대한 고찰을 통해 중앙정부 및 광역시 · 도의 복지정책 방향과 취지, 주요 추진과제 등을 분석함. 이를 통해 제3기 지역사회보장계획 수립의 기초를 마련하고, 제2기 계획 및 결과에 대한 평가와 분석을 통해 여전히 해결되지 않은 현안과 개선과제 등을 도출함. 셋째, 지역사회복지조사 결과 분석, 관련 계획과 상위계획의 분석, 제2기 계획 및 결과의 평가와 분석 등을 통해 제3기 지역사회보장계획의 비전과 전략목표를 수립함. 비전과 전략목표의 달성을 위한 우선순위를 고려하여 핵심과제를 선정하여 세부사업계획을 수립하였으며, 세부사업계획에는 세부사업별 목표와 내용, 성과지표 등을 포함함. 넷째, 제3기 지역사회보장계획의 비전과 전략목표, 핵심과제 및 그에 대한 세부사업계획을 바탕으로, 기반 조성계획과 행정 · 재정계획 및 연차별 추진 계획 등을 수립함

	–추진체계(개별역할 명료화, 협력적 실천): 지역사회보장계획은 지역사회 내 다양한 참여 구성원의 협력적인 활동으로 수립하였으나 개별역할이 명료하지 않았음 –조정권고 실행여부: 지역사회보장협의체의 심의를 통과한 제3기 지역사회보장계획을 구의회 보고를 통해 상위 정부인 광역시 · 도에 제출하였고, 광역시 · 도에서 검토 결과에 따라 전달한 권고조정사항을 반영하여 계획을 수정하고 최종 계획을 광역시 · 도에 제출함 –주민참여(공청회, SNS 등을 통한 의견 수렴 반영): 제3기 지역사회보장계획은 지역사회보장조사(욕구 조사와 주민 의견 수렴 등) 및 다양한 영역과 분야의 전문가들로 구성된 계획 수립 TF를 통하여, 계획 수립 과정에서 각 기관 또는 분야 관련 주민들의 의견과 욕구가 반영될 수 있도록 하였고, 수립된 제3기 지역사회보장계획 초안은 공청회를 통해 지역주민들의 의견을 수렴 · 반영하여 보완
계획 실행 단계	• 사업실행력 –제3기 지역사회보장계획 연차별 계획 시행 결과를 검토하면, 목표 달성 및 실행 정도가 매우 향상되고 있어 긍정적임(2015년 82점 → 2016년 86점 → 2017년 93점) –2017년 세부사업별 목표 달성도를 살펴보면, 목표를 초과 달성한 사업이 20개, 목표를 정확히 달성한 사업(100%)이 9개, 목표 미달성 사업이 1개, 비해당 1개(새로 추가된 변경사업 5개 포함 총 31개 사업)로 파악되어 지역사회보장계획 실행력은 긍정적으로 평가할 수 있음 • 개별사업의 성과목표 연차별 시행결과 평가 TF에 의한 자체평가에 따르면, 세부사업들의 성과목표는 적절하게 설정된 것으로 평가되고 있다. 다만 계획 실행 과정에서 성과지표가 수정 · 변경된 경우가 있는데, 이처럼 지표가 수정 · 변경될 경우 정확한 성과 측정과 평가, 결과의 비교 등이 어려움을 고려하여 성과목표 및 지표 설정에 보다 주의를 기울여야 할 것으로 보임

	• 연차별 계획과의 연계 제3기 지역사회보장계획 전체 계획 및 상위 계획 등을 고려하여 연차별 계획을 수립하고 시행 및 평가하고 있음. 연차별 계획 수립을 위하여 구청 유관부서 공무원 2명, 민간기관 종사자 2명, 주민대표 1명으로 총 5명의 TF를 구성 · 운영하여 연차별 계획 수립 방향과 추진전략, 세부사업 내용 등을 설계 하고 있음 • 계획 실행 과정에서 주민 참여 및 민관 협력 제3기 지역사회보장계획 수립 후 실행 과정에서 연차별 시행계획 수립 TF, 평가 TF 및 모니터링 체계 등에 지역사회보장협의체가 참여하도록 하며 민관 협력을 함께 도모하고 있으며, 연차별 시행계획 수립과 평가의 경우 주민 또한 참여하도록 하고 있음
환류	• 모니터링 추진체계: 제3기 지역사회보장계획 실행에 대하여 지역사회보장실무협의체 참여자들로 모니터링 체계를 구성하여 운영 • 모니터링 결과반영: 제3기 지역사회보장계획에 대하여 연차별 계획을 수립하고, 해당 연차별 계획의 실행에 관하여 연 2회 정기회의를 통해 모니터링하며, 후속 조치 또는 개선 사항을 제시해 계획 실행 과정에 반영되게 하고 있음 • 평가결과 환류: 제3기 지역사회보장계획의 연차별 시행계획에 대하여 매년 3월 평가회의를 통해 세부사업의 추진 내용과 성과, 사업 효과, 문제점과 개선방안 등을 도출하여 다음연도 사업계획 내 반영하고 있음

(2) 정책계획 단계 평가중심 형성평가의 주체, 절차, 방법

형성평가는 사업수행 주체인 정부나 지방자치단체가 내부적으로 정책사업을 구상하고 설계할 때 수행하기도 하고, 외부 전문기관에 위탁하여 정책사업의 타당성을 검토할 때 수행하기도 하지만 복지정책 관련 사업은 양자가 함께 수행하는 것이 일반적이다. 정책사업 계획단계에서 이루어지는 형성평가에는 정책의제 형성, 정책수립, 정책집행, 정책홍보를 평가하는 것이 적절하다. 형성평가는 정책의제 형성단계에서 정책현안에 대한 현황과 실태 검토와 시민 및 관련 전문가 의견을 반영하여 정책의제에 대한 타당성 확인과정을 거친다(〈표 7-4〉 참조). 정책수립과 관련하여 상위정책/법령과의 정합성, 정책화를 위한 제반법규(근거법령 및 규칙, 지침 등)를 검토하고 정책(사업) 집행의 직간접적 영향 및 효과성을 분석하여 이해관계 당사자 간 갈등 및 대책마련이나 사회적 관심인 갈등 · 사회적 약자 배려 · 일자리창업 · 안전 등을 고려한다. 정책집행단계에서는 타 기관(중앙정부, 지방자치단체), 민간(단체) 등의 자원활용 방안, 자치구 행정인사 재정부담 및 적정성, 파급효과 분석 등을 통해 협력 및 재정부담 및 파급효과를 고려한다. 정책홍보와 관련하여 정책이 집행되었을 때 가능한 국내외 정책(사업) 홍보방안을 검토하는 것이 필요하다.

〈표 7-4〉 정책계획 단계 평가중심 형성평가 절차 및 검토항목

구분	사전 검토 항목 점검사항	비고
정책의제 형성	• 정책현안에 대한 현황과 실태 검토 –현황자료(통계자료 등) 및 실태조사서 검토 –타 지방자치단체 유사정책 및 국내외 사례 분석	
	• 시민 및 관련 전문가 의견 반영 –시민참여: 정책토론회, 시민공모, 설문조사 등 –전문가 자문: 자문위원회, TF 운영, 타당성 검토조사 등	
정책수립	• 상위정책/법령과의 정합성, 정책화를 위한 제반 법규(근거법령 및 규칙, 지침 등) 검토 –(선거법) 공직선거법 등 각종 법률 저촉여부 –(성별분리통계) 성별분리통계 분석 등	
	• 정책(사업) 집행의 직간접적 영향 및 효과성 분석 –(갈등) 이해관계 당사자 간 갈등 및 대책마련 –(사회적 약자) 사회적 약자에 대한 배려 등 –(일자리) 일자리 창출, 직간접 채용, 전문인력 양성, 창업지원 –(안전) 시민 안전 위험요인 및 대책, 안전관리 등	

정책집행	• 타 기관, 민간단체 등과의 협의 · 협력 및 이견조정 등 검토 –(타 기관) 타 기관(중앙정부, 지방자치단체), 민간(단체) 등의 자원활용 방안 –(자치구 영향) 자치구 행정인사재정부담 및 적정성, 파급효과 분석 등	
	• 정책계획 등의 지속가능성 검토 –(지속가능성) 지역경제발전, 사회적 형평성, 환경보전 등	
정책홍보	• 국내외 정책(사업) 홍보방안 검토 –(홍보) 국내보도자료, 기자설명회, 현장설명회 –(정책 영문화) 영문제목 요약, 해외언론보도, 외국어 홈페이지 게시 등	
기타사항	• 불필요한 외국어 · 외래어 표현 대신 바른 우리말 사용 여부	

출처: 서울특별시(2020) 재정리.

〈표 7-5〉는 정책계획 단계 평가중심 형성평가 방법을 적용하여 지방자치단체가 '아동복지정책 기본계획'에 대한 사전평가를 실시한 내용이다.

〈표 7-5〉 정책계획 단계 평가중심 형성평가 절차 및 검토항목

〈정책계획 단계 평가중심 형성평가 예시〉 아동복지정책 기본계획		
구분	사전 검토 항목 점검사항	비고
정책 의제 형성	• 정책현안에 대한 현황과 실태 검토 –현황자료(통계자료 등) 및 실태조사서 검토 –타 지방자치단체 유사정책 및 국내외 사례 분석	• 아동이 태어난 가정에서 성장할 수 있도록 지원하기 위해 「아동복지법」이 개정(2016. 3. 22.)되었으나 다음과 같은 사유로 시설중심 보호체계가 유지되고 있음 –베이비박스 유기아동의 지속 발생 (매년 200여 명)

		–가정 복귀가 어려운 학대피해 아동 증가 –경기침체로 보호자의 아동 부양능력 회복이 어려운 아동 존재 • 따라서 아동 최우선의 원칙에 입각하여 원가족 보호 중심의 아동복지정책을 마련하고 보호시스템을 개편하기 위한 기본계획 필요
	• 시민 및 관련 전문가 의견 반영 –시민참여: 정책토론회, 시민공모, 설문조사 등 –전문가 자문: 자문위원회, TF 운영, 타당성 검토조사 등	• ○○시 아동복지심의위원회 개최(2018. 12. 19./2019. 3. 21.) –아동보호의 공공성 강화 및 보호체계 개편 필요성 제기 –아동의 가정보호 원칙과 원가족 복귀시스템 구축 · 실행 시급성 제기
정책 수립	• 상위정책/법령과의 정합성, 정책화를 위한 제반법규(근거법령 및 규칙, 지침 등) 검토 –(선거법) 「공직선거법」 등 각종 법률 저촉여부 –(성별분리통계) 성별분리 통계 분석 등	• 「아동복지법」 제4조(국가와 지방자치단체의 책무) –(제3항) 국가와 지방자치단체는 아동이 태어난 가정에서 성장할 수 있도록 지원하고, 아동이 태어난 가정에서 성장할 수 없을 때에는 가정과 유사한 환경에서 성장할 수 있도록 조치하며, 아동을 가정에서 분리하여 보호할 경우에는 신속히 가정으로 복귀할 수 있도록 지원하여야 한다. 〈신설 2016. 3. 22.〉 ◦ 아동이 태어난 가정에서 성장할 수 있도록 지원하기 위해 「아동복지법」이 개정 및 시행(2018. 3. 23.)

		◦ 따라서 아동 최우선의 원칙에 입각한 아동복지정책 마련 및 기존의 시설보호 중심 보호체계에 대한 개편 필요
	• 정책(사업) 집행의 직간접적 영향 및 효과성 분석 –(갈등) 이해관계 당사자 간 갈등 및 대책마련 –(사회적 약자) 사회적 약자에 대한 배려 등 –(일자리) 일자리 창출, 직간접 채용, 전문인력 양성, 창업지원 –(안전)시민 안전 위험요인 및 대책, 안전관리 등	• 가정보호 중심 아동보호체계 개편 및 지원방안, 복지욕구에 맞는 아동복지 인프라 개선방안을 골자로 한 아동복지정책 기본계획(마스터플랜) 수립
정책 집행	• 타 기관, 민간단체 등과의 협의·협력 및 이견조정 등 검토 –(타 기관) 타 기관(중앙정부, 지방자치단체), 민간(단체) 등의 자원활용 방안 –(자치구 영향) 자치구 행정 인사재정부담 및 적정성, 파급효과 분석 등	• ○○시 전역을 공간적 범위로 설정하되 중앙부처, 타 지방자치단체 등과의 연계가 필요한 사항은 포함하여 검토
	• 정책계획 등의 지속가능성 검토 –(지속가능성) 지역경제발전, 사회적 형평성, 환경보전 등	• 아동복지정책 기본계획 수립: 베이비박스 유기아동 발생 추이(2015년 206명 → 2016년 168명 → 2017년 154명)를 근거로 감소추세를 기대하였으나, 2018년 161명, 2019년 지속 발생되고 있어 아동보호체계 전반에 대한 진단과 시스템 개편

		• 아동보호서비스 전달체계 및 기능 재편에 활용: 2019년 원가족 보호 중심 체계로의 전달체계 개편, 전체 수급체계 계측과 진단, 가정보호 지원체계 방안 마련
정책 홍보	• 국내외 정책(사업) 홍보방안 검토 -(홍보) 국내보도자료, 기자설명회, 현장설명회 -(정책 영문화) 영문제목 요약, 해외언론보도, 외국어 홈페이지 게시 등	• 현장설명회를 통해 아동복지정책 기본계획과 아동보호서비스 전달체계 및 기능재편 방안 제시 • 향후 ○○시 홈페이지에 시행결과 영문 보도자료 게시
기타 사항	• 불필요한 외국어 · 외래어 표현 대신 바른 우리말 사용 여부	• 발견되지 않음

4. 정책의 효과성, 효율성, 형평성, 적절성

정책의 효과성(effectiveness)은 설정된 정책 결과에 대한 달성 정도를 단기적 · 장기적으로 평가하는 것을 의미하며(김명수, 2003) 효과성 평가를 통하여 향후 정책의 목표와 전략에 대한 수정, 추가적인 수정 · 보완 방안을 마련하는 데 도움을 주는 정보마련에 필수적인 요소가 된다. 효과성 평가의 범위는 장단기효과, 직간접효과, 의도했던 효과와 의도하지 않았던 효과, 주관적인 효과와 객관적인 효과 등 다양하게 고려하여야 한다([그림 7-1] 참조). 따라서 정책 효과성 평가에서 일반적으로 다루어지는 질문들은 다음과 같다(류영수, 2013, p. 19 재인용).

[그림 7-1] 효과 구분

출처: 류영수(2013), p. 18.

① 전체적으로 볼 때, 평가대상 정책 및 사업은 성공적이라고 볼 수 있는가?

② 정책 및 사업이 야기한 직접적 · 간접적인 효과는 무엇인가? 그것(들)은 바람직한 방향으로 나타났는가, 바람직하지 못한 방향으로 나타났는가?

③ 정책 및 사업이 의도했던 효과는 모두 나타났는가?

④ 의도하지 않았던 효과도 나타났는가? 그것(들)은 바람직한 방향으로 나타났는가, 바람직하지 않은 방향으로 나타났는가?

⑤ 정책 및 사업의 단기적 · 장기적 효과는 무엇인가? 장기적인 효과와 단기적인 효과는 비슷한가? 아니면 양자는 서로 다른가?

정책효과성 평가는 집행된 정책에 대한 효과를 판단하는 작업으로 정책이 집행된 이후에 이루어진다([그림 7-2] 참조). 따라서 정책효과성 평가는 정책이 목표한 결과의 목표달성도를 평가하는 것을 의미하며, 목표달성에 영향을 준 긍정적 · 부정적 요인을 함께 판단한다.

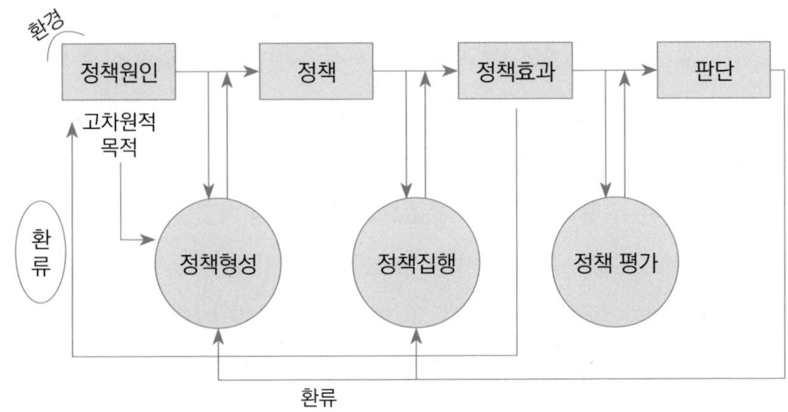

[그림 7-2] 정책과정에서 정책효과 판단시기

출처: 류영수(2013), p. 15 재인용.

정책효과성 평가에 활용될 수 있는 효과성 지표로 성과지표(성과와 정책목표의 연관성), 성과목표의 달성도(성과의 질적 · 양적 목표 달성정도), 수혜자 만족도가 포함될 수 있다(〈표 7-6〉 참조).

〈표 7-6〉 효과성 지표

평가지표	평가항목
성과지표의 적절성	제시된 성과는 정책목표와 연관성이 있는가?
성과목표의 달성도	성과의 양적 목표를 어느 정도로 달성하였는가?
수혜자 만족도	최종결과에 대하여 수혜자들은 어느 정도로 만족하는가?

출처: 류영수(2013), p. 68에서 '연구개발 정책 효과성 평가항목' 재정리.

효율성(efficiency)은 투입에 대한 산출의 비율로 투입을 어떻게 하느냐에 따라 상응하는 산출의 양이 달라지게 되므로 최소한의 자원투입을 통하여 최대한의 목표를 달성하였을 때 효율성이 높은 것으로 평가한다. 반대로 생산요소의 투입이 있었음에도 불구하고 최대의 산출을 달성하지 못하였을 때 비효율적(inefficiency)이라고 한다. 프리먼과 소에테(Freeman & Soete, 1997)는 연구개발 효율성을 분석하기 위하여 투입요소와 산출요소를 구분하여 제시한 바 있다(〈표 7-7〉 참조). 투입요소에는 연구비, 인력, 시간을 산출지표로 논문과 특허를 각각 포함하였다. 투입지표에 포함된 무형의 자원은 지표화하거나 가중치를 부여하기 어려우므로 투입된 요소들 중 측정가능 요소들을 투입지표로 두는 것이 적절할 것이다. 예를 들어, 산출지표 및 가중치 여부가 어려운 연구개발 활동은 투입된 유무형의 자원을 대비한 연구물의 성과나 특허 등을 고려하는 것이 타당하다.

〈표 7-7〉 연구개발 활동의 투입과 산출

구분	투입			산출	
	무형	유형 인력	측정가능 요소	무형	측정가능 요소
연구개발	• 연구지식 • 연구문제	• 연구자 • 연구지원인력 • 사무지원인력 • 연구실 • 컴퓨터, 자료	• 사람 • 시간 • 급여 • 지출 • 1인당 지출	• 새로운 연구지식 • 새로운 연구문제	• 연구논문 • 특허

출처: 류영수(2013), p. 39 재정리.

형평성(equity)은 인권의 기본가치인 평등과 정의를 침해하는 불평등적 요소를 정책에서 찾는 것으로 사회적 불평등, 경제적 분배불평등, 건강불평등 등이 사회복지정책 영역에서 해소되어야 할 과제로 이해된다. 예를 들어, 소득불평등 형평성에 있어 불평등 정도를 계산할 때 소득분포상의 중간계층의 분배 상태를 반영하는 지니계수를 사용하여 소득불평등 정도를 측정하는 지표로 사용한다([그림 7-3] 참조). 인구의 누적비율과 소득의 누적 점유율 사이의 상관관계를 나타내는 로렌츠 곡선[3]은 소득분배가 완전히 평등하다면 기울기가 1인 대각선의 형태가 될 것이다. 이는 바꾸어 말하면 현실의 소득분포가 완전평등에서 멀어질수록 로렌츠 곡선은 대각선에서 멀어진 곡선의 형태를 띨 것이라는 것을 의미한다. 이제 대각선과 로렌츠 곡선 사이의 면적을 A, 로렌츠 곡선 하방의 면적을 B라고 하면, 지니계수는 A/(A+B)라는 공식을 통해 구할 수 있다. 따라서 완전 평등하다면 0(A의 값이 0이므로), 완전 불평등한 상태라면 1(B의 값이 0이므로)이 될 것이다. 이를 통해서 서로 다른 사회들 간의 불평등의 정도를 비교할 수도 있다. 건강 부분에서 형평성은 보건의료 자원의 균형적 배분 또는 서비스의 형평적 이용, 건강수준을 포함한다(윤태호, 2010).

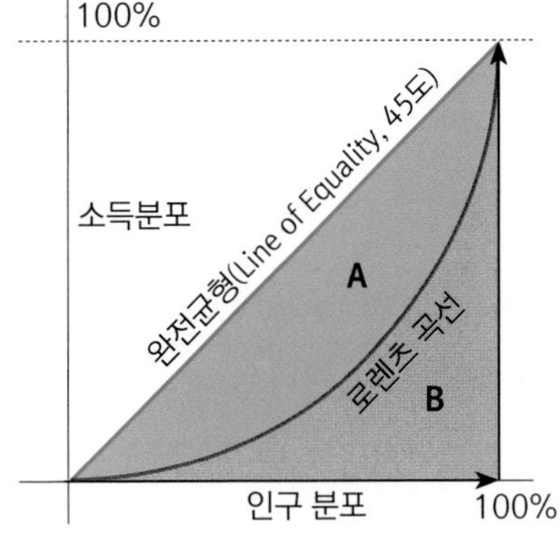

A영역: 로렌츠 곡선과 완전균형 대각선의 사이=불평등 면적

B영역: 삼각형 전체면적−A영역

$$G=\frac{A}{A+B}$$

소득 완전평등=0　　$G=\frac{0}{0+B}$

로렌츠 곡선이 완전균형 대각선에 수렴하여 일치될 때 A영역은 B영역에 의해 없어진다고 볼 수 있다.

소득 완전불평등=1　　$G=\frac{A}{A+0}$

로렌츠 곡선이 수직선에 수렴하여 일치될 때 B영역은 A영역에 의해 없어진다고 볼 수 있다.

[그림 7-3] 지니계수 산출방법

출처: 김용성(2004).

---

3) 로렌츠 곡선(Lorenz Curve)은 소득 분배 정도를 나타낼 때 주로 이용되며, 하위 x%의 가구가 y%의 소득이 분배될 때의 확률 분포를 누적 분포 함수의 그래프로 나타낸 것이다. 가구의 누적 백분율은 x축에, 소득의 비율은 y축에 표시한다.

적절성(relevance) 평가는 정책사업의 목표와 내용이 대상집단, 수혜자, 제공자의 우선순위와 정책에 적합한 정도를 의미한다(김남순 외, 2016). 정책기획 단계에서 의견수렴이 충실한가, 정책사업의 목표가 지역특성에 타당한가, 정책사업의 행·재정 투입과 산출(성과지표 및 목표치)이 프로그램의 전체 목적 및 그의 목표달성과 부합되는가, 정책사업의 행·재정 투입과 산출(성과지표 및 목표치)이 의도한 영향 및 효과와 일치하는가를 분석한다.

적절성의 수준을 정하는 데 사용되는 가장 일반적인 통계치는 빈곤선이다. 우리나라는 매년 중앙생활보장위원회를 개최하여 당해 중위소득 기준, 급여별 선정기준 및 급여수준을 결정한다. 통계청이 실시하는 인구주택 총조사의 최빈값을 반영하여 4인 가구로 유지하고 구성원의 연령을 조정·계측하되 생활에 반드시 필요한 기본적인 비용을 산출해 낸 후 이를 모두 합산하고 비용 상승·하락 항목[4] 및 반영이 필수적인 항목은 변경요인을 반영하여[5] 계측하는 전물량 방식을 채택하고 있다.

이상에서 살펴본 바와 같이 효과성 평가는 프로그램이 목적을 달성한 정도를, 효율성 평가는 투입과 관련된 양적·질적 산출정도를, 형평성 평가는 불평등의 정도를, 그리고 적절성 평가는 정책사업이 대상집단, 수혜자, 제공자의 우선순위와 정책에 적합한 정도를 의미한다는 것을 알 수 있다(〈표 7-8〉 참조).

---

4) 물가상승뿐만 아니라 이자율 하락에 따른 주거비 변동, 에너지 관련 물가하락에 따른 광열비용 변동 등 주요 가격의 변동을 반영한다.

5) 표준가구 변동에 따른 항목 및 칼로리 변동 등을 적용하고 그 외 휴대폰, 청소기와 같이 필수적으로 필요하다고 판단되는 품목을 포함하여 요금을 반영한다.

〈표 7-8〉 정책의 효과성, 효율성, 형평성, 적절성 비교

구분	기준
효과성 (effectiveness)	• 프로그램이 목적을 달성한 정도 –어느 정도 목표를 달성했는가 또는 달성할 가능성이 있는가? –목표의 달성이나 실패에 영향을 준 중요한 요인은 무엇인가?
효율성 (efficiency)	• 투입과 관련된 양적 · 질적 산출 정도 –활동이 비용 대비 효율적인가? –목표는 적시에 달성했는가? –프로그램이나 프로젝트는 다른 대안과 비교하여 가장 효율적인 방법으로 집행되었는가?
형평성 (equity)	• 불평등의 정도 –소득분배가 평등한가? 빈부격차, 성별/이민자/고용안정성/임금격차 등 –사회참여 기회가 평등한가? 정보통신의 격차, 문화체육환경 격차 등 –사회복지급여가 평등한가? 사회서비스 지역격차 등 –보건의료자원, 서비스, 건강수준이 평등한가? 취약계층 의료서비스 이용가능성, 건강정보 개방성, 집단별 기대수명 격차, 가구 의료비 지출수준, 예방체계 마련 및 접근가능성 등
적절성 (relevance)	• 정책사업이 대상집단, 수혜자, 제공자의 우선순위와 정책에 적합한 정도 –정책기획 단계에서 의견수렴이 충실한가? –정책사업의 목표가 지역특성에 타당한가? –정책사업의 행 · 재정 투입과 산출(성과지표 및 목표치)이 사업의 전체 목적 및 그의 목표달성과 부합되는가? –정책사업의 행 · 재정 투입과 산출(성과지표 및 목표치)이 의도한 영향 및 효과와 일치하는가?

출처: 류영수(2013), p. 13 재정리.

생각해 볼 문제

1. 정책분석과 정책 평가의 특성을 설명해 보시오.
2. 총괄평가/목표지향적 평가를 개념화하고 총괄평가를 실시하는 목적을 설명해 보시오.
3. 형성평가/과정지향적 평가를 개념화하고 형성평가를 실시하는 목적을 설명해 보시오.
4. 총괄평가와 형성평가의 장단점을 구분하여 제시해 보시오.
5. 정책 총괄평가의 절차, 기준 및 평가지표를 제시해 보시오.
6. 정책 실행과정 평가중심 형성평가의 주체, 절차, 방법을 제시해 보시오.
7. 정책계획 단계 평가중심 형성평가의 주체, 절차, 방법을 제시해 보시오.
8. 정책효과성과 그 평가방법을 설명해 보시오.
9. 정책효율성과 그 평가방법을 설명해 보시오
10. 정책형평성과 그 평가방법을 설명해 보시오.
11. 정책적절성과 그 평가방법을 설명해 보시오.
12. 정책효과성, 정책효율성, 정책형평성, 정책적절성 평가를 서로 비교해 보시오.

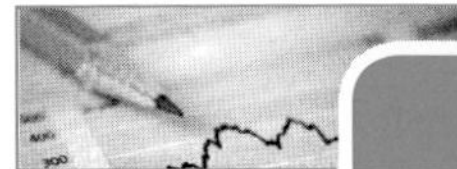

참고문헌

김남순, 오윤섭, 박실비아, 박은자, 정연, 김대은, 최지희(2016). 보건의료정책 평가 모형 연구(I): 현황 분석과 우선순위 설정. 세종: 한국보건사회연구원.

김용성(2004). 복지지출 및 조세정책이 경제적 효율성과 형평성에 미치는 영향: OECD 국가를 중심으로. 세종: 한국개발연구원.

노화준(1991). 정책평가론. 경기: 법문사.

류영수(2013). 연구개발 정책의 효과성 분석에 관한 연구. 충북: 한국과학기술기획평가원.

보건복지부(2018). 제4기 지역사회보장계획 중 제3기 지역사회보장계획 실행성과 분석항목.

서울특별시(2020). 학술용역에 의한 정책수립계획 사전검토항목.

윤태준(2013). 건강형평 정책의 국제 동향: 영국, 네델란드, 스웨덴, 세계보건기구의 경험으로부터의 교훈. *Korean Kedical Association, 56*(3), 195-205.

윤태호(2010). 지역 간 건강 불평등의 현황과 정책과제. 비판사회정책, 30(30), 49-77.

이용준(2005). 공공부분사업평가. 서울: 국회예산정책처.

이진경(2014). 도시정비정책 시스템 평가연구: 총괄평가를 중심으로. 부동산학보, 56(56), 65-79.

Chatterji, M. (2003). *Designing and Using Tools for Educational Assessment*. Boston, MA: Allyn & Bacon.

Freeman, C., & Soete, L. (1997). *The Economics of Industrial Innovation* (3rd ed.). Cambridge, MA: MIT Press.

Guskey, T. R. (2000). *Evaluating Professional Development*. Thousand Oaks,

CA: Corwin Press.

Scriven, M. (1967). The methodology of evaluation. In R. E. Stake (Ed.), *American Educational Research Association Monograph Series on Curriculum Evaluation No 1*. Chicago, IL: Rand McNally.

Scriven, M. (1991). *Evaluation Thesaurus* (4th ed.). Newbury Park, CA: Sage.

제8장

사회복지정책의 할당

1. 정책대상 선정기준 설정, 정책갈등의 문제
2. 할당원리
3. 선별주의와 보편주의 논쟁
4. 우리나라 사회복지정책 할당기준에 대한 논의

이 장에서는 사회복지정책을 할당할 때 고려하여야 할 ① 정책대상 선정기준 설정, 정책갈등의 문제, ② 할당원리, ③ 선별주의와 보편주의 논쟁, 그리고 ④ 우리나라 사회복지정책 할당기준에 대한 논의에 관하여 살펴본다.

1. 정책대상 선정기준 설정, 정책갈등의 문제

정책대상 선정기준 설정에 있어 갈등이 나타나는 것은 정책 형성과정에서 어떤 선택을 하여야 할 것이냐에 대해서 상호이해가 상충할 때 나타나는 현상이라고 할 수 있다. 특히 할당, 즉 분배 · 재분배정책과 관련하여 정부, 비정부, 시장 간, 그리고 정부조직, 비정부조직, 시장조직 내에서도 정책갈등이 나타날 수 있다(Ripley & Franklin, 1982). 목표를 서로 달리하고, 선정절차에서의 문제, 정치적 압력, 제한된 자원, 상호 간 불신이 있을 때 정책갈등은 언제든지 발생한다. 목표의 양립성이란 정책 참여자 간 정치적 견해나 분화에 따라 정책을 통해 이루고자 하는 목적이 서로 다를 때 갈등양상이 높아진다. 선정절차에서도 공개적이고 객관적인 절차가 진행되지 않을 때 정책주체에 대한 불신으로 갈등이 번질 수 있다. 때로는 당리당략에 따른 정치적 압력이 가해져 정책분배가 불공정하게 진행될 소지도 있다. 다양한 사회적 현상으로 인하여 정책 결정 주체 간에 신뢰하지 못할 상황이 발생한다면 이 또한 정책갈등이 증폭되는 요인으로 작용할 수 있을 것이다. 제한된 자원을 분배해야 하는 경우 우선권을 어디에 두느냐에 따라 정책갈등이 나타날 수 있다.

2. 할당원리

사회복지정책에서 사회복지급여 대상을 누구로 할 것이냐의 자격요건에 대한 논의를 할당이라 한다. 사회복지급여의 제한적인 자원을 사용하여 특수목적의 사회급여를 제공하여야 하므로 받을 자격, 즉 국적, 연령, 장애정도, 자산정도 등 대상을 결정하기 위한 조건을 의미한다. 전통적으로 할당을 위한 원리로 보편주의와 선택주의가 있다. 보편주의 원리에 의한 할당은 사회복지급여를 국민의 권리로 인정하고 모든 국민에게 차별 없이 제공하는 급여를 의미하며, 현재 이런 원리에서 제공하는 급여에는 아동수당, 노령기초연금이 있다. 선택주의 원리에 의한 사회적 급여는 주로 사회적 소외계층을 대상으로 제한적으로 제공하는 급여를 의미하며, 현재 이 원리에 따라 제공하는 급여에는 국민기초생활보장제도에 따른 생계급여, 주거급여, 교육급여, 의료급여, 해산급여, 장제급여, 자활급여가 있다.

사회복지정책학자 길버트와 스펙트(Gillbert & Specht, 1974, p. 55, pp. 66-70)는 할당을 귀속적 욕구(attributed need), 보상적 욕구(compensatory need), 진단적 욕구(diagnostic need), 자산조사 욕구(means-tested need)의 네 가지 요건에 따라 할당할 수 있다고 설명하였다. 먼저 귀속적 욕구는 범주적 할당에 기초하여 기존의 사회제도로 충족하지 못한 집단에 소속되어 있는지 여부에 따라 급여를 제공하는 것을 말한다. 우리나라의 국민기초생활보장제도, 노인장기요양보험제도 등이 귀속적 욕구에 따른 범주적 할당에 해당된다(〈표 8-1〉 참조).

〈표 8-1〉 귀속적 욕구 기준 급여대상

<table>
<tr><th>정책</th><th>정책 이해</th><th>귀속적 욕구</th></tr>
<tr>
<td>국민기초 생활 보장 제도상 생계, 의료, 주거, 교육, 해산, 장제 급여</td>
<td>• 정책특성: 소득이 저소득층이 기본적인 생활을 보장받도록 하고, 자활을 돕는 것을 목적으로 하는 사회보장제도
• 신청대상: 보장가구의 소득인정액(소득평가액+재산의 소득환산액)이 다음의 급여종류별 선정기준 이하인 경우
※ 실제소득: 근로소득, 사업소득, 재산소득, 사적이전소득, 부양비, 공적이전소득, 보장기관 확인소득
–생계급여: 기준 중위소득 30% 이하
–의료급여: 기준 중위소득 40% 이하
–주거급여: 기준 중위소득 45% 이하
–교육급여: 기준 중위소득 50% 이하
<table>
<tr><th>구분</th><th>1인 가구</th><th>2인 가구</th><th>6인 가구</th><th>7인 가구</th></tr>
<tr><td>금액(원/월)</td><td>527,158</td><td>897,594</td><td>1,951,910</td><td>2,216,915</td></tr>
</table>
* 1인 증가 시마다 265,005원씩 증가
• 급여내용
–생계급여: 기준 중위소득 30%에 해당하는 금액과 가구의 소득인정액과의 차액을 지급
–의료급여: 근로능력 유무에 따라 1종, 2종으로 구분하여 지급
–주거급여: 국토교통부 장관이 정하는 기준에 따라 지급
–교육급여: 교육부 장관이 정하는 기준에 따라 입학금, 수업료, 교과서대, 부교재비, 학용품비 지급
–해산급여: 수급자가 출산 시 1인당 70만 원 지급(단, 교육급여만 받는 수급자는 제외)</td>
<td>• 보장가구의 소득인정액(소득평가액 + 재산의 소득환산액)이 급여종류별 선정기준 이하인 경우
• 아동복지시설, 가정위탁 등 대안양육을 통해 보호되는 아동으로, 「국민기초생활 보장법」에 따라 부양의무자 기준 적용이 제외되는 대상</td>
</tr>
</table>

	–장제급여: 수급자 사망 시 80만 원을 장제를 실제 행하는 자에게 지급(단, 교육급여만 받는 수급자는 제외)	

주: 기준 중위소득이란 맞춤형 급여 도입 이전의 '최저생계비'에 해당하는 개념으로, 보건복지부 장관이 급여의 기준 등에 활용하기 위하여 중앙생활보장위원회의 심의의결을 거쳐 고시하는 국민 가구소득의 중위 값을 말함. 기준 중위소득은 급여종류별 선정기준과 생계급여 지급액을 정하는 기준이고, 부양의무자의 부양능력을 판단하는 기준이 됨. 수급자 선정 및 급여 기준으로 최저생계비 기준을 활용하지 않더라도 기준 중위소득이 수급자의 최저생활을 보장하는지 여부를 확인하기 위하여 최저생계비를 3년마다 계측함.

가구원 수		1인	2인	3인	4인	5인	6인
기준 중위소득	2019년	170만 7,008	290만 6,528	376만 32	461만 3,536	546만 7,040	632만 544
	2020년	175만 7,194	299만 1,980	387만 577	474만 9,174	562만 7,771	650만 6,368

＊6인 이상의 기준 중위소득은 1인 증가 시 883,347원씩 증가

출처: 보건복지부(2020a).

정책	정책 이해	귀속적 욕구
노인장기요양보험 제도상 시설급여, 재가급여, 본인부담 무료	• 정책특성: 고령이나 노인성 질병 등으로 일상생활을 혼자서 수행하기 어려운 이들에게 신체활동 및 일상생활 지원 등의 서비스를 제공하여 노후 생활의 안정과 그 가족의 부담을 덜어 주기 위한 사회보험제도 • 신청대상: 소득수준과 상관없이 노인장기요양보험 가입자(국민건강보험 가입자와 동일)와 그 피부양자 • 급여내용 –시설급여: 요양시설에 장기간 입소하여 신체활동 지원 등 제공 –재가급여: 가정을 방문하여 신체활동 및 가사활동 등 지원, 목욕, 간호 등 제공, 주간보호센터 이용, 복지용구 구입 또는 대여	• 기초생활수급권자로서 65세 이상 노인과 65세 미만의 노인성 질병이 있는 자

	–특별현금급여: 장기요양 인프라가 부족한 가정, 천재지변, 신체 · 정신 또는 성격 등 그 밖의 사유로 장기요양기관이 제공하는 장기요양급여를 이용하기 어렵다고 인정하는 경우 가족요양비 지급	

출처: 보건복지부(2020b).

둘째, 보상적 욕구에 따른 할당은 사회적 혹은 경제적 기여를 했거나, 사회적으로 부당하게 차별을 경험한 사람에게 제공되는 급여를 말한다. 우리나라에서 실시하고 있는 사회보험(국민연금보험, 의료보험, 산업재해보상보험, 실업보험)이나 「의사상자 등 예우 및 지원에 관한 법률」에 의한 의상자 · 의사자 유족 및 의상자 가족의 의료급여, 교육보호, 취업보호, 장제보호, 권리보호 등이 해당한다(〈표 8-2〉 참조).

〈표 8-2〉 보상적 욕구 기준 급여할당정책

정책	정책 이해	보상적 욕구
국민연금 보험	• 정책특성: 보험원리에 따라 운영되는 대표적인 사회보험제도로서 가입자, 사용자로부터 정률의 보험료를 받고, 이를 재원으로 사회적 위험에 노출되어 소득이 중단되거나 상실될 가능성이 있는 사람들에게 다양한 급여를 제공하는 제도 • 신청대상: 「국민연금법」의 적용을 받는 사업장에 사용되고 있는 외국인(사업장 가입)과 국내 거주하는 외국인(지역 가입)에 해당하지만, 상호주의 원칙에 따라 당해 외국인의 본국법이 우리나라의 국민에게 국민연금에 상응하는 연금을 적용하지 않는 경우에는 국민연금의 가입대상에서 제외	• 가입자, 사용자가 정률의 보험료를 납입하여 기여정도에 따라 노령, 유족, 장애연금 보상

	• 보험료 산출: 표준보수월액×9.0%(근로자 4.5%, 사업주 4.5%) • 급여내용 –노령연금: 노령으로 인한 근로소득 상실을 보전 –유족연금: 주 소득자의 사망에 따른 소득상실을 보전 –장애연금: 질병 또는 사고로 인한 장기근로 능력 상실에 따른 소득상실을 보전	
국민건강보험	• 정책특성: 질병이나 부상으로 인해 발생한 고액의 진료비로 가계에 과도한 부담이 되는 것을 방지하기 위하여, 국민들이 평소에 보험료를 내고 보험자인 국민건강보험공단이 이를 관리 · 운영하다가 필요시 보험급여를 제공함으로써 국민 상호 간 위험을 분담하고 필요한 의료서비스를 받을 수 있도록 하는 사회보장제도 • 대상: 모든 사업장의 사업주 및 근로자가 의무가입 대상이므로 외국인근로자도 반드시 가입해야 함 • 보험료 산출: 표준보수월액×6.12%(근로자 3.06%, 사업주 3.06%) • 급여내용 및 급여비용의 부담 ① 입원진료: 요양급여비용 총액의 20%(CT, MRI, PET 등 보건복지부 장관이 정하는 의료장비, 외래 본인부담률 식대총액의 50%) ② 외래진료: 요양기관 종별 및 소재지에 따라 차이	• 국민이 보험료를 내고 보험자인 국민건강보험공단이 이를 관리 · 운영하다가 필요시 균등 보험급여 제공

	③ 약국 본인부담금: 요양급여비용 총액의 30%[단, 경증질환(100개)으로 상급종합병원 또는 종합병원 외래 진료 시 발급된 원외처방에 의해 약국조제 시 본인부담률 차등 적용, 상급종합병원은 50%, 종합병원은 40%] ④ 산정특례 미등록 암환자 20%, 미등록 희귀 · 중증난치성 질환자 30~60%	
산업재해 보상보험	• 정책특성: 근로자의 업무상 재해에 대해 국가가 사업주로부터 소정의 보험료를 징수하여 그 기금으로 사업주를 대신하여 보상 • 신청대상: 1인 이상의 근로자를 고용하는 사업주 • 보험요율: 1.56%(업무상 재해 요율 1.43%+출퇴근재해 요율 0.13%) • 급여내용 –요양급여: 4일 이상 요양 중인 산재 환자에 대한 진찰, 약제 또는 진료재료와 의지(義肢), 보조기의 지급, 처치, 수술 및 치료비 –휴업급여: 요양으로 취업하지 못한 기간에 1일당 평균임금의 70%를 산재 노동자에게 지급 –장해급여: 산재 치료 종결 후 신체에 남아 있는 장해상태에 따라 장해보상연금 또는 일시금 지급 –유족급여: 노동자가 산업재해로 사망 또는 사망추정 시 유족에게 지급 –간병급여: 산재 치료 종결 후 상시 또는 수시 간병이 필요하여 실제 간병을 받는 자에게 지급	• 근로자와 사업주가 보험료를 내고 보험자인 근로복지공단이 이를 관리 · 운영하다가 질병, 장애, 노령, 사망, 실업 시 평균임금에 따라 보험급여 산정 제공

	–상병보상연금: 요양 개시 이후 2년 이상이 지났으나, 부상이나 질병이 치유되지 않고 폐질 제1~3급에 해당하는 자에게 휴업급여 대신 지급 –장의비: 산업재해로 사망 시 장제를 지낸 유족 또는 유족이 아닌 자가 장제를 지낸 경우에는 그 장제를 지낸 자에게 지급 –직업재활급여: 제1~12급 장해판정(예정)자의 조기 직업복귀를 위한 직업훈련 및 제1~12급 산재장해인을 원직장 복귀, 직장 적응훈련 실시 또는 재활운동 실시를 한 사업주에 대한 지원	
고용보험 내 실업급여	• 정책특성: 고용보험은 근로자가 실업한 경우에 생활에 필요한 급여를 지급하여 근로자의 생활안정과 구직활동을 촉진하기 위한 사회보장제도 • 가입대상: 1인 이상의 근로자를 고용하는 사업주 • 고용보험요율: 노동자 0.8%+사업주 0.8% • 급여내용 –이직일이 2019년 10월 1일 이후 고용보험에 가입한 기간에 따라 120~210일 동안 구직급여 지급 –이직일이 2019년 10월 1일 이전 고용보험에 가입한 기간에 따라 90~180일 동안 구직급여 지급	• 보험료 납입기간에 따라 실업(구직)급여 지급

출처: 고용보험공단(2020), 국민건강보험공단(2020), 국민연금공단(2020), 정부24(2020a).

정책	정책 이해	보상적 욕구
의상자·의사자 유족 및 의상자 가족의 의료급여, 교육보호, 취업보호, 장제보호, 권리보호	• 정책특성: 직무 외의 행위로 위해에 처한 다른 사람의 생명, 신체 또는 재산을 구하다가 사망하거나 부상을 입은 사람을 의사자 또는 의상자(1~9급)로 인정하고, 그 유족 또는 가족에 대하여 그 희생과 피해의 정도 등에 알맞은 예우와 지원을 함으로써 의사상자의 숭고한 뜻을 기리고 사회정의를 실현하는 데 이바지하는 것을 목적으로 하는 제도 • 지급대상: 의사자 유족(배우자, 자녀, 부모, 조부모 및 형제자매순 지급순위), 의상자(의상자 본인) • 급여내용 –의료급여: 1종 의료급여 –교육보호: 초·중·고등학교 입학금, 수업료, 교과서대, 부교재비, 학용품비 등 –장제보호: 의사자, 장제를 실제 행하는 자에게 지급 –취업보호 –국립묘지 안장 –고궁 등 이용지원	• 직무 외의 행위로 위해에 처한 다른 사람의 생명, 신체 또는 재산을 구하다가 사망하거나 부상을 입은 사람에 대하여 국가가 예우 및 지원 급여 제공

출처: 정부24(2020b).

세 번째, 진단적 욕구에 의한 할당은 개별적 사례에 대하여 의학적 진단을 거쳐 급여를 할당하는 것을 말한다. 장애인연금,[1] 장애인급여,[2] 장

1) 중증장애인의 근로능력 상실 또는 현저한 감소로 인하여 줄어드는 소득과 장애로 인한 추가 비용을 보전하기 위해 매월 일정액의 연금을 지급하는 것으로, 장애수당과 달리 「장애인연금법」에 의해 보장되며, 물가상승률 등을 반영하여 매년 인상된 연금을 지급한다.

해급여,[3] 노인장기요양보험제도[4] 등이 있다.

〈표 8-3〉 진단적 욕구 기준 급여할당정책

정책	정책 이해	진단적 욕구
장애인 연금	• 정책특성: 장애로 인하여 생활이 어려운 중증장애인의 생활안정 지원과 복지증진 및 사회통합 도모 • 신청대상: 만 18세 이상 등록한 중증장애인[장애인연금법 상 중증장애인에 해당하는 자(종전 장애등급 1급, 2급, 3급 중복 장애)] 중 본인과 배우자의 소득과 재산을 합산한 금액(소득인정액)이 선정기준액 이하인 사람 • 급여내용 −기초급여(18~64세): 근로능력의 상실 또는 현저한 감소로 인하여 줄어드는 소득을 보전해 주기 위하여 지급함. 생계 · 의료 · 주거 · 교육급여수급자 및 차상위계층은 300,000원(감액이 없는 최고 지급액 기준) 지급, 차상위 초과~소득하위 70%은 254,760원(감액이 없는 최고 지급액 기준)	• 의료적 판단에 의해 중증장애인[「장애인연금법」상 중증장애인에 해당하는 자(종전 장애등급 1급, 2급, 3급 중복 장애)]에 해당하여야 함

2) 「국민기초생활 보장법」에 의한 생계 또는 의료급여 수급자에게 1인당 매월 4만 원을 지급한다.

3) 근로자가 업무상의 사유로 부상을 당하거나 질병에 걸려 치유된 후 신체 등에 장해가 있는 경우에 그 근로자에게 지급하는 산업재해보상 보험급여이다.

4) 고령이나 노인성 질병 등으로 일상생활을 혼자서 수행하기 어려운 이들에게 신체활동 및 일상생활 지원 등의 서비스를 제공하여 노후 생활의 안정과 그 가족의 부담을 덜어 주기 위한 사회보험제도이다. 65세 이상 노인 또는 치매, 중풍, 파킨슨병 등 노인성 질병을 앓고 있는 65세 미만인 자 중 6개월 이상의 기간 동안 일상생활을 수행하기 어려워 장기요양서비스가 필요하다고 인정되는 자에게 판정등급에 따라 시설급여, 재가급여, 특별현금급여를 제공한다.

	지급. 단, 65세 이상의 경우 동일한 성격의 급여인 기초연금으로 전환하고, 기초급여는 미지급 –부가급여: 장애로 인하여 추가로 드는 비용의 전부 또는 일부를 보전해 주기 위하여 지급하는 급여	
장애인 급여	• 정책특성: 장애인연금 외에 지방자치단체 장애수당 추가 지원으로 중증 장애인 가구의 생활 안정에 기여 • 지원대상: 「국민기초생활 보장법」에 따른 생계 또는 의료급여 수급자 중 중증(종전 1~2급 및 3급 중복 장애) 장애인(보장 시설수급자는 제외) • 급여내용: 1인당 매월 4만 원 지급	• 의료적 판단에 의해 중증장애인[「장애인연금법」상 중증장애인에 해당하는 자(종전 장애등급 1급, 2급, 3급 중복 장애)]에 해당하여야 함
장해급여	• 정책특성: 노동자가 산업현장에서 업무상 재해를 당한 경우 사업주가 부담해야 할 재해보상 책임을 국가가 대행하여 신속 공정한 보상을 행함으로써 산재노동자 및 그 가족의 생활 안정 도모 • 지원대상: 산재치료 종결 후 신체에 남아 있는 장해상태에 따라 장해보상연금 또는 일시금 지급(장해등급은 14등급 체계로, 1~3급은 연금으로만 지급, 4~7급은 연금 또는 일시금 선택 가능, 8~14급은 일시금으로만 지급) • 급여내용 –장해보상연금: 1급(평균임금 329일분)~7급(138일분) –장해보상일시금: 1급(1,474일분)~14급(55일분)	• 산재치료 종결 후 신체에 남아 있는 장해상태에 대한 의료적 판단에 따라 장해보상연금 또는 일시금 지급

출처: 고용노동부(2020), 고용보험공단(2020), 보건복지부(2020c, 2020d).

마지막으로, 자산조사 욕구에 따른 급여할당은 경제적 기준에 근거를 둔 개인적 할당을 의미한다. 자산조사에 의하여 사회적 급여를 결정하는 대표적인 사회적 급여에는 국민기초생활보장제도가 있다. 이처럼 할당원리에 따른 사회복지급여의 할당은 선택주의에 근거하였기 때문에 낙인과 소외, 급여의 목표 이탈, 근로의욕의 저하 등의 부정적인 효과가 나타날 수 있다.

〈표 8-4〉 자산조사 욕구 기준 급여할당정책

<table>
<tr><th>정책</th><th>정책 이해</th><th>자산조사 욕구</th></tr>
<tr><td>국민기초
생활보장
제도상
생계, 의료,
주거, 교육,
해산,
장제 급여</td><td>• 정책특성: 소득이 저소득층이 기본적인 생활을 보장받도록 하고, 자활을 돕는 것을 목적으로 하는 사회보장제도
• 신청대상: 보장가구의 소득인정액(소득평가액+재산의 소득환산액)이 다음의 급여종류별 선정기준 이하인 경우
※ 실제소득: 근로소득, 사업소득, 재산소득, 사적이전소득, 부양비, 공적이전소득, 보장기관 확인소득
–생계급여: 기준 중위소득 30% 이하
–의료급여: 기준 중위소득 40% 이하
–주거급여: 기준 중위소득 45% 이하
–교육급여: 기준 중위소득 50% 이하
<table><tr><th>구분</th><th>1인 가구</th><th>2인 가구</th><th>6인 가구</th><th>7인 가구</th></tr><tr><td>금액
(원/월)</td><td>527,158</td><td>897,594</td><td>1,951,910</td><td>2,216,915</td></tr></table>* 1인 증가 시마다 265,005원씩 증가
• 급여내용
–생계급여: 기준 중위소득 30%에 해당하는 금액과 가구의 소득인정액과의 차액을 지급</td><td>• 보장가구의 소득인정액(소득평가액 + 재산의 소득환산액)이 급여종류별 선정기준 이하인 경우</td></tr>
</table>

	–의료급여: 근로능력 유무에 따라 1종, 2종으로 구분하여 지급 –주거급여: 국토교통부 장관이 정하는 기준에 따라 지급 –교육급여: 교육부 장관이 정하는 기준에 따라 입학금, 수업료, 교과서대, 부교재비, 학용품비 지급 –해산급여: 수급자가 출산 시 1인당 70만 원 지급(단, 교육급여만 받는 수급자는 제외) –장제급여: 수급자 사망 시 80만 원을 장제를 실제 행하는 자에게 지급(단, 교육급여만 받는 수급자는 제외)	

출처: 보건복지부(2020a).

3. 선별주의와 보편주의 논쟁

복지정책이 시행된 이래 선별주의와 보편주의에 관한 논쟁은 현재까지 지속되고 있다. 선별주의는 자산조사에 의해 복지기본선 이하의 소외계층, 즉 국민기초생활보장제도상 선정대상을 주된 복지정책의 대상으로 하자는 관점이다.

보편주의는 사회적 시민권을 기반으로 자산조사에 관계없이 누구에게도 차별을 제도화하지 않으며 모든 국민을 대상으로 사회복지정책 지원을 하자는 관점으로 국민연금, 국민건강보험, 산재보험, 고용보험 등 사회보험[5]과 노령연금,[6] 아동수당, 무상급식, 무상교육 등이 해당된다.

5) 사회보험이 고용 혹은 임의가입자와 같이 인구학적 기준에 따라 급여를 제공하기 때문에 이 또한 표적화된 선별주의 정책으로 보는 입장(Raitano, 2008)도 있

보편주의 복지정책의 기본적인 목적은 모든 시민에게 존엄성을 유지할 수 있는 소득과 사회서비스를 지원하는 사회보장체계를 갖추는 것이다.

선별주의에 기초한 정책급여는 위기, 소외계층에게 선별적으로 지원하여 제한된 자원을 반드시 필요한 사람에게 지원할 수 있다는 장점이 있고, 이로 인해 공공지출 억제효과를 가져와 다른 정책에 재원을 활용할 수 있다(〈표 8-5〉 참조). 그러나 자산조사를 위한 행정절차가 복잡하므로[7] 행정인력과 관련비용이 증가할 수 있고, 선별대상자는 낙인효과로 인해 자존감 감소가 나타날 수 있으며 수급자격 유리를 위해 근로의욕이 낮아질 수 있는 단점이 있다.

보편주의에 기초한 정책급여는 모든 국민에게 급여를 제공하기 때문에 소외되는 사람이 없고, 복잡한 절차가 필요 없으므로 행정인력 및 재원의 낭비도 적으며 권리로서 복지정책급여를 지원받으므로 시민권이 향상되는 효과가 있다. 그러나 보편적인 지원은 공공재원의 과도한 확대를 필요로 하기 때문에 지속적인 실현가능성이 낮고, 국민들의 공공복지 의존도를 높이며 부자들까지 지원하는 정책에 소요되는 세금지출을 부정적으로 생각하여 조세저항이 나타날 수 있는 단점이 있다.

으나 사회보험이 기본적으로 배타적 특성이 없으며, 자산조사를 통해 급여를 제공하는 잔여주의적 입장이 아니기 때문에 보편주의에 기초한 정책으로 보는 것이 타당할 것이다.

6) 노령연금은 국민연금가입자가 지급연령에 도달할 경우(만 60~65세)에 지급받는 연금을 말하고, 만 65세 이상 소득인정액이 소득하위 70%에 해당할 경우 지급하는 기초연금과 다르다. 노령연금은 보편주의에 의한 정책이나 기초연금은 자산조사에 의한 선별주의 정책이라 할 수 있다.

7) 사회보장 업무는 신청-조사-보장결정-급여 · 서비스-변동관리-보장중지 등 처리절차가 복잡하게 이루어진다(사회보장급여 업무처리 절차 참조).

구분	1유형 (통합조사팀 조사 후 사업팀 이송)	2유형 (읍 · 면 · 동 조사 후 사업팀 이송)	3유형 (시 · 군 · 구 또는 보건소 접수)	4유형 (읍 · 면 · 동 즉시 처리)
대상 사업	• 기초생활보장(시설입소 포함) • 기초연금 • 장애수당, 장애아동수당 • 장애인연금[1] • 타법에 의한 의료급여[2] • 차상위 본인부담경감 • 차상위 자활지원 • 한부모가족지원 • 차상위 자산형성지원	• 보육료, 양육수당, 아동수당 • 바우처사업 - 노인돌봄 - 발달재활서비스 - 장애인활동지원 - 지역사회서비스 • 노인일자리사업	• 긴급복지지원[3] • 산모신생아 건강관리지원[4]	• 장애인등록 • 각종발급업무 - 증명서 - 장애인복지카드 - 장애인차량표지 - 장애인고속도로 할인카드 • 각종 감면 등
상담 신청	읍 · 면 · 동	읍 · 면 · 동	시 · 군 · 구 (또는 보건소)	읍 · 면 · 동
↓	↓ 시 · 군 · 구 요청	↓	↓	↓ 즉시 처리
조사	통합조사관리팀 • 소득 · 재산조사 • 근로능력 판정 · 주택조사 의뢰 (기초생활)	읍 · 면 · 동 또는 사업팀 • 건보료 등 소득재산 확인, 욕구 조사 등 * 양육수당, 아동수당, 별도조사 없음	사업팀(또는 보건소) 자격확인 소득재산 확인	
↓	↓	↓ 시 · 군 · 구 요청	↓	
보장 결정	사업팀 결정, 통지	사업팀 결정, 통지	사업팀(또는 보건소) 결정, 통지	
급여 · 서비스	사업팀 급여 지급	사업팀 서비스 제공	사업팀(또는 보건소) 급여 · 서비스 제공	
변동 관리	통합조사관리팀 • 소득재산 등 변동사항 적용 및 관리 • 확인 조사	읍 · 면 · 동 변동사항 적용 및 관리	통합조사관리팀/사업팀(또는 보건소) 변동사항 적용 및 관리	
보장 중지	사업팀 급여 중지	사업팀 서비스 중지	사업팀(또는 보건소) 급여 중지	

주: 1) 장애인연금: 통합조사관리팀에서 소득 · 재산 조사 후 장애등급 심사 실시 대상자를 조회하고 장애등급 심사는 읍 · 면 · 동에서 국민연금공단에 위탁하여 실시

2) 타법에 의한 의료급여: 국가유공자 및 무형문화재의 보유자의 경우 보훈재청에서 신청 · 접수, 선정 · 통지 및 이의신청 업무처리

3) 긴급복지지원: 사업팀에서 지원 후 통합조사관리팀에 적정성 판단을 위한 자산조사 요청. 읍 · 면 · 동에서 신청 · 접수 등 협조

4) 산모신생아 건강관리지원: 시 · 군 · 구(보건소)에서 신청 · 조사 · 보장결정 · 보장중지

〈표 8-5〉 선별주의와 보편주의 비교

구분	선별주의 정책급여	보편주의 정책급여
장점	위기, 소외계층에게 우선지원	모든 국민에게 보편적 급여 제공
	제한된 자원을 필요한 사람에게만 지원하므로 재원활용에 있어 효율적	행정인력 및 비용 절감
	공공지출 억제를 통해 가용자원 확보	시민권 확대
단점	복잡한 절차로 인한 행정인력과 비용 확대	엘리트 특권층에 의해 착취당하는 일반인들의 문제를 해결하기 위한 사회통합적인 대중주의(populism) 시도인 듯하나 실제로는 단순히 대중의 관심을 증진시키는 비현실적인 정책일 가능성 있음
	낙인효과	복지의존 증가
	근로의욕 저해 가능성	세금회피를 조장할 수 있음

출처: 김연명(2011), p. 23에서 〈표 1〉 '보편주의와 선택주의에 대한 찬반 논리' 수정 · 보완.

4. 우리나라 사회복지정책 할당기준에 대한 논의

복지국가를 향한 정책과세를 수행함에 있어 서구 여러 나라에서 선별주의와 보편주의의 논쟁을 떠나 변화하는 국제 경제적 환경 속에서 자국의 상황에 적절한 정책모델을 설정하고 있는데도 우리나라는 여전히 이분법적 시각에서 정책을 고려하고 있는 것은 반성이 필요해 보인다. 영국과 미국 같은 다수의 복지국가는 이미 제3의 길 혹은 복지정책 관리감독을 강화하는 길을 모색해 오고 있는 것을 볼 때 우리나라도 경제적 풍요를 기반할 때 가능할 수 있는 보편적 복지모델을 우선적으로 추구하기보다는 지속 가능한 복지모델을 고려하는 것이 필요해 보인다. 즉, 급변하는 국내외적 경제적 환경변화를 대비하면서 높은 수준의 세율과 공공지출 비중에 대한 국민의 지지를 이끌어 내면서 점진적인 보편적 급여 증대, 공공일자리 창출, 그리고 질 높은 사회서비스 지원이 가능하도록 하는 것이 적절할 것이다.

스웨덴과 같이 높은 수준의 소득과세(약 45.5%)[8]를 부과하는 북유럽 국가도 공공부문지출의 비중이 너무 커서 경제성장과 효율을 저해한다는 비판과 함께 각국의 제도적 혁신과 상호 간 벤치마킹을 시도하여야 한다고 반성하고 있는 형편에 있다(윤희숙, 고영선, 2011). 이런 상황에서 우리나라의 지방자치단체들이 청년수당 등 현「사회보장기본법」상 협의기준에 따라 협의절차[9]를 적정하게 거치지 않고 앞다투어 보편정책사업

8) 우리나라의 총 조세 대비 소득과세 비중은 약 29.4%이다.

9) 국가와 지방자치단체는 모든 국민의 인간다운 생활을 유지 · 증진하는 책임을 가지기 때문에(「사회보장기본법」 제5조의1) 지방자치단체도 지역공동체의 자발적인 복지활동을 촉진할 목적으로 관련 지방조례를 제정하고 지방자치단체 주도로 지역 특성에 부합하는 사회보장제도를 시행할 수 있다(동법 제6조 ①과 ②). 중앙정부나 지방자치단체는 국가 발전수준에 부응하고 사회 환경의 변화에 선제적으로 대응하여 지속 가능한 사회보장제도를 확립하여야 하므로, 이때 매년 이에 필요한 재원을 조달하여야 하고, 중앙정부는 사회보장제도의 안정적인 운영을 위하여 중장기 사회보장 재정추계를 실시할 책임이 있다(동법 제5조 ④). 그러므로 국가와 지방자치단체는 지향하는 사회보장정책의 목표를 실현하고자 사회보장제도의 신설이나 기존 사회보장제도의 변경을 요할 때 투입예산과 사업의 기대효과에 따른 목표의 실현 가능성 등을 균형 있게 고려하여 가장 합리적인 방안을 제시하여 운영하여야 한다.
문제는 국가와 지방자치단체가 동시에 서로 유사한 사회보장사업들을 추진할 가능성이 존재하므로 이때 신설, 변경 시 기존 제도와의 관계, 사회보장 전달체계에 미치는 영향 및 운영방안 등에 대한 심의 · 조정역할이 중요하게 제기된다. 이와 같은 문제발생을 예방 · 최소화하기 위하여「사회보장기본법」 제26조는 "① 국가와 지방자치단체는 사회보장제도를 신설하거나 변경할 경우 기존 제도

와의 관계, 사회보장 전달체계와 재정 등에 미치는 영향 등을 사전에 충분히 검토하고 상호 협력하여 사회보장급여가 중복 또는 누락되지 아니하도록 하여야 한다. ② 중앙행정기관의 장과 지방자치단체의 장은 사회보장제도를 신설하거나 변경할 경우 신설 또는 변경의 타당성, 기존 제도와의 관계, 사회보장 전달체계에 미치는 영향 및 운영방안 등에 대하여 대통령령으로 정하는 바에 따라 보건복지부 장관과 협의하여야 한다. ③ 제2항에 따른 협의가 이루어지지 않을 경우 위원회가 이를 조정한다."와 제20조 "④ 관계 중앙행정기관의 장과 지방자치단체의 장은 위원회의 심의 · 조정 사항을 반영하여 사회보장제도를 운영 또는 개선"하도록 규정하고 있다. 그러므로 국가와 지방자치단체는 '사회보장제도를 신설하거나 변경할 경우 기존 제도와의 관계, 사회보장 전달체계와 재정 등에 미치는 영향 등을 사전에 충분히 검토하고 상호 협력하여 사회보장급여가 중복 또는 누락되지 아니하도록' 하여야 할 책임이 있고, 신설 및 변경할 경우 이상의 책임사항에 대한 운영방안에 대하여 보건복지부 장관과 협의하여야 한다. 그러나 만약 협의가 원활하게 이루어지지 않을 경우 사회보장위원회가 이를 조정하여야 하나 조정사안에 따른 다양한 쟁점이 발생할 수 있으므로 「사회보장기본법」 제26조(협의 및 조정) ④에 "보건복지부 장관은 사회보장급여 관련 업무에 공통적으로 적용되는 기준을 마련"을 하도록 하고 있어 현재 청년사회보장 지원사업의 기준제시가 필요한 시점이다. 국가와 지방자치단체가 국민의 인간다운 생활을 유지 · 증진할 목적을 가지고, 국가 발전수준에 부응하고 사회 환경의 변화에 선제적으로 대응하며 지속 가능한 사회보장제도를 확립할 책임이 있고, 사회보장제도를 시행할 때 가정과 지역공동체의 자발적 복지활동을 촉진하려 한다면 다양한 형태의 사회보장제도를 신설 혹은 변경할 수 있다. 이때 「사회보장기본법」에서 명시하는 사회보장기본계획의 수립 시 포함되어야 할 요구사항들인 첫째, "국내외 사회보장환경의 변화와 전망, 사회보장의 기본목표 및 중장기 추진방향, 주요 추진과제 및 추진방법, 필요한 재원의 규모와 조달방안, 사회보장 관련 기금 운용방안, 사회보상 선달체계, 그 밖에 사회보장정책의 추진에 필요한 사항"(「사회보장기본법」 제16조 ②), 둘째, 사회보장기본계획과 합치여부(제17조), 셋째, 연도별 시행 지역계획의 수립 · 시행(제18조), 넷째, 사회보장위원회가 사회보장 신설 또는 변경에 대한 협의요청사항[사업 대상, 지원 내용, 전달체계 등 사회보장제도 신설과 관련된 세부사업계획, 사회보장제도 신설의 근거에 관한 사항, 사회보장제도 신설에 따라 예상되는 사업의 성과, 사회보장제도의 신설에 필요한 예산규모에 관한 사항, 그 밖에 사회보장제도의 신설에 따른 협의에 필요한 서류(매년 4월 30일까지)]이 협의를 위한 기준들로 포함하는 것이 타당할 것이다.

을 추진하는 것은 사회보장법의 협의절차를 소홀히 하고, 지방자치단체 간 균형 있는 정책 실현이나 사회통합 가치도 저해할 수 있는 부분이라 할 수 있다. 향후 이와 같은 사회보장사업 추진을 위하여 다음과 같이 협의를 진행할 것을 제안해 본다.

협의대상은 「사회보장기본법」(제3조)상 출산, 양육, 실업, 노령, 장애, 질병, 빈곤 및 사망 등의 사회적 위험으로부터 모든 국민을 보호하고 국민 삶의 질을 향상시키는 데 필요한 소득 · 서비스를 보장하는 사회보험, 공공부조 및 사회서비스(사회보장), 국민에게 발생하는 사회적 위험을 보험의 방식으로 대처함으로써 국민의 건강과 소득을 보장하는 제도(사회보험), 국가와 지방자치단체의 책임하에 생활유지 능력이 없거나 생활이 어려운 국민의 최저생활을 보장하고 자립을 지원하는 제도(공공부조), 국가 · 지방자치단체 및 민간부문의 도움이 필요한 모든 국민에게 복지, 보건의료, 교육, 고용, 주거, 문화, 환경 등의 분야에서 인간다운 생활을 보장하고 상담, 재활, 돌봄, 정보의 제공, 관련 시설의 이용, 역량개발, 사회참여 지원 등을 통하여 국민의 삶의 질이 향상되도록 지원하는 제도(사회서비스), 생애주기에 걸쳐 보편적으로 충족되어야 하는 기본욕구와 특정한 사회위험에 의하여 발생하는 특수욕구를 동시에 고려하여 소득 · 서비스를 보장하는 맞춤형 사회보장제도(평생사회안전망)에 해당하는 제도의 신설 해당 중앙행정기관 및 지방자치단체에서 시행하고 있지 않은 새로운 사회보장제도를 기획하여 시행하고자 하는 경우나 유사하거나 동일한 사회보장제도를 이미 다른 중앙행정기관 또는 지방자치단체에서 시행하고 있는 경우에도 협의기관에서 동일한 제도를 새롭게 도입하고자 하는 경우 신설에 해당된다. 새로운 사회보장제도의 기획 또는 본격적인 시행을 위한 시범사업도 사회보장제도의 신설에 해당된다(보건복지부, 2018, p. 6). 중앙행정기관 및 지방자치단체에서 기존에 시행 중인 사회보장제도의 대상자 선정기준, 국고보조율 등 지방자치단체의 재정부담 수준(중앙사업의 경우), 급여나 서비스 수준의 확대 또는 축소, 전달체계 등이 바뀌는 경우(동법 시행령 제15조 제2항)가 해당되나, 민간재원사업, 사회보장사업 시행의 근거가 되는 법률안 또는 조례안 자체 사업대상 및 지급액 등이 구체적으로 명시된 처분성 조례안에 담긴 사업은 협의대상이다. 단순예산 변동(대상자 선정기준, 지원내용 등의 변경 없이 대상자 규모, 예산 등의 변동), 급여액수만 변동('신설 또는 변경' 사업으로 기존에 협의 완료한 동일내용의 지방자치단체 사업 중 '급여액수'만 변동되어 예산의 증감이 발생한 경우), 사회보장 관련 시설 개폐 및 고유업무 등(사회보장 관련 법령에 규정된 사회보장 관련 시설, 기관, 단체 등의 개폐 및 고유사업 수행을 위한 운영지원), 보훈사업, 국고보조사업의 추가예산편성사업, 중앙사업지침에 기속된 지방자치단체 의무사업, 단년도사업(시상금, 인센티브 등 한시적 재원으로 시행하는 단년도 사회보장사업), 기획재정부 복권기금 지원사업 중 지방자치단체 법정배분사업, 기존 사회보장제도의 폐지, 사회보장 급여서비스 제공과 관련이 없는 조직·기관·부서의 변경 및 설치·운영 등은 제외된다.

협의를 위하여「사회보장기본법」제26조 제2항에 따라 ① 신설·변경사업의 타당성, ② 기존 제도와의 관계, ③ 전달체계 및 재정 등에 미치는 영향, ④ 재정 등에 미치는 영향 등 사회보장제도의 신설에 따른 협의에 필요한 서류(매년 4월 30일까지)가 협의를 위한 내용으로 포함되는 것이 타당할 것이다.

이행 점검 및 후속조치로 중앙행정기관의 장 및 지방자치단체의 장은 보건복지부 장관과 협의가 완료된 사항 및 사회보장위원회에서 심의·조정한 사항에 대하여 예산자료, 예산집행 현황 등 관련 자료를 보건복지부 장관에게 제출하여야 하고, 중앙부처 사회보장제도(사업) 예산을 편성한 후 기획재정부 예산심사 시 사전협의 결과확인을 의무화하도록 예산편성지침을 개정하였다(2016년~). 협의의 이행력 제고를 위한 후속조치로「지방교부세법 시행령」개정(2016. 1. 1. 시행)에 따라 신설·변경협의 절차를 거치지 않거나, 협의·조정 결과와 다르게 사업을 추진한 경우 지방교부세 감액이 가능하고, 기획재정부 예산집행지침 개정에 따라 법령에서 정한 협의의무 위반 지방자치단체에 대해 중앙부처 공모사업에서 배제 가능하다(2016년~).

〈표 8-6〉 청년사회보장 지원사업 협의 내용 및 기준(안)

법정 기준	주요 검토항목	청년사회보장 지원사업 협의기준
1. 사업의 타당성	사업추진 근거의 명확성 (추진 근거)[1]	• 법령에서 지방자치단체장에게 시행을 위임한 규정 또는 조례 해당 유무 • 사업의 사회보장 기본취지, 관련 근거 범위 부합 여부
	지역문제의 시급성, 지역 내 우선순위, 지역특수성[2]	• 청년실업 문제의 해당지역의 특수 문제 상황 여부(근거자료의 구체성, 명시성) • 지방자치단체 정책의 최우선 순위 여부 • 대상자 범위와 규모 타당성
	사업취지와 사업내용 간 연계성[3]	• 사업목적 달성 부합 여부
	공공재원 투입의 필요성[4]	• 공공재원 투입의 타당성 조사결과 필요성
2. 기존 제도와의 관계 (유사 · 중복성 등 검토)	사회보장제도 중장기 발전전략과의 부합 여부[5]	• 지방자치단체가 제시한 관련 근거법령의 중장기 발전전략과의 부합 여부
	지원대상자에 대한 유사급여 · 서비스 여부[6]	• 취업성공패키지II 등 기존 유사 사회보장제도와 급여 혹은 서비스의 중복 수혜 여부

	사업시행에 따른 중복, 누락(해소), 편중(해소) 효과[7]	• 현재 추진 중인 국가사회보장제도인 취업역량강화 취지에 대한 부합 여부 • 정부정책(최저임금제 등)과의 부합 여부
	정부와 지방자치단체 사업 간 연계를 통한 보충성 확보[8]	• 기존 국가사업의 취업연계 또는 교육 등을 통한 취업역량 강화방안 마련의 보충성 여부
3. 전달체계에 미치는 영향	전달체계의 과부하/분절성 심화에 따른 비효율 여부[9]	• 새로운 전달체계 구축 · 운영을 위한 인력, 조직 운용계획
	수혜자 접근성(편의성), 급여 제공의 적시성[10]	• 신청기관의 지역적 분포 여부
	사회보장정보시스템 활용[11]	• 기존 취업성공패키지 등 중복 여부 판단을 위한 사회보장정보시스템 활용계획 여부
4. 재정 등에 미치는 영향	재원조달 계획 및 재정의 지속가능성(적정성)[12]	• 광역지방자치단체의 경우 시 · 군의 재정자립도 및 시 · 군 검토자료 검토
	재정집행의 효율성[13]	• 동 사업의 추진으로 인한 타 국가 사회보장제도의 지방비 분담 운용계획 적정성 여부
5. 기타	특수취약계층의 복지수요 반영[14]	• 장애인 등 특수취약계층을 위한 적정급여수준에 대한 추가적 계획의 적정성 여부
	제도 시행 예정 시기의 적절성[15]	• 사업시행까지 전달체계 구축, 인력 · 재원 확보 시행계획

주: 1) 사업기획 및 시행의 근거가 되는 법령이나 규정이 있는지의 여부로, 법령에서 지방자치단체장에게 시행하도록 규정 또는 조례로 위임이 되어 있는 경우에는 근거조항을 명시함.

2) 도입하고자 하는 사업에 대한 지역 내 수요파악 자료 등 지역에서 문제가 대

두되게 된 배경이나 경위(국가 또는 지역 차원에서 사회적 쟁점 여부, 해당 문제로 어려움을 겪는 대상자 범위와 규모 등)로, 이미 시행하고 있는 사회보장제도가 해당 지역문제의 해결에 적절하지 않거나 불충분한 사유 등 기존 제도의 한계에 대한 평가내용임.

3) 도입하고자 하는 제도가 사업목적 달성에 가장 적합한 수단인지 여부 등 제도(사업) 도입취지와 사업내용 간 연계성 확보 여부임.
4) 사회문제 해결을 위해 중앙행정기관 또는 지방자치단체가 사회보장제도의 신설 또는 변경을 통해 직접 개입해야 하는 이유와 근거임. 특히 도입하고자 하는 사업이 기존에 없는 새로운 유형의 제도인 경우 공공재원이 투입되어야 하는 타당성, 기대효과, 사업설계 분석 등에 대한 협의기관의 분석결과, 연구용역 결과 등을 제출함.
5) 해당 사회보장제도의 신설변경과 관련하여 다른 정부위원회 또는 타 법령에 의하여 타당성을 검토한 내용 및 그 결과(해당하는 경우에 한함)임.
6) 전국적으로 적용되는 제도에 대하여 지방자치단체가 보충적으로 사업을 실시하는 경우 동일 수급자에 대한 급여의 중복, 편중 여부(동일 수급자는 개인이 아닌 가구로, 예를 들어 출산비용 지원에 있어 산모, 배우자, 출생아를 지원하는 경우 유사중복, 노인에 대한 현금지원에 있어 노인 본인에 대한 지원과 부양자에 대한 지원도 유사중복에 해당)임.
7) 제도를 필요로 하는 모든 국민에게 적용되는지 여부(개별 제도의 수급대상자 선정의 적절성, 선정기준의 구체성, 선정기준 적용의 배타성 확보 등)임.
8) 지방자치단체가 국가사업에 대한 보충사업을 실시하는 경우 급여, 적용범위 등이 사회보장제도 운영원칙에 부합되는지 여부임. 사회보험은 국가의 책임, 공공부조와 사회서비스는 국가와 지방자치단체의 책임으로 공공부조와 사회서비스는 지방자치단체가 대상자 또는 급여를 지역적 특성에 맞게 추가할 수 있음.
9) 급여의 통합제공과 제도 간 연계를 위해 새로운 전달체계를 별도로 구축하는 것을 지양하고, 기존 전달체계를 활용하되 수급대상자 · 예산규모 · 사업량에 비례해 인력이 확보되었는지 여부를 검토함.
10) 신청기관의 지역적 분포 검토, 급여 · 서비스의 제공기관이 시 · 군 · 구, 읍 · 면 · 동 단위까지 설치되어 있는지 여부임.
11) 수급대상자에 대한 필요정보(소득, 재산, 자격, 수혜급여 이력 등) 파악을 위해 사회보장정보시스템을 충분히 활용하고 있는지 여부임.
12) 지방자치단체의 경우 재정자립도, 재정자주도, 자체사업 예산편성 현황, 자체예산 중 신설 · 변경 사업예산 비율 등을 검토함.

13) 지방자치단체의 경우, 사회보장제도의 신설로 특히 국가사업의 지방비 분담에 문제가 없다는 점을 확인함.
14) 장애인 등 특수취약계층의 경우 적정급여 수준에 대한 추가적인 고려를 검토함.
15) 협의 후 사업시행까지 전달체계 구축, 인력 · 재원 확보 등을 위한 충분한 시간이 확보되었는지 여부임.

이처럼 국내외의 사회경제적 상황이 급변하는 상황을 직면하고 있으면서도 복지확대와 지출이 불가피한 여건 속에서 복지지출과 재정 건전성을 동시에 고려하면서 합리적인 복지정책 할당기준 마련을 위한 노력을 지속하여야 할 것이다.

생각해 볼 문제

1. 정책대상 선정기준 설정, 정책갈등의 문제가 왜 중요한지 설명해 보시오.

2. 길버트와 스펙트가 제시한 할당요건 네 가지를 제시해 보시오.

3. 우리나라의 사회복지정책 중 귀속적 욕구에 따른 사회복지제도를 제시하고, 그 이유를 설명해 보시오.

4. 우리나라의 사회복지정책 중 보상적 욕구에 따른 사회복지제도를 제시하고, 그 이유를 설명해 보시오.

5. 우리나라의 사회복지정책 중 진단적 욕구에 의한 할당에 해당하는 사회복지제도를 제시하고, 그 이유를 설명해 보시오.

6. 우리나라의 사회복지정책 중 자산조사 욕구에 따른 급여할당에 해당하는 사회복지제도를 제시하고, 그 이유를 설명해 보시오.

7. 선별주의와 보편주의에 대한 각각의 장점과 단점을 설명해 보시오.

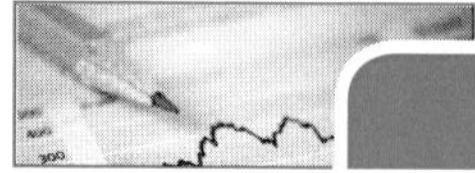

참고문헌

고용노동부(2020). 산재보험급여.

고용보험공단(2020). 고용보험이란? 실업급여 수급. https://www.ei.go.kr/ei/eih/eg/ei/eiEminsr/retrieveEi360Info.do

국민건강보험공단(2020). 건강보험안내. https://www.nhis.or.kr/retrieveHomeMain.xx

국민연금공단(2020). 알기 쉬운 국민연금. https://www.nps.or.kr/jsppage/main.jsp

김연명(2011). 한국에서 보편주의 복지국가의 의미와 과제. 민주사회와 정책연구, 19, 15-41.

보건복지부(2018). 사회보장제도 신설 · 변경 협의 운용지침.

보건복지부(2020a). 2020년 국민기초생활보장사업안내.

보건복지부(2020b). 노인장기요양보험제도. https://www.mohw.go.kr/react/policy/index.jsp?PAR_MENU_ID=06&MENU_ID=06390301&PAGE=1&topTitle=

보건복지부(2020c). 장애인급여(지방자치단체)지원.

보건복지부(2020d). 장애인연금안내.

윤희숙, 고영선(2011). 복지정책 조준의 개념과 필요성. 서울: 한국개발연구원.

정부24(2020). 산재보험제도. https://www.gov.kr/portal/service/serviceInfo/149200000048

정부24(2020). 의사상자 등 예우 및 지원에 관한 법률. https://www.gov.kr/portal/service/serviceInfo/304000000227

Gilbert, N., & Spect, H. (1974). *Dimensions of Social Welfare Policy*.

Englewood Cliffs, NJ: Prentice-Hall, Hnc.

Raitano, M. (2008). Welfare state and redistribution: The role of universalism and targeting specific targeted research project, sixth framework programme-priority 7. citizens and governance in a knowledge-based society. Deliverable D13. Resport on WP6-task 6.5.

Ripley, R. B., & Franklin, G. A. (1982). *Bureaucracy and Policy Implementation*. Homewood, IL: The Dorsey Press.

제9장

사회복지정책의 급여

1. 사회복지급여 형태
2. 급여수준과 적절성: 국제노동기구 ILO의 소득보장에 관한 권고와 의료보장에 관한 권고
3. 급여방식의 특성과 쟁점: 보충급여방식, 정액방식, 소득비례방식

이 장에서는 사회복지급여의 형태와 급여수준과 적절성(adequacy), 급여방식의 특성과 쟁점에 대하여 살펴본다.

1. 사회복지급여 형태

사회복지정책의 시행 결과로 파생되는 사회복지급여 형태는 현금급여, 현물급여, 바우처(voucher), 기회, 권력 등이 있는데 현금, 현물, 바우처가 가장 많이 사용되는 급여형태라고 할 수 있다.

1) 현금급여

현금급여(in cash benefits)는 수혜자에게 현금을 지급하여 그들이 직접 시장에서 자신의 욕구충족에 필요한 물건이나 서비스를 구입하도록 하는 급여유형이다. 현금(cash)은 가장 강력한 소비자 선택의 권리로서, 무제한의 구매력을 지니는 급여유형이라고 할 수 있다. 따라서 어떠한 재화나 용역도 손쉽게 구입할 수 있다는 점에서 높은 수준의 교환가치를 지닌다. 이 급여에 해당하는 사례는 공공부조(생계급여, 주거급여, 교육급여, 해산급여, 장제급여, 청년희망 키움통장; 〈표 9-1〉 참조), 사회보험(건강, 국민연금, 고용, 산재; 〈표 9-2〉 참조), 가족수당, 아동수당, 기초연금(〈표

9-3〉 참조) 등 현금으로 지급되는 것이다.

〈표 9-1〉 공공부조 현금급여

<table>
<tr><th>구분</th><th>급여대상</th><th>급여내용</th></tr>
<tr><td>생계급여</td><td>가구의 소득인정액이 생계급여 선정기준 이하로서 생계급여 수급자로 결정된 수급자(노숙인 자활시설 및 청소년쉼터 또는 한국법무보호복지공단시설 거주자, 하나원에 재원 중인 북한이탈주민 등 타 법령에 따라 국가 또는 지방자치단체 등으로부터 생계를 보장받는 자 제외)</td><td>수급자에게 의복, 음식물 및 연료비, 기타 일상생활에 기본적으로 필요한 금품지급</td></tr>
<tr><td>주거급여</td><td>소득인정액 기준은 중위소득의 45% 이하이며 가구원에 따른 기준금액
• 1인 가구: 790,737원
• 2인 가구: 1,346,391원
• 3인 가구: 1,741,760원
• 4인 가구: 2,137,128원
• 5인 가구: 2,532,497원</td><td>주거급여 수급자에게 안정에 필요한 실제 임차료와 수선유지비 등을 포함하여 주거급여를 지급<table>
<tr><th>분</th><th>수선 비용</th><th>수선 주기</th><th>수선 예시</th></tr>
<tr><td>경보수</td><td>4,570,000</td><td>3년</td><td>도배, 장판 등</td></tr>
<tr><td>중보수</td><td>8,490,000</td><td>5년</td><td>오급수, 난방 등</td></tr>
<tr><td>대보수</td><td>12,410,000</td><td>7년</td><td>지붕, 기둥 등</td></tr>
</table></td></tr>
<tr><td>교육급여</td><td>소득인정액 기준은 중위소득의 50% 이하이며, 가구원에 따른 금액은 다음과 같다(의료급여특례가구 중 특례수급자로 지정되지 아니한 나머지 가구원은 교육급여를 지급하지 않음, 부양의무자 기준 적용하지 않음).
• 1인 가구: 878,597원
• 2인 가구: 1,495,990원
• 3인 가구: 1,935,289원</td><td>지원내용(2020년 3월부터 적용)
• 초등학생
–부교재비: 1인당 134,000원(연 1회)
–학용품비: 1인당 72,000원(연 1회)
• 중학생
–부교재비: 1인당 212,000원(연 1회)
–학용품비: 1인당 83,000원(연 1회)</td></tr>
</table>

	• 4인 가구: 2,374,587원 • 5인 가구: 2,813,886원	• 고등학생 –부교재비: 1인당 339,200원(연 1회) –학용품비: 1인당 83,000원(연 1회) –입학금 및 수업료: 학교장이 고지한 금액 전액(입학금은 입학 시 1회, 수업료는 분기별 지급) –교과서: 해당 학년의 정규 교육과정에 편성된 교과목의 교과서 전체(연 1회)
해산급여	생계, 의료, 주거 급여 수급자가 출산(출산예정 포함)한 경우	1인당 700천 원을 현금으로 지급하고 추가 출생영아 1인당 700천 원 추가지급(쌍둥이 출산 시 1,400천 원 지급)
장제급여	생계, 의료, 주거 급여 수급자가 사망한 경우 • 교육급여만 받는 수급자는 급여 대상이 아니며, 생계급여 사업팀에서 장제급여 지급 • 이행급여 특례수급자는 주거급여 수급자인 경우에만 지급. 「의사상자 등 예우 및 지원에 관한 법률」 제14조(장제보호)에 따른 의사자 • 의사자에 대한 장제급여 신청기간은 의사자 인정일로부터 3년 이내로 제한	1구당 800천 원 지급

청년 희망 키움 통장	일하는 생계급여 수급 가구원 중 신청 당시 본인의 총 근로·사업소득(보장기관 확인소득 제외)이 1인 가구 기준 중위소득의 30% 이하인 청년(15~39세)	근로사업소득 공제액 10만 원과 근로소득장려금 지원 • 통장 가입 청년의 근로·사업소득에서 공제한 10만 원을 청년희망 키움통장에 저축 • 본인의 근로·사업소득 대비 일정비율의 근로소득장려금을 매칭·적립 • 근로소득장려금 = 청년 총 소득×45%(최대 근로소득 장려금 496,000원)

출처: 보건복지부(2020a), 복지로(2020) 재정리.

〈표 9-2〉 사회보험 현금급여

구분	급여대상	급여내용
건강보험	가입자 및 피부양자	요양비
	가입자 및 피부양자 중 「장애인복지법」에 의해 등록한 장애인	장애인보장구
	가입자 및 피부양자	본인부담액 상한제
	가입자 및 피부양자 중 임산부	임신출산 진료비
국민연금	연금보험료 납부기간이 10년 이상인 경우, 만 60세 이후부터	노령연금
	국민연금 가입 중에 발생한 질병 또는 부상으로 인해 완치 후에도 장애가 남은 경우에 그 장애정도(1급~4급)에 따라	장애연금 • 장애 1급: 기본연금액의 100%+부양가족연금액 • 장애 2급: 기본연금액의 80%+부양가족연금액

		• 장애 3급: 기본연금액의 60%+부양가족연금액 • 장애 4급: 일시보상금(기본연금액의 225%)
	국민연금 가입자 또는 연금을 지급받던 사람이 사망할 경우에 그에 의해 생계를 유지하던 유족	유족연금 • 10년 미만: 기본연금액의 40%+부양가족연금액 • 10년 이상 20년 미만: 기본연금액의 50%+부양가족연금액 • 20년 이상: 기본연금액의 60%+부양가족연금액
	60세(~65세)가 되었을 때 노령연금을 받을 수 있는 가입기간을 충족하지 못하였거나 국외이주 등으로 더 이상 국민연금 가입대상이 아닌 경우	반환일시금
	가입자 또는 가입자이었던 사람이 사망하였으나 유족연금 또는 반환일시금을 지급받을 수 있는 유족범위에 해당하는 분이 없는 경우에 배우자, 자녀, 부모, 손자녀, 조부모, 형제자매 또는 사망자에 의하여 생계를 유지하고 있던 4촌 이내의 방계혈족 중 최우선 순위자에게 장제부조비	사망연금
고용보험	재직근로자가 자발적으로 직업 능력개발 훈련을 수강하는 경우	근로자 훈련지원금
	실업자의 재취업을 위한 훈련	실업자 훈련지원비, 훈련수당

실직[실직 전 18개월 중 고용보험 가입 사업장에서 180일(피보험단위기간) 이상 근무, 근로의 의사 및 능력이 있고 적극적인 재취업 활동에도 불구하고 취업하지 못한 상태, 회사의 경영사정 등과 관련하여 비자발적인 사유로 이직 발생/자발적 이직, 중대한 귀책사유로 해고된 경우 제외]	구직급여 • 퇴직 전 평균임금의 60%×소정급여일수 • 상한액: 이직일이 2019년 1월 이후는 1일 66,000원 • 하한액: 퇴직 당시 최저임금법상 시간급 최저임금의 80%×1일 근로시간(8시간)
근로자가 만 8세 이하 또는 초등학교 2학년 이하의 자녀를 양육하기 위하여 「남녀고용평등과 일·가정 양립 지원에 관한 법률」 제19조에 의한 육아휴직을 30일 이상 부여받은 경우	육아휴직급여 • 육아휴직 첫 3개월 동안은 월 통상임금의 80%(상한액: 월 150만 원, 하한액: 월 70만 원), 나머지 기간에 대해서는 월 통상임금의 50%(상한액: 월 120만 원, 하한액: 월 70만 원)을 지급하고, 급여 중 일부를 직장 복귀 6개월 후에 합산하여 일시불로 지급 • 아빠 육아휴직 보너스제: 동일한 자녀에 대하여 부모가 순차적으로 휴직할 경우 두 번째 사용자의 첫 3개월 급여는 통상임금의 100%(최대 250만 원)를 지원
임신 중인 여성근로자가 사업주로부터 출산전후 휴가를 부여받아 사용하고, 출산전후 휴가 종료일 이전에 고용보험 피보험단위 기간이 통산하여 180일 이상일 경우	출산전후 휴가급여: 출산전후 휴가기간 중 우선지원 대상기업의 근로자는 90일분(540만 원 한도, 다태아일 경우 120일, 720만 원 한도), 대규모 기업의 근로자는 최초 60일(다태아 75일)을 초과한 30일분(다태아 45일)에 해당하는 「근로기준법」상 통상임금(출산전후 휴가 개시일 기준) 상당액을 지급

	근로자를 사용하는 모든 사업 또는 사업장	
	업무상 사유에 의한 부상 또는 질병으로 취업하지 못한 기간(입원/통원)	휴업급여: 1일당 평균임금의 100분의 70에 해당하는 금액을 지급
	요양급여를 받는 근로자가 요양 개시 후 2년이 경과되어도 치유가 되지 아니하고 중증요양상태(1~3급)	상병보상연금: 평균임금×중증요양상태 등급일수/365를 1일당 상병보상연금으로 지급
산재보험	근로자가 업무상의 사유로 부상을 당하거나 질병에 걸려 치유되었으나 신체에 정신적 또는 육체적 장해가 남아 있을 경우	장해급여 • 장해 1~3급: 연금으로만 지급되며 1~4년분의 50%에 해당하는 금액을 선급으로 지급받을 수 있음 • 장해 4~7급: 일시금과 연금 중에 선택할 수 있으며, 연금으로 선택할 시 그 연금의 2년분의 50%에 해당하는 금액을 선급받을 수 있음 • 장해 8~14급: 일시금으로만 지급
	치료가 끝난 후에도 간병인이 필요하여 간병이 실제 행하여지면 그 장해 및 간병필요성	• 간병급여: 평균임금의 52~67% 상당액 매월 지급 • 상시간병: 1일 41,170원 • 수시간병: 1일 27,450원
	근로자가 업무상 사유로 사망한 경우 그 당시 부양하고 있던 유족	유족급여: 평균임금의 52~67% 상당액 매월 지급, 수급권자의 선택에 의해 50%를 일시금 지급 가능
	근로자가 업무상 사유로 사망한 경우 장제 실행자	• 장의비: 평균임금이 낮은 근로자의 경우 장례비에 훨씬 못 미치는 장의비를 받으므로 최고·최저 장의비 제도를 도입해 일정액의 장의비를 보장

		• 2019년 장의비 최고고시금액: 15,554,290원 • 2019년 장의비 최저고시금액: 11,097,760원 • 장례를 지낼 유족이 없거나 그 밖에 부득이한 사유로 유족이 아닌 자가 장례를 실행할 경우에도 평균임금의 120일분에 해당하는 금액 범위에서 실제 소요되는 비용을 지급

출처: 근로복지공단(2020)에서 '사회보험' 재정리.

〈표 9-3〉 노인장기요양보험 특별현금급여(가족요양비), 아동수당, 기초연금 현금급여

노인장기요양보험 특별현금급여(가족요양비): 가족 등으로부터 방문요양에 상당한 장기요양급여를 받은 때 수급자에게 급여를 지급함으로써 노후의 건강증진 및 생활안정을 도모하고 그 가족의 부담을 경감		
급여대상	선정기준	급여내용
• 65세 이상 노인 및 노인성 질병을 가진 65세 미만 국민으로서 장기요양 1~5등급을 받은 사람 중 다음에 해당하는 사람 –노인성 질병: 치매, 뇌혈관 질환, 파킨슨병 및 관련 질환 • 도서, 벽지 등 장기요양기관이 부족한 지역	• 가족요양비 지급 및 의사소견서 제출 제외대상, 섬·벽지지역 고시에 따른 지역에 거주하는 자 • 「감염병의 예방 및 관리에 관한 법률」에 따른 감염병 환자로서 감염의 위험성이 있는 경우: 진단서 등 이를 증명할 수 있는 서류 필요	• 장기요양급여 수급자가 가족 등으로부터 「노인장기요양보험법」 제23조 제1항 제1호 가목에 따른 방문요양에 상당한 장기요양급여를 받은 때 대통령령으로 정하는 기준에 따라 당해 수급자에게 가족요양비 월 15만 원 지급

으로 장관이 정하여 고시하는 지역에 거주하고 있는 자 • 천재지변 등의 사유로 장기요양기관이 제공하는 서비스를 이용하기 어렵다고 장관이 인정한 자 • 대통령령에 따른 감염병 환자, 정신장애인, 신체적 변형 등으로 대인과의 접촉을 기피하는 자	•「장애인복지법」 제32조에 따라 등록한 장애인 중 동법 시행령 별표 1에 따른 정신장애인인 경우: 장애인등록증 필요 • 신체적 변형 등의 사유로 대인과의 접촉을 기피하는 경우: 진단서 등 이를 증명할 수 있는 서류 필요	
아동수당: 아동양육에 따른 경제적 부담을 경감하고 아동의 건강한 성장 환경을 조성하여 아동의 기본적 권리와 복지 증진 기여		
급여대상	선정기준	급여내용
2019년 1월부터 만 6세 미만 모든 아동 및 2019년 9월부터 만 7세 미만 모든 아동		1인당 월 10만 원
기초연금: 어르신들의 편안한 노후생활을 도와드리고 연금 혜택을 공평하게 나누기 위함		
급여대상	선정기준	급여내용
• 일반수급자: 소득하위 70%이며, 저소득수급자에 해당하지 않는 기초연금 수급자 • 저소득수급자: 소득하위 40%에 해당하는 기초연금 수급자	• 국민연금을 받지 않고 계신 분(무연금자) • 국민연금 월 급여액(「국민연금법」 제52조에 따른 부양가족연금액 제외)이 일반수급자 기준 382,140원,	일반수급자 월 최대 254,760원, 저소득수급자 월 최대 300,000원

	저소득수급자 기준 450,000원 이하인 자 • 국민연금의 유족연금이나 장애연금을 받고 있는 자 • 국민기초생활보장 수급권자, 장애인연금을 받고 있는 자 등	

출처: 보건복지부(2020b, 2020c, 2020d) 재정리.

현금급여는 수혜자에게 현금을 제공하여 최저수준의 인간다운 삶을 유지하도록 하고 자신의 판단에 따라 생활하도록 하여(Gilbert & Terrell, 2007, p. 225) 이를 통해 자신의 삶을 개척해 나갈 수 있도록 하며, 현금사용으로 인한 시장 활성화에도 기여하고 행정적인 처리에 있어 비교적 수월한 관리가 가능하다(Gilbert & Terrell, 2007, p. 232)는 장점을 가진다. 그러나 정신장애인 등 현금사용이 구조적으로 어려운 상황의 한계를 가지고 있는 것이 현실적인 문제로 지적될 수 있다.

현물급여는 국가가 직접적으로 현물시장에 개입하기 때문에 낮은 가격으로 재화 또는 서비스를 제공함으로써 그 단가를 낮게 책정할 수도 있다는 장점이 있는 반면에(Currie & Gahvari, 2007, pp. 55–57) 해당 상품의 가격이나 생산량 수급에 왜곡을 줄 수 있어 경제적인 효용성이 떨어질 가능성이 있는 것으로 지적된다. 또한 의료 · 주거 · 교육 · 여가 등과 관련된 다양한 재화의 종류와 질에 있어 수급자의 소비형태를 획일적으로 통제 · 조정하는 듯하게 보일 수 있고, 국가가 사회복지 재화와 서비스를 공급하는 경우에 수급자에게 정확하게 전달되지 않을 가능성이 있으며, 관리비 및 운영비의 상승 등을 유발하여 비효율적일 수 있을 것이다. 한편 수급자는 더 나은 소비를 하는 사람들과 비교하여 상대적으로 수급자의 만족도가 떨어지고 낙인감을 가질 수도 있다.

OECD 국가들의 현금급여를 위한 공적 지출은 평균 GDP 중 평균 12% 수준이나 우리나라는 4%에 못 미치는 수준이다([그림 9-1]과 〈표 9-4〉 참조).

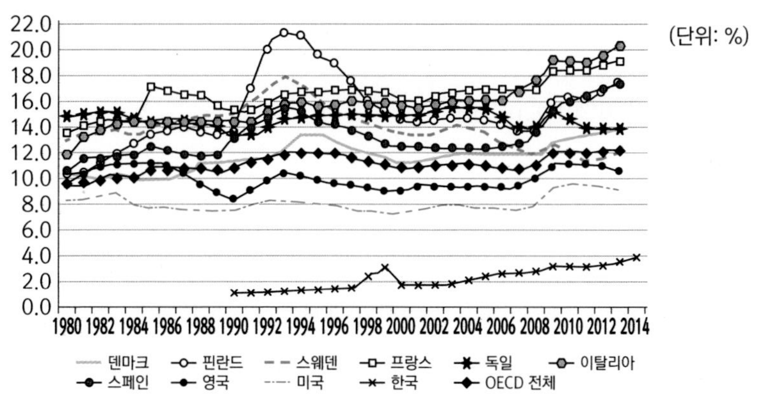

[그림 9-1] GDP 중 현금형태의 공적 사회지출 비율

자료: OECD. stat. Social Expenditure Database. https://stats.oecd.org/에서 2018. 8. 31. 인출.

출처: 이현주, 김진(2018), p. 39.

〈표 9-4〉 외국의 사회복지 영역별 공적 지출 대비 우리나라 공적 지출(2013년 또는 최근치)

(단위: %p)

영역	덴마크	프랑스	이탈리아	영국	미국	OECD
노령	4.59	5.73	6.23	2.95	2.86	3.50
유족	0.00	8.50	13.00	0.50	3.50	5.00
장애	7.83	2.83	2.83	3.33	2.33	3.50
보건	1.76	2.26	1.79	1.87	2.11	1.58
가족	3.36	2.64	1.27	3.45	0.64	1.91
ALMP	3.60	1.80	0.80	0.40	0.20	1.00
실업	0.00	5.33	5.67	1.00	1.33	3.00

기타	2.17	1.17	0.33	0.67	1.50	0.83
교육	1.53	1.18	0.93	1.30	1.05	1.13
계	2.64	2.72	2.43	2.04	1.73	1.92

주: 영역별 특정 국가 대비 한국의 공적 지출=해당 영역의 해외 공적 지출-한국의 공적 지출

자료: OECD. stat. Social Expenditure Database. https://stats.oecd.org/에서 2018. 8. 31. 인출.

출처: 이현주, 김진(2018), p. 44.

2) 현물급여

현물급여(in kind benefits)는 수혜자에게 그들의 욕구를 충족시킬 수 있는 물건(쌀, 재해지원 용품, 보장용구 등)이나 서비스(의료서비스, 사회서비스 등)를 직접 제공하는 급여유형을 의미한다. 쌀이나 장애인 보장용구와 같이 수요자의 욕구를 충족시킬 수 있는 현물급여 물건을 대량생산 혹은 대량구매를 하여 비용절감 효과가 있을 수 있고, 경제수요 유발 효과도 가능할 수 있을 것이다. 현물급여는 현금급여와 달리 그 급여가 수급 후 다시 이전·매매되기 어렵다는 장점도 가능한데 현물급여 중 서비스는 이전·매매의 어려움이 있을 것이나 쌀 또는 지원품의 경우는 이전·매매 가능성을 배제하기 어려울 것이다. 한편, 현물급여 시 수요자가 선택할 수 있도록 다양한 현물을 제시하지 못한다면 결국 획일적인 현물공급으로 인해 수요자의 선택권이 배제될 수 있다는 단점이 있을 것이다. 이러한 문제점에도 불구하고 서구 여러 나라는 현물급여를 통한 복지욕구 충족을 상당 부분 실행하고 있는 것으로 조사된다. 현물지출의 경우 2013년을 기준으로 복지 선진국의 경우 GDP의 14%에 달할 정도로 복지부문 예산의 상당 부분을 할애하고 있는 것으로 나타났다. 그러나 우리나라의 경우에는 5% 정도 지출에 머물고 있다([그림 9-2]

참조). 우리나라는 공적 사회지출 중 보건과 교육 부문 지출 비율이 높고 그 밖의 공적 사회복지지출의 비율은 낮으며, 특히 돌봄 영역에서 노령 · 장애 영역의 현물급여 지출의 경우에는 북유럽 국가들과 10배 정도나 차이를 보이고 있어 노인과 장애인을 대상으로 하는 돌봄서비스가 매우 취약하다는 것을 알 수 있다(〈표 9-5〉 참조).

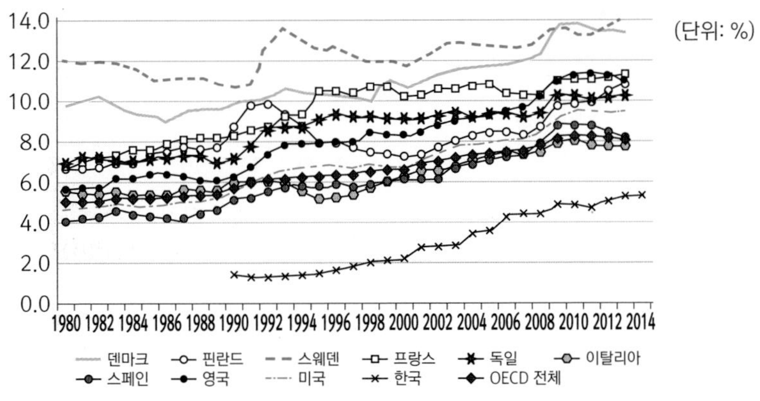

[그림 9-2] GDP 중 현물형태의 공적 사회지출 비율

자료: OECD. stat. Social Expenditure Database. https://stats.oecd.org/에서 2018. 8. 31. 인출.

출처: 이현주, 김진(2018), p. 40.

〈표 9-5〉 돌봄 영역 현금지원과 현물지원을 위한 지출 비교

(단위: GDP 중 %, %)

구분		덴마크	핀란드	스웨덴	프랑스	독일	이탈리아	스페인	영국	미국	한국	OECD
노령	현물	2.1	1.2	2.3	0.4	0.0	0.1	0.6	0.5	0.0	0.1	0.5
	현금	8.0	10.3	7.3	12.1	8.2	13.6	9.0	6.1	6.3	2.1	7.2
	전체	10.1	11.4	9.6	12.6	8.2	13.7	9.5	6.5	6.3	2.2	7.7
	현물/전체	0.21	0.10	0.24	0.03	0.00	0.01	0.06	0.07	0.00	0.06	0.07

장애	현물	1.4	1.2	2.2	0.1	0.8	0.1	0.2	0.5	–	0.2	0.4
	현금	3.4	2.6	2.1	1.7	1.3	1.6	2.3	1.5	1.4	0.4	1.7
	전체	4.7	3.8	4.3	1.7	2.1	1.7	2.5	2.0	1.4	0.6	2.1
	현물/전체	0.29	0.32	0.51	0.04	0.38	0.05	0.10	0.25	0.00	0.37	0.19
가족	현물	2.2	1.7	2.2	1.3	1.1	0.7	0.8	1.4	0.6	0.9	0.9
	현금	1.4	1.5	1.4	1.6	1.1	0.8	0.5	2.4	0.1	0.2	1.2
	전체	3.7	3.2	3.6	2.9	2.2	1.4	1.3	3.8	0.7	1.1	2.1
	현물/전체	0.61	0.53	0.60	0.46	0.49	0.46	0.61	0.36	0.87	0.84	0.42
전체	현물	13.4	10.9	14.0	11.4	10.4	7.8	8.2	10.9	9.4	5.3	8.3
	현금	13.8	17.6	12.0	19.2	13.7	20.4	17.5	10.7	9.3	3.6	12.4
	전체	29.0	29.5	27.4	31.5	24.8	28.6	26.3	21.9	18.8	9.3	21.1
	현물/전체	0.46	0.37	0.51	0.36	0.42	0.27	0.31	0.50	0.50	0.57	0.39
노령·장애	현물	3.5	2.4	4.4	0.5	0.8	0.2	0.8	0.9	0.0	0.3	0.9
	현물/전체	0.12	0.08	0.16	0.02	0.03	0.01	0.03	0.04	0.0	0.04	0.04

자료: OECD. stat. Social Expenditure Database. https://stats.oecd.org/에서 2018. 8. 31. 인출.
출처: 이현주, 김진(2018), p. 47.

보건의료서비스와 같은 현물급여는 단순한 개인적 이익의 보장보다는 공통의 목적을 위한 자원의 공유 및 사회연대에 기초하여 필요한 사람을 선정하여 수혜집단에게 정확하게 전달하는 표적화의 장점(Currie & Gahvari, 2007, p. 9; Gilbert & Terrell, 2007, p. 226)이 있으며 현금급여가 선정기준 주변의 소득자들의 근로 동기를 떨어뜨릴 수 있는 반면에 현물급여의 경우 이런 부작용이 적다고 할 수 있다(Currie & Gahvari, 2007, p. 31).

3) 바우처

바우처(voucher)는 서비스 이용권, 식품구매권, 문화상품권, 관광구매권, 주택바우처과 같이 국가가 사회복지정책에 따른 수혜 자격기준을 충족하는 개인에게 서비스나 재화를 구매할 수 있는 권리를 제공하는 지불인증권이다(김순양, 2019). 즉, 바우처는 국가가 서비스를 제공하는 기관이나 사회복지급여로 인정되는 재화의 생산자에게 직접 보조금을 지급하지 않고 수혜자에게 바우처를 주고 수혜자는 해당 서비스를 이용하거나 재화를 구매하는 것이다(김순양, 2019). 우리나라에서는 사회보장제도의 한 영역인 사회서비스정책 급여로 전자바우처[1]를 도입하여 주로 사용하고 있다. 사회서비스 이용권은 「사회서비스 이용 및 이용권 관리에 관한 법률」 제2조에 따라 서비스를 이용하는 사람이 서비스를 제공기관에 제시하여 서비스를 제공받을 수 있도록 해당 사회서비스의 수량 또는 상응하는 금액이 기재된 증표를 뜻하며, 전자바우처란 사회서비스 이용권을 전자적 또는 자기적 방법으로 신용카드, 체크카드, 실물카드 등에 기록한 이용권이다. 전자바우처 사업의 기본 구조 및 예산 흐름은 [그림 9-3]과 〈표 9-6〉과 같다.

1) 기존 사회복지서비스는 공급자 지원방식으로 이루어져 수요자의 선택권이 제한되어 시장 창출에 한계가 있기에 수요자 중심의 직접지원 방식으로 바우처(서비스 이용권)제도를 도입해 수요자 직접지원 방식으로 공급기관의 허위 · 부당 청구 등 도덕적 해이를 최소화하고, 자금 흐름의 투명성, 업무의 효율성을 확보하며, 정보 집적 관리를 통한 사회서비스 발전기반 마련을 위해 금융기관 시스템을 활용한 '전자식 바우처'를 2007년부터 추진해 왔다.

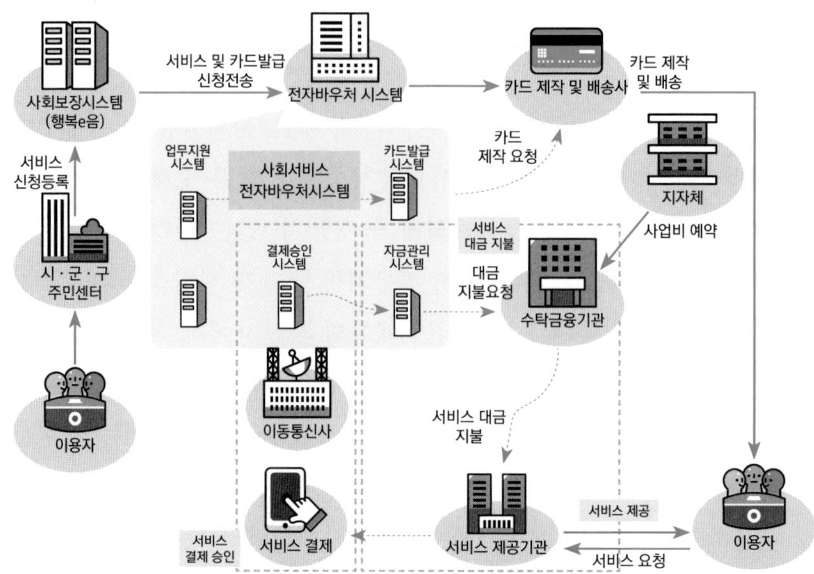

[그림 9-3] 전자바우처 운영 흐름도

출처: 김은하, 최기정, 이인수(2019), p. 17.

〈표 9-6〉 전자바우처 관계자별 예산집행

이해관계자	관련내용
이용자	• 서비스 신청, 바우처 카드 신청, 본인부담금 납부
제공기관	• 서비스 비용의 청구, 서비스 비용 수령, 단말기 구비
지방자치단체	• 지방비 예산 편성 • 사업진행 계획의 수립과 추진 현황 관리 • 시 · 도나 시 · 군 · 구 배정인원을 변경 사항을 포함하여 보건복지부와 사회보장정보원에 보고 • 국고보조금과 지방비의 합산 값인 사업비를 예탁 • 예산 범위 내에서 사업 집행을 위한 노력
보건복지부	• 사업예산 수립 및 배정, 국고보조금 교부 • 사회보장정보원에 업무 위탁, 관리 · 감독

사회보장 정보원	• 서비스 대상자 및 제공인력에 대해 바우처 카드와 결제 단말기 보급 • 바우처 결제 · 승인시스템 운영, 예탁금의 정산, 예탁금 입출금 계좌관리, 제공 기관에 대해 서비스 비용 지급, 환수 처리 등 • 사업 기준정보의 관리, 바우처 생성 및 이용 관리, 생성 제한 관리 등

사회복지급여로서 바우처는 소비자 선택권이 강한 현금급여에 비하여 약하지만 급여의 용도 외 사용 방지수준이 높고, 바우처의 이용 흐름을 명확하게 알 수 있을 뿐만 아니라 고유의 정책목적을 달성하면서 공급자들 간 경쟁 촉진, 산업 활성화 기여하는 측면이 있는 것으로 판단된다(정광호, 2008). 또한 위탁방식에 따른 관리감독 비용을 줄일 수 있다는 장점도 있다. 바우처제도의 이러한 장점에도 불구하고 서비스에 대한 이용자의 인지 부족으로 인한 바우처 미사용, 본인 부담금 문제, 서비스 제공기관의 서비스 품질 격차, 바우처의 낮은 수가로 인한 서비스의 질 하락(김은하, 최기정, 이인수, 2019) 등 개선해야 할 과제들이 여전히 남아 있다.

4) 기회

기회(opportunity)는 특별한 기회를 제공하는 급여유형으로서, 직접적인 교환가치(exchange value)는 없지만 사회복지정책의 중요한 가치인 사회적 공정성, 사회적 포용, 차별대우 예방, 사회적 다양성, 균형인사정책, 장애인의 복지수준과 소득이동 측면에서 중요한 의미를 지닌다. 우리나라의 경우 장애인 의무고용제도에 의하여 장애인의 민간기업과 국가와 지방자치단체의 의무고용 기회가 '기회'급여에 해당된다고 볼 수 있다. 장애인 의무고용제도는 1991년 「장애인고용촉진 및 직업재활법」 제정과 함께 시행된 '장애인이 능력에 맞는 직업 생활을 통하여 인간다운 생활을 영위하도록 지원하는 제도'로 의무고용률 기준 미달 기관에 대하여는 과태료를, 의무고용률 초과 고용 기관에 대하여는 고용장려금을 지급한다. 현재 상시근로자 50인 이상 민간기업, 공공기관, 그리고 국가와 지방자치단체가 그 대상이며 2019년 현재 국가와 지방자치단체 및 공공기관의 장애인 의무고용률은 공무원 정원의 3.4%, 민간기업은 3.1% 이상을 유지하도록 하고 있다. 고용부담금이나 고용장려금 같은 두 정책수단은 그동안 민간기업에 적용되었고, 국가와 지방자치단체는 2020년부터 고용부담금을 규정하였다(「장애인고용촉진 및 직업재활법」 제32조의2). 정부가 기회급여는 장애인 의무고용제 등의 기회보장정책의 시행으로 사회적 공정성이 강화되고 기회급여 대상의 복지수준 및 소득이동 가능성의 기회를 높이는 긍정적인 효과가 있으나 여전히 기업의 그 준수율이 낮고, 재정자립도가 높은 지방자치단체일수록 의무고용률 준수가 낮는 등(〈표 9-7〉 참조) 여전히 차별적 행태가 지역여건에 따라 존재하고 있다(허만형, 2019)는 아쉬운 측면이 있다.

〈표 9-7〉 장애인 의무고용 현황 (단위: %)

구분	2010년	2011년	2012년	2013년	2014년	2015년	2016년	2017년	2018년
정부부문 고용률	2.4	2.52	2.57	2.63	2.65	2.8	2.81	2.88	2.78
민간부문 고용률	2.21	2.24	2.3	2.41	2.48	2.51	2.56	2.64	2.67

주: 장애인 고용률=(장애인근로자 수/상시근로자 수)×100
출처: 국가통계포털(2020).

5) 권력

사회복지급여의 하나로서 권력(power)은 사회복지정책 결정과정에 저소득층 등 사회적 소외층이나 이들을 대변하는 대표자들을 참여시켜 사회경제적 자원을 선택할 수 있는 영향력을 재분배시키는 급여유형이라고 할 수 있다. 사회복지급여에 해당하는 사례로 '경제사회노동위원회'[2]를 들 수 있는데, 이 위원회에서는 노동자의 복지향상을 위하여 근로자대표로 전국민주노동조합총연맹 위원장, 한국노동조합총연맹 위원장이 참여하여 정책 결정의 한축을 담당하고 있다. 최근 대표자회의 결과 탄력근로제 개선을 위한 노사정 합의문(2019. 2. 19.), 한국형 실업부조 도입 등에 관한 고용안전망 강화를 위한 합의문(2019. 3. 5.)을 만들어 냈고, '노동이 존중되는 사회'와 '불합리한 격차가 없는 나라'를 만드는 데 노력하기(2019. 7. 26.)를 결의하기도 하였다(경제사회노동위원회, 2020).

2. 급여수준과 적절성: 국제노동기구 ILO의 소득보장에 관한 권고와 의료보장에 관한 권고

국제노동기구(International Labour Organization: ILO)는 자본주의 산업화 과정에서 발생한 노동문제를 합리적으로 해결하기 위하여 1919년

2) 경제사회노동위원회는 지속되는 저상장 기조에 따라 성장 잠재력은 약화되고 격차 확대 등 양극화는 심화되는 상황에 직면해 새로운 시대, 새로운 사회적 대화를 통해 시대적 과제를 해결하고 '더불어 잘사는 나라' '노동이 존중받는 사회'를 실현해 달라는 국민적 요청에 의해 경제사회주체가 힘을 모으기로 뜻을 모아 2018년 1월 31일 출범하였다. 한국노총 대표, 민주노총 대표, 한국경영자총협회 대표, 대한상공회의소 대표, 고용노동부 장관, 보건복지부 장관이 참여한다.

4월 체결된 베르사유 평화조약(제13편 노동)에 따라 국제연맹 산하에 설립되었다. ILO는 1946년 12월 최초로 국제연합(United Nations: UN) 전문기구로 편입되었고, 현재 187개 회원국이 가입해 있다. 1925년 ILO 총회에서 사회보험의 체계화에 착수하였고, 1952년에 사회보장의 최저기준에 관한 조약에서 원칙을 밝혔다. 이상의 ILO 국제회의에서 비준한 사회보장의 원칙은 '대상의 보편적 보호원칙' '비용부담의 공평성 원칙'[3] '보험급여 수준에 관한 원칙'으로 급여비례[4]/급여균일[5]/가족의 부양수준원칙[6](정일용, 1992)이다. 우리나라는 1991년 12월 9일 152번째로 가입했다. ILO는 창립 이래 사회보장 분야에 있어서 많은 공헌을 해왔다. 1944년에 필라델피아에서 열린 사회보장에 관한 회의에서는 ILO가 사회보장에 관한 두 가지 핵심 권고로서 '소득보장에 관한 권고[ILO Income Security Recommendation, 1944(No. 67)]'와 '보건의료에 관한 권고[Medical Care Recommendation 1944(No. 69)]'를 제안한 것에서도 잘 드러나는데, 소득보장과 의료보장이 사회보장의 '본질적 요소(essential elements of social security)'였다(ILO, 2010, p. 14). 소득보장과 의료보장이라는 사회보장 핵심 의제들을 논의하였고, 1952년에 조약 제102조, 즉 사회보장의 최저기준에 관한 조약, 즉 의료 · 질병급여, 실업급여(△), 양로급여(△), 노동재해급여(△), 유족급여(△), 출산급여, 폐질급여(△), 가족수당급여(△)의 9개 부문을 비준하였으며, 이 조약을 비준할 때에는 △ 표시의 급여를 한 가지 이상 포함하는 3개 부문 이상을 비준하지 않

3) 사회보장비용은 기여금 혹은 과세로 재원을 조달하고 피보험자의 경제적 상태를 고려하여 부담률을 결정하고 국가는 보험급여의 정당한 지급에 관하여 책임을 지도록 한다.

4) 개인의 경제적 수준에 상응하는 급여를 제공한다.

5) 최저 기본소득보장 이후 기여한 수준에 따라 급여를 제공한다.

6) 보험급여의 총액과 수익자의 자구노력을 합하여 최저생활이 되도록 한다.

으면 안 되도록 하였다. 202호의 핵심은 사회보장을 인간의 보편적 권리, 정부가 모든 아동과 주민에게 대해 보장하면서 각국 정부에게 최저선 개발을 주도하도록 촉구하면서 자산조사에 의한 현금급여, 역소득세(negative income tax) 또는 공공근로 등의 다양한 방법을 통해 보장하는 프로그램을 설계할 수 있도록 하였다. ILO의 1984년 사회보장 입문에서는 사회보장을 '질병, 부상, 출산, 실업, 노령, 폐질, 사망 등으로 인한 소득의 중단 또는 감소에 의하여 야기되는 경제적 · 사회적인 고난에 대하여 사회가 그 구성원들에게 마련해 주는 소득보장, 의료보장, 아동수당 등의 일련의 공적 조치'로 정의하고 있다. 따라서 ILO에서는 소득보장, 의료보장 및 아동수당 등을 사회적인 권리로 규정하고 있다.

〈표 9-8〉 사회적 보호 최저선 권고(202호)에서 요구하는 보장 내용

사회적 보호 최저선(SPF)은 국민을 위한 일련의 기본적 사회보장을 의미한다. 권고 202호는 최저선에 다음의 요소들이 포함되어야 한다고 촉구하고 있다. • 모든 주민은 모성보호를 포함하여 필수 의료보호를 적절한 비용으로 이용할 수 있다. • 모든 아동은 영양, 교육, 보호 및 기타 필요한 상품과 서비스에 접근할 수 있도록 기초소득이 보장된다. • 질병, 실업, 모성 및 장애 등의 이유로 근로소득이 충분치 않은 경제활동 연령대(active age)의 모든 사람에 대해 기초소득이 보장된다. • 모든 노인은 연금 또는 현물이전(transfers in kind)을 통해 기초소득을 보장받는다. 이러한 보장은 국내 법규에 정의된 모든 주민과 아동에게 제공되어야 하며 현행 국제 의무를 준수하여 이루어져야 한다.

출처: ILO (2001).

현재 우리나라의 「산업재해보상보험법」[7]은 근로자의 '업무상의 재해'[8]에 대해서만 요양급여,[9] 휴업급여,[10] 장해급여,[11] 간병급여,[12] 유족급여,[13] 상병급여,[14] 장의비,[15] 직업재활급여산재근로자의 재취업 촉진을 위한 직업훈련비용 및 직업훈련수당, 원직장 복귀촉진을 위한 직장복귀지원금, 직장적응훈련비, 재활운동비 등의 지급을 보장하고 있다. 그러나 산재와 관련이 없는 개인 질병의 경우에는 의료비와 질병으로 인한 소득상실의 어려움으로 고통을 받는 일이 발생할 수 있다. 이 때문에 많은 선진국은 '상병수당'제도를 운영하여 업무상 질병 이외에 일반적인 질병 및 부상으로 치료를 받는 동안 상실되는 소득 또는 임금을 현금수당으로 보전해 주고 있다. ILO는 1952년 열린 국제 노동회의에서 '사회보

7) 이 법은 산업재해보상보험 사업을 시행하여 근로자의 업무상의 재해를 신속하고 공정하게 보상하며, 재해근로자의 재활 및 사회 복귀를 촉진하기 위하여 이에 필요한 보험시설을 설치 · 운영하고, 재해 예방과 그 밖에 근로자의 복지 증진을 위한 사업을 시행하여 근로자 보호에 이바지하는 것을 목적으로 한다(「산업재해보상보험법」 제1조).

8) 업무상의 사유에 따른 근로자의 부상 · 질병 · 장해 또는 사망을 말한다.

9) 업무상 재해로 요양기간이 4일 이상인 경우 국민건강보험 진료수가 범위 내에서 요양비 전액을 지원한다.

10) 요양을 취업하지 못한 기간 1일에 대하여 평균임금의 70% 상당액을 지원한다.

11) 업무상 재해의 치유 후 당해 재해와 상당 인과관계가 있는 장해가 남게 되는 경우 그 장해정도에 따라 지급한다.

12) 요양급여를 받은 자가 치유 후 의학적으로 상시 또는 수시로 간병이 필요하여 실제로 간병을 받는 자에게 지급한다.

13) 업무상 재해로 사망하거나 사망의 추정 시 그 유족의 생활보장을 위하여 지급한다.

14) 당해 부상 또는 질병이 2년이 경과되어도 치유되지 않고 폐질등급 1~3급에 해당하는 장기 환자에 대하여 휴업급여 대신에 보다 높은 수준의 보험급여를 지급한다.

15) 장제 실행에 소요된 비용을 지급한다.

장에의 최저기준에 관한 조약(102조약)'을 채택하여 의료, 질병, 실업, 노령, 산업재해, 가족, 출산, 장애, 유족의 9개 부문에 있어서 적용될 사고의 종류와 피보험자의 범위 등에 관한 최저기준을 정하였는데, '모든 질병에 대해 그 원인을 묻지 않고 (급여를) 지급하도록' 규정하였다. 경제협력개발기구(Organization for Economic Cooperation and Development: OECD) 34개 회원국 중 일본, 독일, 프랑스, 영국 등 대부분의 국가는 의료보험이나 다른 공적 보장 형태로 상병수당을 제공하고 독일과 프랑스의 경우 최고 36개월까지, 일본은 사회보험인 피용자보험 가입자가 질병 발생으로 근로가 불가능할 경우 최장 18개월까지 상병수당을 제공하고 있다. 이처럼 사회보장제도의 핵심이라 할 수 있는 상병수당급여를 제공하여 업무와 상관이 없으나 언제든지 발생할 수 있는 질병에 대한 염려 없이 일상생활을 영위할 수 있도록 상병수당의 도입이 시급하다.

〈표 9-9〉 1944년 ILO 총회에서 채택된 ILO 권고 67호와 69호

"……이 필요한 이들에게는 모두 현금 또는 일부 현금과 일부 현물에 의한 적절한 수당이 제공되어야 한다."(권고 69호)

"…… 의료 서비스는 임금 고용 여부와 관계없이 공동체의 모든 구성원에게 적용되어야 한다."(권고 67호)

또한 "보호 제공은 세금 납부나 자산조사 이행 등과 같은 자격 조건에 좌우되어서는 안 되며, 모든 수혜자는 제공되는 보호에 대해 동등한 권리를 지녀야 한다."

1952년 102호 협약

의료보호, 상병급여, 실업급여, 퇴직급여, 산재급여, 가족급여, 모성급여, 폐질 및 유족급여를 보장하여야 한다.

출처: Gillion (1997).

3. 급여방식의 특성과 쟁점: 보충급여방식, 정액방식, 소득비례방식

보충급여방식은 환산 소득이 정부에서 고시하는 최저생계비에 미치지 못하는 가구에 대해 생계비를 지원하는 방법으로서 지원액의 최대한도를 최저생계비로 하여 이에 미치지 못하는 금액을 보충하여 지급하는 것으로서 우리나라의 국민기초생활제도에서 생계급여가 해당된다. 국민기초생활보장제도에서 생계급여는 가구의 소득인정액[16](개별 가구의 소득평가액과 재산의 소득환산액을 합산한 금액)이 생계급여 선정기준 이하일 경우 지원대상자로 결정되고 생계급여액은 생계급여 선정기준(급여기준)에서 가구의 소득인정액을 차감한 금액[17]으로 결정한다. 기초생활수급제도가 보충급여 원칙에 따라 진행하고 있는 것은 기초생활수급자들의 근로의욕을 촉진시키고, 기초생활수급자가 아닌 사람들의 근로의욕 상실을 방지하기 위한 목적이 있다.

정액급여방식은 소득수준에 따라 차등을 두지 않고 정액의 급여를 제공하는 급여지원방식이고 우리나라에서는 아동수당이 이에 해당한다. 아동수당은 대부분의 OECD 국가에서 오래전부터 시행 중인 제도이다.

---

16) 소득인정액이 중위소득의 30% 이하이고 가구원에 따른 금액은 다음과 같다.
- 1인 가구: 527,158원
- 2인 가구: 897,594원
- 3인 가구: 1,161,173원
- 4인 가구: 1,424,752원
- 5인 가구: 1,688,331원

17) 생계급여액은 생계급여 선정기준(급여기준, 앞의 선정기준에 예시)에서 가구의 소득인정액을 차감한 금액이다. 예를 들어, 소득인정액이 15만 원인 1인 가구의 생계급여액은 1인 가구 생계급여 지급기준인 527,158원에서 소득인정액 150,000원을 뺀 377,160원(원 단위 올림)이다.

아동의 권리·복리증진, 양육부담 경감 등을 위해 미국, 터키, 멕시코를 제외한 OECD 국가에서는 수십 년 전부터 도입됐다. 프랑스는 1932년, 영국과 체코는 1945년, 일본은 1972년부터 시행 중이다. 우리나라는 국내총생산(GDP) 대비 아동 관련 공공지출 비중이 1.1%로 OECD 주요국 평균 2.1%의 절반에 불과하다. 특히 아동에 대한 현금지출은 GDP 대비 0.2%로, OECD 평균의 1/6 수준이다. 2018년 기준 합계출산율이 0.98명으로 집계, 출생통계를 작성한 이래 최저를 기록했다. 이에 아동수당은 출산, 양육에 대한 국가 책임을 강화하고 아이들의 미래를 위한 투자를 목적으로 지급하는 수당으로 저출산을 극복하기 위한 정책으로 시작된 것이다. 영국의 경우 아동이 있는 가족이나 저소득 연금생활자와 같이 욕구가 더 많은 빈곤층에게 더 많은 자원을 배분하는 방식으로 지원하는 선택적 보편주의를 기초로 하였으나 우리나라의 아동수당의 경우는 보편주의 원리에 기초하여 고용 상태나 소득수준과 상관없이[18] 동일한 현금급여를 지원하는 정액급여를 선택하여 시행하고 있다.

사회복지급여 중 소득비례에 의하여 급여방식이 이루어지는 것으로 우리나라의 4대 사회보험 중 정액급여에 해상하는 건강보험을 제외하고

18) 2018년 9월 도입 당시에는 소득인정액 하위 90% 수준이라는 조건이 있었으나 2019년 1월부터 소득·재산조사를 거치지 않고 모든 아동에게 보편 지급되고 있다. 2019년 9월부터 만 7세 미만으로 확대됐다. 지원대상은 만 7세 미만 대한민국 국적을 갖고 주민등록번호가 있는 모든 아동으로, 「난민법」상 난민 인정 아동을 포함한다. 국내 거주 중인 복수국적자도 신청 가능하고, 신생아는 출생일 포함 60일 이내에 신청할 수 있다. 2019년 9월분 아동수당은 2013년 10월 출생아까지 지급하고, 수급 아동의 국외 체류기간이 90일 이상 지속되면, 90일이 되는 달의 다음 달부터 귀국한 달까지 아동수당 지급을 정지하고, 귀국한 날이 속하는 달의 다음 달부터 다시 지급한다. 지원금액과 지급방법은 대상아동 1명당 10만 원을 현금으로 계좌 입금하고, 매월 25일에 지급한다(주말 및 공휴일의 경우 그 전일 지급).

국민연금, 고용보험, 산재보험이 이에 해당한다(〈표 9-10〉 참조). 국민연금, 고용보험, 산재보험은 과세자료 조사를 확인하여 보험료가 결정되며 소득에 비례하여 기여한 만큼 소득비례 급여를 받게 된다. 건강보험도 경제활동 참여율을 참작하여 정한 부과요소별 점수를 합산한 보험료 부과점수에 점수당 금액을 곱하여 보험료 산정 후 경감률 등을 적용하여 세대단위로 부과하지만 본인부담 급여율은 균등한 정액급여방식을 취한다(〈표 9-11〉 참조).

〈표 9-10〉 급여방식에 따른 4대 사회보험 특성

구분	국민연금	건강보험	고용보험	산재보험
시행 연도	1988년	1977년(노인장기 요양보험 2008. 7. 1. 실시)	1995년	1964년
기본 성격	소득보장 장기보험	의료보장 단기보험	실업고용 중기보험	산재보상 단기보험
급여방식	현금급여 소득비례	현물급여 균등급여	현금급여 소득비례	현물–균등급여 현금–소득비례
재정 및 관리	수정적립방식 전체 일괄관리	부과방식 이원화 (직장, 지역) 관리	수정적립방식	순부과방식
관리단위	개인별 관리	사업장 · 세대별 관리	사업	사업장
보험료 관장	보건복지부 장관	보건복지부 장관	고용노동부 장관	고용노동부 장관
자격 관리방식	직장 · 지역 통합관리	직장 · 지역 통합관리	사업별 관리 가입자 관리	사업별 관리 가입자 관리
보험료 부과단위	사업장, 지역 (개인별)	사업장, 지역 (세대별)	사업	사업

〈표 9-11〉 건강보험 본인부담 기준

구분	대상	본인 일부부담률
외래 진료	(1세 이상 6세 미만) 일반환자	본인부담률의 70%(상급종합병원 진료 시 진찰료 전액부담, 단, 보건기관 정액, 약국 및 한국희귀의약품센터의 직접 조제는 제외)
	조산아 · 저체중 출생아	요양급여비용 총액의 5%
	난임진료	요양급여비용 총액의 30%(상급종합병원 진료 시 진찰료 전액부담)
	건강검진 확진 의료비 지원	요양급여비용 총액의 0%(의원 및 병원만 해당)
입원 진료	일반환자	요양급여비용 총액의 20%
	15세 이하(신생아 제외)	요양급여비용 총액의 5%
	신생아(28일 이내)	면제
	자연분만	면제
	고위험 임신부	요양급여비용 총액의 10%
	제왕절개분만	요양급여비용 총액의 5%
	신체기능저하군(요양병원해당)	요양급여비용 총액의 40%
	뇌사자 장기기증	면제

생각해 볼 문제

1. 사회복지급여의 형태를 나열해 보시오.

2. 현금급여를 정의하고 현금급여의 예를 공공부조, 사회보험과 그 밖의 예에서 찾아 제시해 보시오.

3. 현물급여를 정의하고 그 예를 나열해 보시오.

4. 현금급여와 현물급여의 장단점을 비교 설명해 보시오.

5. 바우처를 정의하고 그 예를 나열해 보시오.

6. 우리나라의 전자바우처의 적용사례와 운영의 흐름, 그리고 각 이해관계자의 예산집행 내용을 설명해 보시오.

7. 사회복지급여의 형태로서 기회를 설명하고 그 예를 제시해 보시오. 기회급여가 잘 이행되지 않는 이유와 개선방안을 자신의 말로 설명해 보시오.

8. 사회복지급여로서의 권력을 개념화하고 그 예를 설명해 보시오.

9. 국제노동기구 ILO의 소득보장에 관한 권고와 의료보장에 대한 권고 내용을 설명하고, 우리나라에서 이 권고가 어떻게 이행 혹은 불이행되고 있다 생각하는지 본인의 말로 설명해 보시오.

10. 사회복지급여의 방식으로 보충급여방식, 정액방식, 소득비례방식을 각각 정의하고 그 예를 들어 설명해 보시오.

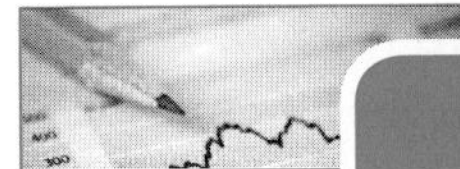

참고문헌

경제사회노동위원회(2020). http://www.eslc.go.kr

국가통계포털(2020). 장애인 의무고용률 현황. http://www.index.go.kr/potal/main/EachDtlPageDetail.do?idx_cd=1498

근로복지공단(2020). 두루누리 사회보험료지원. http://insurancesupport.or.kr/story/sub1-1.php

김순양(2019). 공공서비스 공급과 바우처(voucher) 사업: 사회서비스 바우처의 성공요건 분석. 행정논총, 57(4), 31-69.

김은하, 최기정, 이인수(2019). 전자바우처 이용 활성화 방안: 미사용 영향요인 분석을 중심으로. 서울: 한국사회보장정보원.

보건복지부(2020a). 2020 국민기초생활보장사업안내.

보건복지부(2020b). 기초연금. https://basicpension.mohw.go.kr/Nfront_main/index.jsp

보건복지부(2020c). 노인장기요양보험 특별현금급여(가족요양비). http://www.bokjiro.go.kr/welInfo/retrieveGvmtWelInfo.do?searchIntClId=01&welInfSno=343

보건복지부(2020d). 아동수당. http://www.ihappy.or.kr

복지로(2020). 한눈에 보는 복지정보.

이현주, 김진(2018). 현금지원과 현물지원정책의 구성과 효과. 세종: 한국보건사회연구원.

정광호(2008). 바우처 연구. 경기: 학림사.

정일용(1992). 미국사회보장제도의 발전과정과 특성. 서울: 경제교육자료 9207 국민경제교육연구소.

허만형(2019). 지방자치단체의 장애인 공무원 고용 및 의무고용 준수 영향요인

연구: 2016~2017년간 시 · 군 · 구 비교분석. 지방행정연구, 33(4), 39-64.

Currie, J., & Gahvari, F. (2007). Transfers in cash and in kind: Theory meets the data. National Bureau of Economic Research. NBER Working Paper No. 13557.

Gilbert, N., & Terrell, P. (2007). *Dimensions of Social Welfare Policy*. 남찬섭, 유태균 공역. 사회복지정책론. 서울: 나눔의 집. (원저는 2005년에 출간).

Gillion, C. (1997). The ILO and pensions. Joint ILO-OECD Workshop: Development and Reform of Pension Schemes, DELSA/ILO(97)9.

ILO(International Labour Organization). (2001). Security: A new consensus.

ILO(International Labour Organization). (2010). World social security report 2010/11: Providing coverage in time of crisis and beyond.

제10장

사회복지정책의 전달체계

1. 사회복지정책 전달체계로서 국가와 지방자치단체,
 민간전달체계의 책임과 특성
2. 공공전달체계와 민간전달체계
3. 복지다원주의와 민영화, 시장화, 그리고 공공성 강화

이 장에서는 사회복지정책 전달체계의 개념과 종류, 그리고 전달체계로서 국가와 지방자치단체, 민간전달체계의 법적 책임과 근거에 대하여 개괄한다. 각 전달체계의 역할과 특성을 알아보면서 분권하에서 쟁점에 관하여 살펴본다. 또한 복지다원주의에 대하여 살펴보고 시장화 및 민영화, 그리고 최근 제기되고 있는 공공회기 경향에 대하여 알아본다.

1. 사회복지정책 전달체계로서 국가와 지방자치단체, 민간전달체계의 책임과 특성

사회복지 전달체계는 입법과정을 통해 만들어진 사회보장정책에 따른 급여를 대상에게 전달하기 위한 사회복지행정 체계이다. 따라서 전달체계는 정책의 목적과 목표에 맞게 정책의 서비스 대상에게 급여가 형평성에 맞게 효과적·효율적으로 적절하게 전달될 수 있도록 인적·행정적 자원을 배열하고 조치하는 것이 중요한 과제가 된다.

대한민국 「헌법」은 제40조, 제66조 제4항, 제101조 제1항에서 행정권은 정부에게, 입법권은 국회에게, 사법권은 법원에게 속하게 하는 삼권분립주의에 따라 복지국가[1]를 목표로 국회는 사회보장제도를 입법하고, 정부는 합법률성[2]에 따라 위임받은 사회복지 관련법을 집행하기 위한 행정권을 적법절차에 따라 수행하여야 하며, 행정제도의 민주화를 위하여 최소한의 복리와 행정에 관한 한 지방주민의 자치에 맡기도록 하는 지방자치제[3]에 따라 지방정부도 지역사회복지계획[4]의 수립과 시행의 주체로 역할을 하여야 한다.

국가와 지방자치단체는 사회보장에 관한 국민권리를 실현하기 위하여 ① 모든 국민의 인간다운 생활을 유지·증진하는 책임을 가지고, ② 사회보장에 관한 책임과 역할을 합리적으로 분담하여야 하며, ③ 국가 발전수준에 부응하고 사회환경의 변화에 선제적으로 대응하며 지속가능한 사회보장제도를 확립하고 매년 이에 필요한 재원을 조달하여야 하고, ④ 사회보장제도의 안정적인 운영을 위하여 중장기 사회보장 재정추계 격년 실시·공표하여야 할 책임이 있다(「사회보장기본법」 제5조 국가와 지방자치단체의 책임). 또한 국가와 지방자치단체, 사회복지사업을 하는 민간전달체계는 국민의 복지와 인권 증진을 위해 ① 국가와 지

1) 「헌법」은 전문에서 "모든 영역에 있어서 각인의 기회를 균등히 하고, 안으로는 국민생활의 균등한 향상을 기하고"라는 내용을 명시함으로써 대한민국이 복지국가임을 알리고, 기본권 보장, 경제 규제 등의 구체적 방안을 제시하고 있다.

2) 대한민국 「헌법」은 제75조에서 행정부의 행정입법권을 부여하면서도 포괄적인 위임입법은 금지하고 있다. 또한 대법원이 명령·규칙·처분에 대하여 위헌 또는 위법 심사를 할 수 있도록 규정하여(제107조 제2항) 행정의 합법률성을 규정하고 있다. 또한 행정심판에도 사법절차가 준용되도록 규정하고(제107조 제3항), 행정 각부(제96조)와 감사원(제100조), 선관위(제114조 제6·7항)의 조직과 직무범위 등을 법률로 정하게 하며, 조세의 종목과 세율은 법률로 정하도록 규정하고 있다(제59조).

3) 1995년 시행된 지방자치제에 의하여 지방자치단체는 주민의 복리에 관한 사무를 처리하고 재산을 관리하며, 법령의 범위 안에서 자치에 관한 규정을 제정할 수 있다(「헌법」 제117조). ① 지방자치단체에 의회를 둔다. ② 지방의회의 조직·권한·의원선거와 지방자치단체의 장의 선임방법, 기타 지방자치단체의 조직과 운영에 관한 사항은 법률로 정한다(「헌법」 제117조).

4) 2003년 7월 30일 개정된 「사회복지사업법」에 따라 지방자치단체가 지역사회복지계획을 수립하여 시행하도록 하고 있다.

방자치단체는 사회복지서비스를 증진하고, 서비스를 이용하는 사람에 대하여 인권침해를 예방하고 차별을 금지하며 인권을 옹호할 책임을 가지고, ② 국가와 지방자치단체는 사회복지서비스와 보건의료서비스를 함께 필요로 하는 사람에게 이들 서비스가 연계되어 제공되도록 노력하며, ③ 국가와 지방자치단체, 그 밖에 사회복지사업을 하는 자는 사회복지를 필요로 하는 사람에 대하여 그 사업과 관련한 상담, 작업치료(作業治療), 직업훈련 등을 실시하고 필요한 경우에는 주민의 복지욕구를 조사하고, ④ 국가와 지방자치단체는 도움을 필요로 하는 국민이 본인의 선호와 필요에 따라 적절한 사회복지서비스를 제공받을 수 있도록 사회복지서비스 수요자 등을 고려하여 사회복지시설이 균형 있게 설치되도록 노력하며, ⑤ 민간부문의 사회복지 증진활동이 활성화되고 국가 및 지방자치단체의 사회복지사업과 민간부문의 사회복지 증진활동이 원활하게 연계될 수 있도록 노력하고, ⑥ 사회복지를 필요로 하는 사람의 인권이 충분히 존중되는 방식으로 사회복지서비스를 제공하고 사회복지와 관련된 인권교육을 강화하며, ⑦ 사회복지서비스를 이용하는 사람이 긴급한 인권침해 상황에 놓인 경우 신속히 대응하고, ⑧ 시설 거주자의 희망을 반영하여 지역사회보호체계에서 서비스가 제공될 수 있도록 노력하며, ⑨ 사회복지서비스를 필요로 하는 사람들에게 사회복지서비스의 실시에 대한 정보를 제공하고, ⑩ 사회복지서비스를 제공하는 자로부터 위법 또는 부당한 처분을 받아 권리나 이익을 침해당한 사람을 위하여 간이하고 신속한 구제조치를 마련할 책임을 가진다(「사회복지사업법」 제4조).

공공사회복지 전달체계인 정부, 지방자치단체와 함께 민간사회복지 전달체계로서 지역주민의 복지증진과 삶의 질 향상을 위하여 지역사회 차원에서 사회복지사업을 할 목적으로 정부와 지방자치단체가 설치한[5] 사회복지시설, 사회복지관, 그리고 사회서비스 제공기관이 있다. 사회복지시설이나 사회복지관은 대부분 국가 또는 지방자치단체가 설치한 시설이고 위탁대상시설이 되며 사회복지법인 또는 비영리법인[6]이 수탁[7]자의 자격을 가진다. 사회복지시설이란 「사회복지사업법」 제2조에 따른 '사회복지사업'을 할 목적으로 설치된 시설을 의미한다. 보건복지부 소관으로 노인복지시설, 복합노인복지시설, 아동복지시설, 장애인복지시설, 어린이집, 정신보건시설, 노숙인시설, 사회복지관 결핵 · 한센시설, 지역자활센터, 다함께 돌봄센터가 있고(〈표 10-1〉과 〈표 10-2〉 참조), 여성가족부 산하에 성매매피해지원시설, 성폭력피해보호시설, 가정폭력보호시설, 한부모가족복지시설, 다문화가족지원센터, 건강가정지원센터, 청소년복지시설이 있다(〈표 10-1〉 참조).

사회복지정책 전달체계의 주체로서 정부의 주무부는 유관부처들과의 유기적인 연계를 통해 효과적인 정책 결과를 유인하기 위해 노력하여야 하고, 지방자치단체는 관련 공공기관 및 사회복지사업 민간전달체계와 함께 기능해야 하며, 일선에서 대상자에게 직접 서비스를 전달하는 민간전달체계는 지방자치단체, 유관 공공기관, 지역사회보장협의체와의 유기적인 자원연계를 통해 대상자들에게 효과적으로 서비스를 제공하여야 한다.

---

5) 국가 또는 지방자치단체 외의 자가 시설을 설치 · 운영하려는 경우에는 보건복지부령으로 정하는 바에 따라 시장 · 군수 · 구청장에게 신고하여야 하고(「사회복지사업법」 제34조 제2항), 시 · 군 · 구 담당자는 개별법령의 신고기준을 참고하여 신고가능 여부를 확인하되 중증 장애인시설, 치매노인시설 등의 경우 시설 · 설비 및 종사자 요건을 엄격하게 적용하여 시설생활자의 인권 및 안전에 만전을 기하여야 한다.

6) 정관상 목적사업으로 규정되어 있고 수탁 운영에 필요한 전담인력, 조직, 예산 등을 갖추어야 한다.

7) 위탁방법은 공개모입으로 선정하고, 선정주체는 위탁기관의 장이 되며, 선정기준에는 수탁자의 재정능력, 공신력, 사업수행 능력, 지역 간 균형분포, 시설에 대한 평가결과(평가한 경우에 한함), 법인의정관(수탁하고자 하는 시설과 관련된 사업내용에 포함되어 있는지 여부)이 포함된다.

〈표 10-1〉 사회복지시설의 종류

소관부처	시설종류	세부종류		관련법
		생활시설	이용시설	
보건복지부	노인복지시설	• 노인주거복지시설 • 노인의료복지시설 • 학대피해노인전용쉼터	• 재가노인복지시설 • 노인여가복지시설 • 노인보호전문기관 • 노인일자리지원기관	「노인복지법」
	복합노인복지시설	• 농어촌 지역에 한해 「노인복지법」 제31조에 명시된 노인복지시설을 종합적으로 배치한 복합노인복지시설을 설치 · 운영 가능		「농어촌주민의 보건복지증진을 위한 특별법」
	아동복지시설	• 아동양육시설 • 아동일시보호시설 • 아동보호치료시설 • 자립지원시설 • 공동생활가정	• 아동상담소 • 아동전용시설 • 지역아동센터 • 아동보호전문기관 • 가정위탁지원센터	「아동복지법」
	장애인복지시설	• 장애유형별거주시설 • 중증장애인거주시설 • 장애영유아거주시설 • 장애인단기거주시설 • 장애인공동생활가정	• 장애인지역사회재활시설 • 장애인직업재활시설 • 장애인의료재활시설 • 장애인생산품판매시설	「장애인복지법」
	어린이집		• 어린이집	「영유아보육법」
	정신보건시설	• 정신요양시설 • 정신재활시설 중 생활시설	• 정신재활시설 중 이용시설	「정신건강증진 및 정신질환자 복지서비스 지원에 관한 법률」

	노숙인시설	• 노숙인자활시설 • 노숙인재활시설 • 노숙인요양시설	• 노숙인종합지원센터 • 노숙인일시보호시설 • 노숙인급식시설 • 노숙인진료시설 • 쪽방상담소	「노숙인 등의 복지 및 자립지원에 관한 법률」
	사회복지관 결핵 · 한센시설	• 결핵 · 한센시설	• 사회복지관	「사회복지사업법」
	지역자활센터		• 지역자활센터	「국민기초생활 보장법」
	다함께돌봄센터		• 다함께돌봄센터	「아동복지법」
여성가족부	성매매피해지원시설	• 일반지원시설 • 청소년지원시설 • 외국인지원시설 • 자립지원공동생활시설	• 자활지원센터 • 성매매피해상담소	「성매매방지 및 피해자보호 등에 관한 법률」
	성폭력피해보호시설	• 성폭력피해자보호시설	• 성폭력피해상담소	「성폭력방지 및 피해자보호 등에 관한 법률」
	가정폭력보호시설	• 가정폭력피해자보호시설	• 가정폭력상담소 • 긴급전화센터	「가정폭력 방지 및 피해자 보호 등에 관한 법률」
	한부모가족복지시설	• 모자가족복지시설(기본, 공동, 자립) • 부자가족복지시설(기본, 공동, 자립) • 미혼모자가족복지시설(기본, 공동) • 일시지원복지시설	• 한부모가족복지상담소	「한부모가족지원법」
	다문화가족지원센터		• 다문화가족지원센터	「다문화가족지원법」
	건강가정지원센터		• 건강가정지원센터	「건강가정기본법」

청소년복지시설	• 청소년쉼터 • 청소년자립지원관 • 청소년치료재활센터 • 청소년회복지원시설		「청소년복지 지원법」

출처: 보건복지부(2020a), p. 5.

〈표 10-2〉 보건복지부 소관 사회복지시설의 세부분류

대상자별	형태	시설종류		소관부서	관련법령
노인	생활	• 주거	• 양로시설, 노인공동생활가정 • 노인복지주택	요양보험운영과	「노인복지법」 제31조
		• 의료	• 노인요양시설 • 노인요양공동생활가정		
		• 학대피해노인전용쉼터		노인정책과	
	이용	• 재가	• 재가노인복지시설(방문요양, 주 · 야간보호, 단기보호, 방문목욕, 재가노인지원, 방문간호)	요양보험운영과	
		• 여가	• 노인복지관 • 경로당, 노인교실	노인지원과	
		• 노인보호전문기관		노인정책과	
		• 노인일자리지원기관		노인지원과	

아동	생활	• 아동양육시설, 공동생활가정 • 아동일시보호시설 • 아동보호치료시설 • 자립지원시설		아동복지정책과	「아동복지법」 제52조
		• 공동생활가정(학대피해아동쉼터로 지정된 곳에 한함)		아동권리과	
	이용	• 아동상담소, 아동전용시설, 가정위탁지원센터		아동복지정책과	
		• 지역아동센터		인구정책총괄과	
		• 아동보호전문기관		아동학대대응과	
		• 다함께돌봄센터		인구정책총괄과	「아동복지법」 제44조의2
장애인	생활	• 생활시설	• 장애유형별거주시설 • 중증장애인거주시설 • 장애영유아거주시설 • 장애인단기거주시설 • 장애인공동생활가정	장애인권익지원과	「장애인복지법」 제58조
	이용	• 지역사회 재활시설	• 장애인복지관 • 장애인주간보호시설 • 장애인체육시설, 장애인수련시설, 장애인생활이동지원센터 • 수화통역센터, 점자도서관, 점서 및 녹음서 출판시설		

		• 장애인의료재활시설		장애인정책과	
		• 직업재활시설	• 장애인보호작업장, 장애인근로사업장, 장애인직업적응훈련시설	장애인자립기반과	
		• 장애인생산품판매시설			
영유아	이용	• 어린이집	• 국공립, 법인, 직장, 가정, 부모협동, 민간	보육기반과	「영유아보육법」 제10조
정신 질환자	생활	• 정신요양시설, 정신재활시설 중 생활시설		정신건강정책과	「정신건강증진 및 정신질환자 복지서비스 지원에 관한 법률」 제22조 및 제26조
	이용	• 정신재활시설 중 이용시설			
노숙인 등	생활	• 노숙인자활시설 • 노숙인재활시설 • 노숙인요양시설		자립지원과	「노숙인 등의 복지 및 자립지원에 관한 법률」
	이용	• 노숙인종합지원센터 • 노숙인일시보호시설 • 노숙인급식시설 • 노숙인진료시설 • 쪽방상담소			
지역 주민	이용	• 사회복지관		사회서비스자원과	「사회복지사업법」
기타 시설	복합	• 결핵 · 한센시설		질병관리본부(결핵 · 에이즈관리과)	「사회복지사업법」
	이용	• 지역자활센터		자립지원과	「국민기초생활 보장법」

2. 공공전달체계와 민간전달체계

1) 보건복지부

1948년 7월 17일에 사회부로 설치되어 2010년 3월 19일 보건복지부로 개편(청소년 · 가족에 관한 사무는 여성가족부로 이관)된 이후 보건위생 · 방역 · 의정 · 약정 · 보건산업 · 기초생활보장 · 자활지원, 사회보장 및 사회서비스 정책, 인구 · 출산 · 보육 · 아동 · 노인 및 장애인에 관한 사무의 주무부이다. 저출산고령사회정책실 업무 중 일부가 여성가족부, 보건산업 분야는 지식경제부와 관련이 있으나 사회복지정책 관련 대부분의 사무가 보건복지부 소관이다.

[그림 10-1] 보건복지부 조직도

출처: 보건복지부(2020c).

보건복지부 복지정책 관련 실별 · 국별 업무는 다음과 같다.

〈표 10-3〉 사회복지정책실의 주요 업무

1. 사회복지 관련 정책의 수립 · 조정
2. 「사회복지사업법」령에 관한 사항
3. 국민기초생활보장사업 종합계획의 수립 · 조정 및 평가에 관한 사항
4. 국민기초생활보장 수급자의 선정 및 적정관리에 관한 사항
5. 기준 중위소득의 산정 및 급여체계에 관한 사항
6. 노숙인 등 보호사업 계획의 수립
7. 의료급여에 관한 종합계획의 수립 및 운영
8. 의료급여 관련 법령 및 수가 · 급여기준 등에 관한 사항
9. 지역사회복지계획 및 정책의 수립 · 평가 · 지원에 관한 사항
10. 사회복지협의체의 구성 · 운영 및 협력체계 구축에 관한 사항
11. 사회복지 전달체계 개편 · 운영을 위한 계획 수립 및 조정에 관한 사항
12. 사회복지 담당공무원 및 복지사무 담당조직의 운영 · 평가 등에 관한 사항
13. 사회보장정보시스템의 구축 · 운영 및 서비스 확대
14. 복지급여의 사업별 선정 · 지원 기준의 조정 및 표준화
15. 취약계층의 권리 구제 등 복지급여 사후관리에 관한 사항
16. 긴급복지지원사업 종합계획의 수립 · 조정 및 평가에 관한 사항
17. 「사회보장급여의 이용 · 제공 및 수급권자 발굴에 관한 법률」 제25조에 따른 대국민 포털 구축 · 운영 및 서비스 확대
18. 사회서비스 관련 종합계획의 수립 및 유망 사회서비스 분야 · 사업모델 개발
19. 사회서비스 일자리 창출 방안 수립 및 총괄 · 조정
20. 사회서비스 법령 · 품질관리 · 이용권 제도 운영에 관한 사항
21. 지역사회서비스투자사업 계획의 수립 · 시행 및 평가
22. 사회서비스 산업 육성 및 지원
23. 사회복지법인, 사회복지 관련 법인 · 단체, 외국인민간원조단체에 관한 사항

24. 사회복지시설에 대한 총괄 · 평가 및 사회복지관 육성 · 지원
25. 기부 · 자원봉사활동 · 기업의 사회공헌 활성화 등 민간의 인적 · 물적 자원 개발 · 육성에 관한 사항
26. 사회복지공동모금제도의 지원 및 육성에 관한 사항
27. 의사상자 예우 · 지원에 관한 사항
28. 보건복지분야 사회복무제도 운영 및 사회복무요원 교육에 관한 사항
29. 자활지원정책에 관한 종합계획의 수립 · 조정 및 정책 추진에 관한 사항
30. 자활사업 대상자의 선정 · 관리 및 자활지원기관의 지정 · 평가 및 지원에 관한 사항

출처: 보건복지부(2020c).

〈표 10-4〉 인구정책실의 주요 업무

1. 저출산 · 고령사회기본계획 및 시행계획의 수립 · 평가 · 총괄
2. 저출산 · 고령사회정책 개발 · 분석 · 연구 및 총괄 · 조정
3. 저출산 · 고령사회위원회의 운영 지원
4. 저출산 · 고령화 관련 홍보 · 대외협력 및 민간 활동지원
5. 베이비부머 세대에 관한 종합계획의 수립 및 조정
6. 노후의 소득 · 건강 · 교육 · 주거 · 환경 · 여가 및 문화 등에 관한 정책의 수립 · 조정
7. 인구 관련 정책의 총괄 및 조정, 여성 · 어린이 건강정책의 종합 및 조정, 「모자보건법」령 운영, 산후조리원의 관리, 인공임신중절 예방에 관한 사항
8. 아동복지에 관한 종합계획의 수립 · 조정 및 아동정책조정위원회 운영
9. 빈곤아동 맞춤형 통합서비스 제공, 아동발달계좌(CDA), 결식아동 지원 등 빈곤아동 지원에 관한 사항
10. 아동건강관리에 관한 사항
11. 아동권리증진, 아동학대 예방 · 보호 및 아동권리 관련 국제협약에 관한 사항

12. 아동의 안전 및 실종에 관한 종합계획의 수립 · 시행에 관한 사항
13. 입양에 관한 종합계획 수립 · 시행 및 국제협약, 아동의 입양 및 사후 관리 등에 관한 사항
14. 아동양육시설, 지역아동센터, 그룹홈 등 아동복지시설 관리 · 운영에 관한 사항
15. 아동의 가정위탁, 소년소녀가정 등 가정보호에 관한 사항
16. 어린이날, 어린이 주간, 아동 총회 등 아동행사에 관한 사항
17. 아동 관련 법인 및 단체에 관한 사항
18. 노인의 보건복지에 관한 종합계획의 수립 · 조정
19. 노인건강증진, 노인의 안전과 권익 향상에 관한 사항
20. 경로효친사상의 앙양 및 경로우대에 관한 사항
21. 노인일자리 마련 및 자원봉사활동 지원
22. 장사시설의 확충 · 지원 및 제도개선에 관한 사항
23. 국립망향의동산관리원 지도 · 감독에 관한 사항
24. 노인장기요양보험제도의 종합계획 수립 · 조정 및 홍보에 관한 사항
25. 노인장기요양보험의 급여 · 수가 · 지불체계 · 이용지원 및 관리운영기관 지도 · 감독에 관한 사항
26. 노인장기요양보험의 가입자 관리 및 재정운영 · 추계에 관한 사항
27. 노인주거 · 의료 · 재가복지시설 및 공립치매요양병원의 지원 · 육성 · 확충에 관한 사항
28. 장기요양기관 관리 · 감독, 현지조사 및 평가에 관한 사항
29. 사할린 한인동포 지원에 관한 사항, 고령친화산업 관련 개발 지원 및 종합계획의 수립 · 조정
30. 중앙행정기관 및 지방자치단체의 영유아 정책(유아교육정책은 제외한다. 이하 같다)의 협의 · 조정 총괄
31. 영유아 정책에 대한 평가 및 제도 개선
32. 보육예산의 편성 및 집행의 관리
33. 보육행정 전산화 및 보육서비스 이용권 제도 운영 · 관리
34. 보육교직원의 양성 및 자격관리
35. 영유아 보육료 · 양육수당 지원 및 가정양육 지원에 관한 사항

36. 영아 · 장애아 · 다문화 가정 영유아 등 취약보육 서비스 등의 지원에 관한 사항
37. 표준보육과정 및 보육 프로그램의 개발 · 보급
38. 어린이집의 평가인증
39. 국공립어린이집 등의 확충 및 환경개선
40. 어린이집의 설치 및 인가 기준에 관한 사항
41. 어린이집의 지원 및 지도 · 감독

출처: 보건복지부(2020c).

〈표 10-5〉 건강보험정책국의 주요 업무

1. 건강보험제도의 육성 · 발전 및 재정안정화를 위한 종합계획의 수립 및 조정
2. 건강보험 가입자 관리 및 보험료 부과 · 징수 정책의 수립 · 조정
3. 건강보험급여에 관한 종합계획 수립
4. 건강보험요양급여비용 지불제도 및 계약에 관한 사항
5. 건강보험요양급여비용 및 적용 기준 · 방법에 관한 사항
6. 약제의 건강보험요양급여에 관한 종합계획의 수립
7. 약제에 대한 건강보험요양급여 비용, 적용기준, 방법 및 적정사용에 관한 사항
8. 건강보험요양기관 현지조사 및 행정처분 업무
9. 건강보험요양급여의 적정성 평가 업무
10. 건강보험 관련 급여제한 업무

출처: 보건복지부(2020c).

〈표 10-6〉 장애인정책국의 주요 업무

1. 장애인복지 관련 종합계획 수립에 관한 총괄 · 조정 2. 장애인등록 및 판정에 관한 사항 3. 장애인단체 지원 및 장애인복지 관련 국제협력에 관한 사항 4. 장애예방 및 여성장애인 관련 정책개발 · 지원에 관한 사항 5. 장애인차별금지 관련 법령 및 국제장애인권리협약 등 장애인 권익증진에 관한 사항 6. 장애인 편의시설의 설치 · 관리 및 장애인 복지시설의 지원 · 육성 7. 장애인활동지원제도의 운영에 관한 사항 8. 장애인 자립생활 관련 사업의 지원 및 육성 9. 의료재활 · 발달재활서비스 및 장애아동돌봄에 관한 사항 10. 장애인보조기기의 개발 · 보급 11. 장애수당 등 장애인의 소득보장 및 생활안정 지원에 관한 사항 12. 장애인일자리 창출 및 직업재활에 관한 사항 13. 장애인생산품 판매촉진 및 중증장애인생산품 우선구매에 관한 사항 14. 장애인연금 관련 법령, 장애인연금 재정 및 수급자 관리 등 장애인연금 제도 운영 전반에 관한 사항

출처: 보건복지부(2020c).

〈표 10-7〉 연금정책국의 주요 업무

1. 연금정책 발전방향의 수립 및 국민경제에 미치는 영향 분석 2. 국민연금 관련 법령, 국민연금 재성추계 및 세도 운영에 관한 사항 3. 다층노후소득보장체계 구축에 관한 사항 4. 사회보장협정 및 해외수급자 관리 등 국민연금 관련 국제협력에 관한 사항 5. 국민연금기금 운용지침, 운용계획, 자산배분, 성과평가 및 결산 등 기금 운용에 관한 사항 6. 국민연금기금의 지배구조 관련 정책의 수립

7. 국민연금 복지사업계획의 수립 및 조정
8. 국민연금 급여 지급 기준, 급여 지급, 수급자 관리, 급여서비스에 관한 사항
9. 국민연금 재심사 청구 등 권리구제에 관한 사항
10. 국민연금과 직역연금의 연계 등에 관한 사항
11. 기초연금 관련 법령, 재정 및 수급자 관리 등 제도 운영에 관한 사항
12. 기초연금의 국비 부담 기준 관리 및 지방비 부담 관련 시·도 조례 제정·개정 협의에 관한 사항

출처: 보건복지부(2020c).

〈표 10-8〉 사회보장위원회사무국의 주요 업무

1. 「사회보장기본법」령에 관한 사항
2. 중장기 사회보장 재정추계 실시 및 공표
3. 사회보장 기본계획의 수립 및 연도별 시행계획 수립·시행·평가
4. 사회보장통계 작성·관리에 관한 사항
5. 신설·변경 사회보장제도에 대한 협의·조정
6. 사회보장제도의 유사·중복 및 누락 방지를 위한 제도개선에 관한 사항
7. 사회보장제도의 평가 및 개선
8. 사회보장제도 정책 분석 및 연구·개발
9. 사회보장 관련 외국 제도·정책의 조사 및 분석
10. 사회보장제도 교육 및 홍보
11. 사회보장에 관한 주요시책에 대한 심의·조정 등 사회보장위원회의 운영·지원에 관한 사항
12. 사회보장위원회에 두는 실무위원회 및 분야별 전문위원회의 운영·지원에 관한 사항

출처: 보건복지부(2020c).

2) 지방자치단체: 특별시, 광역시, 특별자치시, 도, 시·군·구

대한민국에서는 지방자치단체의 종류를 법률(「지방자치법」)로 정하고 있으며, 「지방자치법」 제2조에 따라 지방자치단체의 종류는 광역자치단체와 기초자치단체로 나뉘게 된다. 광역자치단체는 전국에 17개(1특별시, 6광역시, 1특별자치시, 8도, 1특별자치도)이며, 기초자치단체는 2014년 7월 현재 전국에 226개(75자치시, 82자치군, 69자치구)가 있다(〈표 10-9〉 참조).

〈표 10-9〉 지방자치단체: 특별시, 광역시, 특별자치시, 도, 시 · 군 · 구 수

시 · 도별 \ 구분		시 · 군 · 구				시 · 도별 \ 구분		시 · 군 · 구			
		계	시	군	구			계	시	군	구
계(17)		226	75	82	69	도	경기	31	28	3	
특별시	서울	25			25		강원	18	7	11	
광역시	부산	16		1	15		충북	11	3	8	
	대구	8		1	7		충남	15	8	7	
	인천	10		2	8		전북	14	6	8	
	광주	5			5		전남	22	5	17	
	대전	5			5		경북	23	10	13	
	울산	5		1	4		경남	18	8	10	
특별자치시	세종					특별자치도	제주				

출처: 행정안전부(2019), p. 4.

3) 중앙정부와 지방정부, 민간사회복지시설·기관의 역할분담

사회복지정책 주무부인 보건복지부는 사회복지 8개 부분(기초생활보

장, 취약계층지원, 보육가족 및 여성, 노인·청소년, 노동, 보훈, 주택, 사회복지 일반) 국고보조금의 77.3%를 담당하고 있다(〈표 10-10〉 참조). 보건복지부는 국고보조금에서 2019년 기준 지방자치단체 이전을 88.4%, 민간이전도 15.2% 이전하여([그림 10-2] 참조) 기초연금, 의료급여, 생계급여, 영유아보육료지원, 아동수당, 주거급여, 보육교직원 인건비 및 운영지원, 가정양육수당지원, 쌀소득보전고정직불, 노인일자리 및 사회활동지원 등 국고보조사업들이 수행될 수 있도록 한다.

〈표 10-10〉 사회복지 분야 국고보조금 부처별 추이 (단위: 억 원, %)

구분	2017년	2018년	2019년
보건복지부	269,773	298,905	356,161
	(86.1)	(78.5)	(77.3)
고용노동부	18,267	51,616	63,945
	(5.8)	(13.6)	(13.9)
국토교통부	14,828	17,322	24,372
	(4.7)	(4.6)	(5.3)
여성가족부	5,800	6,487	9,379
	(1.9)	(1.7)	(2.0)
행정안전부	290	1,539	2,579
	(0.1)	(0.4)	(0.6)
국가보훈처	1,678	1,653	1,661
	(0.5)	(0.4)	(0.4)
기획재정부	1,469	1,628	1,565
	(0.5)	(0.4)	(0.3)
교육부	1,001	1,057	1,311
	(0.3)	(0.3)	(0.3)

경찰청	291	421	–
	(0.1)	(0.1)	–
합계	313,397	380,629	460,974
	(100.0)	(100.0)	(100.0)

주: 1) 2017년, 2018년은 결산기준, 2019년은 본예산 기준임.
2) ( )는 사회복지 분야 국고보조금 대비 소관부처별 비중을 의미함.
3) 2017년은 행정자치부 결산액을 포함한 수치임.
자료: 디지털예산회계시스템.
출처: 한승희(2019), p. 36.

〈표 10-11〉 보건복지부 국고보조금 사회복지 분야 지방자치단체/민간보조 추이

(단위: 조 원, %)

구분		2012년	2013년	2014년	2015년	2016년	2017년	2018년	2019년
전체	지방	34.8	39.8	40.5	45.9	47.3	47.8	50.6	58.8
		(75.6)	(76.9)	(78.3)	(77.7)	(78.7)	(79.2)	(75.3)	(75.5)
	민간	11.2	11.9	11.2	13.2	12.8	12.5	16.6	19.1
		(24.4)	(23.1)	(21.7)	(22.3)	(21.3)	(20.8)	(24.7)	(24.5)
	합계	46.0	51.7	51.7	59.1	60.2	60.4	67.2	77.9
		(100.0)	(100.0)	(100.0)	(100.0)	(100.0)	(100.0)	(100.0)	(100.0)
사회복지 분야	지방	16.6	19.7	22.1	25.6	27.1	29.0	32.3	39.1
		(91.3)	(91.5)	(91.8)	(92.0)	(91.8)	(92.4)	(84.8)	(84.8)
	민간	1.6	1.8	2.0	2.2	2.4	2.4	5.8	7.0
		(8.7)	(8.5)	(8.2)	(8.0)	(8.2)	(7.6)	(15.2)	(15.2)
	합계	18.1	21.5	24.1	27.8	29.5	31.3	38.1	46.1
		(100.0)	(100.0)	(100.0)	(100.0)	(100.0)	(100.0)	(100.0)	(100.0)

주: 1) 2012~2018년은 결산기준, 2019년은 본예산 기준임.
2) ( )는 전체 국고보조금 대비 지방자치단체, 민간이전 비중을 의미함.
자료: 디지털예산회계시스템.
출처: 한승희(2019), p. 37.

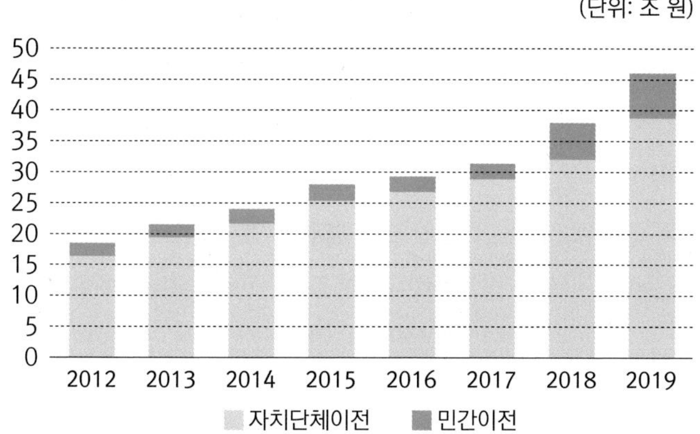

[그림 10-2] 보건복지부 국고보조금 사회복지 분야 지방자치단체/민간보조 추이

주: 2012~2018년은 결산기준, 2019년은 본예산 기준임.
자료: 디지털예산회계시스템.
출처: 한승희(2019), p. 38.

사회복지 분야 국고보조금 전달경로는 기초생활보장 주거급여보조사업의 경우 먼저 보건복지부가 광역자치단체에 국고보조금을 교부하면 광역자치단체에서 기초자치단체에, 기초자치단체에서 한국토지주택공사 각 지역본부에 지급하는 방식으로 운영된다. 긴급복지의 경우는 중앙정부가 광역자치단체에 지급하면 이를 기초자치단체인 시·군·구에서 교부하여 운영한다(<표 10-12> 참조). '노인일자리 및 사회활동지원확대(민간보조)사업'은 한국노인인력개발원에 국고보조금을 교부하면 한국노인인력개발원에서 미추홀노인인력개발센터, 전북노인일자리센터 등과 같은 민간 보조사업자에게 지급하고, '노인일자리 및 사회활동지원확대(지방자치단체 보조)사업'은 중앙정부가 광역자치단체에 국고보조금을 지급하면, 광역자치단체는 기초자치단체와 공공기관 보조사업자에게 교부한다. 그리고 교부받은 기초자치단체와 공공기관 및 보조사업자는 국고보조금을 대한노인회 지역지회 등 민간 보조사업자에게 지급하는 형태로 진행된다(<표 10-13> 참조).

〈표 10-12〉 기초생활보장 부분 국고보조금 전달경로

단계	의무/재량	예산과목	내역사업명
1단계	재량	민간 경상보조	주택조사
			근로능력 심사 및 평가 운영
			중앙자활센터 및 자활연수원 운영
2단계	의무	지자체 경상보조	의료급여
			생계급여
			긴급복지
			교육급여
			근로능력 있는 수급자의 탈수급 지원
			해산장제급여
	재량		양곡할인
			장애인의료비 지원
3단계	의무	지자체 경상보조	주거급여
	재량		자활근로, 지역자활센터 및 광역자활센터 운영

주: 1) 2018년 예산현액이 50억 이상인 내역사업을 대상으로 함.
2) 단계는 가장 전달경로가 긴 내역사업을 기준으로 함.
자료: 국고보조금통합관리시스템.
출처: 한승희(2019), p. 46.

〈표 10-13〉 노인 · 청소년 부분 국고보조금 전달경로

단계	의무/재량	예산과목	내역사업명
1단계	의무	민간 경상보조	국민연금공단 기초연금 위탁사업비 지급
	재량	자치단체 자본보조	청소년시설 확충(세종)
2단계	의무	자치단체 경상보조	기초연금 지급(지자체 보조)

		자치단체 자본보조	공설 장사시설 설치
	재량	자치단체 경상보조	노인돌봄종합서비스 단가 보조
			양로시설 운영비 지원
			경로당 냉난방비 및 양곡비 지원
			광역치매센터 운영
			지역노인보호전문기관 운영지원
		민간 경상보조	노인재능 나눔활동 지원
			노인일자리 및 사회활동지원 확대(민간보조)
			한국청소년활동진흥원 운영지원
			한국노인인력개발원 운영
			대한노인회 취업지원센터 운영
			청소년치료재활센터 운영
		자치단체 자본보조	경로당 공기청정기 보급
3단계	재량	자치단체 경상보조	노인일자리 및 사회활동지원 확대(지자체 보조)
			치매안심센터 운영
		자치단체 자본보조	노인요양시설 확충(기능보강) 사업
			청소년시설 확충(생활)
			치매안심센터 기능보강
		민간 경상보조	한국청소년상담복지개발원 운영지원
4단계	재량	자치단체 경상보조	청소년 방과후 아카데미 운영

주: 1) 2018년 예산현액이 50억 이상인 내역사업을 대상으로 함.
2) 단계는 가장 전달경로가 긴 내역사업을 기준으로 함.
자료: 국고보조금통합관리시스템.
출처: 한승희(2019), p. 47.

보건복지부는 「사회복지사업법」 제43조의2 제1항 및 동법 시행규칙 제27조의2 제1항에 따라 3년마다 사회복지시설 평가[8]를 의무화하여 평가결과에 따라 우수시설에 인센티브를 지원하여 동기를 부여하고, 운영 개선이 필요한 미흡시설에 대해서는 컨설팅 지원 등 사후관리를 통해 시설의 품질수준을 제고할 수 있도록 지원하는 역할을 한다(보건복지부, 2020b, p. 62).

지방자치단체는 관할 구역의 자치사무와 법령에 따라 ① 지방자치단체에 속하는 지방자치단체의 구역, 조직, 행정관리 등에 관한 사무, ② 주민의 복지증진에 관한 사무,[9] ③ 농림 · 상공업 등 산업 진흥에 관한

8) • 사회복지시설 평가대상시설 신청절차

대상시설 추출	대상시설 확인요청	대상시설 회신	대상시설 추가검토	대상시설 확정	평가대상 통보
복지부	복지부 → 지자체	지자체 → 복지부	복지부	복지부 → 지자체	지자체 → 시설

• 평가항목: 6개 영역 40개 내외 평가지표로 구성

A영역	B영역	C영역	D영역	E영역	F영역
시설 및 환경	재정 및 조직운영	프로그램 및 서비스	이용자의 권리	지역사회 관계	시설운영 전반

• 평가절차

평가지표 개발	대상시설 확정	자체평가	현장평가 (현장평가단)	확인평가	평가결과 확정 · 발표	사후관리 (인센티브 · 컨설팅)
복지부	복지부 · 지자체	시설	지자체	복지부	복지부	복지부

* 사회복지시설 평가는 자체평가에서 평가결과 통보까지 사회복지시설정보시스템을 통해 진행

• 평가 결과 및 공개: 평가항목 영역별로 환산점수에 따라 5등급(A~D, F)으로 등급을 부여하고, 이를 종합하여 최종등급 부여

A등급	B등급	C등급	D등급	F등급
90점 이상	80점 이상~ 90점 이하	70점 이상~ 80점 이하	60점 이상~ 70점 이하	60점 이하

• 최종결과가 확정된 경우 보건복지부 홈페이지와 사회복지시설평가 홈페이지에 공개

9) 가. 주민복지에 관한 사업, 나. 사회복지시설의 설치 · 운영 및 관리, 다. 생활이

사무, ④ 지역개발과 주민의 생활환경시설의 설치·관리에 관한 사무, ⑤ 교육·체육·문화·예술의 진흥에 관한 사무, ⑥ 지역민방위 및 지방소방에 관한 사무(「지방자치법」 제9조 지방자치단체의 사무범위)를 처리한다. 지방자치단체들은 2019년 사회복지 분야 8개 부분(기초생활보장, 취약계층지원, 보육가족 및 여성, 노인·청소년, 노동, 보훈, 주택, 사회복지일반) 업무에 서울특별시 일반 94,312억 원/특별 28,400억 원/기금 3,833억 원, 부산광역시 일반 35,184억 원/특별 9,089억 원/기금 1,448억 원, 대구광역시 일반 25,803억 원/특별 5229억 원/기금 112억 원, 인천광역시 일반 30,022억 원/특별 5,470억 원/기금 458억 원, 광주광역시 일반 15,862억 원/특별 2,969억 원/기금 142억 원, 대전광역시 일반 15,883억 원/특별 2,554억 원/기금 435억 원, 울산광역시 일반 10,514억 원/특별 993억 원/기금 132억 원, 세종특별자치시 일반 3,170억 원/특별 254억 원/기금 20억 원, 경기도 일반 119,289억 원/특별 14,742억 원/기금 4,851억 원, 강원도 일반 23,197억 원/특별 3,201억 원/기금 838억 원, 충청북도 일반 3,042억 원/특별 2,899억 원/기금 532억 원, 충청남도 일반 25,442억 원/특별 3,405억 원/기금 91억 원, 전라북도 일반 26,752억 원/특별 4,945억 원/기금 917억 원, 전라남도 일반 28,541억 원/특별 44,995억 원/기금 282억 원, 경상북도 일반 36,003억 원/특별 6,041억 원/기금 570억 원, 경상남도 일반 38,414억 원/특별 5,965억 원/기금 933억 원, 제주특별자치도 일반 9,825억 원/특별 1,173억 원/기금 97억 원을 각각 지출한 것으로 나타난다(〈표 10-14〉 참조).

곤궁(困窮)한 자의 보호 및 지원, 라. 노인·아동·심신장애인·청소년 및 여성의 보호와 복지증진, 마. 보건진료기관의 설치·운영, 바. 감염병과 그 밖의 질병의 예방과 방역, 사. 묘지·화장장(火葬場) 및 봉안당의 운영·관리, 아. 공중접객업소의 위생을 개선하기 위한 지도, 자. 청소, 오물의 수거 및 처리, 차. 지방공기업의 설치 및 운영

〈표 10-14〉 2019년 시 · 도별 분야별 세출예산 현황 (단위: 억 원)

분야	계	서울특별시			부산광역시			대구광역시		
		일반	특별	기금	일반	특별	기금	일반	특별	기금
계	2,527,319	257,890	111,939	37,138	91,402	30,069	7,797	67,362	21,292	5,404
일반공공행정	231,639	15,637	36	16,407	3,307	3	2,748	3,552	1,092	1,848
공공질서 및 안전	65,046	1,020	2,090	1,119	554	986	1,174	520	565	2,947
교육	135,790	36,032	–	365	7,548	–	55	5,545	155	3
문화 및 관광	112,662	9,884	2,020	422	3,822	390	552	3,449	–	66
환경보호	230,310	13,603	15,417	2,340	2,844	5,512	69	1,897	5,953	117
사회복지	676,794	94,312	28,400	3,833	35,184	9,089	1,448	25,803	5,229	112
보건	39,005	5,440	5	333	1,701	–	70	1,291	–	63
농림해양수산	151,097	312	–	–	1,605	–	–	852	–	2
산업 · 중소기업	72,873	2,893	332	5,193	2,316	258	615	3,201	763	49
수송 및 교통	188,481	4,210	37,238	1,097	7,497	6,209	3	6,074	3,104	47
국토 및 지역개발	174,783	7,188	15,682	2,149	3,265	2,594	580	2,646	637	7
과학기술	5,640	30	–	–	30	–	–	591	–	–
예비비	55,756	3,736	521	–	1,758	245	–	960	143	–
인력운영비	298,946	38,368	9,521	–	13,752	3,279	1	9,198	2,640	–
기본경비 등	88,496	25,226	678	3,878	6,220	1,504	482	1,781	1,011	142

분야	인천광역시			광주광역시			대전광역시		
	일반	특별	기금	일반	특별	기금	일반	특별	기금
계	84,373	28,956	7,605	42,941	9,296	3,535	40,360	9,247	9,043
일반공공행정	5,567	–	3,065	1,747	2	1,536	2,055	–	5,642
공공질서 및 안전	691	564	1,888	83	482	1,415	76	394	1,636
교육	8,620	408	–	3,205	200	–	3,187	–	–
문화 및 관광	4,722	87	72	3,143	–	33	2,152	–	6
환경보호	3,901	8,133	160	1,234	2,324	86	1,595	2,251	190

사회복지	30,022	5,470	458	15,862	2,969	142	15,883	2,554	435
보건	1,717	–	84	903	–	31	834	–	156
농림해양수산	3,002	–	100	584	–	34	483	–	2
산업 · 중소기업	879	75	1,264	1,982	382	–	1,231	1	5
수송 및 교통	7,443	3,503	–	3,502	1,034	–	3,245	711	137
국토 및 지역개발	3,128	7,723	425	1,535	289	37	1,402	1,328	835
과학기술	220	–	–	73	–	–	520	–	–
예비비	1,575	38	–	344	24	–	766	–	–
인력운영비	10,477	2,752	–	5,847	1,482	1	5,827	1,659	–
기본경비 등	2,410	203	89	2,898	109	221	1,105	350	–

분야	울산광역시			세종특별자치시			경기도		
	일반	특별	기금	일반	특별	기금	일반	특별	기금
계	35,453	7,114	3,755	10,621	3,960	1,468	348,154	114,336	68,268
일반공공행정	1,701	–	1,547	594	50	581	23,818	406	36,334
공공질서 및 안전	288	388	1,289	106	127	183	1,886	2,396	10,827
교육	2,844	–	–	851	–	–	34,744	1,866	240
문화 및 관광	2,502	–	97	542	–	–	18,025	1,187	1,001
환경보호	2,130	2,663	195	512	1,428	8	16,555	40,815	797
사회복지	10,514	993	132	3,170	254	20	119,289	14,742	4,851
보건	644	–	59	364	–	7	7,881	–	540
농림해양수산	1,298	–	129	766	–	185	13,707	535	1,291
산업 · 중소기업	732	22	268	241	27	473	5,478	611	7,117
수송 및 교통	3,985	619	–	701	47	–	29,429	9,784	–
국토 및 지역개발	1,929	843	40	1,284	1,714	10	14,742	12,837	5,155
과학기술	1,007	–	–	37	–	–	331	1,902	85
예비비	799	194	–	111	–	–	7,311	15,825	–
인력운영비	4,493	1,163	–	1,284	297	–	40,902	8,930	–
기본경비 등	586	229	–	58	15	–	14,056	2,500	31

분야	강원도			충청북도			충청남도		
	일반	특별	기금	일반	특별	기금	일반	특별	기금
계	95,335	16,152	16,543	72,335	13,545	8,082	102,994	18,255	13,760
일반공공행정	5,721	79	10,412	4,020	57	4,141	5,504	70	7,937
공공질서 및 안전	1,605	871	833	2,039	502	793	1,343	815	1,468
교육	3,407	516	243	2,726	–	–	5,223	92	–
문화 및 관광	8,041	16	16	4,571	7	14	6,316	88	105
환경보호	3,777	6,894	195	3,042	5,858	228	5,219	7,962	91
사회복지	23,197	3,201	838	20,128	2,899	532	25,442	3,405	528
보건	1,928	–	102	1,576	–	43	2,292	7	101
농림해양수산	10,496	60	1,309	8,762	347	342	14,056	593	1,146
산업 · 중소기업	3,135	355	1,527	1,851	52	1,152	1,757	833	1,412
수송 및 교통	6,070	320	116	4,967	552	–	5,759	473	–
국토 및 지역개발	6,852	2,700	935	5,090	889	642	7,471	2,714	888
과학기술	19	–	–	–	–	–	52	–	–
예비비	1,952	368	–	1,439	109	–	2,258	607	–
인력운영비	16,826	693	–	10,861	1,946	–	16,225	376	–
기본경비 등	2,309	80	17	1,263	327	195	4,077	221	84

분야	전라북도			전라남도			경상북도		
	일반	특별	기금	일반	특별	기금	일반	특별	기금
계	103,013	14,156	12,067	123,203	20,291	14,993	144,751	28,618	14,718
일반공공행정	4,550	10	4,885	6,176	43	8,244	11,683	117	6,706
공공질서 및 안전	1,975	421	820	2,813	622	1,103	2,815	976	1,631
교육	2,940	–	46	3,257	26	342	1,628	–	15
문화 및 관광	6,530	131	98	7,580	105	404	11,008	130	148
환경보호	4,947	5,503	261	5,472	5,756	715	6,269	11,168	383
사회복지	26,752	4,945	917	28,541	4,995	282	36,003	6,041	570
보건	1,888	–	167	2,477	–	58	2,984	–	160

농림해양수산	17,824	515	451	20,819	615	1,533	21,289	16	1,993
산업 · 중소기업	2,717	27	2,895	3,281	212	1,155	3,402	582	2,825
수송 및 교통	5,890	141	–	8,193	296	–	9,521	570	–
국토 및 지역개발	6,806	1,789	1,394	7,859	4,433	240	11,379	4,992	110
과학기술	194	–	–	60	–	–	442	–	–
예비비	2,509	24	–	3,369	259	–	3,425	135	–
인력운영비	15,818	432	–	18,383	2,469	–	21,090	3,402	–
기본경비 등	1,673	221	134	4,925	459	918	1,813	488	178

분야	경상남도			제주특별자치도		
	일반	특별	기금	일반	특별	기금
계	140,425	28,093	12,053	42,005	7,207	5,948
일반공공행정	7,108	692	7,755	4,364	323	1,766
공공질서 및 안전	1,825	1,089	875	898	409	811
교육	7,869	301	151	1,091	51	–
문화 및 관광	7,987	1,615	181	2,657	–	742
환경보호	7,313	10,098	356	2,445	3,588	44
사회복지	38,414	5,965	933	9,825	1,173	97
보건	2,347	5	73	647	–	26
농림해양수산	15,592	1,329	573	4,847	56	1,650
산업 · 중소기업	3,203	794	641	1,818	62	777
수송 및 교통	10,754	1,154	–	3,403	686	–
국토 및 지역개발	10,807	3,095	249	2,966	446	34
과학기술	39	–	–	7	–	–
예비비	3,792	561	–	599	–	–
인력운영비	21,083	835	–	6,225	412	–
기본경비 등	2,292	562	265	213	1	–

출처: 행정안전부(2020), pp. 172–174.

사회복지 분야 8개 부분(기초생활보장, 취약계층지원, 보육가족 및 여성, 노인 · 청소년, 노동, 보훈, 주택, 사회복지일반)의 통합재정(일반회계+특별회계+기금) 비중이 광역시에서는 최고 부산본청 43.4%, 최저 울산본청 30.3%, 도에서는 최고 전북 본청 41.9%, 최저 강원본청 34.8%, 시에서는 최고 전남 목포 43.3%, 최저 경기 과천 18.9%, 군에서는 최고 부산 기장 40.6%, 최저 경북 울릉 9.2%, 자치구에서는 최고 부산 북구 70.0%, 최저 서울 종로구 32.2% 순으로 편차가 큰 것으로 나타난다(〈표 10-15〉 참조). 이것은 자치단체별 재정자립도의 영향이 큰 것으로 판단된다(〈부록 10-1〉 참조).

〈표 10-15〉 자치단체별 사회복지통합재정(일반회계 + 특별회계 + 기금) 비중

• 단체별 평균, 최고, 최저

(단위: %)

<table>
<tr><th>구분</th><th>특별시</th><th>광역시</th><th>특별
자치시</th><th>도</th><th>특별
자치도</th><th>시</th><th>군</th><th>자치구</th></tr>
<tr><td>평균</td><td>34.6</td><td>38.4</td><td>23.3</td><td>38.5</td><td>21.7</td><td>30.6</td><td>21.4</td><td>54.9</td></tr>
<tr><td>최고</td><td rowspan="2">34.6
서울
본청</td><td>43.4
부산
본청</td><td rowspan="2">23.3
세종</td><td>41.9
전북
본청</td><td rowspan="2">21.7
제주</td><td>43.3
전남
목포</td><td>40.6
부산
기장</td><td>70.0
부산
북구</td></tr>
<tr><td>최저</td><td>30.3
울산
본청</td><td>34.8
강원
본청</td><td>18.9
경기
과천</td><td>9.2
경북
울릉</td><td>32.2
서울
종로구</td></tr>
</table>

• 분포현황

(단위: 단체 수, %)

구분	합계	구성비	시 · 도	시	군	자치구
합계	243	100	17	75	82	69
10% 미만	1	0.4	–	–	1	–
10~20% 미만	37	15.2	–	2	35	–
20~30% 미만	81	33.3	2	36	43	–
30~40% 미만	56	23.0	11	35	2	8

40~50% 미만	17	7.0	4	2	1	10
50% 이상	51	21.0	–	–	–	51

출처: 행정안전부(2020), p. 371.

사회복지시설 평가와 관련하여 지방자치단체는 평가결과를 시설 지도관리 등에 반영하여 업무를 추진하고, 관할 지역의 서비스 품질관리 대상시설에 대한 방문 컨설팅 시 참여하고 평가 결과 미흡시설에 대한 사후관리(기능보강 등 시설환경개선, 인력보강, 운영주체 변경 등)를 하여 연속 미흡시설의 경우 복지부와 함께 개선계획 수립 및 이행 여부를 확인한다(보건복지부, 2020a, p. 64).

민간사회복지시설과 민간사회복지기관은 「사회복지사업법」에 따라 ① 사회복지를 필요로 하는 사람은 누구든지 자신의 의사에 따라 서비스를 신청하고 제공하며, ② 사회복지법인[10] 및 사회복지시설,[11] 사회복지관[12]은 공공성을 가지며 사회복지사업을 시행하는 데 있어서 공공성을 확보하고, ③ 사회복지사업을 시행하는 데 있어서 사회복지를 제공하는 자는 사회복지를 필요로 하는 사람의 인권을 보장하며, ④ 사회복지서비스[13]를 제공하는 자는 필요한 정보를 제공하는 등 사회복지서비스

10) 사회복지사업을 할 목적으로 설립된 법인을 말한다(「사회복지사업법」 제2조 제3항).

11) 사회복지사업을 할 목적으로 설치된 시설을 말한다(「사회복지사업법」 제2조 제4항).

12) 지역사회를 기반으로 일정한 시설과 전문인력을 갖추고 지역주민의 참여와 협력을 통하여 지역사회의 복지문제를 예방하고 해결하기 위하여 종합적인 복지서비스를 제공하는 시설을 말한다(「사회복지사업법」 제2조 제5항).

13) 국가 · 지방자치단체 및 민간부문의 도움을 필요로 하는 모든 국민에게 「사회보장기본법」 제3조 제4호에 따른 사회서비스 중 사회복지사업을 통한 서비스를 제공하여 삶의 질이 향상되도록 제도적으로 지원하는 것을 말한다(「사회복지사업법」 제2조 제6항).

를 이용하는 사람의 선택권을 보장하는 이념을 가지고 있다(「사회복지사업법」 제1조의2 기본이념). 또한 사회복지정책 전달체계의 가장 일선에서 「국민기초생활 보장법」「아동복지법」「노인복지법」「장애인복지법」「한부모가족지원법」「영유아보육법」「성매매방지 및 피해자보호 등에 관한 법률」「정신건강증진 및 정신질환자 복지서비스 지원에 관한 법률」「성폭력방지 및 피해자보호 등에 관한 법률」「입양특례법」「일제하 일본군위안부 피해자에 대한 생활안정지원 및 기념사업 등에 관한 법률」「사회복지공동모금회법」「장애인 · 노인 · 임산부 등의 편의증진 보장에 관한 법률」「가정폭력방지 및 피해자보호 등에 관한 법률」「농어촌주민의 보건복지증진을 위한 특별법」「식품등 기부 활성화에 관한 법률」「의료급여법」「기초연금법」「긴급복지지원법」「다문화가족지원법」「장애인연금법」「장애인활동 지원에 관한 법률」「노숙인 등의 복지 및 자립지원에 관한 법률」「보호관찰 등에 관한 법률」「장애아동 복지지원법」「발달장애인 권리보장 및 지원에 관한 법률」「청소년복지 지원법」에 따른 보호 · 선도(善導) 또는 복지에 관한 사업과 사회복지상담, 직업지원, 무료 숙박, 지역사회복지, 의료복지, 재가복지(在家福祉), 사회복지관 운영, 정신질환자 및 한센병력자의 사회복귀에 관한 사업 등 각종 복지사업과 이와 관련된 자원봉사활동 및 복지시설을 운영 또는 지원하는 역할을 한다(「사회복지사업법」 제2조).

3. 복지다원주의와 민영화, 시장화, 그리고 공공성 강화

우리나라는 빈부격차 심화, 저출산 · 고령화, 독신가정의 양산, 다문화가족의 급속한 유입 등 다양한 사회적 현상에 따른 복지서비스의 요구, 사회보험재정 고갈 예견 등 복지정책 과제가 지속적으로 늘어 가고 있다. 그러나 보편복지에 대한 기대는 높아가고 있는 반면에 노동가능 인구의 감소와 경기침체로 복지정책 지원에 필요한 재원의 어려움이 예상되어 복지국가의 위기는 심화될 것으로 전망된다. 이로 인해 국가주도적인 복지정책과 서비스, 국가의 조세정책에 단순히 의존하기보다는 민간부문의 역할을 강조하는 복지다원주의(welfare pluralism)적 입장이 지지를 받고 있다(원소연, 2012). 사회복지자원은 다양하고,[14] 서비스 수혜자가 아닌 서비스 선택권이 강조되는 흐름과 함께 복지서비스를 제공하는 민간제공기관들의 역량이 강화된 까닭에 정부와 지방자치단체, 위탁시설에 의한 공공부조와 사회복지서비스 외에도 일정 수준의 제공서비스 품질을 가지고 있다면 영리적 목적으로 하는 개인이나 기관도 다원화된 서비스를 제공할 수 있도록 해야 한다는 것이다. 즉, 복지다원주의적 입장은 국가에 의한 독점주의를 지양하고, 개인을 포함한 민간부문의 역할과 책임을 강조하며, 복지제공기관의 다양화로 인해 결국 복지체제의 효율성은 향상되고 복지총량의 극대화를 기할 수 있다는 것이다.

복지다원주의에 대한 긍정적인 평가의 결과, 우리나라 사회보장제도의 한 축이라고 할 수 있는 사회서비스 시장이 기존 사회복지 전달체계를 더욱 확대하여 사회서비스 제공기관의 인력이 1명 이상이고 보건복지부령(제672호) 기준[15]에 따라 제공자의 인력·시설 또는 장비 등록기

---

14) 정부와 지방자치단체, 사회복지 전달체계 안으로 들어온 민간사회복지시설과 기관 외에 국민의 다양한 복지서비스 욕구를 충족시킬 수 있는 (영리, 비영리를 막론한) 기타 모든 제공기관을 말한다.

15) 「사회서비스 이용 및 이용권 관리에 관한 법률 시행규칙」 [별표 1]〈개정 2019. 9. 27.〉

- 제공자의 등록기준(제9조 관련)
  1. 사회서비스의 유형
     가. 기관보호서비스: 제공자가 운영하는 시설에서 이용자를 보호하는 서비스
        1) 장기보호서비스: 24시간 이상 제공자가 운영하는 시설에서 이용자

를 보호하는 서비스

2) 단기보호서비스: 하루 중 일정 시간 동안 제공자가 운영하는 시설에서 이용자를 보호하는 서비스

3) 지원상담서비스: 제공자가 운영하는 시설을 방문한 이용자에게 건강관리, 인지발달 또는 사회적응 등에 대한 지도, 지원 및 상담 등을 하는 서비스

나. 재가방문서비스: 제공인력이 이용자의 거주지 등을 방문하여 제공하는 서비스

다. 활동보조서비스: 제공자가 운영하는 시설이 아닌 장소에서 이용자의 개인활동 또는 집단활동을 제공하는 서비스

2. 시설 및 장비 기준

유형	기관보호서비스			재가방문 서비스	활동보조 서비스
	장기보호서비스	단기보호서비스	지원상담서비스		
사무실	사업수행에 필요한 사무실				
서비스 전용면적	침실 90m²(이용정원이 6명 이상인 경우에는 1명당 6.6m²를 추가로 확보)	서비스 제공공간 33m²(이용정원이 10명 이상인 경우에는 1명당 3.3m²를 추가로 확보)	–	–	–
공통장비	생활공간 90m² (이용정원이 6명 이상인 경우에는 1명당 6.6m²를 추가로 확보)				

* 비고: 「노인장기요양보험법」에 따라 단기보호 요양급여를 제공하는 장기요양기관은 장기보호서비스의 시설 및 장비 기준을 갖춘 것으로 본다.

3. 인력기준

가. 유형별 배치기준

유형	기관보호서비스			재가방문서비스	활동보조서비스
	장기보호서비스	단기보호서비스	지원상담서비스		
제공기관의 장	1명				
관리 책임자	1명(제공인력이 50명 이상인 경우에는 제공인력 50명당 1명씩 추가)				
제공인력	이용자 4명당 1명 이상	이용자 7명당 1명 이상	–	10명 이상 (농어촌지역의 경우 3명 이상)	–

* 비고

1. 제공기관의 장은 관리책임자를 겸직할 수 있다.
2. 제공기관의 장, 관리책임자 또는 나목2)다)에 해당하는 인력은 제공인력에 포함할 수 없다.
3. 제공기관의 장(제공자가 법인인 경우에 한정한다), 관리책임자(제공기관의 장이 겸직하는 경우는 제외한다) 및 제공인력은 제공자와 서면으로 근로계약이 체결된 사람만 산정한다.
4. '농어촌지역'이란 「지방자치법」 제2조 제1항 제2호에 따른 시 · 군 지역 중 읍 · 면은 전 지역, 동은 「국토의 계획 및 이용에 관한 법률」 제36조 제1항 제1호에 따라 지정된 주거지역 · 상업지역 및 공업지역을 제외한 지역을 말한다.

나. 인력의 자격기준

1) 제공기관의 장 및 관리책임자

가) 「사회복지사업법」에 따른 사회복지사

나) 「의료법」에 따른 의료인

다) 「노인복지법」에 따른 요양보호사로서 자격을 취득한 후 2년 이상 요양보호사 업무를 한 경력이 있는 사람

2) 제공인력

가) 장기보호서비스, 단기보호서비스 및 재가방문서비스(산모 · 신생아를 대상으로 하는 재가방문서비스는 제외한다), 「노인복지법」에 따른 요양보호사

나) 산모 · 신생아를 대상으로 하는 재가방문서비스: 보건복지부 장관이 정하여 고시하는 교육과정을 수료한 사람

다) 가) 및 나)에도 불구하고 이용자가 「국민건강보험법 시행령」 제45조 제1호에 따라 보건복지부 장관이 정하여 고시하는 보험료 경감대상: 섬 · 벽지 지역에 거주하는 경우 재가방문서비스의 제공인력이 이용자를 방문할 수 없거나 방문에 많은 시간이 걸리는 등의 사유로 서비스를 제공할 수 없다고 시장 · 군수 · 구청장이 인정하는 경우에는 다음 조건을 모두 충족한 사람으로서 시장 · 군수 · 구청장의 확인을 받은 사람

(1) 이용자의 추천을 받아 그 이용자에게 서비스를 제공하는 사람

(2) 해당 시 · 군 · 구에 거주하는 사람

(3) 삭제 〈2016. 12. 27.〉

다. 가목 및 나목에도 불구하고 지방자치단체가 해당 지역의 특성과 주민의 수요에 맞게 발굴하여 제공하는 사회서비스(이하 '지역사회서비스'라 한다)의 인력 배치기준 및 자격기준에 관하여는 보건복지부 장관이 별도로 정한다.

준을 갖추면 사회서비스 이용권을 통하여 사회서비스를 제공할 수 있다(「사회서비스 이용 및 이용권 관리에 관한 법률」 제16조). 동법은 사회서비스 이용 활성화와 이용자의 선택권 보장을 위하여 동법 제4조에서 "① 사회서비스의 이용을 활성화하고 이용자의 선택권을 보장하기 위하여 사회서비스 이용권 사용이 장려되는 여건을 조성하고 그에 필요한 재원(財源)을 마련하며, ② 지역여건에 맞는 사회서비스를 개발하여 시행하여야 하고, 국가는 그에 필요한 사항을 지원하는 것"을 국가와 지방자치단체의 책무로 규정하면서 제공자는 이용자의 원활한 사회서비스 이용 및 관련 종사자의 보호를 위하여 노력하여야 함을 강조하고 있다. 이에 따라 사회서비스는 2007년 장애인활동보조(장애인활동지원), 지역사회서비스투자사업을 시행한 이래 2020년에는 사회서비스(〈부록 10-4〉 '사회서비스 세부사업' 참조) 이용자가 163만 8,467명에 달할 것으로 예상된다(〈표 10-16〉 참조).

〈표 10-16〉 사회서비스 대상사업 및 2020년도 사업 규모

사업명	2019년 예산(국비)	2020년 예산(백만 원)			대상자(명) (추계)
		합계	국비	지방비	
계	4,918,685	7,806,666	5,218,153	2,588,513	1,638,467
지역사회서비스투자사업	170,147	260,303	182,700	77,603	300,000

4. 시설 · 장비 및 인력의 공동이용
   가. 제공자가 둘 이상의 사회서비스를 함께 제공하는 경우에는 사업에 지장이 없는 범위에서 공통되는 시설 · 장비를 중복하여 갖추지 않을 수 있고, 제공인력을 공동으로 활용할 수 있다. 다만, 지역사회서비스의 경우에는 예산의 중복지원 방지 등을 위하여 지역사회서비스 외의 사회서비스의 제공인력을 공동으로 활용할 수 없다.
   나. 제공자의 시설을 「사회복지사업법」에 따른 사회복지시설에 병설하여 운영하는 경우에는 사업에 지장이 없는 범위에서 공통되는 시설 · 장비를 중복하여 갖추지 아니할 수 있다.

산모신생아건강 관리지원사업	77,696	143,469	95,910	47,559	140,384
가사간병방문지원사업	28,985	46,656	32,925	13,731	11,750
장애인활동지원서비스	1,106,083 (예비비 포함)	1,956,856	1,305,672	651,184	91,174 (예산 기준, 연평균)
발달재활서비스	82,970	132,569	88,999	43,570	61,094
언어발달지원서비스	796	1,199	796	403	550
발달장애인 부모상담지원	730	1,077	730	347	567
임신 · 출산 진료비 지원사업	건강보험 청구 시 지급하므로 별도의 예산책정 없음				306,708
청소년산모 임신 · 출산 의료비 지원사업	300	600	300	300	700
저소득층 기저귀 조제분유 지원	17,424	38,295	17,424	20,871	49,603
영유아보육료 지원	3,405,282	5,114,103	3,416,221	1,697,882	664,937
발달장애인 주간활동서비스	19,103	63,043	43,417	19,626	4,000
청소년 발달장애학생 방과후활동서비스	9,169	48,496	33,059	15,437	7,000

출처: 보건복지부(2020b), p. 1.

한편, 사회복지서비스가 점점 확대되고 복지예산이 대폭 확충됨에 따라 정부 예산인 국고보조금에 의해 운영되는 사회복지시설의 책임성과 투명성 그리고 시설을 운영하는 법인의 책임성에 대한 관심이 증대되고 있다. 국고보조금을 지원하여 운영되는 사회복지시설과 이를 위탁받은 법인은 사회적 약자 보호 등의 사회안전망 확보 차원에서는 중요한 기능을 수행하고 있는 것이 사실이다. 그러나 사회복지시설과 법인 운영과 관련하여 보조금 횡령 등 회계부정과 법인 기본재산의 임의처분 등 비리행위의 지속적 발생으로 관련 분야의 예산 낭비는 물론 정부의 복지정책 추진에 대한 국민의 신뢰를 떨어뜨리고 불우이웃에 대한 기부문화 등 국민 참여의식을 저해하는 결과를 초래하고 있다. 이와 관련하여 지난 2006년에는 국가청렴위원회[16]가 2010년[17]과 2011년[18]에는 국민권

16) 사회복지시설과 법인의 문제를 보조금의 불법수령 · 횡령, 기능보강사업 청탁 및 위법한 공사계약 체결과 후원금 횡령 및 목적 외 사업과 같은 보조금 집행 관련 비리와 기본재산 임의매각, 법인의 저당설정 등 불법 처분과 법인의 취득재산 부실관리의 비리라고 지적하였다(국가청렴위원회, 2006).

17) 복지 관련 예산이 2006년 7조 5천억 원, 2008년 13조 4천억 원, 그리고 2009년 15조 8천억 원으로 급격하게 증가하고 있는 가운에 사회복지시설 위탁 운영과 관련하여 정부보조금 · 민간후원금 횡령, 친 · 인척 직원 부당채용 등 각종 비리 행위가 근절되지 않고 있다. 이로 인해 정부 예산이 낭비되고 복지정책의 추진 동력이 저하됨으로써 대국민 신뢰를 떨어뜨리고 있는 실정을 제도개선의 필요성으로 언급하였다. 사회복지시설과 위탁법인의 비리행위의 문제점과 원인을 사회복지시설 위탁선정 및 보조금 지급 과정의 공정성이 미흡하고 사회복지시설 운영과정의 신뢰성이 미흡한 점, 그리고 사회복지시설에 대한 지도 · 점검의 실효성 한계를 지적하였다.

18) 그간의 제도개선 관점이 사회복지시설 위탁선정, 보조금의 부적절한 집행을 방지하기 위한 제도개선을 추진하여 왔음에도, 시설장과 회계담당자 간의 유착 등으로 인한 법인 · 시설 내부의 횡령문제, 유용에 대한 대책 부족, 시설의 폐쇄적 운영 및 적절한 내부통제 부재, 외부 관리 · 감독 소홀 등으로 인한 피해 예방을 해결하기 위한 제도개선 부족 등을 명시하였다. 특히 2011년에는 보육시설의 '공익' 보다 '사익' 추구를 우선시하는 문제점을 지적하여 보육시설의 교육보다 개인의 사익을 추구하고 있는 점, 법인의 소재지와 시설의 소재지가 다른 경우 감독체계가 분산되는 점, 문어발식 운영을 통한 사익추구 등을 문제점으로 보았다. 또한 비자금 조성을 위한 시설장 · 회계담당자와의 유착에 의한 부조리가 여전하고 형식적인 법인 감사로 인한 통제가 부족함도 문제였다. 더 큰 문제점은 지방자치단체의 전문성 부족과 업무 과중으로 인한 인력 부족 등 행정력의 한계로 인한 지방자치단체의 외부통제 시스템의 미흡이었다. 이러한 문제점에 대해 법인이 아닌 사회복지시설의 경우에 내부 모니터링을 강화하여 투

익위원회가 사회복지시설과 법인에 대한 제도개선을 각각 권고한 바 있다. 보건복지부에서도 사회복지시설 운영의 투명성, 책임성 강화와 시설을 위탁받은 법인에 대한 자격이나 관리의 강화를 시도하고 있고, 일부는 이미 '사회복지시설 관리안내'와 '사회복지법인 관리안내'를 통해 개선 의지를 보이고 있는 상황이다. 보건복지부는 국가청렴위원회와 국민권익위원회의 권고사항들을 반영한 관련 법령의 개정과 지침의 개정을 점차적으로 진행하고 있다. 사회복지법인 운영과 관련하여서는 수행 가능한 목적사업의 범위 및 수익사업 수행 관련, 기본재산의 처분, 임원의 구성 · 직무 및 임시이사제도, 이사회의 소집 및 운영, 재산취득보고 및 정관변경인가 등 각종 보고 · 인허가 사항, 임원 해임명령, 시정명령, 설립허가 취소 및 잔여재산의 처리 등에 관심을 갖고 추진 중이다. 사회복지시설의 관리는 사회복지시설 위탁 운영 법인의 책임성 및 역할 정립, 시설운영위원회의 심의사항 및 위원구성, 법인 · 시설종사자의 경력인정 및 범죄경력 조회, 시설종사자 관리 전반, 시설 운영의 휴지 · 재개 · 폐지, 재무회계규칙 준수사항 및 행정처분 관련에 대한 내용의 개정을 검토 중이며 일부는 이미 지침을 통해 반영하였다. 먼저 '2020년 사회복지법인 관리안내'에는 법인의 이사회와 임원에 대한 강화, 후원금 등 예산의 투명성, 책임 있는 운영을 하도록 강화하였다(〈부록 10-2〉 '2020년 사회복지법인 관리안내 주요 변동사항' 참조). 사회복지시설의 운영 역시 시설을 위탁받은 법인의 책임성이 강화되는 방향으로 지침을 변경하였다. 보조금의 수탁 명의와 고유번호증 등을 법인 명의로 받도록 한 부분, 인력 채용 등에서의 투명한 운영, 각종 위반 및 위법 사항에 대한 구체적인 관리, 후원금 등 회계의 투명성 강화(〈부록 10-3〉 '2019년 사회

명성을 제고하도록 하고, 외부 감사 선임을 통한 공정성 확보 및 회계 전문성을 강화하며, 지도 · 감독 권한 위탁을 통해 지도 · 감독의 실효성을 확보해야 함을 권고했다.

복지시설 관리안내 주요 변동사항' 참조) 등이 그것이다. 이상과 같이 '2020년 사회복지법인 관리안내'와 '2019년 사회복지시설 관리안내'를 통해 사회복지법인의 책임성을 높이고 사회복지시설의 투명성을 높이기 위한 정책들로 변경되었으나 앞으로도 사회복지법인 · 시설 재무회계 규칙 등의 개정을 통하여 보다 엄격한 운영을 위한 변화가 지속될 것으로 전망된다.

〈부록 10-1〉 자치단체별 2018년도 최종예산기준 재정자립도(일반)

(단위: %)

자치단체명	재정자립도	자치단체명	재정자립도
① 전국 평균	54.1(42.5)	⑦ 태백시	30.6(18.4)
서울특별시 평균	85.2(70.0)	속초시	27.9(18.6)
서울특별시 본청	83.8(72.0)	삼척시	23.3(14.9)
구 평균	35.1(25.8)	군 평균	19.8(10.4)
종로구	50.2(39.9)	홍천군	17.1(11.2)
중구	61.3(48.1)	횡성군	19.5(9.0)
용산구	45.8(35.6)	영월군	22.9(13.0)
성동구	32.8(29.8)	평창군	16.8(10.1)
광진구	32.5(23.2)	정선군	33.1(19.7)
동대문구	27.2(22.0)	철원군	15.2(7.9)
중랑구	27.6(16.2)	화천군	16.9(6.6)
성북구	26.5(17.4)	양구군	17.5(6.9)
강북구	25.9(15.6)	인제군	18.7(7.0)
도봉구	24.3(16.2)	고성군	19.3(10.8)
노원구	21.8(13.8)	양양군	19.4(10.0)
은평구	26.8(15.9)	충청북도 평균	39.6(27.8)
서대문구	33.3(21.9)	충청북도 본청	32.4(24.4)
마포구	39.8(27.8)	시 평균	33.4(24.4)
양천구	29.8(22.2)	청주시	38.9(31.8)
강서구	27.7(19.0)	충주시	28.9(16.4)

② 구로구	29.0(20.9)	⑧ 제천시	23.3(13.6)
금천구	28.0(22.0)	군 평균	24.2(13.2)
영등포구	42.2(32.1)	보은군	16.1(7.3)
동작구	32.5(23.4)	옥천군	19.6(10.5)
관악구	25.7(17.0)	영동군	20.1(6.2)
서초구	57.9(49.0)	증평군	21.0(13.2)
강남구	66.7(49.8)	진천군	31.8(25.6)
송파구	44.0(34.7)	괴산군	21.2(6.8)
강동구	32.7(26.9)	음성군	35.6(24.2)
부산광역시 평균	58.3(48.2)	단양군	22.6(8.9)
부산광역시 본청	51.7(45.4)	충청남도 평균	41.4(32.0)
구 평균	27.4(18.8)	충청남도 본청	33.6(30.5)
중구	34.5(18.0)	시 평균	35.2(26.1)
서구	23.5(10.9)	천안시	44.4(36.2)
동구	22.3(15.2)	공주시	26.4(13.3)
영도구	17.8(9.3)	보령시	24.3(14.0)
부산진구	29.6(20.0)	아산시	48.1(40.0)
동래구	29.6(18.0)	서산시	38.2(27.9)
남구	29.8(18.9)	논산시	18.5(10.6)
북구	16.8(12.4)	계룡시	26.0(12.1)
해운대구	33.7(27.6)	당진시	33.2(27.7)
사하구	21.5(16.0)	군 평균	21.0(10.6)
금정구	27.1(17.2)	금산군	21.5(11.7)
강서구	45.4(39.0)	부여군	28.1(7.4)
연제구	28.9(17.5)	서천군	16.8(9.3)
수영구	25.6(16.8)	청양군	17.4(9.7)
사상구	25.0(18.9)	홍성군	20.1(13.4)

③	군 평균	39.4(31.2)
	기장군	39.4(31.2)
	대구광역시 평균	55.6(45.5)
	대구광역시 본청	48.4(43.3)
	구 평균	28.4(19.3)
	중구	37.4(23.4)
	동구	24.5(16.9)
	서구	27.3(12.7)
	남구	19.2(9.4)
	북구	27.2(17.9)
	수성구	36.3(26.9)
	달서구	28.0(23.3)
	군 평균	41.4(25.1)
	달성군	41.4(25.1)
	인천광역시 평균	66.8(56.9)
	인천광역시 본청	61.3(56.0)
	구 평균	35.0(23.7)
	중구	52.7(39.6)
	동구	33.4(8.7)
	미추홀구	22.1(16.2)
	연수구	49.3(31.0)
	남동구	34.1(22.8)
	부평구	25.8(18.7)
	계양구	27.1(17.8)
	서구	42.7(32.9)
	군 평균	20.1(10.1)
	강화군	21.1(11.0)

⑨	예산군	19.1(11.1)
	태안군	20.5(12.7)
	전라북도 평균	29.8(20.8)
	전라북도 본청	24.5(18.9)
	시 평균	22.9(16.3)
	전주시	33.3(26.2)
	군산시	24.0(18.8)
	익산시	21.9(16)
	정읍시	17.0(8.9)
	남원시	15.0(7.7)
	김제시	15.8(9.2)
	군 평균	17.9(8.9)
	완주군	22.1(20.3)
	진안군	16.2(5.5)
	무주군	21.2(7.5)
	장수군	20.9(6.1)
	임신군	13.2(6.2)
	순창군	17.2(8.3)
	고창군	17.0(5.9)
	부안군	15.1(7.3)
	전라남도 평균	29.9(17.9)
	전라남도 본청	21.4(15.0)
	시 평균	31.4(22.2)
	목포시	23.8(18.2)
	여수시	44.6(30.7)
	순천시	27.4(18.5)
	나주시	23.9(14.7)

④ 옹진군	18.3(8.6)
광주광역시 평균	50.0(41.7)
광주광역시 본청	44.4(39.2)
구 평균	22.6(15.7)
동구	23.1(11.0)
서구	26.9(18.7)
남구	16.8(12.2)
북구	20.0(13.5)
광산구	25.8(20.2)
대전광역시 평균	51.3(42.9)
대전광역시 본청	44.6(39.7)
구 평균	24.9(17.4)
동구	15.9(11.0)
중구	19.9(13.8)
서구	26.1(17.2)
유성구	35.2(28.0)
대덕구	25.2(15.3)
울산광역시 평균	62.1(53.5)
울산광역시 본청	54.7(50.0)
구 평균	36.9(28.5)
중구	48.9(38.0)
남구	36.8(27.9)
동구	23.5(19.0)
북구	31.9(26.7)
군 평균	48.9(38.0)
울주군	48.9(38.0)
세종특별자치시 평균	67.8(52.2)

⑩ 광양시	31.0(26.0)
군 평균	19.7(7.7)
담양군	19.2(10.3)
곡성군	22.7(6.4)
구례군	10.2(6.2)
고흥군	17.5(5.0)
보성군	19.2(6.2)
화순군	25.4(15.7)
장흥군	12.2(5.8)
강진군	19.0(6.9)
해남군	26.9(5.8)
영암군	17.1(11.4)
무안군	25.0(11.9)
함평군	11.4(5.8)
영광군	21.0(9.5)
장성군	21.9(8.5)
완도군	15.4(6.1)
진도군	18.1(6.1)
신안군	21.6(4.4)
경상북도 평균	34.4(23.9)
경상북도 본청	27.5(22.6)
시 평균	29.5(19.3)
포항시	29.9(25.4)
경주시	33.8(21.0)
김천시	31.7(11.5)
안동시	19.5(10.9)
구미시	52.4(45.0)

⑤세종특별자치시 본청	67.8(52.2)
경기도 평균	70.6(57.0)
경기도 본청	61.6(52.7)
시 평균	51.4(39.8)
수원시	58.3(49.8)
성남시	64.9(56.2)
고양시	45.7(36.5)
용인시	64.7(53.5)
부천시	42.4(35.1)
안산시	60.9(39.1)
안양시	49.8(39.5)
남양주시	37.0(32.3)
화성시	67.8(57.3)
평택시	52.7(42.2)
의정부시	34.5(26.1)
시흥시	52.4(37.8)
파주시	46.3(27.9)
광명시	47.5(33.2)
김포시	51.1(37.6)
군포시	47.0(33.1)
광주시	42.6(32.4)
이천시	61.7(47.6)
양주시	33.8(29.4)
오산시	46.2(27.2)
구리시	41.6(31.0)
안성시	35.5(28.3)
포천시	35.8(19.1)
의왕시	53.8(41.4)

⑪ 영주시	19.7(10.4)
영천시	20.5(12.9)
상주시	23.5(7.6)
문경시	24.8(11.0)
경산시	29.9(23.4)
군 평균	19.3(9.5)
군위군	17.8(5.9)
의성군	21.0(6.8)
청송군	15.1(5.8)
영양군	12.5(3.6)
영덕군	13.1(6.0)
청도군	17.9(8.0)
고령군	20.5(10.7)
성주군	22.5(9.5)
칠곡군	30.5(24.6)
예천군	15.8(8.8)
봉화군	16.6(4.8)
울진군	25.8(16.3)
울릉군	16.8(10.0)
경상남도 평균	44.9(32.5)
경상남도 본청	36.6(32.2)
시 평균	38.0(26.2)
창원시	42.5(34.2)
진주시	49.4(17.5)
통영시	21.8(14.4)
사천시	26.6(16.9)
김해시	40.7(32.1)
밀양시	18.1(13.8)

⑥ 하남시	56.8(40.9)	⑫ 거제시	31.3(26.1)
여주시	29.4(21.2)	양산시	40.6(31.9)
동두천시	31.7(12.8)	군 평균	22.0(8.4)
과천시	63.6(29.3)	의령군	22.1(7.4)
군 평균	25.4(16.6)	함안군	27.9(15.1)
양평군	23.5(16.8)	창녕군	21.9(10.5)
가평군	30.4(16.4)	고성군	22.6(9.1)
연천군	22.9(16.6)	남해군	19.2(7.1)
강원도 평균	31.9(23.7)	하동군	18.6(8.9)
강원도 본청	27.5(23.6)	산청군	19.0(7.0)
시 평균	28.5(21.3)	함양군	19.1(5.1)
춘천시	31.6(25.0)	거창군	30.0(6.7)
원주시	32.0(26.9)	합천군	18.3(7.7)
강릉시	24.7(17.1)	제주특별자치도 평균	43.5(35.0)
동해시	25.0(18.9)	제주특별자치도 본청	43.5(35.0)

주: 1) 전국 평균과 시 · 도 평균은 순계 기준이고, 그 외는 총계 기준임.
2) 301쪽부터 306쪽에 걸쳐 ①~⑫의 순서로 제시함.

〈부록 10-2〉 2020년 사회복지법인 관리안내 주요 변동사항

<table>
<tr><th>페이지</th><th>현행(2019년)</th><th>개정(2020년)</th><th>비고</th></tr>
<tr><td>11</td><td>

가 설립자의 설립허가 신청(법 제16조, 영 제8조, 규칙 제7조)

● 구비서류

<table>
<tr><th>양식</th><th>내용</th><th>비고</th></tr>
<tr><td>◆ 특수관계 부존재 각서</td><td>● 법 제18조제2항의 규정(특별한 관계에 있는 자)에 저촉되지 아니함을 입증하는 각서 1부</td><td>붙임 13</td></tr>
<tr><td>〈신설〉</td><td></td><td></td></tr>
</table>

</td><td>

가 설립자의 설립허가 신청(법 제16조, 영 제8조, 규칙 제7조)

● 구비서류

<table>
<tr><th>양식</th><th>내용</th><th>비고</th></tr>
<tr><td>◆ 특수관계 부존재 각서</td><td>● 법 제18조 제2항의 규정(특별한 관계에 있는 자)에 저촉되지 않음을 입증하는 각서 1부</td><td>붙임 13</td></tr>
<tr><td>◆ 결격사유 부존재 각서</td><td>● 법 제19조 제1항의 규정(임원의 결격사유)에 저촉되지 않음을 입증하는 각서 1부(2019. 6. 12. 시행)</td><td>붙임 14</td></tr>
</table>

</td><td>법령 개정 사항 반영 (2019. 6. 12. 시행)</td></tr>
<tr><td>18</td><td>

마 법인설립등기

● 설립등기(「민법」 제49조, 공설령 9조)

– 등기사항: ① 목적, ② 명칭, ③ 사무소, ④ 설립허가의 연월일, ⑤ 존립시기나 해산사유를 정한 때에는 그 시기 또는 사유, ⑥ 자산의 총액, ⑦ 출자의 방법을 정한 때에는 그 방법, ⑧ 이사의 성명, 주소, ⑨ 이사의 대표권을 제한한 때에는 그 제한

〈신설〉

</td><td>

마 법인설립등기

● 설립등기(「민법」 제49조, 공설령 9조)

– 등기사항: ① 목적, ② 명칭, ③ 사무소, ④ 설립허가의 연월일, ⑤ 존립시기나 해산사유를 정한 때에는 그 시기 또는 사유, ⑥ 자산의 총액, ⑦ 출자의 방법을 정한 때에는 그 방법, ⑧ 이사의 성명, 주소, ⑨ 이사의 대표권을 제한한 때에는 그 제한

※ 등기사항 중 '자산의 총액'은 법인이 보유하고 있는 정관상 기본재산은 물론 기타 부동산, 동산 및 채권 등을 포함하는 적극재산의 총액에서 채무 등의 소극재산을 공제한 순재산액을 의미함(등기선례 제5-859호)

</td><td>등기사항 중 '자산의 총액'의 의미 명확화</td></tr>
</table>

페이지	현행(2019년)	개정(2020년)	비고
19	가 이사회(理事會) 1) 이사회의 구성(법 제18조, 영 제8조의2 및 제9조, 공설법 제6조) ※ 이사 정수는 법인의 정관에서 그 인원수를 확정하여 기재하도록 할 것	가 이사회(理事會) 1) 이사회의 구성(법 제18조, 영 제8조의2 및 제9조, 공설법 제6조) ※ 이사 정수는 법인의 정관에서 그 인원수를 확정하여 기재하도록 할 것(외부추천이사 비율 등의 판단 기준이 됨)	정관상 이사정수가 불명확할 경우 외부추천이사 등의 판단 시 분쟁 소지가 있어, 정수를 확정하여 기재하도록 그 사유를 기재
21	참고 추천기관의 업무처리지침 마련 시 고려사항 ※ 지역사회복지협의체(2018. 4. 25. 부터는 지역사회보장협의체)의 경우 대표협의체를 통한 이사추천후보자명단이 확정되었을 경우, 업무의 효율성을 고려하여 실무협의체가 중심이 되어 추천 가능(법인 이사추천위원회 등)	참고 추천기관의 업무처리지침 마련 시 고려사항 ※ 지역사회보장협의체의 경우 대표협의체를 통한 이사추천후보자명단이 확정되었을 경우, 업무의 효율성을 고려하여 실무협의체가 중심이 되어 추천 가능(법인 이사추천위원회 등)	현행 법령상의 명칭으로 명확히 기재
23	가 이사회(理事會) 2) 외부추천이사의 구성 ● 추천 이사의 선임 – 추천 이사를 선임한 후에는 시 · 도지사에 법인 임원 임면보고를 해야 하고, 보고 시에는 다음의 서류를 반드시 첨부 ① 선임을 결의한 이사회 회의록 사본, ② 임원의 취임승낙서, ③ 이력서, ④ 특수관계 부존재 각서, ⑤ 추천기관으로부터 받은 추천서(규칙 제10조)	가 이사회(理事會) 2) 외부추천이사의 구성 ● 추천 이사의 선임 – 추천 이사를 선임한 후에는 시 · 도지사에 법인 임원 임면보고를 해야 하고, 보고 시에는 다음의 서류를 반드시 첨부(규칙 제10조) ① 선임을 결의한 이사회 회의록 사본, ② 임원의 취임승낙서, ③ 이력서, ④ 추천기관으로부터 받은 추천서, ⑤ 특수관계 부존재 각서, ⑥ 결격사유 부존재 각서(2019. 6. 12. 시행)	임원 임면 보고 첨부서류 중 추가된 서류(결격사유 부존재 각서) 반영 (2019. 6. 12. 시행)

페이지	현행(2019년)	개정(2020년)	비고
27	가 이사회(理事會) 6) 이사회 회의록의 작성 및 공개(법 제25조, 영 제10조의3, 제10조의4) ● 출석임원 전원이 회의록 및 회의조서 마지막 장에 인감날인함 – 회의록 및 회의조서가 2매 이상인 경우에는 출석임원 전원이 간인(間印)함 〈신설〉 * 자필서명으로 대체하는 경우에는 「본인서명사실 확인 등에 관한 법률」 제2조 제3호 또는 제4호의 확인서를 제출하여야 함(제13조 제2항 관련)	가 이사회(理事會) 6) 이사회 회의록의 작성 및 공개(법 제25조, 영 제10조의4, 제10조의5) ● 출석임원 전원이 회의록 및 회의조서 마지막 장에 날인함 – 회의록 및 회의조서가 2매 이상인 경우에는 출석임원 전원이 간인(間印)함 – 날인은 반드시 인감일 필요는 없으며, 기명란에 자필 서명 후 일반 날인 또는 기명란에 기명 후 날인 부분에 자필 서명도 가능 * 다만, 두 경우 모두 자필서명에 대한 진정성 확인을 위해 「본인서명사실 확인 등에 관한 법률」 제2조 제3호에 따른 확인서를 제출하여야 함	영 제10조의2 신설(2018. 10. 23.)로 기존 제10조의2부터 제10조의5가 제10조의3부터 제10조의6으로 조문 이동 법인 이사회 개최 시의 편의증진을 위해 인감날인 요구사항을 삭제하되, 구체적인 날인의 방법 등 기재
32	라 임원의 임면(任免) 1) 임원의 임면보고(법 제18조, 규칙 제10조) ● 법인은 임원을 임면하는 경우 법인임원임면보고서(붙임 15)에 아래의 서류를 첨부하여 관할 시·도지사에게 제출하여야 함 – 특수관계 부존재 각서 1부 〈신설〉	라 임원의 임면(任免) 1) 임원의 임면보고(법 제18조, 규칙 제10조) ● 법인은 임원을 임면하는 경우 법인임원임면보고서(붙임 15)에 아래의 서류를 첨부하여 관할 시·도지사에게 제출하여야 함 – 특수관계 부존재 각서 1부 – 결격사유 부존재 각서 1부(2019. 6. 12. 시행)	임원 임면 보고 첨부서류 중 추가된 서류(결격사유 부존재 각서) 반영(2019. 6. 12. 시행)

페이지	현행(2019년)	개정(2020년)	비고
44–45	**나 정관변경 인가 시 검토사항** 1) 정관변경의 적법성과 타당성 ● 정관변경절차가 관계법령, 정관 등에 적합한지 여부 등을 검토하고 이사회 회의록에 정관변경의 구체적 내용이 논의되었는지 여부와 참석자 전원의 인감날인 여부를 확인 〈신설〉 * 자필서명으로 대체하는 경우에는 「본인서명사실 확인 등에 관한 법률」 제2조 제3호 또는 제4호의 확인서를 제출하여야 함(제13조 제2항 관련) 2) 정관변경에 따른 재원 확보 **참고 정관 변경과 관련하여 기타 유의할 사항** ● 상근임직원의 정원(공설법 제5조 제9항 및 공설령 제14조)과 보수에 관한 사항은 별도 규정을 제정할 수 있는 근거를 정관에 명시하고 그 규정은 주무관청에 보고하여야 함 ※ 주무관청은 세입세출예산계획 등을 통해 상근임직원의 정원과 보수수준을 확인함 ● 이사회 개최에 따른 회의록 작성 시 참석이사가 당일 인감도장을 소지하지 아니하여 인감날인을 할 수 없을 경우, 당일 발행한 인감증명서를 제출하는 것으로 출석확인을 대신하고(이사회 제출용으로 용도를 명시함) 이후에 반드시 날인함 ※ 본인서명사실확인제도에 따라 인감날인을 대신하여 회의록에 서명 후 본인서명사실확인서를 제출할 수 있음	**나 정관변경 인가 시 검토사항** 1) 정관변경의 적법성과 타당성 ● 정관변경절차가 관계법령, 정관 등에 적합한지 여부 등을 검토하고 이사회 회의록에 정관변경의 구체적 내용이 논의되었는지 여부와 참석자 전원의 날인 여부를 확인 – 날인은 반드시 인감일 필요는 없으며, 기명란에 자필 서명 후 일반 날인 또는 기명란에 기명 후 날인 부분에 자필 서명도 가능 * 다만, 두 경우 모두 자필서명에 대한 진정성 확인을 위해 「본인서명사실 확인 등에 관한 법률」 제2조 제3호에 따른 확인서를 제출하여야 함 2) 정관변경에 따른 재원 확보 **참고 정관 변경과 관련하여 기타 유의할 사항** ● 상근임직원의 정원(공설법 제5조 제9항 및 공설령 제14조)과 보수에 관한 사항은 별도 규정을 제정할 수 있는 근거를 정관에 명시하고 그 규정은 주무관청에 보고하여야 함 ※ 주무관청은 세입세출예산계획 등을 통해 상근임직원의 정원과 보수수준을 확인함 ● 〈삭제〉	회의록에 인감날인 외에 서명(본인서명사실 확인서 제출 필요)이 가능함을 명시 법인 이사회 개최 시의 편의증진을 위해 인감날인 요구사항을 삭제하되, 구체적인 날인의 방법 등 기재

페이지	현행(2019년)	개정(2020년)	비고
46	**가 기본재산 처분허가(법 제23조, 규칙 제14조)** 1) 기본재산 처분허가 신청 – 기본재산에 관한 임대계약을 갱신하는 경우에는 임대계약 갱신사실을 시 · 도지사에 보고하는 것으로 갈음 – 기본재산 처분으로 인하여 발생한 현금 등은 반드시 정관변경 후 기본재산으로 편입(도시계획 보상금 수령, 처분액 차이로 인한 이익금 등)하고 법인의 목적을 수행하기 위하여 사용할 경우 주무관청의 허가를 받아야 함 ※ 보상금의 이자 역시 기본재산 처분에 대한 반대급부로서 발생한 것이므로 보상금의 범위에 포함되며, 이를 활용하기 위하여는 지체없이 보상금과 관련된 과실(果實)을 즉시 기본재산으로 편입 후 주무관청의 허가를 받아 이자를 활용하여야 할 것임 – 기본재산이 국가 등으로부터 보조금을 지원받아 취득한 재산으로 「보조금 관리에 관한 법률」 제35조 제1항에 따른 '중요재산'인 경우, 「사회복지사업법」 제23조 제3항에 따른 기본재산 처분허가와 별개로, 「보조금 관리에 관한 법률」 제35조 제3항에 따라 양도, 교환, 대여 및 담보 제공행위 등에 관한 시 · 도지사의 승인 필요 *「보조금 관리에 관한 법률」 제35조 제3항에 따라 중앙관서의 장(보건복지부 장관)의 승인사항이나 「행정권한의 위임 및 위탁에 관한 규정」 제36조 제3항 제5호에 따라 시 · 도지사에 위임됨 * 법인 관할 시 · 도와 보조금을 교부한 지자체가 다를 경우 중요재산 처분행위에 대한 승인 시, 보조금을 교부한 지자체의 의견을 들어 처리	**가 기본재산 처분허가(법 제23조, 규칙 제14조)** 1) 기본재산 처분허가 신청 – 〈삭제〉 – 기본재산 처분으로 인하여 발생한 현금 등은 반드시 정관변경 후 기본재산으로 편입(도시계획 보상금 수령, 처분액 차이로 인한 이익금 등)하고 법인의 목적을 수행하기 위하여 사용할 경우 주무관청의 허가를 받아야 함 ※ 보상금의 이자 역시 기본재산 처분에 대한 반대급부로서 발생한 것이므로 지체없이 보상금과 관련된 과실(果實)을 즉시 정관상 기본재산으로 편입하도록 기본재산 처분시 허가조건에 기재 – 기본재산이 국가 등으로부터 보조금을 지원받아 취득한 재산으로 「보조금 관리에 관한 법률」 제35조 제1항에 따른 '중요재산'인 경우, 「사회복지사업법」 제23조 제3항에 따른 기본재산 처분허가와 별개로, 「보조금 관리에 관한 법률」 제35조 제3항에 따라 양도, 교환, 대여 및 담보 제공행위 등에 관한 시 · 도지사의 승인 필요 *「보조금 관리에 관한 법률」 제35조 제3항에 따라 중앙관서의 장(보건복지부 장관)의 승인사항이나 「행정권한의 위임 및 위탁에 관한 규정」 제36조 제3항 제5호에 따라 시 · 도지사에 위임됨 * 법인 관할 시 · 도와 보조금을 교부한 지자체가 다를 경우 법인 관할 시 · 도에서는 중요재산에 대한 기본재산 처분허가 시, 보조금을 교부한 지자체의 의견을 들어 처리	3) 기본재산 처분허가의 예외(p. 49)의 내용과 중복된 내용으로 삭제 기본재산 처분을 통해 수령한 보상금 및 그 이자의 기본재산 편입 내용을 구체화 중요재산에 대한 기본재산 처분허가 관련 문구 명확화
47	**가 기본재산 처분허가(법 제23조, 규칙 제14조)** 1) 기본재산 처분허가 신청 ● 처분허가 신청 시 기본재산 처분허가신청서(붙임 17)에 아래의	**가 기본재산 처분허가(법 제23조, 규칙 제14조)** 1) 기본재산 처분허가 신청 ● 처분허가 신청 시 기본재산 처분허가신청서(붙임 17)에 아래의	

페이지	현행(2019년)	개정(2020년)	비고
	서류를 첨부하여 시·도지사에게 제출 – 처분하는 기본재산의 감정평가서(교환의 경우에는 취득하는 재산의 감정평가서를 포함) 1부(공인감정평가법인이 작성한 것에 한함)	서류를 첨부하여 시·도지사에게 제출하여야 하며, 이 경우 시·도지사는 「전자정부법」 제36조 제1항에 따른 행정정보의 공동이용을 통하여 개별공시지가 확인서를 확인하여야 함 – 처분하는 기본재산의 감정평가서(교환의 경우에는 취득하는 재산의 감정평가서를 포함하며, 개별공시지가서 확인서로 첨부서류에 대한 정보를 확인할 수 있는 경우에는 그 확인으로 첨부서류를 갈음)	감정평가서 제출 관련 법령 내용 반영
48	가 기본재산 처분허가(법 제23조, 규칙 제14조) 2) 기본재산 처분허가 시 검토사항 다) 이사회 결의의 적법성 검토 등 – 이사회 소집의 적법성 확인(통보여부 등)과 이사회 회의록에 처분의 구체적 내용이 포함되고 참석이사 전원의 기명 인감 날인 등 결의의 성립 등에 흠이 없는지 등을 확인 〈신설〉 * 자필서명으로 대체하는 경우에는 「본인서명사실 확인 등에 관한 법률」 제2조 제3호 또는 제4호의 확인서를 제출하여야 함(제13조 제2항 관련)	가 기본재산 처분허가(법 제23조, 규칙 제14조) 2) 기본재산 처분허가 시 검토사항 다) 이사회 결의의 적법성 검토 등 – 이사회 소집의 적법성 확인(통보여부 등)과 이사회 회의록에 처분의 구체적 내용이 포함되고 참석이사 전원의 날인 등 결의의 성립 등에 흠이 없는지 등을 확인 – 날인은 반드시 인감일 필요는 없으며, 기명란에 자필 서명 후 일반 날인 또는 기명란에 기명 후 날인 부분에 자필 서명도 가능 * 다만, 두 경우 모두 자필서명에 대한 진정성 확인을 위해 「본인서명사실 확인 등에 관한 법률」 제2조 제3호에 따른 확인서를 제출하여야 함	법인 이사회 개최 시의 편의증진을 위해 인감 날인 요구사항을 삭제하되, 구체적인 날인의 방법 등 기재
49	나 장기차입허가(법 제23조, 규칙 제15조) 1) 장기차입허가 신청	나 장기차입허가(법 제23조, 규칙 제15조) 1) 장기차입허가 신청	법령 문구 반영

페이지	현행(2019년)	개정(2020년)	비고
130	4) 후원금의 용도 외 사용 금지 ※ 지정후원금은 기탁서에 다음과 같은 기준에 모두 부합되는 용도를 명시한 경우에 한해서 지정후원금으로 인정(2017년 국무조정실 부패예방감시단 지적사항) ① 지정용도가 「사회복지법인 및 사회복지시설 재무 · 회계 규칙」 별표 2, 별표 4, 별표 6, 별표 8, 별표 10의 세출 '목' 수준으로 상세하게 명시하되, 가급적 내역수준으로 구체적인 용도가 지정되도록 할 것 – '법인 · 시설의 운영' 등과 같이 구체적이지 않은 사항은 지정용도로 볼 수 없음	4) 후원금의 용도 외 사용 금지 ※ 지정후원금은 기탁서에 다음과 같은 기준에 모두 부합되는 용도를 명시한 경우에 한해서 지정후원금으로 인정(2017년 국무조정실 부패예방감시단 지적사항) ① 지정용도가 「사회복지법인 및 사회복지시설 재무 · 회계 규칙」 별표 2, 별표 4, 별표 6, 별표 8, 별표 10의 세출 '목' 수준으로 상세하게 명시하되, 가급적 내역수준으로 구체적인 용도가 지정되도록 할 것 – '법인 · 시설의 운영' 등과 같이 용도를 포괄적으로 지정한 경우, 비지정후원금의 사용 기준에 따라 관리하여야 함	후원금의 용도 지정 관련 내용 명확화
131	〔비지정후원금의 사용 기준〕 ● 다만, 간접비 중에서도 업무추진비(기관운영비, 직책보조비, 회의비), 법인회계전출금, 부채상환금, 잡지출, 예비비로는 사용 금지 ※ 업무추진비 중 후원금 모집 등을 위한 운영비, 회의비는 15% 범위 내에서 사용 가능	〔비지정후원금의 사용 기준〕 ● 다만, 간접비 중에서도 업무추진비(기관운영비, 직책보조비, 회의비), 법인회계전출금, 부채상환금, 잡지출, 예비비 등으로는 사용 금지(구체적인 내용은 후면 참고) ※ 업무추진비 중 후원금 모집 등을 위한 운영비, 회의비는 당해 연도 비지정 후원금 지출금액의 15% 범위 내에서 사용 가능	비지정후원금 사용기준 내용 명확화
136	7. 감사의 실시 ● 시설장과 수입원 및 지출원이 사망하거나 경질된 때에는 그 관장에 속하는 수입, 지출, 재산, 물품 및 현금 등의 관리상황을 감사함 ※ 감사 시 전임자가 입회하여야 하며, 전임자가 입회할 수 없는 경우에는 그 전임자가 지정하거나 법인의 대표이사가 관계 직원 중에서 지정한 입회인을 입회하게 함	7. 감사의 실시 ● 시설장과 수입원 및 지출원이 사망하거나 경질된 때에는 그 관장에 속하는 수입, 지출, 재산, 물품 및 현금 등의 관리상황을 감사함 ※ 감사를 실시할 때에는 전임자가 참관해야 하며, 전임자가 참관할 수 없으면 관계 직원 중에서 전임자의 전임자나 법인의 대표이사가 지정한 사람이 참관해야 함	어려운 법령용어 정비의 일환으로 진행된 48개 보건복지부령 개정사항 반영(2019. 9. 27. 개정)

페이지	현행(2019년)	개정(2020년)	비고
139	「사회복지법인 및 사회복지시설 재무 · 회계 규칙」 〈신설〉 〈신설〉 〈신설〉	「사회복지법인 및 사회복지시설 재무 · 회계 규칙」 개정 2019. 6. 12. 보건복지부령 제642호 개정 2019. 9. 27. 보건복지부령 제672호 개정 2020. 1. 7. 보건복지부령 제672호	법령 개정 사항반영
139	**제1조(목적)** 이 규칙은 「사회복지사업법」 제23조 제4항, 제34조 제3항 및 제45조 제2항의 규정에 의하여 사회복지법인 및 사회복지시설의 재무 · 회계 및 후원금관리에 관한 사항을 규정하여 재무 · 회계 및 후원금관리의 명확성 · 공정성 · 투명성을 기함으로써 사회복지법인 및 사회복지시설의 합리적인 운영에 기여함을 목적으로 한다. 〈개정 2012. 8. 7.〉	**제1조(목적)** 이 규칙은 「사회복지사업법」 제23조 제4항, 제34조 제4항, 제45조 제2항 및 제51조 제2항에 따라 사회복지법인 및 사회복지시설의 재무 · 회계, 후원금관리 및 회계감사에 관한 사항을 규정하여 재무 · 회계, 후원금관리 및 회계감사의 명확성 · 공정성 · 투명성을 기함으로써 사회복지법인 및 사회복지시설의 합리적인 운영에 기여함을 목적으로 한다. 〈개정 2012. 8. 7., 2019. 6. 12.〉	법령 개정 사항반영 (2019. 6. 12. 개정)
143	**제11조(예산에 첨부하여야 할 서류)** ① 예산에는 다음 각 호의 서류가 첨부되어야 한다. 다만, 단식부기로 회계를 처리하는 경우에는 제1호 · 제2호 · 제5호 및 제6호의 서류만을 첨부할 수 있고, 국가 · 지방자치단체 · 법인 외의 자가 설치 · 운영하는 시설로서 거주자 정원 또는 일일평균 이용자가 20명 이하인 시설(이하 '소규모 시설'이라 한다)은 제2호 및 제6호의 서류만을 첨부할 수 있으며, 「영유아보육법」 제2조에 따른 어린이집은 보건복지부 장관이 정하는 바에 따른다. 〈개정 1993. 12. 27., 2012. 8. 7., 2018. 3. 30.〉 3. 추정대차대조표 6. 당해 예산을 의결한 이사회 회의록 또는 해당 예산을 보고받은 시설운영위원회 회의록 사본 ② 제1항 제2호 내지 제5호의 서류의 서식은 별지 제1호 서식 내지 별지 제4호 서식에 의한다. 다만, 노인장기요양기관의 장이 첨부하여야 하는 제1항 제5호의 임직원 보수 일람표는 별지 제4호의2 서식에 따른다. 〈개정 2018. 3. 30.〉	**제11조(예산에 첨부하여야 할 서류)** ① 예산에는 다음 각 호의 서류가 첨부되어야 한다. 다만, 단식부기로 회계를 처리하는 경우에는 제1호 · 제2호 · 제5호 및 제6호의 서류만을 첨부할 수 있고, 국가 · 지방자치단체 · 법인 외의 자가 설치 · 운영하는 시설로서 거주자 정원 또는 일일평균 이용자가 20명 이하인 시설(이하 '소규모 시설'이라 한다)은 제2호, 제5호(노인장기요양기관의 경우만 해당한다) 및 제6호의 서류만을 첨부할 수 있으며, 「영유아보육법」 제2조에 따른 어린이집은 보건복지부 장관이 정하는 바에 따른다. 〈개정 1993. 12. 27., 2012. 8. 7., 2018. 3. 30., 2019. 9. 27., 2020. 1. 7.〉 3. 추정재무상태표 6. 예산을 의결한 이사회 회의록 또는 예산을 보고받은 시설운영위원회 회의록 사본 ② 제1항 제2호부터 제5호까지의 서류는 별지 제1호 서식부터 별지 제4호 서식까지에 따른다. 다만, 노인장기요양기관의 장이 첨부해야 하는 제1항 제5호의 임직원 보수 일람표는 별지 제4호의2 서식에 따른다. 〈개정 2018. 3. 30., 2020. 1. 7.〉	어려운 법령용어 정비의 일환으로 진행된 48개 보건복지부령 개정사항 반영(2019. 9. 27. 개정) 및 장기요양기관 관련 법령 개정사항 반영 (2020. 1. 7. 개정)

페이지	현행(2019년)	개정(2020년)	비고
146	**제20조(결산보고서에 첨부하여야 할 서류)** ① 결산보고서에는 다음 각 호의 서류가 첨부되어야 한다. 다만, 단식부기로 회계를 처리하는 경우에는 제1호부터 제3호까지 및 제14호부터 제23호까지의 서류만을 첨부할 수 있고, 소규모 시설의 경우에는 제1호 및 제17호의 서류만을 첨부할 수 있으며, 「영유아보육법」 제2조에 따른 어린이집은 보건복지부 장관이 정하는 바에 따른다. 〈개정 1993. 12. 27., 1998. 1. 7., 2012. 8. 7., 2015. 12. 24.〉 4. 대차대조표 10. 기타 유동자산명세서(제6호 내지 제9호의 유동자산 외의 유동자산을 말한다) 13. 제충당금명세서 21. 기타비용명세서(인건비 및 사업비를 제외한 비용을 말한다) 23. 법인세 신고서(수익사업이 있는 경우에 한한다) ② 제1항 제1호 내지 제3호의 서류는 별지 제5호 서식ㆍ별지 제5호의2 서식 내지 별지 제5호의4 서식ㆍ별지 제6호 서식 및 별지 제7호 서식에 의하고, 제1항 제4호 및 제5호의 서류는 별지 제2호 서식 및 별지 제3호 서식에 의하며, 제6호부터 제17호까지의 서류는 별지 제8호 서식부터 별지 제19호 서식까지에 따르며, 제19호부터 제22호까지의 서류는 별지 제20호 서식부터 별지 제23호 서식까지에 따른다. 다만, 노인장기요양기관의 장이 첨부하여야 하는 제1항 제19호의 인건비명세서는 별지 제4호의2 서식에 따른다. 〈개정 2005. 7. 15., 2012. 8. 7., 2018. 3. 30.〉	**제20조(결산보고서에 첨부해야 할 서류)** ① 결산보고서에는 다음 각 호의 서류가 첨부되어야 한다. 다만, 단식부기로 회계를 처리하는 경우에는 제1호부터 제3호까지 및 제14호부터 제23호까지의 서류만을 첨부할 수 있고, 소규모 시설의 경우에는 제1호 및 제17호의 서류(노인장기요양기관의 경우에는 제1호부터 제3호까지 및 제16호부터 제21호까지의 서류)만을 첨부할 수 있으며, 「영유아보육법」 제2조에 따른 어린이집은 보건복지부 장관이 정하는 바에 따른다. 〈개정 1993. 12. 27., 1998. 1. 7., 2012. 8. 7., 2015. 12. 24., 2019. 9. 27., 2020. 1. 7.〉 4. 재무상태표 10. 그 밖의 유동자산명세서(제6호부터 제9호까지의 유동자산 외의 유동자산을 말한다) 13. 각종 충당금명세서 21. 그 밖의 비용명세서(인건비 및 사업비를 제외한 비용을 말한다) 23. 법인세 신고서(수익사업이 있는 경우만 해당한다) ② 제1항 제1호부터 제3호까지의 서류는 별지 제5호 서식ㆍ별지 제5호의2 서식부터 별지 제5호의4 서식까지ㆍ별지 제6호 서식 및 별지 제7호 서식에 따르고, 제1항 제4호 및 제5호의 서류는 별지 제2호 서식 및 별지 제3호 서식에 따르며, 제6호부터 제17호까지의 서류는 별지 제8호 서식부터 별지 제19호 서식까지에 따르고, 제19호부터 제22호까지의 서류는 별지 제20호 서식부터 별지 제23호 서식까지에 따른다. 다만, 노인장기요양기관의 장이 첨부해야 하는 제1항 제19호의 인건비명세서는 별지 제4호의2 서식에 따른다. 〈개정 2005. 7. 15., 2012. 8. 7., 2018. 3. 30., 2020. 1. 7.〉	장기요양기관 관련 법령 개정사항 반영(2020. 1. 7. 개정)

〈부록 10-3〉 2019년 사회복지시설 관리안내 주요 변동사항

1. 사회복지시설 사업자등록증 또는 고유번호증 각 시설별로 별도 발급(신설)

- 2020년 1월부터 적용(2019년 12월까지 경과 기간, 시정 · 정비 지도 감독)
- 사회복지시설 관련 사업자등록증(고유번호증 포함)상 명의는 반드시 해당 시설의 설치 신고증(인가증, 허가증 포함)에 표시된 명의와 동일해야 함
- 시설을 수탁받은 경우도 반드시 수탁받은 법인의 명의로 해당 시설과 관련된 사업자등록증(또는 고유번호증)을 발급받아야 함
- 시설 설치신고증 명의와 사업자등록증 명의가 일치하지 않은 경우 보조금 지급 지양

2. 보조금 신청 및 교부 원칙(신설)

- 2020년 1월 이후 보조금 지급분부터 적용(2019년 12월까지 경과 기간, 시정 · 정비 지도 감독)
- 보조금 신청은 시설신고증상 설치 · 운영자(수탁법인의 경우 해당 수탁법인을 포함)의 명의로 받을 것
- 보조금 수령자는 설치 · 운영자로 할 것
- 보조금은 설치 · 운영자 명의로 개설된 통장으로 교부할 것(시설장을 수령자로 할 경우 「사회복지사업법」 제42조 위반)
- 법인이 설치운영자인 경우, 법인 명의로만 통장개설이 가능하므로 보조금도 법인 명의로 개설된 통장 중 해당 시설 보조금 전용통장으로 지정된 통장에 입금해야 함

3. 인권침해 등 문제시설에 대한 관리강화

- 인권침해 등으로 정상적 운영이 불가능한 시설은 시 · 군 · 구청장이 1회 적발만으로 시설폐쇄를 명하도록 함
- 위반행위가 4종 이상 또는 시설거주자에 대한 학대, 성폭력 등 중대한 불법행위로 인하여 시설의 정상적인 운영이 불가능하다고 인정되는 때에는 1차 위반 시에 시설의 폐쇄를 명할 수 있음

4. 사회복지시설 종사자 채용 관련

- 공개모집 강화
- 종사자 채용 시 시설장을 포함하여 모든 종사자는 사회복지시설을 설치 · 운영한 법인대표자의 명의로 계약서를 작성해야 함(직접 고용계약을 맺지 않은 종사자에 대해서는 인건비 보조금 교부 지양)
- 2021년 1월부터 적용(2020년 12월까지 경과 기간)
  - * 종사자 채용조건 변경 시 과태료 부과 법령에 의거, 2019년 6월 12일부터 최초로 종사자를 채용하는 경우부터 적용
  - * 채용 광고와 달리 종사자에게 근로조건 등을 불리하게 적용하는 경우에 500만 원 이하의 과태료가 부과되는 점에 유의

5. 행정처분의 주체 및 종류

- 「사회복지사업법」 제40조에 따라 행정처분의 대상이 되는 위반행위는 사회복지시설의 설치 · 운영에 직접 관련된 사안이기에 처분명령은 해당 시설의 설치 · 운영자를 그 처분 당사자로 하여 통보하여야 함
- 「사회복지사업법」 제58조에 따른 과태료 처분 통보 대상

위반사항	수범자(垂範者) 및 과태료 대상
보수교육 미수를 이유로 불리한 처분을 한 경우	사회복지 법인시설 설치 · 운영자

임원임면보고를 하지 않은 경우	사회복지법인
재산취득보고를 하지 않은 경우	사회복지법인
책임보험 미가입	시설 운영자(수탁자 포함)
시설운영 미개시 시설 휴지 · 재개 · 폐지 미신고	시설 운영자(수탁자 포함)
후원금 처리 위반	사회복지법인 대표이사 시설장
채용 시 준수사항 위반(2019. 6. 12. 시행)	사회복지법인 시설 설치 · 운영자

6. 회계부정

- 회계부정 등 불법행위가 발견된 경우 해당 법인의 임원해임, 시설의 개선, 사업 정지, 시설장 교체, 시설폐쇄 등 조치(「사회복지사업법」 제22조 및 제40조)

7. 후원금 관리

- 후원금 전용계좌의 개설
- 법인 산하의 시설이더라도 법인의 후원금 전용계좌와 별도로 시설별로 고유의 후원금 계좌를 두어야 함
- 법인 및 시설에서 후원금을 받을 때는 각각의 후원금 전용계좌를 구분하여 사용. 미리 후원자에게 후원금 전용계좌 등의 구분에 관한 사항을 반드시 안내
- 이자도 후원금의 성격을 가지는 금액으로 후원금 관리기준에 따라 사용해야 함
- 후원금 용도 외 사용금지: 후원금 용도 위반이 적발된 경우 보조금 지급대상자 선정 시 감안

〈부록 10-4〉 사회서비스 세부사업

1. 지역사회서비스투자사업

1) 사업 내용

- 지역 특성과 주민 수요에 부합하는 사회서비스를 지방자치단체가 직접 기획 · 제공함으로써 지역주민의 복지증진에 기여

2) 서비스 내용

사업군	사업유형	서비스 내용
아동재활	영유아발달 지원	발달 문제가 우려되는 영유아에게 대근육 · 소근육 운동, 언어발달, 감각운동에 기초한 인지발달, 정서 · 사회성 발달 지원
	아동 · 청소년 심리지원	문제행동 위험군 아동에 대한 상담 및 언어 · 인지 · 놀이 · 미술 프로그램을 지원하여 문제행동 감소 및 정서행동장애로의 악화 방지
	아동 · 청소년 정서발달지원	정서불안, 문화적 소외 아동 등에게 클래식 악기 교육 및 정서순화 프로그램을 제공
	인터넷 과몰입 아동 · 청소년 치유	인터넷 과다사용 아동 · 청소년을 조기에 발견하고 상담, 대체활동을 통해 인터넷 과몰입 치유
아동 역량개발	기타	아동 비전형성 지원, 아동 리더십, 아동 문화활동 지원 등
노인 · 장애인 사회 참여지원	노인 · 장애인 돌봄여행	신체적 특성으로 여행 욕구 충족이 어려운 노인 · 장애인에게 전문 돌봄인력 동반 여행 서비스 제공
	기타	노후 사회참여 지원, 장애인 사회참여 등

신체건강 관리	시각장애인 안마	근골격계 · 신경계 · 순환계 질환 등의 증상개선을 위해 시각장애인의 안마, 마사지, 지압 및 자극요법 제공
	노인 맞춤형 운동	고령자 건강상태 점검 및 맞춤형 수중 또는 볼 · 밴드 운동을 통해 의료비 절감 및 건강증진
	비만아동 건강관리	비만 초등학생과 부모에게 건강교육, 운동처방 및 운동지도 등을 제공하여 건강한 성장 지원
	보조기기 렌탈	장애아동의 성장 단계에 따른 맞춤형 자세유지 도구 렌탈 · 리폼 서비스
정신건강 관리	정신건강 토털케어	정신질환자와 가족에게 일상생활 지원, 증상관리, 사회적응 및 취업지원 프로그램 지원
	기타	자살위험군 예방관리 등
가족 역량강화	기타	다문화가정 사회참여 지원, 중소기업 근로자 통합지원, 부모-아동 상호관계 증진서비스 등

3) 발급기준

- 소득: 기준 중위소득 120~140% 이하로 서비스별 상이하고, 소득기준 미적용(장애인 보조기기 렌탈서비스, 아동 건강관리서비스) 등 지역별 · 서비스별 상이
- 연령 및 특성: 연령기준, 욕구기준 등 서비스별 상이
- 2020년 지역사회서비스 투자사업 안내 배포 예정(1월 중)

4) 대상적격 재판정

- 통상 서비스 이용기간은 12개월 이내가 원칙이나, 시 · 도에서 지역주민의 서비스 수요 및 예산 상황을 반영하여 재판정 대상으로 결정한 서비스에 한해 소득 · 연령 등 서비스별 선정기준 적합 시 재판정을 통해 추가 이용 가능

5) 서비스 단가

- 서비스별 상이

- 2020년 지역사회서비스 투자사업 안내 배포 예정(1월 중)

6) 이용자 비용 부담기준

- 서비스별 상이
- 2020년 지역사회서비스 투자사업 안내 배포 예정(1월 중)

7) 수혜자 수

- 296,754명(2019년 12월 말 기준)

8) 2019년도 사업예산(국비 기준)

- 182,700백만 원
- 2019년 170,147백만 원 대비 12,553백만 원(7.4%) 증액

9) 제공기관

- 「사회서비스 이용 및 이용권 관리에 관한 법률」 제16조(제공자 등록)에 따라 시 · 군 · 구에 등록한 등록기관
- 제공기관 수: 5,049개소(2019년 12월 말 기준)

10) 제공인력

- 서비스별 상이
- 제공인력 수: 22,734명(2019년 12월 말 기준)

11) 제공방법 및 절차

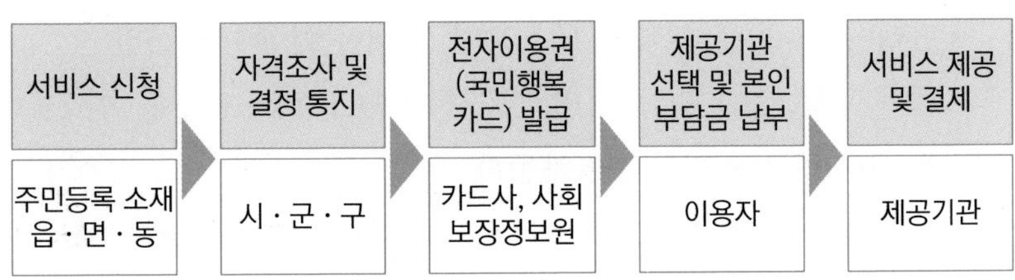

2. 산모·신생아 건강관리 지원사업

1) 사업 내용

- 출산 가정에 산모 · 신생아 건강관리사를 파견하여 산모의 산후 회

복과 신생아의 양육을 지원함으로써 출산가정의 경제적 부담 경감 및 제공인력 사회적 일자리 창출

2) 서비스 내용

• 산모 영양관리, 산후체조, 좌욕지원, 신생아 돌보기(목욕, 제대관리), 신생아 감염 예방 · 관리, 산모 · 신생아 세탁물 관리 및 방청소

3) 발급기준

• 소득기준: 기준 중위소득의 100% 이하
• 단, 시 · 도별로 예산의 범위 내에서 소득기준(기준 중위소득 100%)을 초과*하더라도 별도 소득기준을 정해 지원 가능

* 예외지원 가능 해당자: 희귀난치성 질환 산모, 장애인 산모, 쌍생아 이상 출산가정, 셋째아 이상 출산가정, 새터민 산모, 결혼이민 산모, 미혼모 산모, 둘째아 이상 출산가정, 분만취약지 산모, 기준 중위소득 120% 이하 출산가정

• 2020년 7월부터는 서비스 지원대상을 기준 중위소득의 120% 이하, 해산급여 수급자(긴급복지 해산비 대상 포함) 등으로 확대 추진

4) 신청기간

• 출산(예정)일 전 40일부터 출산일로부터 30일 이내로, 임신 16주 이후 발생한 유산 · 사산도 포함

5) 지원기간

• 단태아 5~20일, 쌍태아 10~20일, 삼태아 이상 15~25일
• 태아 유형, 출산 순위, 서비스 기간 선택(표준형 · 단축형 · 연장형) 등에 따라 바우처 지원기간 차등화
• 단, 바우처 유효기간은 원칙적으로 출산일로부터 60일까지임

6) 서비스 가격

• 서비스 유형별로 정해진 기준 가격 적용

(단위: 1일, 원)

구분	단태아	쌍태아(중증장애+단태아)		삼태아 이상 (중증장애+다태아)
		인력 1명	인력 2명	
서비스 가격	116,000원	150,000원	205,000원	232,000원

7) 이용자 비용 부담기준

• 서비스 가격에서 정부지원금을 뺀 차액 부담

구분				서비스 기간(일)			서비스 가격(천 원)			정부지원금(천 원)		
				단축	표준	연장	단축	표준	연장	단축	표준	연장
단태아	첫째아	A-가-①형	자격확인							509	870	1,175
		A-통합-①형	100% 이하	5	10	15	580	1,160	1,740	448	766	1,034
		A-라-①형	100% 초과(예외지원)							356	609	822
	둘째아	A-가-②형	자격확인							1,045	1,340	1,608
		A-통합-②형	100% 이하	10	15	20	1,160	1,740	2,320	920	1,179	1,415
		A-라-②형	100% 초과(예외지원)							732	938	1,125
	셋째아 이상	A-가-③형	자격확인							1,086	1,392	1,670
		A-통합-③형	100% 이하	10	15	20	1,160	1,740	2,320	955	1,225	1,470
		A-라-③형	100% 초과(예외지원)							760	974	1,169
쌍생아	인력 1명	B-가-①형	자격확인							1,457	1,869	2,244
		B-통합-①형	100% 이하	10	15	20	1,500	2,250	3,000	1,283	1,646	1,977
		B-라-①형	100% 초과(예외지원)							1,022	1,311	1,575
	인력 2명	B-가-②형	자격확인							2,004	2,668	3,293
		B-통합-②형	100% 이하	10	15	20	2,050	3,075	4,100	1,818	2,430	3,007
		B-라-②형	100% 초과(예외지원)							1,539	2,073	2,578
삼태아 이상		C-가형	자격확인							3,405	4,055	4,712
		C-통합형	100% 이하	15	20	25	3,480	4,640	5,800	3,105	3,713	4,327
		C-라형	100% 초과(예외지원)							2,654	3,199	3,748

* 장애의 정도가 심한 장애인 산모의 경우 단태아 출산 시 B형, 쌍태아 이상 출산 시 C형 적용

8) 대상자 수

• 총 140,384명

9) 2020년도 사업예산(국비 기준)

• 95,910백만 원
• 2019년 77,696백만 원 대비 23.4% 증액

10) 제공기관

• 「사회서비스 이용 및 이용권 관리에 관한 법률」 제16조(제공자 등록)에 의거 시 · 군 · 구에 등록한 등록기관
• 제공기관 수: 939개소(2019년 10월 말 기준)

11) 제공인력

• 「사회서비스 이용 및 이용권 관리에 관한 법률 시행규칙」 [별표 1] (제9조 관련)에 의거 보건복지부 장관이 고시한 '산모 · 신생아 방문 서비스 제공인력 교육과정'을 이수한 자
• 제공인력 수: 18,998명(2019년 10월 말 기준)

12) 제공방법 및 절차

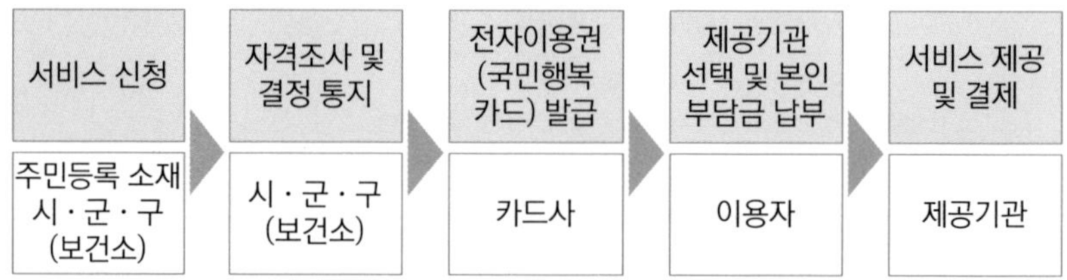

3. 가사간병방문지원사업

1) 사업 내용

• 원활한 일상생활과 사회활동이 어려운 저소득 취약계층에 대하여 재가 간병 · 가사 지원 서비스를 제공하여 생활 안정을 도모하고 공익성 높은 제공인력 일자리 창출

2) 서비스 내용

• 신체수발 지원: 목욕, 대소변, 옷 갈아입히기, 세면, 식사 등 보조
• 간병지원: 체위변경, 간단한 재활운동 보조 등
• 가사지원: 쇼핑, 청소, 식사 준비, 양육 보조 등
• 일상생활 지원: 외출 동행, 말벗, 생활상담 등

3) 발급기준

• 만 65세 미만의 생계 · 의료 · 주거 · 교육급여 수급자, 차상위계층 중 가사 · 간병이 필요한 자
• 65세 미만 의료급여 수급자 중 장기입원 사례관리 퇴원자

① 장애 정도가 심한 장애인(장애인활동지원서비스 대상자는 제외)
② 6개월 이상 치료를 요하는 중증질환자(보건복지부 장관이 고시한 중증질환 상병 해당자로, 최근 3개월 이내 발행된 진단서 또는 소견서 첨부)
③ 희귀난치성 질환자(보건복지부 장관이 고시한 희귀난치성 질환 상병 해당자로, 진단서 또는 소견서 첨부, 단 행복e음을 통해 산정특례 등록여부 확인이 가능한 경우에는 관련 자료로 대체 가능)
④ 소년소녀가정, 조손가정, 한부모가정(법정보호세대)
 * 이 경우 서비스 대상자는 자녀 · 손자녀가 됨
⑤ 65세 미만 의료급여 수급자 중 장기입원 사례관리 퇴원자
⑥ 기타 위에 준하는 경우로 시 · 군 · 구청장이 가사 · 간병 서비스가 필요하다고 별도로 인정한 자(부상으로 인한 장기치료자 등)

4) 대상적격 재판정

• 서비스 지원기간은 1년이 원칙이나, 소득기준, 건강 및 욕구상태 등을 확인하여 지속 지원 필요성이 높은 경우 1년 단위로 연장 가능
 * 65세 미만 요양병원 퇴원한 의료급여수급자 6개월(연장불가)

5) 서비스 단가

- 월 348,000원(24시간)
- 월 391,500원(27시간)
- 월 580,000원(40시간)

* 시간당 14,500원

6) 이용자 비용 부담기준

- 서비스 대상자의 소득수준 및 서비스 제공 시간에 따라 차등

구분	소득수준	총 가격	정부지원금	본인부담금
월 24시간 (A)	생계 · 의료급여 수급자(가)	월 348,000원	월 348,000원	면제
	생계 · 의료급여 이외의 수급자 및 차상위계층(나)		월 327,120원	월 20,880원
월 27시간 (B)	생계 · 의료급여 수급자(가)	월 391,500원	월 379,760원	월 11,740원
	생계 · 의료급여 이외의 수급자 및 차상위계층(나)		월 368,010원	월 23,490원
월 40시간 (C)	만 65세 미만 요양병원 퇴원한 의료급여 수급자	월 580,000원	월 580,000원	면제

7) 대상자 수

- 총 11,750명

8) 2020년도 사업예산(국비 기준)

- 32,925백만 원
- 2019년 28,985백만 원 대비 3,940백만 원(13.6% 증액)

9) 제공기관

- 「사회서비스 이용 및 이용권 관리에 관한 법률」 제16조(제공자 등록)에 의거 시 · 군 · 구에 등록한 등록기관

• 제공기관 수: 445개소(2019년 11월 말 기준)

10) 제공인력

• 요양보호사 자격 취득자

• 제공인력 수: 5,558명

11) 제공방법 및 절차

• 기존 A, B형

• 요양병원 퇴원 의료급여 수급자

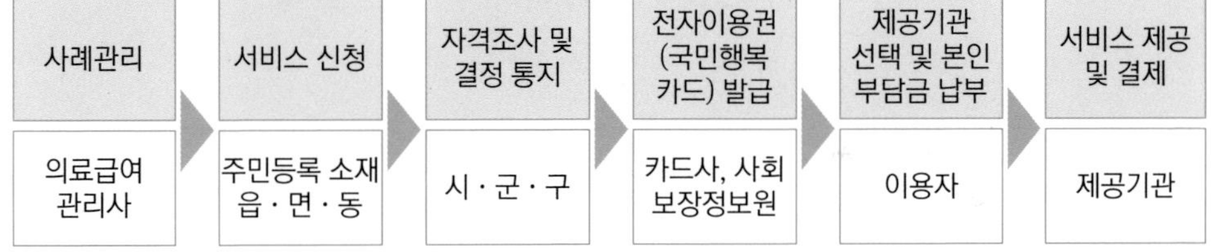

4. 장애인활동지원서비스

1) 사업 내용

• 신체적 또는 정신적인 장애로 혼자서 일상생활이나 사회생활이 어려운 중증장애인에게 활동지원서비스 제공

2) 서비스 내용

• 활동보조: '활동지원사'가 수급자의 가정 등을 방문하여 신체활동, 가사활동 및 이동 보조, 수급자 자녀의 양육 보조, 생활상의 문제 상담 및 의사소통 도움 등을 지원

• 방문목욕: '요양보호사'가 목욕설비를 갖춘 장비를 이용하여 수급

자의 가정 등을 방문하여 목욕서비스를 제공

• 방문간호: '방문간호사 등'이 의사, 한의사 또는 치과의사의 방문간호지시서에 따라 수급자의 가정 등을 방문하여 간호, 진료의 보조, 요양에 관한 상담 또는 구강위생 등 제공

3) 발급기준

• 신청자격: 만 6~64세의 모든 등록 장애인
• 소득기준: 제한 없음
• 수급자격: 신청자에 대한 심신상태 및 활동지원이 필요한 정도 등에 대한 서비스 지원 종합조사 결과에 따라 수급자격심의위원회 심의를 거쳐 활동지원급여 수급자로 인정된 자

4) 대상적격 재판정

• 수급자격 유효기간(3년)에 따라 주기적으로 갱신

5) 서비스 단가

급여 종류	분류	금액
활동보조 (시간당)	매일 일반적으로 제공하는 경우	13,500원
	22시 이후 06시 이전 심야에 제공하는 경우	20,250원
	「관공서의 공휴일에 관한 규정」에 의한 공휴일 및 근로자의 날에 제공하는 경우	20,250원
방문목욕 (회당)	'이동목욕용' 차량 내에서 목욕을 제공한 경우	74,470원
	욕조, 펌프, 호스릴 등 장비 일체와 차량 내 온수를 사용하여 가정 내에서 목욕을 제공하는 경우	67,150원
방문간호 (회당)	30분 미만	36,110원
	30분 이상~60분 미만	45,290원
	60분 이상	54,490원

6) 이용자 비용 부담기준

• 활동지원급여(단위: 원): 본인부담금 상한액은 164,900원이며, 「국

민연금법」 제51조 제1항 제1호에 따른 금액의 7%에 해당하는 금액에 따라 매년 변동됨

구분		본인 부담률	8구간 (3,645천원)	7구간 (4,050천원)	6구간 (4,455천원)	5구간 (4,860천원)	4구간 (5,265천원)	3구간 (5,670천원)	2구간 (6,075천원)	1구간 (6,480천원)
생계·의료 급여 수급자		면제	–	–	–	–	–	–	–	–
차상위계층		정액	20,000	20,000	20,000	20,000	20,000	20,000	20,000	20,000
기준 중위 소득	70% 이하	4%	145,800	162,000	164,900	164,900	164,900	164,900	164,900	164,900
	120% 이하	6%	164,900	164,900	164,900	164,900	164,900	164,900	164,900	164,900
	180% 이하	8%	164,900	164,900	164,900	164,900	164,900	164,900	164,900	164,900
	180% 초과	10%	164,900	164,900	164,900	164,900	164,900	164,900	164,900	164,900

구분		본인 부담률	특례 (635천원)	15구간 (810천원)	14구간 (1,215천원)	13구간 (1,620천원)	12구간 (2,025천원)	11구간 (2,430천원)	10구간 (2,835천원)	9구간 (3,240천원)
생계·의료 급여 수급자		면제	–	–	–	–	–	–	–	–
차상위계층		정액	20,000	20,000	20,000	20,000	20,000	20,000	20,000	20,000
기준 중위 소득	70% 이하	4%	25,400	32,400	48,600	64,800	81,000	97,200	113,400	129,600
	120% 이하	6%	38,100	48,600	72,900	97,200	121,500	145,800	164,900	164,900
	180% 이하	8%	50,800	64,800	97,200	129,600	162,000	164,900	164,900	164,900
	180% 초과	10%	63,500	81,000	121,500	162,000	164,900	164,900	164,900	164,900

• 특별지원급여(단위: 원): 출산 등 수급자의 생활환경을 반영하여 추가로 지급되는 급여로, 별도의 본인부담금 없음

7) 수급자 수

- 101,410명(2019년 9월 말 기준)

8) 2020년도 사업예산(국비 기준)

- 1,305,672백만 원
- 2019년 1,003,461백만 원 대비 30.1% 증액

9) 제공기관

- 활동보조를 제공하는 활동지원기관(「장애인활동 지원에 관한 법률」 제20조에 따라 지정된 기관)
- 방문목욕 및 방문간호를 제공하는 활동지원기관(「노인장기요양보험법」 제31조에 따른 장기요양기관 또는 제32조에 따른 재가장기요양기관으로 지정된 기관)
- 제공기관 수: 914개소(2019년 9월 말 기준)

10) 제공인력

서비스(급여) 종류	제공인력(활동지원인력) 범위
활동보조	• 활동지원사 교육기관에서 교육과정을 수료한 자 • 「노인복지법」에 따른 요양보호사, 「사회복지사업법」에 따른 사회복지사, 「의료법」에 따른 간호사 · 간호조무사 및 유사경력자* 중 이론 및 실기(32시간), 현장실습(10시간) 이수자 * 유사경력자: 정부(지방자치단체)의 재정이 투입된 돌봄사업에 참여한 경력이 최근 1년간 360시간 이상인 자(예: 아이돌보미, 가사간병도우미 등)
방문목욕	• 「노인복지법」에 따른 요양보호사 중 1급 자격을 가진 자
방문간호	• 방문간호사 –「의료법」에 따른 간호사로서 2년 이상의 간호업무 경력자 –「의료법」에 따른 간호조무사로서 3년 이상의 간호보조업무 경력자 및 「노인장기요양보험법 시행령」 제11조 제3호 나목에 따른 교육이수자 –「의료기사 등에 관한 법률」에 따른 치과위생사

• 제공인력 수(2019년 9월 말 기준): 74,990명

11) 제공방법 및 절차

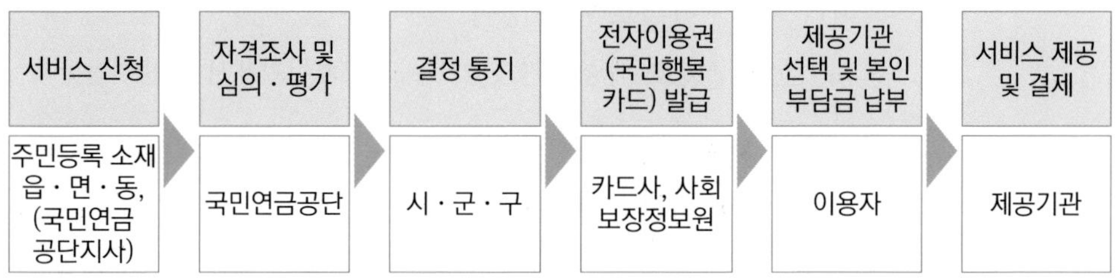

5. 발달재활서비스

1) 사업 내용

• 성장기 정신적 · 감각적 장애아동의 인지, 의사소통, 적응행동, 감각 · 운동 등의 기능향상과 행동발달을 위한 발달재활서비스 지원

2) 서비스 내용

• 언어 · 청능, 미술 · 음악, 행동 · 놀이 · 심리, 감각 · 운동 등 발달재활서비스

• 장애 조기 발견 및 발달진단서비스, 중재를 위한 부모 상담 서비스

3) 발급기준

• 연령: 만 18세 미만 등록장애아동으로, 이용 기간은 대상자로 선정된 달의 다음 달부터 발달재활서비스 지원 대상 장애아동이 만 18세가 되는 달까지 지원. 다만, 「초 · 중등교육법」 제2조에 따른 학교에 재학 중인 경우에는 만 20세가 되는 달까지 이용 연장(재학증명서 첨부)

• 장애유형: 뇌병변, 지적, 자폐성, 시각, 청각, 언어 장애아동

• 소득: 기준 중위소득 180% 이하

4) 대상적격 재판정

• 기존 이용자의 경우 매년 2회(반기별) 소득기준 조사 후 적합한 경우 계속 이용 가능

5) 서비스 단가

- 1회(50분) 기준 27,500원이 기본 단가이나 지역 및 기관 사정 등에 따라 제공기관별로 단가 상이
- 시 · 군 · 구별로 제공기관 단가 공고(홈페이지에서 확인 가능)

6) 이용자 비용부담 기준

- 소득수준에 따라 본인부담금 차등

소득	총 가격 (A=B+C)	정부지원 바우처(B)	본인부담 본인부담금(C)
기초생활수급자(다형)	월 22만 원	월 22만 원	무료
차상위 계층(가형)		월 20만 원	월 2만 원
차상위 초과 기준 중위소득 65% 이하(나형)		월 18만 원	월 4만 원
기준 중위소득 65% 초과 120% 이하(라형)		월 16만 원	월 6만 원
기준 중위소득 120% 초과 180% 이하(마형)		월 14만 원	월 8만 원

7) 대상자 수

- 총 61,094명

8) 2020년도 사업예산(국비 기준)

- 88,999백만 원
- 2019년 82,970백만 원 대비 7.3% 증액

9) 제공기관

- 국가 또는 지방자치단체의 허가, 등록 또는 지정을 받은 비영리단체 · 법인, 개인사업자 등으로서 발달재활서비스 수행능력과 경험이 있는 기관 우선 지정
- 「장애아동복지지원법」 제21조에 따라 발달재활서비스 제공기관으로 지정된 기관
- 제공기관 수: 2,219개소(2019년 11월 말 기준)

10) 제공인력

- 보건복지부 장관이 정하여 고시하는 발달재활서비스 관련 분야의 국가자격증 또는 국가공인자격증을 소지한 사람
- 「고등교육법」 제2조에 따른 학교 또는 「학점인정 등에 관한 법률」 제3조 제1항에 따라 평가인정을 받은 학습과정을 설치 · 운영하는 교육훈련기관에서 보건복지부 장관이 정하여 고시하는 발달재활서비스 관련 과목 중 14과목 이상(42학점 이상을 말한다)을 이수한 사람
- 「고등교육법」 제29조의2에 따른 대학원에서 보건복지부 장관이 정하여 고시하는 발달재활서비스 관련 과목 중 7과목 이상(21학점 이상을 말한다)을 이수한 사람
- 제공인력 수: 5,779명(2019년 11월 말 기준)

11) 제공방법 및 절차

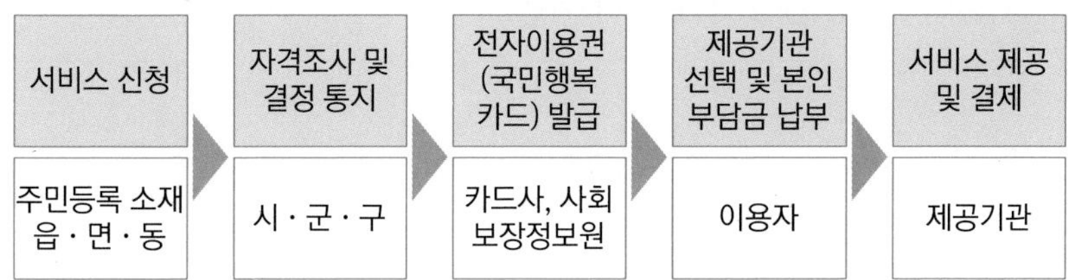

6. 언어발달지원서비스

1) 사업 내용

- 감각적 장애 부모의 자녀에게 필요한 언어발달지원서비스를 제공하여 아동의 건강한 성장지원 및 장애가족의 자체 역량 강화

2) 서비스 내용

- 언어발달진단서비스
- 언어발달, 청능발달 등 언어재활서비스 및 독서지도, 수화지도 등

3) 발급기준

- 연령: 만 12세 미만 비장애아동

- 부모 및 조부모의 장애유형: 한쪽 부모 및 조손가정의 한쪽 부모가 시각, 청각, 언어, 뇌병변, 지적, 자폐성 등록장애인
- 소득: 기준 중위소득 120% 이하

4) 대상적격 재판정

- 기존 이용자의 경우 매년 2회(반기별) 소득기준 조사 후 적합한 경우 계속 이용 가능

5) 서비스 단가

- 1회(50분) 기준 27,500원이 기본 단가이나 지역 및 기관 사정 등에 따라 제공기관별로 단가 상이
- 시 · 군 · 구별로 제공기관 단가 공고(홈페이지에서 확인 가능)

6) 이용자 비용부담 기준

- 본인부담금은 소득에 따라 차등 부담

<table>
<tr><th rowspan="2">소득</th><th>총 가격</th><th>정부지원</th><th>본인부담</th></tr>
<tr><th>(A=B+C)</th><th>바우처(B)</th><th>본인부담금(C)</th></tr>
<tr><td>기초생활수급자(다형)</td><td rowspan="4">월 22만 원</td><td>월 22만 원</td><td>무료</td></tr>
<tr><td>차상위 계층(가형)</td><td>월 20만 원</td><td>월 2만 원</td></tr>
<tr><td>차상위 초과 기준 중위소득 65% 이하(나형)</td><td>월 18만 원</td><td>월 4만 원</td></tr>
<tr><td>기준 중위소득 65% 초과 120% 이하(라형)</td><td>월 16만 원</td><td>월 6만 원</td></tr>
</table>

7) 대상자 수

- 총 550명

8) 2020년도 사업예산(국비 기준)

- 796백만 원
- 2019년 796백만 원(전년 동)

9) 제공기관

- 언어재활서비스 경험과 능력이 있는 기관을 재지정 혹은 신규로 지정

- 시 · 군 · 구 지역별 사업 대상인원을 고려하여 적정 제공기관 수를 판단하여 지정
- 발달재활서비스 제공기관 중 언어재활서비스가 가능한 기관은 별도 심사 없이 제공기관으로 지정 가능
- 제공기관 수: 702개소(2019년 11월 말 기준)

10) 제공인력

- 언어재활사 국가자격증 소지자
- 독서지도사, 교사 자격증* 소지자

* 교사 자격증: 「초 · 중등교육법」에 의한 정교사 및 초등학교 · 특수학교 준교사 및 전문상담교사, 「유아교육법」에 의한 정교사 및 준교사, 「영유아보육법」에 의한 보육교사

- 제공인력 수: 112명(2019년 11월 말 기준)

11) 제공방법 및 절차

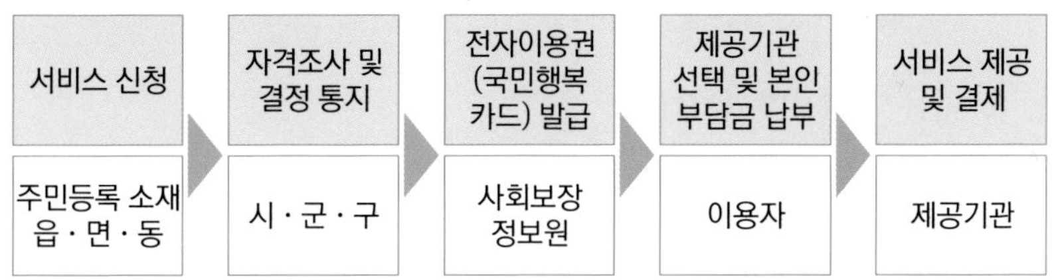

7. 발달장애인 부모상담지원

1) 사업 내용

- 과중한 돌봄 부담을 가지고 있는 발달장애인 부모에게 집중적인 심리 · 정서적 상담 서비스 제공
- 우울감 등 부정적 심리상태를 완화시켜 궁극적으로 발달장애인 가족의 기능 향상을 도모함

2) 서비스 내용

- 발달장애인 부모 및 보호자에게 개인 및 단체 심리 상담을 12개월

간 제공

• 필요한 경우 일부 회기는 부부 상담으로 진행 가능

3) 발급기준

• 발달장애인(「장애인복지법」상 지적 · 자폐성 장애인) 자녀*를 가진 부모 및 보호자 중 심리 상담이 필요한 경우

* 성인 포함, 6세 미만인 경우 장애등록 대신 의사 소견서로 갈음

4) 대상적격 재판정

• 이용기간은 12개월이 원칙

• 소득기준, 욕구상태, 심리 · 정서검사 결과 등을 확인하여 지속 지원 필요성이 높은 경우 12개월(1회) 연장 가능

5) 서비스 단가

• 1인당 월 200천 원 이내(정부바우처 지원액 월 160천 원이며, 정부지원을 초과하는 금액은 본인 부담)

6) 이용자 비용부담 기준

• 월 최소 4천 원~최대 4만 원(제공기관별로 단가 상이)

7) 대상자 수

• 총 567명

8) 2020년도 사업예산(국비 기준)

• 730백만 원

• 2019년 730백만 원(전년 동)

9) 제공기관

• 서비스 이용자가 쉽게 방문하고 편리하게 관련 서비스를 이용할 수 있도록 쾌적한 환경과 접근이 용이한 위치에 입지하여야 하며, 별도의 시설 · 장비를 갖추어야 함

• 지정기준 등은 별도 공고

- 서비스 유형: 제공기관에서 서비스 이용 → 제공인력이 이용자를 방문하여 제공 가능하도록 확대

10) 제공인력

- 직접서비스 제공 가능한 인력이 다음 요건을 갖추어야 함
- 상담 관련 국가자격증: 의사(정신건강의학과 전문의), 전문상담교사(1 · 2급), 임상심리사(1 · 2급), 정신건강전문요원(정신건강임상심리사, 정신건강간호사, 정신건강사회복지사), 청소년상담자(1 · 2 · 3급) 자격 취득자
- 상담 관련 국가공인 민간자격 또는 공신력 있는 자격* 소지자

  * 발달심리사(1 · 2급), 상담심리사(1 · 2급), 임상심리전문가, 전문상담사(수련감독 · 1급 · 2급 · 3급), 재활심리사(1급), 임상미술심리상담사(수련감독 · 전문1급 · 2급), 심리상담전문가, 심리상담사 1급
- 관련 학과 박사 이상 학위 취득자

11) 제공방법 및 절차

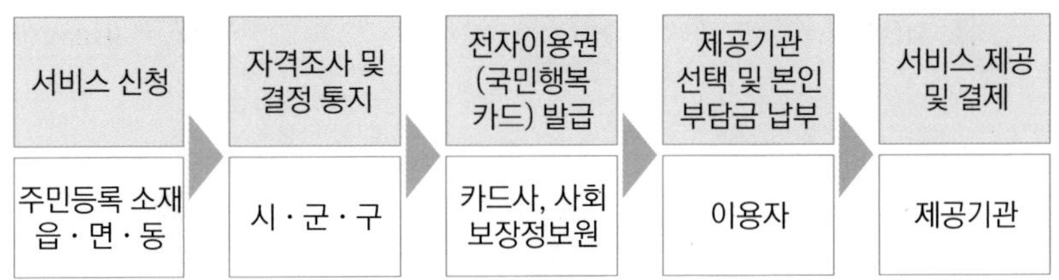

8. 임신·출산 진료비 지원사업

1) 사업 내용

- 임신 · 출산과 관련된 의료비 부담 경감을 통해 출산 친화적 환경을 조성하기 위하여 본인일부 부담금(급여 및 비급여) 지불에 사용할 수 있도록 이용권(건강보험 부가급여, 국민행복카드) 제공(2008년 12월 시행)

2) 운영방식

- 사회보장정보원, 위탁금융기관과 연계하여 위탁운영
- 이용권(국민행복카드)에 지원포인트를 생성하여 임 · 출산 진료비 결제가 가능하도록 설계된 '금융기관 위탁형 바우처 방식'으로 제도 운영
- 건강보험 대상자가 요양기관에서 임신 및 출산을 확인한 후, 바우처 발급 담당 금융기관에서 국민행복카드를 발급받고 바우처(이용권)가 생성되면 요양기관에서 임신 · 출산 및 1세 미만 영유아에 관련된 진료나 처방에 따른 약제 구입 등에 이용권을 사용

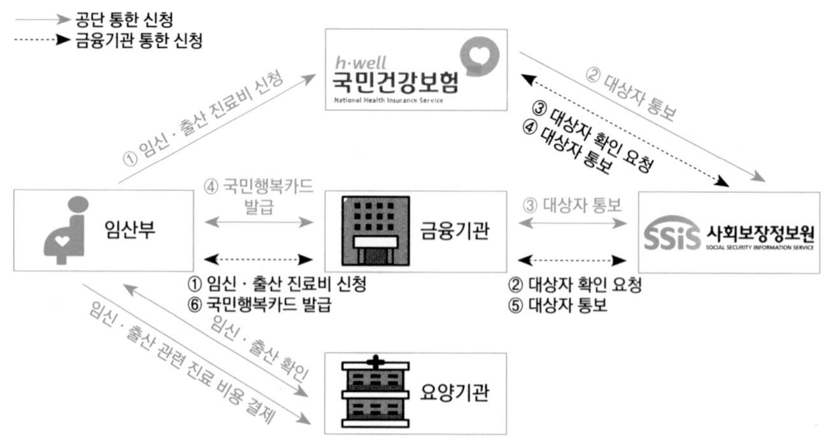

[임신·출산 진료비 지원사업 운용절차]

3) 지원대상

- 임신 및 출산이 확인된 건강보험 가입자 또는 피부양자로서 임신 · 출산 진료비 지원을 신청한 자(1세 미만 영유아의 법정대리인 포함)
- 제외대상자: 「의료급여법」에 따라 의료급여를 받는 자(수급권자), 건강보험 적용배제 신청자, 건강보험 자격상실자, 급여정지자

4) 지원범위

- 임산부의 임신 · 출산과 관련한 진료에 따른 본인부담금(급여 · 비급여 비용) 결제(약국을 제외한 모든 요양기관 이용 가능)
- 출생일부터 1년 이내의 영유아에 대한 진료 및 처방에 의한 약제 · 치료재료 구입 비용 등(약국 포함한 모든 요양기관 이용 가능)

5) 지원금액

- 임신 1회당 60만 원 내(다태아 임신부의 경우 100만 원 내)
- 분만취약지의 경우 20만 원 추가지원(일태아 80만 원, 다태아 120만 원)

6) 지원기간

- 신청일부터 출산일(분만예정일) 후 1년까지
- 사용기간 내 사용하지 않은 지원금은 자동으로 소멸

7) 관련 통계

- 신청자 수 및 지급액(2019년 12월 기준) (단위: 명, 개소, 백만 원)

구분	2008년	2009년	2010년	2011년	2012년	2013년	2014년	2015년	2016년	2017년	2018년	2019년
신청자 수	223,099	453,569	499,106	479,225	492,714	468,769	482,077	462,705	424,384	392,833	354,457	365,569
지정요양 기관 수	1,785	1,958	2,090	2,218	2,339	10,460	11,946	13,124	14,156	15,491	13,215	–
예산액	11,000	130,000	130,000	130,000	165,000	177,000	268,500	252,000	240,092	240,000	235,687	226,100
실집행액	5,495	102,916	119,214	166,439	210,410	237,637	234,719	230,115	215,362	186,840	188,788	197,255

- 지정요양기관 폐지(2019년 1월 시행)

9. 청소년산모 임신·출산 의료비 지원사업

1) 사업 내용

- 산전 관리가 취약한 청소년 산모 대상으로 임신 · 출산 의료비를 지원함으로써 청소년 산모와 태아의 건강증진 도모

2) 서비스 내용

(1) 지원대상: 만 18세 이하 산모로 청소년 산모 임신 · 출산 의료비 지원 신청자

(2) 지원범위

• 임산부가 산부인과 병 · 의원, 한방의료기관,* 조산원에서 임신 및 출산과 관련하여 진료받은 급여 또는 비급여 의료비(초음파 검사 등) 중 본인 부담 의료비

* 한방의료기관에서는 임신오저(O21), 태기불안(O20) 등 상병에 한하여 지원(첩약 가능)

• 출생일로부터 1년 이내의 영유아가 요양기관(약국 포함)에서 진료받은 급여 또는 비급여 의료비 및 처방에 의한 약제 · 치료재료 구매 비용 중 본인 부담비용

(3) 지원금액: 임신 1회당 120만 원 범위 내

(4) 지원기간: 카드 수령일로부터 분만예정일(유산진단일, 출산일) 이후 1년까지

3) 신청대상

• '임신확인서'로 임신이 확인된 만 18세 이하 모든 청소년 산모

• 연령 기준은 지원 대상자의 '임신확인서'의 임신 확인일 기준으로 만 18세까지로 함

• 소득, 재산기준 없음

4) 2020년도 사업예산(국비 기준)

• 총 300백만 원

• 2019년 300백만 원 대비 동일

5) 제공방법 및 절차

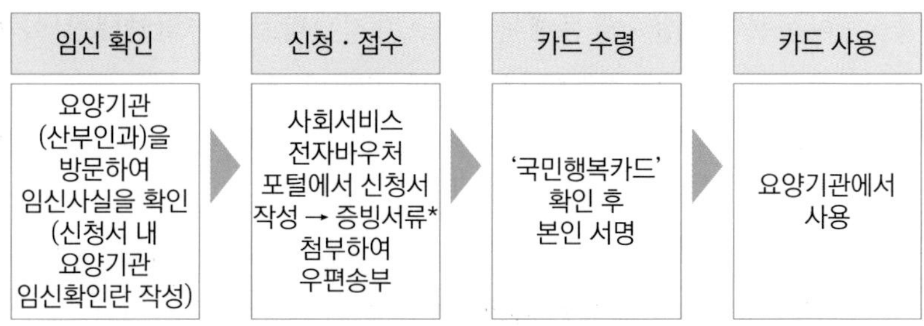

* 임신확인서, 주민등록등본 등

10. 저소득층 기저귀·조제분유 지원

1) 사업 내용

- 저소득층 영아(0~24개월) 가정의 육아 필수재인 기저귀 및 조제분유 지원

2) 지원대상

(1) 기저귀

- 만 2세 미만의 영아를 둔 아래 기초생활보장 수급자, 차상위계층, 한부모가족 자격보유 가구
- 「국민기초생활 보장법」상 생계 · 의료 · 주거 · 교육급여 수급 가구, 차상위 본인부담경감 대상 가구, 자활사업에 참여하는 차상위 가구, 차상위 장애인 수당 · 연금 수급 가구, 차상위계층확인서 발급대상 가구, 「한부모가족지원법」에 의한 지원대상 가구(청소년한부모가족 포함)
- 만 2세 미만의 영아를 둔 기준 중위소득 80% 이하 장애인 · 다자녀(2인 이상) 가구의 영아별 지원

(2) 조제분유

- 기저귀 지원대상 중 다음 사유에 해당 시 지원
  - 산모의 사망 · 질병*으로 모유수유가 불가능한 경우

* 에이즈, HTLV 감염, 악성신생물, 방사선 · 항암제 치료 등

–아동복지시설 · 공동생활가정 · 가정위탁보호 · 입양대상 아동, 한부모(부자 · 조손)* 및 영아 입양 가정의 아동

*「한부모가족지원법」 제4조 내지 제5조의2에 따른 부자가정 또는 조손가정에 한함

–산모의 의식불명, 상반신 마비 · 장기간(4주 이상) 입원, 유선손상 등 의사가 모유수유가 불가능하다고 판단하는 경우 지원

3) 지원기간

- 신청일 기준 영아 출생 후 만 2년이 되는 날까지(최대 24개월)
- 단, 출생일로부터 60일 이내(출생일 포함)에 신청하는 경우 24개월 모두 지원

4) 지원금액

- 기저귀: 구매 비용 정액(월 64천 원) 지원
- 조제분유: 조제분유 구매 비용 정액(월 86천 원) 지원

5) 2019년도 사업예산(국비기준)

- 17,424백만 원
- 2020년 17,424백만 원 대비 동일

6) 제공방법 및 절차

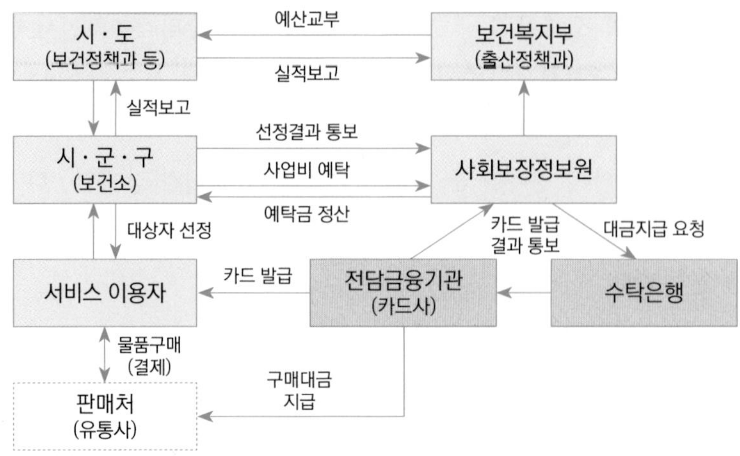

11. 영유아보육료 지원

1) 사업 내용

- 목적: 어린이집 이용 영유아에 대한 보육료 지원을 통하여 영유아 가구의 양육 부담을 경감시키고 부모의 경제활동 참여 지원
- 근거 법령:「영유아보육법」제34조

2) 서비스 내용

- 어린이집을 이용하는 전 계층 영유아에 대한 보육료 지원

3) 지원기준

- 어린이집을 이용하는 영유아(소득수준 무관 전 계층)

4) 서비스 단가

구분	0세반	1세반	2세반	3~5세반	장애아
부모보육료(바우처)	470천 원	414천 원	343천 원	240천 원	478천 원

5) 대상자 수

- 0~2세반 653천 명, 장애아 12천 명

6) 2020년도 사업예산(국비 기준)

- 3,416,221백만 원

7) 서비스 제공기관

- 「영유아보육법」제2조에 따른 어린이집(2019년 12월 기준 37,371개소)

8) 제공방법 및 절차

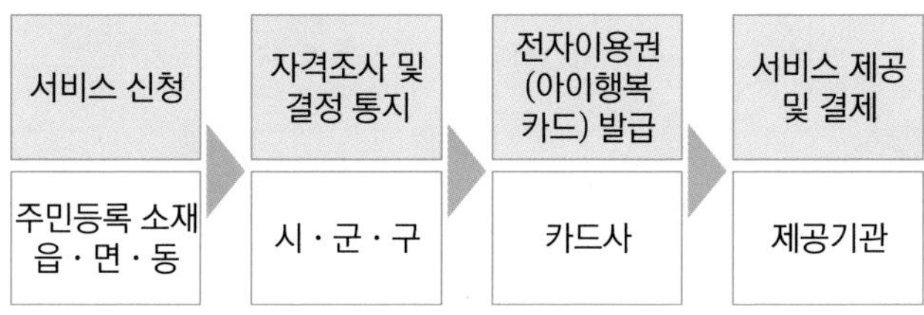

12. 발달장애인 주간활동서비스

1) 사업 내용

- 학교 졸업 후 복지 사각지대에 놓인 성인 발달장애인에게 주간활동서비스를 제공하여 돌봄 사각지대 해소 및 지역사회 참여 등 포용사회 구현

2) 서비스 내용

- 성인 발달장애인에 주간활동서비스 이용권(바우처)을 월 56/100/132시간 제공

3) 발급기준

- 만 18~64세 발달장애인(「장애인복지법」상 지적 · 자폐성 장애인)

4) 서비스 단가

- 시간당 13,500원

5) 이용자 비용부담 기준

- 본인부담금 없음

6) 대상자 수

- 총 4,000명

7) 2020년도 사업예산(국비 기준)

- 43,417백만 원

8) 제공방법 및 절차

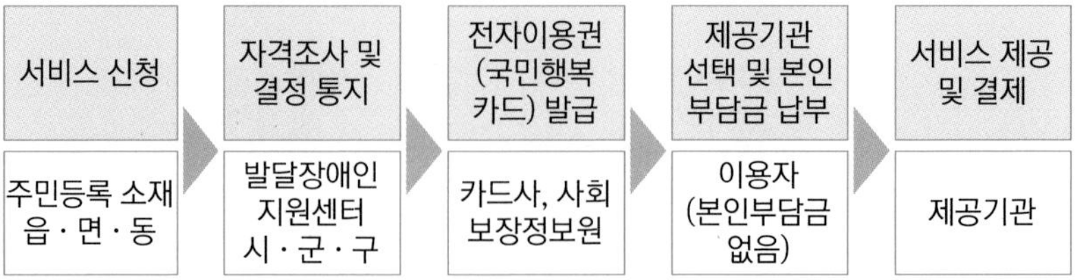

서비스 신청	자격조사 및 결정 통지	전자이용권 (국민행복카드) 발급	제공기관 선택 및 본인부담금 납부	서비스 제공 및 결제
주민등록 소재 읍 · 면 · 동	발달장애인 지원센터 시 · 군 · 구	카드사, 사회보장정보원	이용자 (본인부담금 없음)	제공기관

13. 청소년 발달장애학생 방과후활동서비스

1) 사업 내용

- 일반 중 · 고등학교에 다니는 청소년 발달장애인의 방과후 돌봄 사각지대를 해소하기 위해 월 44시간 방과후 돌봄 이용권(바우처) 제공

2) 서비스 내용

- 청소년(만 12~17세) 발달장애인에 방과후 돌봄 이용권(바우처) 월 44시간 제공

3) 발급기준

- 만 12~17세 발달장애인(「장애인복지법」상 지적 · 자폐성 장애인)

4) 서비스 단가

- 시간당 13,350원

5) 이용자 비용부담 기준

- 본인부담금 없음

6) 대상자 수

- 총 7,000명

7) 2020년도 사업예산(국비 기준)

- 33,059백만 원

8) 제공방법 및 절차

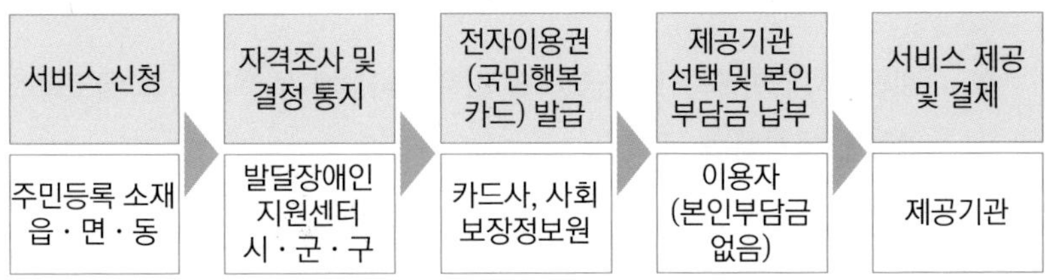

생각해 볼 문제

1. 사회복지정책 전달체계로서 사회보장에 관한 국민권리를 실현하기 위한 국가와 지방자치단체의 책임을 「사회보장기본법」에 기초하여 설명해 보시오.

2. 사회복지정책 전달체계로서 국민의 복지와 인권증진을 위한 국가와 지방자치단체, 사회복지사업을 하는 민간전달체계의 책임을 「사회복지사업법」에 기초하여 설명해 보시오.

3. 사회복지정책 전달체계의 주체로서 정부의 주무부, 지방자치단체, 민간전달체계의 각각의 역할을 제시하여 보시오.

4. 보건복지부 산하 사회복지시설의 종류를 설명해 보시오.

5. 보건복지부 소관 사회복지시설을 서비스 대상별로 분류해 보시오.

6. 사회복지정책의 주무부서인 보건복지부 조직체계 중 '사회복지정책실'의 업무를 설명해 보시오.

7. 「지방자치법」 제2조에 따라 지방자치단체의 종류는 광역자치단체와 기초자치단체로 나뉘게 된다. 전국의 광역자치단체와 기초자치단체를 종류에 따라 분류하고 해당 개수를 제시해 보시오.

8. 보건복지부의 국고보조금 대상 사회복지 8개 부분과 주요 국고보조사업들을 제시해 보시오.

9. 기초생활보장 부분과 노인 · 청소년 부분 국고보조금 전달경로를 각각 설명해 보시오.

10. 사회복지시설 평가절차를 설명해 보시오.

11. 「지방자치법」 제9조 지방자치단체의 사무범위에 따른 지방자치단체의 사무를 설명해 보시오.

12. 민간사회복지시설과 민간사회복지기관의 「사회복지사업법」에 따른 사회복지사업 기본이념을 설명해 보시오. 그리고 「사회복지사업법」 제2조에 따른 사업 등 각종 복지사업과 이와 관련된 자원봉사활동 및 복지시설의 운영 또는 지원에 관련된 법령을 나열해 보시오.

13. 복지다원주의와 민영화, 시장화의 등장배경을 설명하고 사회서비스 제공자들에게 공공성 강화가 요구되는 이유를 제시해 보시오.

참고문헌

국가청렴위원회(2006). 사회복지시설 · 법인 운영 지원의 투명성 제고를 위한 제도개선 방안.

국민권익위원회(2010). 사회복지시설 위탁운영 및 보조금 집행의 투명성 제고.

국민권익위원회(2011). 사회복지 관련 법인 · 시설 운영의 투명성 제고 방안.

보건복지부(2019). 2019 사회복지시설 관리안내.

보건복지부(2020a). 2020 사회복지시설 관리안내.

보건복지부(2020b). 2020년도 사회서비스 제공계획 공고.

보건복지부(2020c). 조직도. https://www.mohw.go.kr/react/sg/ssg0101mn.jsp?PAR_MENU_ID=05&MENU_ID=050201

원소연(2012). 복지다원주의와 보충성원칙: 독일의 노인요양서비스 사례를 중심으로. 한국정책학회보, 21(3), 441-480.

한승희(2019). 사회복지분야 국고보조사업의 현황과 집행실적 분석. 서울: 한국재정정보원.

행정안전부(2019). 지방자치단체 행정구역 및 인구현황.

행정안전부(2020). 2019년도 지방자치단체 통합재정 개요.

제11장

사회복지정책의 재원

1. 재원의 개념과 종류 및 특성
2. 사회보장 목적세의 필요성과 방법

이 장에서는 사회복지정책을 실현하는 데 요구되는 재원의 구성과 확대방안에 대하여 논의한다. 사회복지재원과 각 재원의 세부적인 종류와 방법, 필요성과 특징 등에 대하여 알아보고, 개별 복지국가의 재원 현황과 특성, 복지지출 규모와 구조 등을 비교하여 살펴본다. 사회복지 목적세 등 사회복지재정 관련 핵심 쟁점에 관하여도 논의한다.

1. 재원의 개념과 종류 및 특성

1) 사회복지정책의 재원

사회복지정책은 곧 사회보장(social security)제도를 의미하며 사회보장제도는 모든 국민이 인간다운 생활을 영위할 수 있도록 정부가 법적 근거에 기반을 두고 현금, 현물, 서비스를 제공해 주는 사회적 제도라고 정의할 수 있다. 사회보장제도는 사회보험, 공공부조, 사회서비스로 구성된다. 사회보험(social insurance)은 보험방식을 적용하여 질병, 노령, 장애, 실업, 사망 등으로 활동능력을 상실하거나 소득이 감소하는 경우 이를 보장하기 위한 제도로, 기본적으로 모든 국민을 대상으로 하며, 가입자와 사용자가 납부하는 보험료를 주요 재원으로 한다. 공공부조(public assistance)는 국가기관이 주체가 되어 생활이 어려운 자에게 생계 · 주거 · 의료 · 교육 · 자활 등 필요한 급여를 행하여 이들의 최저생활과 자립지원을 보장하는 대표적인 사회경제적 제도로, 조세를 재원으로 하는 점에서 다른 사회보장제도와 차이를 보인다. 한편, 사회서비스(social service)는 「사회서비스 이용 및 이용권 관리에 관한 법률」[1]에 근거하여 사회보험이나 공공부조와는 다르게 개인 또는 사회 전체의 복지증진 및 삶의 질 제고를 위해 사회적으로 제공하는 서비스로서 사회복지, 보건의료, 교육, 문화, 주거, 고용, 환경 등을 폭넓게 포함하며 노인, 아동, 장애인 등을 대상으로 한 돌봄서비스를 총칭한다. 사회서비스의 재정지원은 수요자 지원방식이며 수요자 본인이 일부 부담한다.

〈표 11-1〉 사회보장제도의 종류와 재원

구분	사회보험	공공부조	사회서비스
대상	모든 국민	저소득층	서민, 중산층까지 확대
종류	• 국민연금 • 국민건강보험 • 노인장기요양보험 • 고용보험 • 산재보험 • 공무원연금 • 군인연금 • 사학연금	• 국민기초생활보장 ① 생계급여[1)] ② 해산급여: 출생영아 1인당 700천 원 ③ 장제급여: 사망자 1구당 800천 원 ④ 의료급여: 「의료급여법」이 정하는 바에 따름 ⑤ 주거급여: 국토교통부 장관이 정하는	• 임신 · 출산(난임지원, 고위험 임산부 지원, 산모, 신생아 건강관리) • 영유아(보육서비스 아이돌보미) • 아동 · 청소년(지역아동센터, 드림스타트, 방과후 돌봄, 놀이 문화, 심리상담, 영양 · 신체활동) • 중고령(사회서비스 일

1) 사회복지사업법 제2조 제4호에 따른 사회복지서비스, 보건의료기본법 제3조 제2호에 따른 보건의료서비스, 그 밖에 이에 준하는 서비스로서 대통령령으로 정하는 서비스를 말한다.

		기준에 따라 지급 ⑥ 교육급여: 교육부장관이 정하는 기준에 따라 입학금, 수업료, 교과서대, 부교재비, 학용품비 지급 ⑦ 자활급여: 자활사업안내 참조 • 자활근로사업[2] • 자산형성지원(희망·내일키움통장)[3]	자리장애인, 자활 등, 노후설계 지원, 운동 등 건강관리) • 노인(장기요양, 노인돌봄, 치매 돌봄, 노인일자리, 지역통합 돌봄, 노인건강관리) • 죽음(호스피스, 장사) 등 생애주기별 서비스
재원	가입자와 사용자의 납부 보험료	조세	국가보조금 및 수요자 본인부담

주: 1) 생계급여는 수급자에게 의복, 음식물 및 연료비, 기타 일상생활에 기본적으로 필요한 금품을 지급하는 것으로 생계급여 지급기준에서 가구의 소득인정액을 차감하여 산정한 금액으로, 생계급여액은 생계급여 지급기준에서 소득인정액을 뺀 금액임(보장시설수급자는 별도의 급여기준에 의해 지급함).

〈2020년도 생계급여 최저보장 수준 및 선정기준〉 (단위: 원)

구분	가구규모						
	1인 가구	2인 가구	3인 가구	4인 가구	5인 가구	6인 가구	7인 가구
기준 중위소득 A	1,757,194	2,991,980	3,870,577	4,749,174	5,627,771	6,506,368	7,389,715
생계급여 선정 및 급여기준(A의 30%)	527,158	897,594	1,161,173	1,424,752	1,688,331	1,951,910	2,216,915

2) 자활근로사업은 저소득층에게 자활을 위한 근로의 기회를 제공하여 자활기반을 조성하는 사업으로 참여자의 자활능력과 사업유형에 따라 근로유지형, 사회서비스형, 인턴 · 도우미형, 시장 진입형으로 구분하며, 자활근로사업 참여 이전 GateWay 과정 단계에서 개인별 맞춤형 자활경로 설정 및 체계적 지원을 통해 자활터전을 마련함.

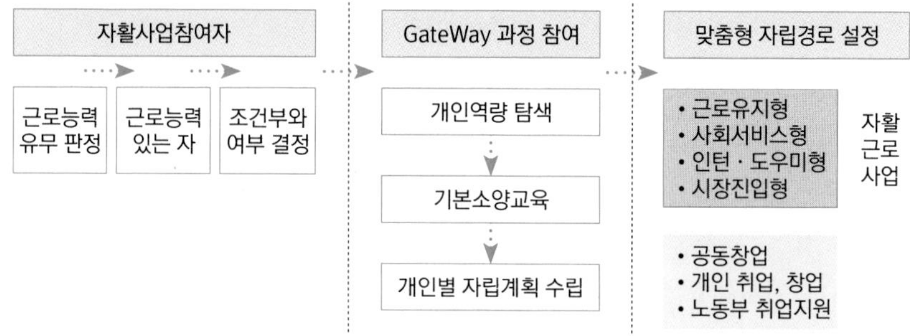

3) 열심히 일하는 수급가구, 차상위계층 및 자활근로사업단 참여자의 자립 · 자활 지원을 위해 정부가 자산형성을 지원하는 제도로서 신청자격은 희망키움통장I의 경우 일하는 생계 · 의료수급가구, 희망키움통장 II 의 경우 일하는 주거 · 교육수급가구 및 차상위층, 내일키움통장의 경우 자활근로사업참여자(시장진입형, 사회서비스형, 인턴도우미형), 청년희망키움통장의 경우 일하는 생계수급 청년(만 15~34세)이 있음. 혜택내용은 희망키움통장I의 경우 '근로소득장려금=[가구 총 소득-(기준 중위소득 40%의 60%)]×0.85(장려율) → 평균 적립액 334천 원/월'임. 희망키움통장II의 경우 '근로소득장려금=가입자 적립금액과 1:1 매칭 → 정액 적립액 100천 원/월'임. 내일키움통장의 경우 '내일근로장려금(가입자 적립금액과 1:1 매칭) → 평균적립액 80.4천 원/월+내일키움장려금(사업단 유형별 1:1, 1:0.5 차등매칭 지원)+내일키움수익금(최대 15만 원 지원)'임. 청년희망키움통장의 경우 '근로소득장려금 10만 원/월+근로소득장려금=[청년 총 소득-(1인 가구 기준 중위소득 20%)]×0.63 → 평균 적립액 300천 원/월'임.

출처: 국회예산정책처(2019b), 보건복지부(2020c, 2020f, 2020e) 재정리.

2) 공공재원의 요소

사회복지가 발달할수록 사회복지정책에 사용되는 재원 가운데 공공부문의 비중이 커짐은 자연스러운 현상이다. 복지선진국들의 사회복지정책 재원은 거의 대부분 공공재원이라 할 것이다. 공공재원은 크게 일반조세와 사회보험료로 구분된다.

(1) 일반조세

우리나라 조세제도는 국가 또는 지방자치단체가 재정수입을 조달할 목적으로 법률에 규정된 과세요건을 충족한 모든 자에게 직접적인 반대급부 없이 국민에게 부과·징수하는 금전급부인 조세를 규율하는 규범의 총체이며 현행 조세체계는 국세(소득세, 법인세, 상속세, 증여세, 종합부동산세, 부가가치세, 교통에너지환경세, 주세, 인지세, 증권거래세, 교육세, 농어촌특별세, 관세 등 14개) 및 지방세(취득세, 등록면허세, 레저세, 담배소비세, 지방소비세, 주민세, 지방소득세, 재산세, 자동차세, 지역자원시설세, 지방교육세의 11개)로 분류된다.

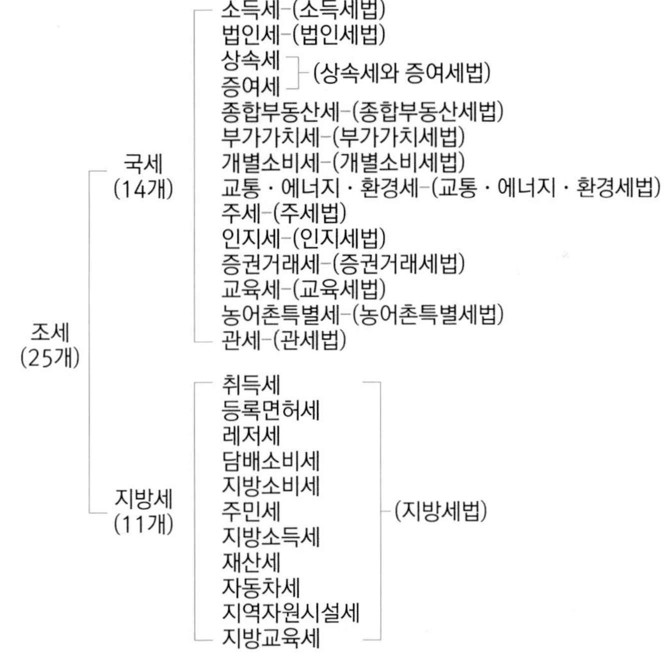

[그림 11-1] 우리나라 현행 조세 종류

주: 1) 토지초과이득세는 1998. 12. 28., 자산재평가세는 2000. 12. 31., 전화세는 2001. 9. 1. 폐지됨.

2) 2001년 1월부터 지방세분 교육세(국세)가 지방교육세(지방세)로 전환됨.

3) 2005. 1. 1. 종합토지세 폐지, 2007. 7. 19. 부당이득세 폐지됨.

4) 2010. 1. 1. 사업소세·농업소득세 폐지, 지방소비세·지방소득세 신설됨.

출처: 기획재정부(2019), p. 5.

4대 공적연금인 국민연금, 공무원연금, 군인연금, 사학연금과 고용보험, 산업재해보상보험, 건강보험의 사회보장기여금은 국가의 조세수입에 의존한다. 국민들의 조세부담 정도를 측정하는 지표인 조세부담률(국세 및 지방세를 합한 조세수입이 경상 GDP에서 차지하는 비중)은 2014년 17.1%에서 20.0%로 해마다 상승하고 있는 것을 알 수 있다(〈표 11-3〉 참조). 조세수입과 사회보장기여금(국민연금, 공무원연금, 군인연금, 사학연금과 고용보험, 산업재해보상보험, 건강보험)이 경상 GDP에서 차지하는 비중, 국민부담률 역시 2014년 23.4%에서 2018년 26.8%로 지속적으로 높아지고 있는 것을 알 수 있다(〈표 11-2〉 참조).

〈표 11-2〉 조세부담률과 사회보장기여금 국민부담률 (단위: 조 원, %)

구분		2014년	2015년	2016년	2017년	2018년
GDP		1,562.9	1,658.0	1,740.8	1,835.7	1,839.5
규모	• 조세	267.2	288.9	318.1	345.8	377.9
	–국세	205.5	217.9	242.6	265.4	293.6
	–지방세	61.7	71.0	75.5	80.4	84.3
부담률	• 조세부담률	17.1	17.4	18.3	18.8	20.0
	–국세	13.1	13.1	13.9	14.5	15.5
	–지방세	3.9	4.3	4.3	4.4	4.5

주: 한국은행 신계열 GDP 기준(2010년 → 2015년으로 기준년 개편, 2019. 6. 4.)임.

(단위: %)

연도	2014년	2015년	2016년	2017년	2018년
국민부담률	23.4	23.7	24.7	25.4	26.8

주: 한국은행 신계열 GDP 기준(2010년 → 2015년으로 기준년 개편, 2019. 6. 4.)임.
출처: 기획재정부(2019), p. 10.

우리나라 국민의 조세부담률과 사회보장기여 국민부담률은 OECD 주요국의 조세 및 국민부담률(2016년 기준, %)을 비교할 때 OECD 평균에 비해 낮은 수준에 있다(〈표 11-3〉 참조). 저출산·고령화의 심화로 저성장이 예상되므로 사회보장제도와 제정이 안정적으로 운영될 수 있도록 사회지출 증가를 전망하며 재정의 지속가능성을 확보하기 위하여 노년층의 역할증대와 일자리 창출 등의 노력이 필요할 것이다.

〈표 11-3〉 2016년 OECD 주요국의 조세 및 국민부담률 (단위: %)

구분	한국	미국	일본	프랑스	독일	이탈리아	영국	OECD 평균
조세부담률	18.3	19.7	18.2	28.8	23.4	29.8	26.5	24.9
국민부담률	24.7	25.9	30.6	45.5	37.4	42.6	32.7	34.0

주: (한국) 한국은행 신계열 GDP 기준(2010년 → 2015년으로 기준년 개편, 2019. 6. 4.)임.
자료: OECD Revenue Statistics (2018).
출처: 기획재정부(2019), p. 11.

사회보장제도 유형별로 복지지출을 살펴보면, 공공부조의 경우 2020년 현재 GDP 대비 1.7%, 사회보험 9.1%, 사회서비스 1.9%이다. 2060년에는 공공부조 3.8%, 사회보험 23.2%, 사회서비스 1.5%로 공공부조와 사회보험이 거의 두 배 늘어날 것으로 예상된다(〈표 11-4〉 참조; 공공부조 중 기초노령연금의 비중은 72.8%로, 인구 고령화에 따른 기초노령연금 수급자의 증가에 기인한다).

〈표 11-4〉 사회보장제도 유형별 복지지출(지방자체사업비 제외) GDP 대비 비중

(단위: %)

구분	2018년	2020년	2030년	2040년	2050년	2060년	연평균 증가율
합계	10.7	11.7	15.9	20.5	24.9	28.2	5.5
공공부조[1)]	1.5	1.7	2.2	2.5	2.5	2.4	4.2
사회보험[2)]	6.9	7.7	11.4	15.8	20.3	23.8	6.2
사회보상[3)]	0.2	0.2	0.2	0.2	0.2	0.2	2.3
사회서비스[4)]	2.0	2.0	2.1	2.0	1.9	1.9	2.9

주: 1) 기초연금, 생계급여 및 의료급여, 자활지원, 장애인연금, EITC 근로장려금을 포함함.

2) 국민연금 등 4대 공적연금, 건강보험 및 노인장기요양보험, 고용 · 산재보험을 포함함.

3) 사할린 한인지원, 보훈급여, 새터민 지원, 일본군위안부피해자 생활안정지원 등을 포함함.

4) 노인 · 아동 · 장애인 및 여성 등에 대한 사회복지서비스 등을 포함함.

출처: 한승희(2019), p. 15.

건강보험은 보험료수입 외에도 건강보험급여의 11.2%를 일반조세에서 충당하고, 담배에 대해 부과되는 건강증진부담금으로 3% 정도 활용하고 있다(〈표 11-5〉 참조). 국민연금의 경우 보험료 외에 일반조세에서 관리운영비 및 출산크레딧급여, 실업크레딧급여, 군복무크레딧급여 등을 지원하고 있다(〈표 11-6〉 참조). 공무원연금([그림 11-2] 참조)과 군인연금은 재정적자분에 대한 국고보조가 법령화되어 있고, 공무원연금은 일반조세에서 공무원연금부담금을 충당하고, 기타특별회계(우편사업, 등기, 아시아문화중심도시조성, 행정중심복합도시건설, 환경개선, 책임운영기관)에서도 일부 충당되고 있다(한국재정정보원, 2019, pp.109-110). 군인연금과 사립학교교직원연금([그림 11-3] 참조)은 일반조세에서 연금보험료를 지원한다. 고용보험과 산재보험도 일반조세에서 고용보험기금의 고용

보험 운영을 지원한다.

〈표 11-5〉 연도별 건강보험 재정현황 (단위: 천 원)

구분		2018년	2017년	2016년
계(A)	소계	62,715,795,218	58,818,071,225	56,459,878,174
보험료(C1)	소계	53,896,460,440	50,416,797,884	47,593,146,516
정부지원금	소계	7,070,427,632	6,774,705,000	7,091,671,000
	보험재정 국고지원금(C2)	5,190,335,632	4,873,623,000	5,200,262,000
	관리재정 국고지원금	–	0	0
	담배부담금(C3)	1,880,092,000	1,901,082,000	1,891,409,000
기타	소계	1,748,907,146	1,626,568,341	1,775,060,658

출처: 통계청(2019a).

〈표 11-6〉 연도별 국민연금 재정현황 (단위: 억 원)

구분	2016년	2017년	2018년
• 조성	636,277	830,505	385,347
–연금보험료	390,359	417,849	443,735
–운용수익	245,439	411,941	−58,671
–국고보조금 등	479	715	284
• 지출	176,527	197,074	213,958
–연금급여지급(출산크레딧급여, 실업크레딧급여, 군복무크레딧급여)	170,682	190,839	207,527
–관리운영비 등	5,845	6,235	6,431
• 기금 증가분	459,750	633,431	171,389
• 기금 운용	5,582,991	6,216,422	6,387,811
–공공부문	0	0	0

-복지부문	1,396	1,433	1,446
-금융부문	5,576,819	6,210,182	6,382,168
-기타	4,777	4,806	4,1

출처: 통계청(2019b).

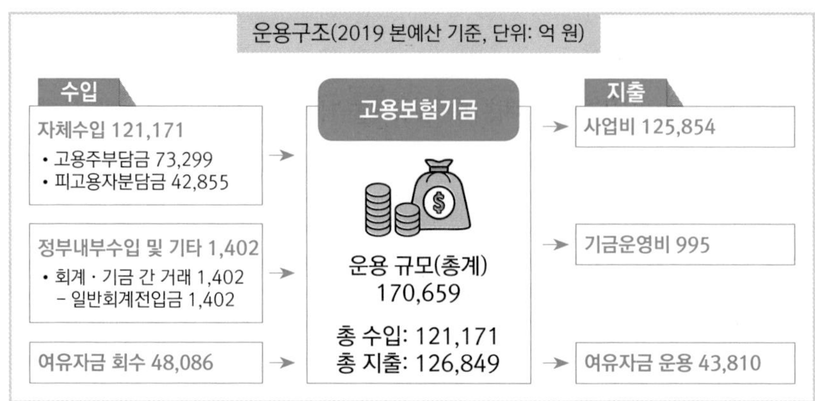

[그림 11-2] 고용보험기금 운용구조

출처: 한국재정정보원(2019), p. 88.

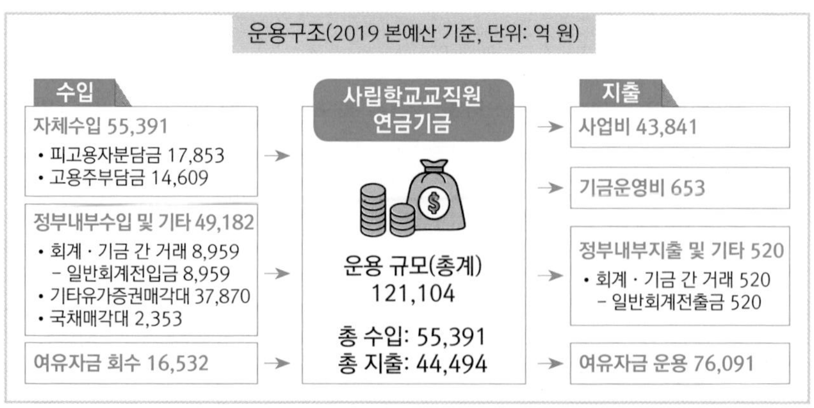

[그림 11-3] 사립학교교직원 연금기금 운용구조

출처: 한국재정정보원(2019), p. 92.

(2) 사회보험료

우리나라는 「헌법」의 사회적 기본권[2]에 근거해서 「사회보장기본법」 제3조 제1항에서 "출산, 양육, 실업, 노령, 장애, 질병, 빈곤 및 사망 등의 사회적 위험으로부터 모든 국민을 보호하고 국민 삶의 질을 향상시키는 데 필요한 소득 · 서비스를 보장하는 사회보험, 공공부조, 사회서비스"를 정의하고 제3조 제2항에서는 사회보험을 규정하고 있다. 공적연금을 포함한 사회보험의 재원은 재산수입 및 각종 기타수입 등을 제외한 보험료와 일반조세로 충당된다.

우리나라 8대 사회보험에는 국민연금, 건강보험, 노인장기요양보험, 고용보험, 산업재해보상보험(산재보험), 공무원연금, 군인연금, 사립학교교직원연금이 있다. 이 8대 사회보험은 노후소득보장과 소득계층 간 또는 세대 간 소득재분배 기능을 수행하는 일반 국민과 근로자를 위한 ① 국민연금 및 특수직역 종사자를 위한 ② 공무원연금, ③ 군인연금, ④ 사립학교교직원연금(사학연금) 등 '4대 공적연금'과 ① 국민연금, ② 건강보험, ③ 고용보험, ④ 산업재해보상보험(산재보험)을 포함한 '4대 보장성기금'으로 분류할 수 있다. 그리고 공적연금과 사회보장성기금을 제외한 사회보험으로 모든 국민을 대상으로 의료혜택을 제공하는 국민건강보험과 65세 이상 노인들에게 신체가사활동을 지원할 목적으로 도입된 노인장기요양보험이 있다. 사회보험은 매년 징수되는 수입으로 지출을 충당하며, 국가는 사회보험에 대한 국가지원사업으로 기금 또는 보험 재정으로 전입하여 사회보험 중 사학연금의 연금 및 퇴직수당 국가부담금, 공무원 및 군인연금의 적자보전금과, 건강보험 및 노인장기

---

2) 대한민국 「헌법」상 사회보장법에 영향을 미치는 중요한 기본권으로는 인간의 존엄과 가치와 행복추구권(동법 제10조), 평등권(동법 제11조), 교육을 받을 권리(동법 제31조), 근로의 권리(동법 제32조), 인간다운 생활을 할 권리(동법 제34조), 혼인과 가족생활 · 모성의 보호 · 보건권(동법 제36조)이 해당된다.

요양보험의 가입자를 지원하고 있다. 2020년 사회보험 국가지원사업은 〈표 11-7〉과 같이 편성되어 있다.

〈표 11-7〉 사회보험 국가지원사업 개요 (단위: 억 원)

구분	사업 내용	2020년도 예산안
국민연금	• 보험료 지원: 사회보험사각지대 해소, 농어업인 연금보험료 지원, 실업크레딧 • 급여지원: 출산크레딧, 군복무크레딧 • 관리운영비 지원	12,283
사학연금	• 연금 및 퇴직수당 국가부담금	8,957
공무원연금	• 공무원연금기금의 연금수지 적자보전	12,612
군인연금	• 군인연금기금의 연금수지 적자보전	15,779
고용보험	• 보험료 지원: 사회보험 사각지대 해소 • 급여지원: 모성보호지원, 청년 및 적극적 노동시장 정책 지원 • 관리운영비 지원	7,627
산재보험	• 관리운영비 지원	155
건강보험	• 보험료 지원: 농어업인 보험료 지원, 차상위계층 지원 • 급여지원: 차상위계층 지원 • 가입자 지원	94,541
노인장기요양보험	• 보험료 지원: 차상위계층 지원 • 가입자 지원	11,560
합계		163,514

자료: 고용노동부, 보건복지부 자료를 바탕으로 국회예산정책처 재작성.
출처: 국회예산정책처(2019b), p. xxx.

사회보험 국가지원 주요 사업(사학연금의 연금 및 퇴직수당 국가부담금, 공무원 및 군인연금의 적자보전금, 건강보험 및 노인장기요양보험의 가입자 지원)에 대한 재정전망은 2019년 13.6조 원에서 2028년 26.6조 원으로 연평균 7.7% 증가하는 것으로 나타난다(〈표 11-8〉와 [그림 11-4] 참조).

〈표 11-8〉 주요 국고지원 일반회계전입금 전망(2019~2028년)

(단위: 조 원, %)

구분	2019년	2020년	2021년	2022년	2023년	2024년	2025년	2026년	2027년	2028년	연평균 증가율
사학연금	1.0	1.0	1.1	1.1	1.1	1.2	1.2	1.2	1.2	1.3	3.0
공무원연금	2.2	2.2	2.2	2.4	2.2	3.0	3.2	3.7	4.3	5.1	9.8
군인연금	1.6	1.7	1.8	1.9	1.9	2.0	2.1	2.2	2.3	2.4	4.6
건강보험	7.9	8.9	9.7	10.5	11.3	12.3	13.3	14.3	15.0	15.7	8.0
노인장기요양보험	0.9	1.2	1.3	1.4	1.5	1.7	1.8	1.9	2.0	2.1	10.1
합계	13.6	15.0	16.3	17.1	18.2	20.2	21.6	23.3	24.8	26.6	7.7

주: 1) 사학연금의 국고지원은 일반회계전입금으로서 연금부담금, 재해보상부담금, 퇴직수당부담금 중 국가가 부담하는 금액임.
2) 공무원연금과 군인연금은 공무원연금기금 및 군인연금기금의 연금수지 적자 보전금임.
3) 건강보험은 일반회계와 국민건강증진기금으로부터의 지원금을 합산한 금액임.
4) 노인장기요양보험은 「노인장기요양보험」 제58조 제1항에 따른 노인장기요양보험에 대한 국가부담금임.

출처: 국회예산정책처(2019b), p. xxxi.

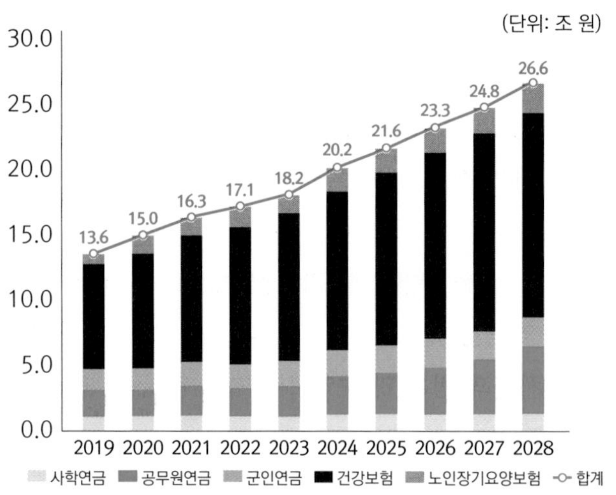

[그림 11-4] 주요 국고지원 일반회계전입금 전망(2019~2028년)

출처: 국회예산정책처(2019b), p. xxxi.

국민연금, 공무원연금, 군인연금, 사학연금, 고용보험, 산업재해보상보험(산재보험)은 국가재정법에 따른 기금으로 운영되며, 국민건강보험과 노인장기요양보험은 국민건강보험공단 회계로 운영된다. 국가재정법의 적용을 받지 않는 국민건강보험과 노인장기요양보험 재정은 국회의 예·결산 심사나 성과관리제도에도 적용되지 않기 때문에 장기적 재정관리에 허점을 안고 있다.

국민연금[3]의 연금보험료 금액은 가입자 자격취득 시의 신고 또는 정

3) 국민연금급여에는 **노령연금**(국민연금의 기초가 되는 급여로 국민연금 가입자가 나이가 들어 소득활동에 종사하지 못할 경우 생활안정과 복지증진을 위하여 지급되는 급여), **분할연금**(가입기간 중 혼인기간이 5년 이상인 노령연금수급권자의 이혼한 배우자가 수급연령/현재 62세 이상이 된 경우), **장애연금**(1~3급; 가입자 또는 가입자였던 자가 질병이나 부상으로 신체상 또는 정신상의 장애가 있는 경우 장애등급에 따라 일정한 급여를 지급하여 장애로 인한 소득감소 부분을 보전함으로써 자신과 가족의 안정된 생활을 보장하는 급여로, 수급요건은 ① 질

기결정에 의하여 결정되는 기준소득월액에 보험료율을 곱하여 산정하며(연금보험료=가입자의 기준소득월액×연금보험료율) 보험료는 가입자 소득[4]의 9%(보험료율)[5]로, 사업장가입자는 사업주(50%)와 근로자(50%) 분담(그 외 가입자는 전액 본인부담)한다(보건복지부, 2020b). 농어업인의 기준소득월액이 97만 원 이상인 경우 43,650원을 정액 지원하고, 기준소득월액이 97만 원 미만인 경우 연금보험료의 1/2에 해당하는 금액을, 근로자 10명 미만 소규모 사업장에 속한 월 근로소득 215만 원 미만 저소득근로자의 국민연금 · 고용보험 보험료를 최대 90%(신규가입자 80~90%, 기존가입자 30% 지원)를, 그리고 국민연금 보험료를 1개월 이상 납부한 적이 있는 구직급여수급자가 희망하는 경우 구직급여 수급기간 중 최대 12개월간 국민연금 보험료의 75%를 지원한다(보건복지부, 2020b). 또한 2008년 이후 둘째 자녀 이상을 출산 또는 입양한 국민연금 가입자에게 자녀 수에 따라 12~50개월의 가입기간을 추가로 인정하는 '국민

병 또는 부상의 초진일 당시 연령이 18세 이상이고 노령연금 지급 연령 미만이어야 하고, ② 다음 중 하나에 해당해야 함, 초진일 당시 가입기간이 10년 이상일 것, 초진일 당시 연금보험료를 낸 기간이 가입대상기간의 3분의 1 이상일 것, 초진일 5년 전부터 초진일까지의 기간 중 연금보험료를 낸 기간이 3년 이상일 것), **유족연금**(국민연금 가입자나 가입자였던 자 또는 연금을 지급받던 사람이 사망할 경우 그에 의해 생계를 유지하던 유족에게 급여를 지급하여 안정된 삶을 살아갈 수 있도록 하기 위해 지급되는 급여이며, 수급요건은 사망한 자가 ① 노령연금 수급권자, ② 가입기간이 10년 이상인 가입자 또는 가입자였던 자, ③ 연금보험료를 낸 기간이 가입대상기간의 3분의 1 이상인 가입자 또는 가입자였던 자, ④ 사망일 5년 전부터 사망일까지의 기간 중 연금보험료를 낸 기간이 3년 이상인 가입자 또는 가입자였던 자, ⑤ 장애등급이 2급 이상인 장애연금 수급권자일 경우)이 있다.

4) 소득은 월 최저 31만 원(보험료 28천 원)부터, 최고 486만 원(보험료 437천 원)으로 한정한다(2019년).

5) 보험료율은 1988년 3%, 1993년 6%, 1998년 9%로 증가하였다(OECD 평균 21.0%, 미국 12.4%, 일본 14.6%).

연금 출산크레딧'과 국민연금 보험료를 1개월 이상 납부한 적이 있는 구직급여수급자가 희망하는 경우 구직급여 수급기간 중 최대 12개월간 국민연금 보험료의 75%를 지원하는 '실업크레딧' 제도가 있어 이 부분도 국가지원에 포함된다. 국민연금 기금은 [그림 11-5]와 같은 체계를 가지고 운용된다.

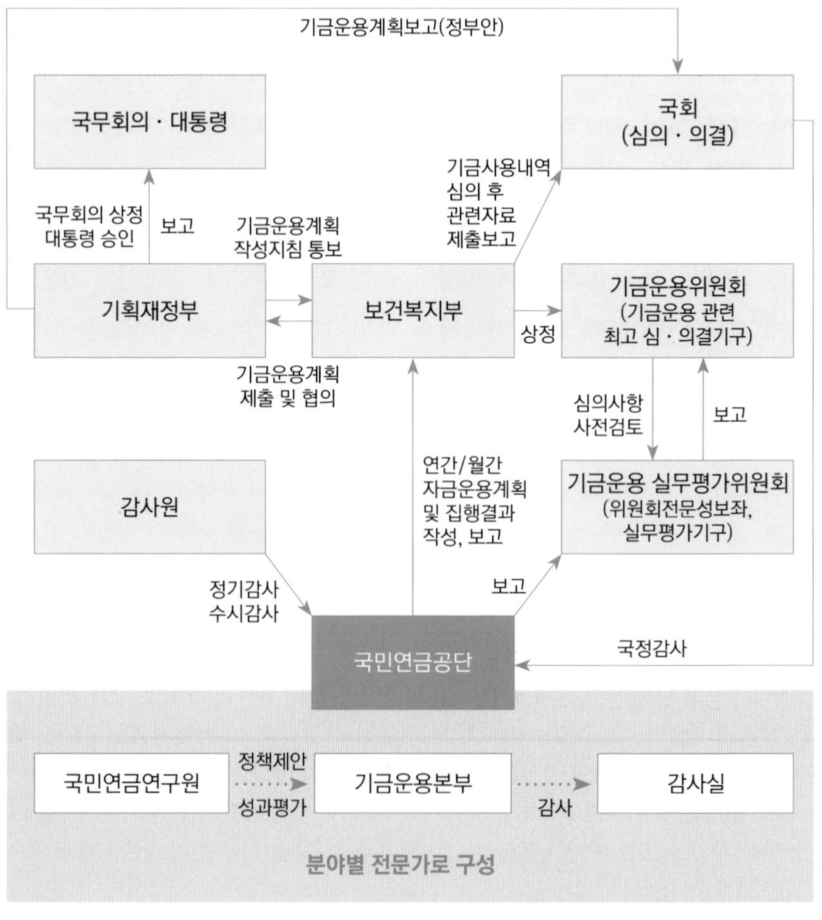

[그림 11-5] 국민연금 기금운용체계

출처: 보건복지부(2020a).

국민연금, 사학연금, 고용보험, 산재보험의 4대 사회보장기금 전체기금은 2019년 흑자였으나 고용보험은 2018년부터 구직급여 증가로 재정수지 적자가 지속되는 것으로 나타난다(〈표 11-9〉 참조).

〈표 11-9〉 사회보장성 재정현황(2014~2019년) (단위: 억 원)

구분		결산					예산
		2014년	2015년	2016년	2017년	2018년	2019년
국민연금 기금	수입	490,408	511,220	537,499	591,026	617,614	648,392
	지출	144,290	158,507	177,317	197,637	214,375	237,582
	수지	346,118	352,713	360,182	393,389	403,239	410,810
	적립금	4,698,229	5,123,241	5,582,991	6,216,422	6,387,811	6,627,318
사립학교 교직원연금 기금	수입	49,905	49,110	51,839	56,636	55,447	64,350
	지출	38,738	42,014	40,495	42,174	44,196	44,494
	수지	11,167	7,096	11,344	14,462	11,251	19,856
	적립금	148,198	154,095	164,674	183,486	184,561	200,257
고용보험 기금	수입	83,708	90,364	102,442	101,362	107,696	122,573
	지출	70,026	81,245	88,672	94,607	115,778	126,849
	수지	13,682	9,119	13,769	6,755	△8,082	△4,275
	적립금	73,361	82,106	95,850	102,544	94,452	90,177
산업재해 보상보험 및 예방 기금	수입	63,601	66,350	71,135	72,895	79,951	84,486
	지출	47,030	49,727	51,473	53,078	59,509	59,769
	수지	16,570	16,623	19,662	19,817	20,442	24,717
	적립금	102,738	118,991	138,653	158,470	178,912	203,629
합계	수입	687,622	717,044	762,915	821,919	860,708	919,801
	지출	300,084	331,493	357,957	387,496	433,858	468,694
	수지	387,537	385,551	404,957	434,423	426,850	451,108
	적립금	5,022,526	5,478,433	5,982,168	6,660,922	6,845,736	7,121,381

주: 1) 수입은 자체수입과 정부내부의 합계이며, 지출은 사업비와 기금운영비를 합한 금액임.
2) 적립금은 매년 말 기준 자산에서 부채를 차감한 금액임.
3) 2019년은 본예산 기준임.
자료: 보건복지부, 교육부, 고용노동부.
출처: 국회예산정책처(2019), p. 211.

국민연금, 군인연금, 공무원연금, 사학연금의 4개 공적연금 중 국민연금과 사학연금은 보험료 수입이 연금급여지급액보다 증가속도가 빨라 2019년까지 수지흑자가 확대된 반면에 공무원연금 및 군인연금 수지는 지속적인 적자를 나타내고 있다(〈표 11-10〉 참조). 그러나 국민연금의 경우 2042년 수지적자, 2057년 기금소진이 예상되며, 사학연금도 2035년 적자, 2051년 기금고갈이 예상된다(〈표 11-10〉 참조).

〈표 11-10〉 4대 공적연금기금 현황(2014~2019년) (단위: 억 원)

구분		결산					예산
		2014년	2015년	2016년	2017년	2018년	2019년
국민연금기금	수입	490,408	511,220	537,499	591,026	617,614	648,392
	지출	144,290	158,507	177,317	197,637	214,375	237,582
	수지	346,118	352,713	360,182	393,389	403,239	410,810
	적립금	4,698,229	5,123,241	5,582,991	6,216,422	6,387,811	6,627,318
공무원연금기금	수입	122,802	137,376	149,011	159,244	159,989	172,127
	지출	147,236	158,446	161,129	169,733	178,260	187,406
	수지	△24,434	△21,070	△12,118	△10,489	△18,271	△15,279
	적립금	85,272	87,542	103,211	109,506	108,379	111,145
군인보험기금	수입	14,782	15,289	16,094	16,503	17,359	18,027
	지출	26,923	28,690	29,566	30,975	32,207	33,630
	수지	△12,141	△13,401	△13,472	△14,472	△14,848	△15,603

	적립금	10,303	10,425	11,042	11,676	11,623	12,047
사립학교 교직원연금 기금	수입	49,905	49,110	51,839	56,636	55,447	64,350
	지출	38,738	42,014	40,495	42,174	44,196	44,494
	수지	11,167	7,096	11,344	14,462	11,251	19,856
	적립금	148,198	154,095	164,674	183,486	184,561	200,257
합계	수입	677,897	712,995	754,443	821,589	850,409	902,896
	지출	357,187	387,657	408,507	444,544	469,038	503,112
	수지	320,710	325,338	345,936	377,045	381,371	399,784
	적립금	4,942,002	5,375,303	5,861,918	6,521,090	6,692,374	6,950,767

주: 1) 수입은 자체수입과 정부내부수입 중 연금부담금만 포함한 금액이며, 지출은 사업비와 기금운영비를 합한 금액임.
2) 공무원연금 및 군인연금은 수입에서 국가 또는 지자체의 보전금을 제외한 금액임.
3) 적립금은 매년 말 기준 자산에서 부채를 차감한 금액임.
4) 2019년은 본예산 기준임.
자료: 보건복지부, 인사혁신처, 국방부, 교육부.
출처: 국회예산정책처(2019), p. 213.

국민건강보험과 노인장기요양보험의 지출증가율도 가파르게 진행되어 국민건강보험과 노인장기요양보험은 2018년부터 수지적자로 전환된 상태에 있다(〈표 11-11〉 참조).

〈표 11-11〉 국민건강보험, 노인장기요양보험 재정수지 (단위: 억 원)

구분	2012년	2013년	2014년	2015년	2016년	2017년	2018년
수입(A)	364,685	393,661	421,803	453,035	486,221	512,151	550,357
지출(B)	388,035	415,287	439,155	482,281	526,339	572,913	622,937
당기수지(A-B)	△23,350	△21,626	△17,352	△29,246	△40,118	△60,762	△72,580

정부지원(C) • 일반회계 • 건강증진기금	53,507 43,434 10,073	58,072 48,086 9,986	63,221 53,030 10,191	70,974 55,789 15,185	70,974 52,060 18,914	67,839 48,828 19,011	70,802 52,001 18,801
정부지원 후 당기수지(A-B+C)	30,157	36,446	45,869	41,728	30,856	7,077	△1,778
누계재정수지	45,757	82,203	128,072	169,800	200,656	207,733	205,955

주: 1) 2013~2018년까지 현금 흐름을 기준으로 함.
2) 총 수입 항목에서 기타수입 항목은 제외되어 있어 합계가 불일치함.
자료: 보건복지부.

(단위: 억 원)

구분	2013년	2014년	2015년	2016년	2017년	2018년
총 수입(A)	37,472	40,439	43,253	46,635	50,846	60,657
보험료(A1)	24,969	26,612	28,479	30,506	32,328	38,474
국고지원금(A2)	4,591	5,033	5,166	5,525	5,822	7,107
의료급여부담금(A3) • 국가부담금 • 지방자치단체부담금	7,450 348 7,102	8,068 368 7,700	8,812 352 8,460	9,773 348 9,425	12,069 367 11,702	14,385 360 14,025
총 지출(B)	32,915	37,399	42,067	47,067	54,139	66,758
수지(A-B)	4,557	3,040	909	△432	△3,293	△6,101
누적수지	19,575	22,615	23,524	23,092	19,799	13,698

주: 1) 국가 의무지출 항목은 보험료(A1) 중 공교부담금과 차상위전환 보험료 국가부담금, 국고지원금(A2), 의료급여부담금(A3) 중 국가부담금이 해당함.
2) 2013~2018년까지 현금 흐름을 기준으로 함.
3) 총 수입 항목에서 기타수입 항목은 제외되어 있어 합계가 불일치함.
자료: 보건복지부.
출처: 국회예산정책처(2019), p. 215.

사회보험을 제외한 공공부조, 사회서비스 등의 보건복지지출은 일반조세로 충당되고 있다. 보건의료지출의 경우 담배를 재원으로 하는 건강증진부담금 수입으로 국민건강증진기금사업지출이 충당되고 있다. 한편, 목적세를 재원으로 하는 특별회계들에서도 부분적으로 보건복지 관련 지출이 이루어지고 있다. 농지전용부담금을 주세원으로 하는 농어촌구조개선특별회계, 부과금을 주세입원으로 하는 에너지 및 자원사업특별회계, 주세를 재원으로 하는 균형발전특별회계, 수입금을 중심으로 운영되는 책임운영기관특별회계 등이 있다. 이처럼 공공부조와 사회서비스는 일반회계(조세), 특별회계, 기금으로 지원되며 국고보조금 중 일반회계(조세) 비중이 가장 높은 분야는 기초생활보장, 기초연금, 일자리안정자금, 영유아보육료지원, 아동수당, 노인일자리 및 사회활동지원 등이다(〈표 11-12〉와 [그림 11-6] 참조).

〈표 11-12〉 공공부조, 사회서비스 분야 회계 · 기금별 추이

구분	2012년	2013년	2014년	2015년	2016년	2017년	2018년	2019년
일반회계	23.7	28.8	29.7	32.4	33.5	34.6	40.3	47.7
	(51.6)	(55.7)	(57.4)	(54.8)	(55.6)	(57.3)	(59.9)	(61.3)
특별회계	16.6	16.5	15.2	17.9	17.5	16.5	17.2	18.2
	(36.2)	(31.9)	(29.4)	(30.2)	(29.0)	(27.4)	(25.5)	(23.3)
기금	5.6	6.4	6.8	8.8	9.2	9.3	9.7	12.0
	(12.2)	(12.4)	(13.2)	(14.9)	(15.3)	(15.4)	(14.5)	(15.4)

주: 1) 2012~2018년은 결산기준, 2019년은 본예산 기준임.
2) ( )는 전체 국고보조금 대비 일반회계, 특별회계, 기금 비중을 의미함.
자료: 디지털예산회계시스템.
출처: 한승희(2019), p. 11.

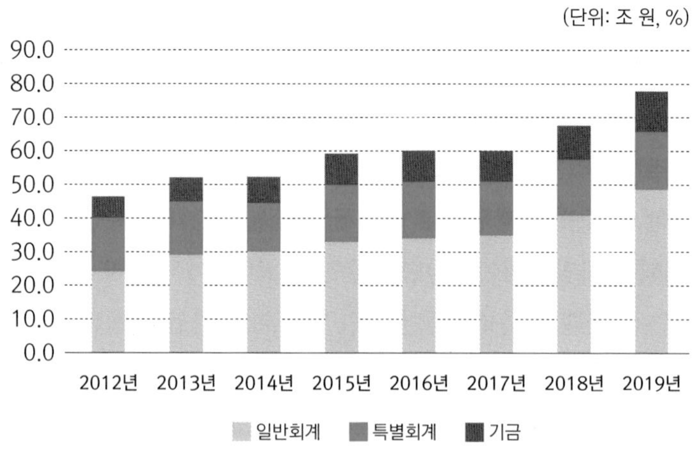

[그림 11-6] 공공부조, 사회서비스 분야 회계·기금별 추이

출처: 한승희(2019), p. 11.

사회복지 분야 부문별 국고보조금 추이를 살펴보면, 기초생활보장 부문이 가장 큰 비중을 차지하고 있다. 기초생활보장 부문은 2012년 7.8조 원에서 2019년 12.7조 원으로 증가하였다. 노인 · 청소년 부문이 2012년 3.6조 원(19.7%)에서 2018년 10.6조 원(27.8%)으로 지출 규모와 비중이 모두 증가하였다(〈표 11-13〉 참조). 기초연금, 아동수당 등이 각각 2014년, 2018년에 새로이 도입되었으며 영유아보육료 및 가정양육수당의 지원 규모도 매년 증가하는 추세를 보이고 있다.

〈표 11-13〉 사회복지 분야 국고보조금 부문별 추이 (단위: 조 원, %)

구분	2012년	2013년	2014년	2015년	2016년	2017년	2018년	2019년
기초생활 보장	7.8	8.4	8.4	9.1	10.0	10.7	11.3	12.7
	(43.0)	(39.2)	(34.8)	(32.8)	(33.8)	(34.0)	(29.6)	(27.5)
취약계층 지원	1.1	1.5	1.6	2.2	2.3	2.5	2.7	3.2
	(6.2)	(6.8)	(6.6)	(8.0)	(7.8)	(7.8)	(7.2)	(6.8)

사회복지 일반	0.3	0.4	0.4	0.4	0.5	0.4	0.8	0.9
	(1.4)	(1.7)	(1.7)	(1.4)	(1.5)	(1.4)	(2.1)	(1.9)
주택	0.4	0.5	0.5	0.4	0.4	0.5	0.6	0.8
	(2.5)	(2.5)	(1.9)	(1.4)	(1.2)	(1.7)	(1.7)	(1.7)
보훈	0.2	0.3	0.2	0.2	0.2	0.2	0.2	0.2
	(1.3)	(1.2)	(1.0)	(0.8)	(0.8)	(0.7)	(0.5)	(0.5)
보육·가족 및 여성	3.6	5.2	5.6	5.6	5.7	5.9	6.6	–
	(19.7)	(24.1)	(23.4)	(20.0)	(19.4)	(18.7)	(17.5)	–
노인·청소년	3.6	3.9	5.9	8.2	8.6	9.3	10.6	–
	(19.7)	(18.2)	(24.6)	(29.7)	(29.0)	(29.8)	(27.8)	–
노인	–	–	–	–	–	–	–	12.9
	–	–	–	–	–	–	–	(28.1)
아동·보육	–	–	–	–	–	–	–	8.1
	–	–	–	–	–	–	–	(17.6)
여성·가족·청소년	–	–	–	–	–	–	–	0.9
	–	–	–	–	–	–	–	(2.0)
노동	1.1	1.4	1.5	1.7	1.9	1.8	5.2	0.1
	(6.3)	(6.3)	(6.1)	(6.0)	(6.4)	(5.8)	(13.6)	(0.2)
고용	–	–	–	–	–	–	–	6.3
	–	–	–	–	–	–	–	(13.6)
합계	18.1	21.5	24.1	27.8	29.5	31.3	38.1	46.1
	(100.0)	(100.0)	(100.0)	(100.0)	(100.0)	(100.0)	(100.0)	(100.0)

주: 1) 2012~2018년은 결산기준, 2019년은 본예산 기준임.

2) ( )는 사회복지분야 국고보조금 대비 부문별 비중을 의미함.

3) 2019년 사회복지분야 부문 개편됨.

자료: 디지털예산회계시스템.

출처: 한승희(2019), p. 34.

(3) 민간재원

앞에서 살펴본 것처럼 4대 보험, 공공부조, 사회서비스 등 사회보장제도를 실행하는 데 소요되는 재원 중에서 조세제도를 통한 재원 확보 비중이 전반적으로 높게 차지한다. 조세를 통한 지원 외에 기업 후생복리 사업과 사회에 대한 공헌사업, 민간의 자발적 후원금, 사회서비스 이용자 부담금, 그리고 가족 및 친지, 이웃을 통한 비공식적 지원 등이 민간재원의 요소에 포함될 수 있다.

① 기업복지, 사회공헌

민간재원 가운데 중요한 사회복지재원의 하나인 기업복지의 대표적인 재원은 퇴직연금제도, 사내근로복지기금, 우리사주제도이다. 퇴직연금제도는 근로자의 수급권 강화를 위해 근로자의 퇴직연금을 금융기관에 적립하여 안정적인 노후생활자금을 보장하고 법인세 절감 등 세금혜택을 받을 수 있다. 사내근로복지기금은 임금, 기타 근로조건에 부가하여 근로자의 실질소득을 증대시키고 근로의욕과 노사공동체 의식을 고취시키기 위하여 기업의 이익 일부를 출연하여 근로자의 복지증진사업에 사용함으로써 근로자에게 복지후생 혜택을 보장하는 제도로서 사업주가 사업체 여건을 고려하여 임의적으로 설립한다. 우리사주제도라는 말은 '우리 회사 주식 소유제도'의 줄임말로 기업 또는 정부가 각종 정책적 지원을 제공하여 근로자가 자신이 근무하는 회사의 주식을 취득·보유할 수 있도록 하는 종원업주식소유제도(Employee Stock Ownership Plan: ESOP, 종업원지주제도라고도 함) 또는 종업원주식제도(Employee Share Scheme)이다. 근로자는 우리사주를 취득함으로써 근로자이면서 동시에 주주로서의 책임과 권한을 가지며, 기업의 성장·발전에 의한 기업 가치 증대를 통한 자본소득의 증가로 근로자의 복지증진을 이룰 수 있다.

기업의 사회공헌은 기업이 속한 사회의 한 구성원으로서 책임 있는 역할을 다하겠다는 취지에서 삼양사가 양영회(현 양영재단)를 설립하여 장학금과 연구비를 지원하기 시작한 것을 필두로 2018년 현재 매출액 상위 500대 기업 중 220개사가 참여하고 있으며, 교육 관련 사회공헌, 의료보건, 문화예술, 기부, 자원봉사활동을 펼치고 있다. 최근에는 취약계층을 위한 사회적 기업 설립 등 2018년 사회공헌비용 총 규모는 2조 6,060억 5,809만 원(〈표 11-14〉 참조)에 달하고 있다. 분야별로는 '취약계층 지원'에 대한 지출 비중(37.6%)이 가장 높고, '교육 · 학교 · 학술'(14.7%), '문화예술 · 체육'(11.0%), '창업 지원'(10.9%) 순으로 나타난다(〈표 11-15〉 참조; 전국경제인연합회, 2019).

〈표 11-14〉 연도별 기업 사회공헌 지출 규모 및 증가율 추이 (단위: 백만 원, %)

구분	1998년 (147개사)	2000년 (193개사)	2002년 (202개사)	2004년 (227개사)	2005년 (244개사)	2006년 (202개사)
총 지출액 규모	332,710	706,060	1,086,594	1,228,432	1,402,510	1,804,816
전년도 대비 증가율	8.5%	112.2%	53.9%	13.1%	14.2%	28.7%
평균 지출액 규모	2,263	3,658	5,379	5,412	5,747	8,979
전년도 대비 증가율	−32.1%	61.6%	47.0%	0.6%	6.2%	56.2%

구분	2007년 (208개사)	2008년 (209개사)	2009년 (220개사)	2010년 (220개사)	2011년 (225개사)	2012년 (234개사)
총 지출액 규모	1,955,642	2,160,141	2,651,756	2,873,505	3,088,382	3,253,478
전년도 대비 증가율	8.4%	10.5%	22.8%	8.4%	7.5%	5.3%
평균 지출액 규모	9,402	10,336	12,053	13,061	13,726	13,903
전년도 대비 증가율	4.7%	9.9%	16.6%	8.4%	5.1%	1.3%

구분	2013년 (234개사)	2014년 (231개사)	2015년 (255개사)	2016년 (196개사)	2017년 (198개사)	2018년 (206개사)
총 지출액 규모	2,811,483	2,670,835	2,902,050	2,094,785	2,724,356	2,606,058
전년도 대비 증가율	−13.6%	−5.0%	8.7%	−27.8%	30.1%	−4.3%
평균 지출액 규모	12,014	11,562	11,380	10,688	13,759	12,651
전년도 대비 증가율	−13.6%	−3.8%	−1.6%	−6.1%	28.7%	−8.1%

주: 매해 발표한 사회공헌비용을 기준으로 기재함.
출처: 전국경제인연합회(2019), p. 4.

〈표 11-15〉 분야별 사회공헌지출 비율 추이 (단위: %)

구분	2005년	2006년	2007년	2008년	2009년	2010년	2011년
취약계층 지원	37.2	27.0	27.8	43.2	50.3	43.8	38.3
교육 · 학교 · 학술	35.1	23.2	24.6	20.6	17.6	14.7	23.2
문화예술 및 체육	7.4	11.2	12.6	12.3	6.6	11.8	11.6
환경 보전	1.6	2.2	1.9	1.7	1.6	1.6	2.6
해외 지원	2.3	2.2	2.4	3.2	1.5	6.9	3.8
의료 보건	2.1	6.6	5.2	4.3	3.2	5.1	3.4
기타	4.3	27.5	24.6	14.7	19.2	16.0	17.2

구분	2012년	2013년	2014년	2015년	2016년	2017년	2018년
취약계층 지원	31.7	33.9	29.5	33.5	41.2	31.3	37.6
교육 · 학교 · 학술	16.1	23.7	18.2	17.5	21.9	13.1	14.7
문화예술 및 체육	11.1	12.7	15.3	16.4	20.5	21.6	11.0
환경 보전	2.4	1.4	4.1	3.7	1.2	1.3	0.9
해외 지원	2.9	6.5	1.7	1.3	3.0	1.9	1.5
의료 보건	5.7	0.8	1.1	1.6	0.4	9.4	0.4

기타	30.2	21.0	30.1	26.0	11.8	21.4	23.0
창업 지원(신규)	–	–	–	–	–	–	10.9

출처: 전국경제인연합회(2019), p. 6.

② 후원금

「사회복지사업법」 제45조에 의하면 후원금은 "아무런 대가 없이 무상으로 받은 금품이나 그 밖의 자산"을 말한다. 사회복지법인의 대표이사와 시설장이 후원금을 받은 때에는 「소득세법 시행규칙」 제101조 제20호의2 또는 「법인세법 시행규칙」 제82조 제7항 제3호의3에서 정하는 기부금영수증서식에 따라 후원금 영수증을 발급하고, 후원자에게 교부하여 조세감면을 받을 수 있도록 하고 있다. 민간의 자발적 후원은 국가나 지방자치단체의 재원으로 충분하지 않는 지역사회의 욕구를 지원하는 데 필요하며, 지역사회 구성원의 공동체의식 함양이나 사회적 소외계층의 사회복지 현안을 해소하는 데 중요한 자원으로 기여하고 있다. 법인의 대표이사와 시설의 장은 후원금을 후원자가 지정한 용도 이외로 사용할 수 없으나 지정후원금의 15%는 후원금 모집, 관리, 운영, 사용, 결과보고 등에 필요한 비용으로 사용 가능하다[6](보건복지부, 2020d, p. 148).

또한 「사회복지공동모금회법」 제1조 공동모금을 통하여 국민이 사회복지를 이해하고 참여하도록 함과 아울러 국민의 자발적인 성금으로 조성된 재원(財源)을 효율적이고 공정하게 관리·운용함으로써 사회복지 증진에 이바지함을 목적으로 「사회복지사업법」 제2조 제1호의 사회복지사업이나 그 밖의 사회복지활동 지원에 필요한 재원을 조성하기 위하

6) 후원자가 사용 용도를 지정하지 않은 비지정후원금은 법인운영비 및 시설운영비로 사용하되, 간접비로 사용하는 비율은 당해 연도 전체 지출금액의 50%를 초과하지 못한다.

여 1998년 11월 설립 · 운영하고 있는 '사회복지공동모금회'가 사회복지 정책을 실현하기 위한 사회복지사업과 활동을 지원하는 중요한 재원의 역할을 하고 있다. 2018년 말 총 5,965억 원을 모금하여 대상별로 아동 · 청소년 1,160억 원, 노인 707억 원, 장애인 641억 원, 여성 · 다문화 360억 원, 위기가정 947억 원, 지역사회 4427억 원, 해외 · 북한 · 기타 202억 원을 배분한 것으로 나타난다(〈표 11-16〉 참조). 분야별로는 주거환경지원이 43%로 가장 높고, 기초생계지원이 30% 순으로 높은 지원율을 보였다(〈표 11-17〉 참조).

〈표 11-16〉 사회복지공동모금회 대상별 배분현황 (단위: 억 원, %)

구분	금액	비율
합계	8,444	100
아동 · 청소년	1,160	14
노인	707	8
장애인	641	8
여성 · 다문화	360	4
위기가정	947	11
지역사회	4,427	53
해외 · 북한 · 기타	202	2

출처: 사회복지공동모금회(2020).

〈표 11-17〉 사회복지공동모금회 분야별 배분현황 (단위: 억 원, %)

구분	금액	비율
합계	8,444	100
기초생계지원	2,502	30
교육자립지원	832	10

주거환경지원	3,641	43
보건의료지원	454	5
심리정서지원	188	2
사회적 돌봄강화	468	6
소통과 참여 확대	166	2
문화격차 해소	193	2

출처: 사회복지공동모금회(2020).

③ 이용자 부담

사회서비스는 「사회보장기본법」(제3조) "국가 · 지방자치단체 및 민간부문의 도움이 필요한 모든 국민에게 복지, 보건의료, 교육, 고용, 주거, 문화, 환경 등의 분야에서 인간다운 생활을 보장하고 상담, 재활, 돌봄, 정보의 제공, 관련 시설의 이용, 역량개발, 사회참여 지원 등을 통하여 국민의 삶의 질이 향상되도록 지원하는 제도"의 하나로, 개인 또는 사회 전체의 복지증진 및 삶의 질 제고를 위해 사회적으로 제공하는 서비스로서 노인, 아동, 장애인 등을 대상으로 사회복지, 보건의료, 교육, 문화, 주거, 고용, 환경 등을 폭넓게 지원한다. 사회서비스는 공공부조와 달리 수요자가 서비스 비용의 일부를 부담하도록 하고 있으며, 사회서비스 사업에는 산모 · 신생아 건강관리 지원사업, 지역사회서비스, 가사 · 간병방문지원사업이 있다.

산모 · 신생아 건강관리 지원사업은 모 또는 배우자가 생계 · 의료 · 주거 · 교육급여 수급자 또는 차상위계층에 해당하는 출산가정, 산모 및 배우자의 건강보험료 본인부담금 합산액이 기준 중위소득 100% 이하 금액에 해당하는 출산가정을 대상으로 건강관리사를 파견하여 산모의 산후 회복과 신생아의 양육을 지원하고, 출산가정의 경제적 부담을 경감하고 산모 · 신생아 건강관리사 양성을 통해 사회적 일자리를 창출하는 것을 사업목적으로 한다. 서비스 가격에서 정부지원금을 뺀 차액을 본인이 부담한다(〈표 11-18〉 참조).

〈표 11-18〉 2019년 서비스 가격 및 정부지원금

구분				서비스 기간(일)			서비스 가격(천 원)			정부지원금(천 원)		
				단축	표준	연장	단축	표준	연장	단축	표준	연장
단태아	첫째아	A-가-①형	자격확인	5	10	15	560	1,120	1,680	491	840	1,134
		A-통합-①형	100% 이하							432	739	998
		A-라-①형	100% 초과(예외지원)							344	588	794
	둘째아	A-가-②형	자격확인	10	15	20	1,120	1,680	2,240	1,009	1,294	1,552
		A-통합-②형	100% 이하							888	1,138	1,366
		A-라-②형	100% 초과(예외지원)							706	906	1,087
	셋째아 이상	A-가-③형	자격확인	10	15	20	1,120	1,680	2,240	1,048	1,344	1,613
		A-통합-③형	100% 이하							923	1,183	1,419
		A-라-③형	100% 초과(예외지원)							734	941	1,129
쌍생아	둘째아	B-가-①형	자격확인	10	15	20	1,450	2,175	2,900	1,408	1,805	2,166
		B-통합-①형	100% 이하							1,239	1,589	1,906
		B-라-①형	100% 초과(예외지원)							986	1,264	1,516
	셋째아 이상	B-가-②형	자격확인	15	20	25	2,175	2,900	3,625	2,112	2,407	2,708
		B-통합-②형	100% 이하							1,859	2,118	2,383
		B-라-②형	100% 초과(예외지원)							1,478	1,685	1,896
삼태아 이상, 중증장애산모	구분 없음	C-가형	자격확인	15	20	25	2,505	3,340	4,175	2,433	2,772	3,119
		C-통합형	100% 이하							2,141	2,440	2,744
		C-라형	100% 초과(예외지원)							1,703	1,941	2,183

출처: 보건복지부(2020e).

지역사회서비스는 기준 중위소득 120% 이하(노인 · 장애인 대상 서비스는 기준 중위소득 140% 이하) 가구를 원칙으로 하여 국민의 행복한 삶을 위해 아동 · 노인 · 장애인 등 계층별 특성을 고려한 돌봄, 재활, 사회참여 등 생애주기별 욕구와 지역 특성을 반영한 다양한 서비스[7]를 제공하는 것으로 이용자가 선택한 제공기관의 서비스 가격에서 바우처 지원액을 차감한 금액을 이용자와 제공기관의 계약에 따라 시기를 결정하고,

7) 〈지역사회서비스〉

사업군	사업유형	지원대상	서비스 내용
아동재활	영유아 발달지원	• 기준 중위소득 120% 이하 가정의 만 0~6세 영유아 중 발달평가 결과 추후검사 필요등급을 받은 영유아 및 보건소장 추천, 발달검사 결과 지연 또는 발달경계인 경우로 유아교육기관장, 보육시설장의 추천 아동	발달 문제가 우려되는 영유아에게 대근육 · 소근육 운동, 언어발달, 감각운동에 기초한 인지발달, 정서 · 사회성 발달 지원
	아동 · 청소년 심리지원	• 기준 중위소득 140% 이하 가정의 만 18세 이하 범위 내에서 지역여건에 따라 설정 • 의사 진단서 · 소견서, 임상심리사 · 청소년상담사 소견서, 정신건강복지센터장의 추천서 등 제출 필요	문제행동 위험군 아동에 대한 상담 및 언어 · 인지 · 놀이 · 미술 프로그램을 지원하여 문제행동 감소 및 정서행동장애로의 악화 방지
	아동 · 청소년 정서발달	• 기준 중위소득 120% 이하 가정의 만 7~18세 아동으로 학교 부적응 및 정서 · 행동 문제아동 우선지원 • 교장 · 정신건강복지센터장이 추천하는 아동 등	정서불안, 문화적 소외 아동 등에게 클래식 악기교육 및 정서순화 프로그램을 제공
	인터넷 과몰입 아동 · 청소년 치유	• 기준 중위소득 120% 이하 가정의 만 18세 이하 아동 중 인터넷 중독 선별검사 결과 고위험군 · 잠재위험군 판정을 받은 아동	인터넷 과다사용 아동 · 청소년을 조기에 발견하고 상담, 대체활동을 통해 인터넷 과몰입 치유
아동역량 개발	아동 · 청소년 비전형성 지원	• 기준 중위소득 120% 이하 만 7~15세	아동 · 청소년 시기의 체계적인 사회 · 문화 활동 및 자기주도력 향상 프로그램 제공
노인 · 장애인 사회참여 지원	노인 · 장애인 돌봄여행	• 기준 중위소득 140% 이하 가정의 신체활동이 가능한 장애 등록자 및 만 65세 이상 노인	신체적 특성으로 여행 욕구 충족이 어려운 노인 · 장애인에게 전문 돌봄인력 동반 여행 서비스 제공

제공기관에 직접 납부하도록 하고 있다(보건복지부, 2020e).

가사 · 간병방문지원사업은 만 65세 미만의 생계 · 의료 · 주거 · 교육 급여 수급자, 차상위계층 중 아래에 해당하는 사람으로 가사 · 간병 서비스가 필요한 자를 대상으로 일상생활과 사회활동이 어려운 저소득층을 위한 가사 · 간병 서비스를 지원함으로써 취약계층의 생활 안정을 도모하고 가사 · 간병 방문 제공인력의 사회적 일자리 창출을 목적으로 한다. 지원내용은 신체수발 지원(세면, 식사 등 보조 등), 신변활동 지원(체위변경, 간단한 재활운동 보조 등), 가사 지원(청소, 식사준비 등), 일상생활 지원(외출동행, 말벗, 생활상담 등)이며 본인부담은 〈표 11-19〉와 같다.

신체 건강 관리	시각장애인 안마	• 전국가구 평균소득 120% 이하 또는 기초노령연금 수급자로 근골격계 · 신경계 · 순환계 질환이 있는 만 60세 이상 또는 지체 및 뇌병변 등록 장애인	근골격계 · 신경계 · 순환계 질환 등의 증상개선을 위해 시각장애인의 안마, 마사지, 지압 및 자극요법 제공
	장애인 · 산모 등 건강 취약계층 운동 처방	• 기준 중위소득 140% 이하 장애인, 산모(임신 3개월 이상)	장애인 · 산모 등 건강취약계층의 신체활동지원을 통해 의료비 절감 및 건강증진
	비만아동 건강관리	• 만 5~12세 이하의 경도(비만지수 20%) 이상의 비만아동 • 소득기준 없음	비만 초등학생과 부모에게 건강교육, 운동처방 및 운동지도 등을 제공하여 건강한 성장 지원
	장애인 보조 기기 렌탈	• 만 19세 미만의 장애판정을 받은 지체 및 뇌병변 장애아동 등 • 소득기준 없음(단, 지방자치단체별 우선순위 설정 가능)	장애아동의 성장 단계에 따른 맞춤형 자세유지도구 렌탈 · 리폼 서비스
정신 건강 관리	정신건강 토털케어	• 기준 중위소득 120% 이하 가정의 정신과 치료가 필요하다는 정신건강의학과전문의 소견서 · 진단서 발급 가능한 자	정신질환자와 가족에게 일상생활 지원, 증상관리, 사회적응 및 취업지원 프로그램 지원
기타		• 기준 중위소득 120%(장애인 · 노인 대상 140%) 이하 가정으로 지방자치단체의 서비스 제공계획 및 공고에 따름	지역에 따라 아동재활, 아동역량개발, 노인 · 장애인 사회참여 지원, 신체건강관리, 정신건강관리, 가족역량 강화 등 다양한 서비스 제공

〈표 11-19〉 가사 · 간병방문지원사업 서비스 내용에 따른 정부지원 및 본인부담금

(단위: 원)

구분	소득	총 가격 (A=B+C)	정부지원 (B)	본인부담 (C)
월 24시간 (A형)	생계 · 의료급여수급자(가형)	336,000	336,000	면제
	생계 · 의료급여 이외의 수급자 및 차상위계층(나형)		315,840	20,160
월 27시간 (B형)	생계 · 의료급여수급자(가형)	378,000	366,660	11,340
	생계 · 의료급여 이외의 수급자 및 차상위계층(나형)		355,320	22,680
월 40시간 (C형)	만 65세 미만 요양병원에서 퇴원한 의료급여수급자	555,000	555,000	면제

사회복지조직의 가장 큰 특징 중의 하나는 자원의존성이 강한 것이다. 자원 중에서도 경제적 재원에 대한 의존성이 높은 편이므로 사회복지조직 행정가들은 항상 안정적인 재원 확보를 위해 많은 노력을 경주하게 된다. 재원 확보의 현실적 문제들은 사회복지조직의 여러 집행과정에도 상당한 영향을 미친다. 일반적으로 기관의 목표달성을 촉진하고 재원과 기타 관련 지원을 법적 및 사회복지 윤리성에 근거하여 통제하고, 계획적으로 사용하는 데 큰 비중을 두는 편이다. 비영리조직으로서 사회복지조직들은 영리적인 이윤을 추구할 수 없기에 모금활동과 같은 외부적 재원 확보 노력에 많은 시간과 자원을 투자할 수밖에 없는 실정이다.

사회복지야말로 정말 중요하고도 필요한 내용을 담는 이 시대의 핵심적인 이슈가 아닌가 한다. 21세기 포스트모니즘 사회에서 살아가는 수많은 포스트모던 가족의 어려운 문제들을 복지의 대상으로 삼는 일은 매우 중요하고도 보람 있는 일이다. 또한 예방적이고 선제적인 복지서

비스의 접근은 사회적 비용의 절감과 함께 더 많은 클라이언트에게 복지혜택을 지원함으로써 '행복한 일생'을 영위하도록 도와주는 이중의 효과를 갖는 점이 매우 중요한 관점의 핵심이라 할 것이다. 이제는 인문학 중에서 '정치와 경제와 사회' 과목의 커리큘럼 순서가, '사회복지'와 '정치경제'의 양대 과목을 중심으로 바뀌어야 한다고 본다. '민주복지국가'는 자본주의의 폐해를 조금이나마 완화시키는 완충작용과 사회주의의 환상을 깨는 중요한 도구로서 사회복지정책의 핵심적인 이념이 될 것이라 믿는다.

3) 개별 세목과 방법(누진세, 역진세, 비례세)

재정의 소득재분배 수단은 크게 사회보장제도와 누진적 조세제도로 구분될 수 있다. 앞서 살펴본 사회보험(social insurance)과 공공부조(public assistance)를 통해 사회보험의 혜택을 받기 위해서는 일정한 보험료 또는 기여금을 납부하도록 하고, 국민기초생활보장제도와 같은 공공부조를 통해 사회적 소외계층에게 정부가 일반 국민세금으로 공공부조 급여를 제공하여 수급자의 부담이 없이 소득재분배 효과를 기대한다.

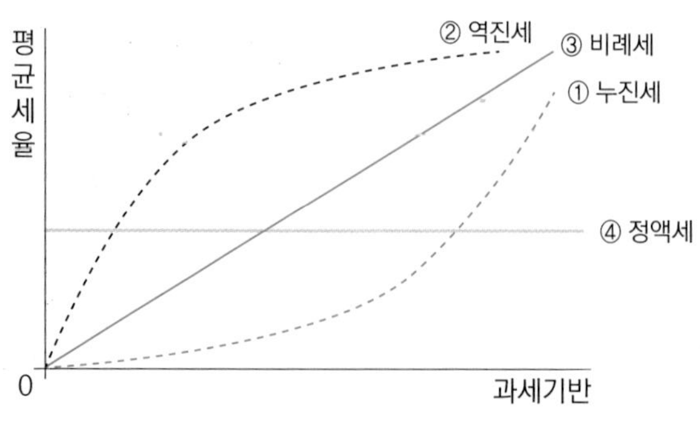

[그림 11-7] 누진세와 역진세

출처: 국회예산정책처(2018), p. 5.

사회보장제도와 함께 누진적 조세제도 소득과 부를 재분배하는 역할을 담당한다. 소득이나 재산 등의 과세표준이 증가하면 그에 따라 평균세율이 증가하는 조세를 누진세, 소득이나 과세대상 금액에 상관없이 모두 동일한 세율을 적용하는 조세는 비례세, 소득이나 과세대상 금액이 증가할수록 세율이 낮아지는 조세는 역진세[8]라고 한다. 부과대상이 되는 소득이나 재산이 많을수록 부담이 점차 커지는 소득세와 법인세[9]와 소득세(누진세)는 부담능력에 따른 공평 과세가 이루어져 소득재분배의 효과가 있다. 반면, 소득과 관계없이 부과되는 10%의 부가가치세(비례세)는 역진적 성격(역진세는 아님)이 있다.

8) 우리나라에는 존재하지 않는다.

9) 종합소득세는 7단계, 법인세 영리법인/비영리법인은 3단계, 조합법인은 1단계이다.

〈종합소득세율(2019년 근로소득세율)〉

과세표준	세율	누진공제
1,200만 원 이하	6%	–
1,200만 원 초과 4,600만 원 이하	15%	108만 원
4,600만 원 초과 8,800만 원 이하	24%	522만 원
8,800만 원 초과 15,000만 원 이하	35%	1,490만 원
15,000만 원 초과 30,000만 원 이하	38%	1,940만 원
30,000만 원 초과 50,000만 원 이하	40%	2,540만 원
50,000만 원 초과	42%	3,540만 원

〈법인세율(2014년 이후)〉

소득 종류	각 사업연도 소득		
영리 법인	2억 이하	10%	–
	2억 초과 200억 이하	20%	2,000만 원
	200억 초과	22%	42,000만 원
비영리 법인	2억 이하	10%	–
	2억 초과 200억 이하	20%	2,000만 원
	200억 초과	22%	42,000만 원
조합 법인	9%	–	–

〈표 11-20〉 세율과 세금

조세 종류 \ 소득(만 원)		100	200	300	400	500
비례세	세율	10.0%	10.0%	10.0%	10.0%	10.0%
	세금(만 원)	10	20	30	40	50
	평균세율	10.0%	10.0%	10.0%	10.0%	10.0%
누진세	세율	10.0%	15.0%	20.0%	25.0%	30.0%
	세금(만 원)	10	30	60	100	150
	평균세율	10.0%	15.0%	20.0%	25.0%	30.0%
역진세	세율	10.0%	9.5%	9.0%	8.5%	8.0%
	세금(만 원)	10	19	27	34	40
	평균세율	10.0%	9.5%	9.0%	8.5%	8.0%

주: 평균세율은 소득을 세금으로 나눈 것임.
출처: KDI 경제정보센터(2020).

사회보장지출이 적극적인(positive) 소득의 이전수단이라면 조세는 수동적(passive) 의미의 소득이전을 의미한다. 일반적으로 조세의 소득재분배 기능은 세부담을 누가 지는가라는 귀착의 의미로 종종 이해되기 때문이다. 결국 공평한 조세란 조세부담이 사회적으로 바람직하게 배분되는 조세를 의미한다. 최근 소득분배가 사회복지정책에서 주된 관심대상이 되고 있는데, 그것은 미국, 우리나라 등 자본주의 국가들에서 소득불평등이 확대되고 있기 때문이다.

2. 사회보장 목적세의 필요성과 방법

앞에서 살펴본 것처럼 우리나라의 사회복지 분야 지출규모는 OECD

국가들의 평균에 못 미치는 수준에 있고 아동양육과 노인, 기초생활 분야의 지출이 향후 늘어날 가능성이 많은 것으로 파악된다. 또한 고갈할 것으로 예정된 공적연금 지출 역시 향후 본격적으로 증가할 것으로 예상된다. 현재는 사회보험의 경우 소득에 따른 부담비율을 지속적으로 높이는 형태로 해결하고 있으나 개인기여가 없는 공공부조와 사회서비스의 경우에는 일반회계(조세)를 통해 충당하고 있어 재정지출 우선순위에서 언제라도 밀릴 수 있어 재정 추계가 어려운 상황이다. 따라서 필수불가결하면서도 급속도로 늘어나고 있는 사회보장 분야의 수요를 감당하기 위하여 사회복지 필요예산 충당에 한정된 목적세 신설이 요구된다. 현재 사용용도가 분명히 구분된 목적세로는 국세로서 방위세 · 교육세가 있고 지방세로는 도시계획세 · 공동시설세와 사업소세, 지역개발세, 지방교육세 등이 있다(「지방세법」 제5조 제3항, 제6조). 이중교육세와 지방교육세가 사회보장과 비슷한 목적을 가진 것으로 평가될 수 있다.

교육세는 교육의 질적 향상을 도모하기 위하여 필요한 교육재정의 확충에 드는 재원을 확보함을 목적으로 하고 금융보험업자(은행, 환전영업자, 신탁업자, 대부업자), 개별소비세 납세의무자, 교통 · 에너지 · 환경세의 납세의무자, 주세의 납세의무자가 해당된다(「교육세법」 제1조, 제3조). 증권회사의 유가증권 매매 거래에 대하여 과중한 과세(전병욱, 2014) 논의가 있으나 교육재정 확충을 위한 재정확보에 기여해 온 것으로 판단된다.

지방교육세는 지방교육의 질적 향상에 필요한 지방교육 재정의 확충에 드는 재원 마련을 위하여 과세되는 목적세로서 등록세 · 면허세 등 해당 지방세와 함께 부과되는 지방세로서 취득세, 등록에 대한 등록면허세, 레저세, 담배소비세, 주민세 균등분, 재산세, 비영업용 승용자동차에 대한 자동차세의 납세[10]의무자가 해당된다. 지방교육세에 대하여 지

10) 지방교육세는 '취득세, 등록면허세, 레저세, 담배소비세, 주민세 균등분 세액,

방자치단체들이 해당 교육청에 대한 이전재원 규모가 서로 다르고 인구수와 소득규모에 따른 지역 간 격차가 있어 지역 간 재정규모가 문제가 되므로(주만수, 2017), 모든 지역에서 균질적인 공공교육서비스를 제공받을 수 있도록 하기 위해 재정수요액과 재정수입액의 차이인 재정부족액을 보전해 주는 방안이 논의되고 있다.

사회보장 목적세의 경우도 교육세나 지방교육세처럼 복지국가를 향한 인간의 삶의 질 향상과 사회양극화를 해소하기 위해 복지수요 증가에 따른 추가재원의 확보가 필요한 상황이다. 그러나 새로운 세원을 발굴하기 어려운 현실을 감안할 때 타 조세의 세액을 과세표준으로 필요예산을 부가하는 목적세 신설이 타당한 것으로 여겨진다. 과세대상에 있어서는 소득재분배에 적합한(누진세에 해당하는) 소득세, 법인세, 상속·증여세, 종합부동산세(임상빈, 2018, p. 29) 외에 지역주민의 생활환경개선, 복지증진 등 삶의 질 향상을 위한 담배소비세[11]를 추가하고 세수 추계를 통해 세율을 결정하는 것이 적절할 것이다.

재산세, 자동차세 등'을 과세표준으로 하여, 10% 내지 50%의 세율을 곱하여 세액을 산출하고 있다(「지방세법」 제150조, 제151조).

11) 지역주민의 생활환경개선, 복지증진 등 삶의 질 향상을 위한 지방세 중에서 제조담배 또는 수입담배 등 담배의 소비행위에 대한 과세이다.

생각해 볼 문제

1. 우리나라의 대표적인 사회복지정책에 해당하는 사회보장제도(사회보험, 공공부조, 사회서비스)를 설명하고 각각의 재원조달 방법을 제시하시오.

2. 저소득층을 위한 공공부조인 국민기초생활보장의 급여내용과 자활근로사업, 자산형성지원(희망 · 내일키움통장)을 각각 설명하시오.

3. 우리나라의 공공재원인 일반조세를 국세와 지방세로 분류하여 각각 해당하는 조세 종류를 나열하여 보시오.

4. 우리나라의 사회보장제도(공공부조, 사회보험, 사회서비스)의 GDP 대비 비중을 2020년과 2060년을 기준으로 하여 증감추계 정도와 그 이유를 설명해 보시오(〈표 11-4〉 참조).

5. 우리나라의 4대 공적연금과 4대 보장성 기금을 각각 설명하고 재정을 전망하고, 대비방안을 제시해 보시오.

6. 민간재원이 공공부조와 사회서비스 사각지대 해소에 어떤 기여를 하는지 자신의 의견을 제시해 보시오.

7. 누진세, 역진세, 비례세를 각각 설명하고 각각이 사회복지정책 재원조달에 어떻게 기여하는지 설명하고, 공평한 조세가 가능한 방안에 대해 자신의 의견을 개진하여 보시오.

8. 사회보장 목적세의 필요성과 방법을 책에서 제시한 방안 외에 추가적으로 논의하여 보시오.

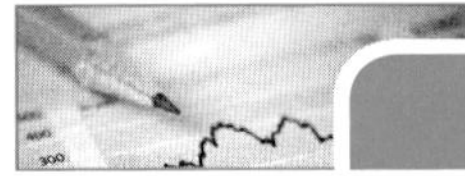

참고문헌

국회예산정책처(2019a). 2019 대한민국 재정.

국회예산정책처(2019b). 2019~2028년 8대 사회보험 재정전망.

기획재정부(2019). 조세개요.

보건복지부(2020a). 국민연금 기금운용체계. https://www.mohw.go.kr/react/policy/index.jsp?PAR_MENU_ID=06&MENU_ID=06410203&PAGE=3&topTitle=%EA%B5%AD%EB%AF%BC%EC%97%B0%EA%B8%88%20%EA%B8%B0%EA%B8%88%EC%9A%B4%EC%9A%A9%EC%B2%B4%EA%B3%84

보건복지부(2020b). 국민연금정책. https://www.mohw.go.kr/react/policy/index.jsp?PAR_MENU_ID=06&MENU_ID=06410101&PAGE=1&topTitle=%EA%B0%80%EC%9E%85%EB%8C%80%EC%83%81%20%EB%B0%8F%20%EC%97%B0%EA%B8%88%EB%B3%B4%ED%97%98%EB%A3%8C

보건복지부(2020c). 기초생활보장. http://www.mohw.go.kr/react/policy/index.jsp?PAR_MENU_ID=06&MENU_ID=063501

보건복지부(2020d). 사회복지시설안내.

보건복지부(2020e). 사회서비스. http://www.mohw.go.kr/react/policy/index.jsp?PAR_MENU_ID=06&MENU_ID=063601

보건복지부(2020f). 자립지원(자활근로사업, 자산형성지원). http://www.mohw.go.kr/react/policy/index.jsp?PAR_MENU_ID=06&MENU_ID=063502

사회복지공동모금회(2020). 경영공시. https://chest.or.kr/lf/ct/initMngmtpblntf.do

임상빈(2018). 지역 맞춤형 지방복지사업 재원조달 방안 연구: 지방복지세 도입을 중심으로. 서울: 한국지방세연구원.

전국경제인연합회(2019). 2019 주요 기업의 사회적 가치 보고서.

전병욱(2014). 금융기관에 대한 교육세 과세제도의 문제점과 개선방안. 세무학연구, 31(4), 275-296.

주만수(2017). 지방교육재정을 위한 재원조달과 지역 간 재정형평화. 지방행정연구, 31(109), 229-262.

통계청(2019a). 연도별 건강보험 재정현황. http://kosis.kr/statHtml/statHtml.do?orgId=350&tblId=TX_35001_A023&vw_cd=MT_ZTITLE&list_id=350_35001_C&seqNo=&lang_mode=ko&language=kor&obj_var_id=&itm_id=&conn_path=MT_ZTITLE

통계청(2019b). 연도별 국민연금 재정현황.

한국재정정보원(2019). 2019 회계 · 기금운용구조.

한승희(2019). 사회복지분야 국고보조사업의 현황과 집행실적 분석. 서울: 한국재정정보원.

KDI 경제정보센터(2020). 비례세, 누진세, 역진세. https://eiec.kdi.re.kr/material/conceptList.do?depth01=00002000010000100008

제12장

사회복지정책의 실천과 복지정치, 사회운동

1. 사회복지정책 실천과 운동의 의미
2. 복지정치와 사회운동
3. 대표적인 사회복지정책 실천과 운동의 성과와 한계

복지국가를 향한 사회복지정책 추진과 실천에는 재원 확보와 분배의 문제가 중요하게 제기되고 적절한 방안마련을 위한 설득과 타협의 정치가 필요하다. 복지국가 정책 발생과정에서 발생하는 복지정치와 바람직한 운동모색을 위하여 이 장에서는 사회복지정책 실천과 운동의 의미, 복지정치와 사회운동, 대표적인 사회복지정책 실천과 운동의 성과와 한계를 살펴본다.

1. 사회복지정책 실천과 운동의 의미

사회복지는 인간의 삶의 안녕(well-being)을 지향하며 국가는 빈곤, 출산, 노령, 장애 등 국민의 삶이 안녕에 영향을 미치는 사회적 위험들을 찾아내어 그 문제들을 해소할 전략을 제시하고 실행하기 위한 정책들을 사회복지정책이라 한다. 자본주의 사회는 인간의 삶에 절대적인 영향을 미치는 의료, 교육, 주거, 서비스 중에서 최소한의 삶을 보장할 수 있는 수준을 정하고 공공재로서 최소한 제공하여 최소한의 소득을 지급하는 복지국가를 지향하기 시작하였다. 국가별로 스웨덴, 노르웨이, 핀란드, 네덜란드, 덴마크 등 스칸디나비아 사회민주주의 국가들은 노동력이라는 상품을 시장에서 판매하지 않고 살 수 있는 정도를 의미하는 탈상품화 수준이 높고 계층 간 차이가 낮아 절대적 빈곤율과 상대적 빈곤율이 낮다. 반면에 영국, 미국과 같은 신자유주의 유형의 국가들은 탈상품화 수준이 낮고 계층 간 격차가 높다고 할 수 있다(Esping-Andersen, 2007). 그러나 국가마다 빈곤해소와 최소한의 소득지원의 방법과 사회보험, 사회서비스의 제공방법을 산정하는 데 있어 정책주체와 행위자 간 서로 다른 이해관계가 존재한다. 복지국가 건설을 위한 재원 확보와 분배에 있어 반드시 갈등, 설득과 타협의 정치가 존재하고 이 과정에서 이해관계에 따른 사회복지정치와 이상적인 복지국가 건설을 위한 운동은 반드시 발생할 수밖에 없을 것이다.

복지국가 형성에는 노동자, 자본, 국가의 힘이 작용하고 세력관계의 균형점에서 정책이 발생하나 일반적으로 국가와 자본은 힘의 우위에 있고 노동자의 힘이 취약하므로 노동조합이라는 조직을 통하여 사회운동을 통해 계급적 갈등에서 타협의 주요 역할자로 등장하게 되었다. 노동조합은 노동계급 세력의 조직화와 세력화를 통해 노사정 간 정치적 타협을 기할 수 있고, 후원하는 정당이나 직접 만든 정당을 통해 정책에 개입할 수 있다. 과거 신자유주의 국가들은 집권하자마자 정책 의사결정권에 있어 정치적 기득권을 가동하고자 구조조정과 대량해고를 통해 조직노동자들에 대하여 공격하여 조직노동자들의 노조 조직률을 약화시킨 반면 북유럽 노조조직률은 여전히 높은 수준을 유지하고 있다(김영순, 1999).

우리나라는 정당과 노동조합 간 혹은 정당과 시민단체 간 연계가 취약하여 복지국가 형성의 주체로서 역할을 하기가 어려운 구조로 되어 있어 사회운동을 통해 복지국가 발전을 위한 정책을 주요 어젠다로 상정하는 데 어려움을 겪고 있다. 복지국가 형성의 정치와 복지국가 발전의 정치 주체는 조직노동자들과 시민단체에 의한 사회운동이 되어야 하므로 조직노동자, 시민단체, 정당과 연대를 모색하여 이상적인 복지국가 건설을 위해 복지정치를 모색할 필요가 있는 것이다.

2. 복지정치와 사회운동

제도적 관점에서 민주주의는 보편적이고 평등한 시민권(citizenship)이 보장되고, 시민이 정부의 부당한 권력 행사로부터 보호 및 부당한 권력 행사 제한 장치가 존재하며, 시민이 정부의 행위 및 정보에 접근할 수 있는 제도와 절차가 존재하는 상태를 의미한다(Marshall & Jaggers, 2010). 평등한 시민권에 기초하여 이상의 제도가 보장되는 민주사회에서는 정부의 행위 및 정보를 가지고 정부의 자의적 행위를 감시하고 정당한 사회운동을 통하여 새로운 정책적 대안을 지시하거나 정책 결정과정에 개입하는 역할이 가능해진다. 민주사회 이전에는 사회복지정책의 공급주체인 국가와 관리자집단에 사적 이익 추구에 의한 비공식적인 의사결정이 만연했으나 참여연대, 경제정의실천시민연합(경실련) 같은 자생적인 시민단체들의 사회운동뿐만 아니라 신문 · 방송 · 인터넷 · 소셜 네트워크를 통한 여론을 통한 운동까지 다양한 집단이 정치적 지형을 형성하게 되었다. 만약 다양한 정치적 집단이 정치제도를 개선하여 긍정적인 복지 정책과 제도를 만들어 낼 수 있다면 복지국가의 지속적인 발전을 기대할 수 있을 것이다. 즉, 그만큼 구조와 제도 사이에서 행위자 그룹들의 사회운동을 통한 복지정치의 역할은 중요할 것이다.

시민의 사회참여는 국가와 시장으로부터 독립적 · 자율적으로 환경, 소비자, 복지 등 시민사회 영역에 참여하는 활동을 말한다. 우리나라의 시민사회운동은 중세봉건사회에서 근대국가, 시민사회로 발전하는 복지국가 형성을 위한 사회운동과 그 궤적을 같이한다는 관점에서 그 발전경로를 같이한다고 볼 수 있다. 우리나라의 시민운동은 1948년 식민지하에서 해방 때까지 봉건사회에서 일제 강압시기를 지나면서 암흑기를 보냈다고 할 수 있다(〈표 12-1〉 참조). 해방과 함께 근대 시민사회운동은 시작과 동시에 제5공화국까지 국가가 시민사회를 강하게 구속하여 자율적 공론영역을 구성하기 어려웠으나 시민운동을 준비한 시기라고 볼 수 있다. 1987년대 민주화운동 이후 1990년대 들어서부터 다양한 시민단체가 성장하기 시작하여 본격적인 시민사회운동이 시작하였다. 2001년 이후 탈근대 시민사회의 확대활동기로서 양적인 확대뿐 아니라 사회적 기업형, 협동조합형, 마을 만들기형 등 다양한 형태의 사회운동으로 재편되고 있다는 것이 특징이라 할 수 있다. 서구사회에서 1990년대 초반 복지국가의 쇠퇴를 기점으로 자본주의의 결과인 불평등과 시장의 문제를 극복할 수 있는 대안으로 시민사회가 주목받고 있다. 시민은 자유와 자율성을 토대로 시민사회 안에서 자라나고 태동하여 시민권이 강조되고, 시민성이 성장함에 따라 시민행동은 현대사회에서 발생하고 있는 다양한 문제에 대한 주체로 자리매김해 나가고 있는 것이다. 특히 시민권과 시민성을 가진 시민으로 구성된 시민사회의 구현체이자 실체인 시민단체들 중 이상적인 사회복지정책의 실현을 위해 정부, 기업을 견제하고 공동의 목적과 가치를 추구하며 협력하는 역할을 수행하는 것은 당면한 과제라 할 수 있다. 이를 위해 사회복지정책 실현을 위한 시민단체의 활동에서 드러난 역량의 문제점들을 인식하고 역량강화를 하는 것이 중요하고, 동시에 시민단체 간 연대와 협력을 중심으로 상호 보완적인 네트워크를 모색하는 것이 중요할 것이다.

〈표 12-1〉 우리나라 시민운동의 역사 구분

시기	1948년 이전	1949~1986년	1987~2000년	2001년~현재
구분	시민운동의 암흑기	시민운동의 준비기	자율적 시민운동 탄생기	시민운동의 확대·재편기

사회운동을 통한 복지정치의 전개는 사회 시민들의 정치의식과 정책에 대한 태도에 의해 영향을 받는다(Brooks & Manza, 2007). 앞서 살펴본 것처럼 우리나라에서는 19세기 후반부터 노동조합과 사회운동을 중심

으로 한 다양한 시민사회 행위자들의 사회운동이 복지국가의 담론과 정책을 발전시켜 복지국가의 제도적 기초를 놓았다. 시민단체들은 1990년 말부터 「국민기초생활 보장법」 제정, 전 국민 건강보험 체제의 확립 등 중요한 사회복지정책 · 제도 발전에 기여했고(유팔무, 1999), 2000년대 들어서도 시민사회 사회운동단체들이 폭넓은 복지동맹을 형성하고 여론의 지지를 받아 제도정치 행위자들을 압박하면서 사회적 경제 등 정부와 정당들의 담론과 의제를 전환하는 데 기여해 왔다(김영순, 2010). 시민사회 단체들은 2009~2010년에 보편복지 논쟁과 무상급식 운동을 벌여서 2010년 지방선거 전환을 가져오게 하였고, 2008~2011년에 참여연대, 한국대학생연합(한대련)을 주축으로 반값등록금운동을 벌여서 한나라당과 이명박 정부로 하여금 국가장학금제도를 도입하도록 하였으며, 2010년에 창립된 청년유니온과 알바노조 등이 청년 층 노동상황을 알려 최저임금제 개선에 기여하였다(남찬섭, 이명진, 2013; 신진욱, 김진두, 정보영, 2018; 유형근, 2015). 이와 같은 사회운동을 통한 복지정치는 지속적으로 영향을 미칠 것이다. 이처럼 최근 정치에서 시민사회중심의 새로운 사회적 자본으로서 복지정치가 정치적 영향력을 발휘해 온 것이다. 민주화 · 세계화로 가는 전환과정에서 기존의 국가-시장 중심에서 국가-시민사회-시장의 역학구도 변화가 나타날 만큼 시민사회는 조직화되었고 정치참여 방식 또한 다양화되고 있다.

다만 지금까지 복지정치를 수행함에 있어 사회복지계가 주도하는 대안적인 정치세력이 없이 제한적으로 활동해 온 것이 아쉬운 내용이다. 추후 사회복지정책의 근본적인 개혁이 가능할 수 있도록 하기 위해 새로운 대안적 정치세력을 형성하도록 하는 노력이 필요할 것이다. 정치적 적대감을 억제하고 소통과 합의, 관용과 합리를 바탕으로 사회통합을 이뤄 낼 수 있는 시민사회의 역할을 감당하여야 한다. 사회통합을 통한 복지국가를 목적하는 복지정치 홍보 확대를 위해 SNS, 유튜브 등 불특정 다수에게 퍼지는 공중파를 이용하지 않는 온라인상 정치운동은 무관하게 언제든 가능하므로[1] 사회시민권과 시민성 증진을 위해 적절한 방안을 모색할 수 있을 것이다.

3. 대표적인 사회복지정책 실천과 운동의 성과와 한계

1) 국민기초생활보장제도 개혁과 사회복지정책 실천운동

우리나라의 빈곤계층 지원과 자활을 위한 대표 사회복지정책인 「국민기초생활 보장법」 이전 「생활보호법」은 「헌법」 제34조 제5항의 규정에 의해 1961년 12월 제정 · 공포된 법으로서 부양의무자가 없거나 부양의무자가 있어도 부양할 능력이 없는 연령 65세 이상의 노쇠자, 연령 18세 미만의 아동, 임산부, 불구 · 폐질 · 상이 기타 정신 또는 신체의 장애로 인하여 근로능력이 없는 자, 기타 보호기관이 본법에 의한 보호를 필요로 한다고 인정하는 자에 대하여 생계, 의료, 해산, 상장보호 등 건강하고 문화적인 최저생활을 유지(「생활보호법」 제3조) 할 수 있도록 한 것이다.

1994년 참여연대의 사회복지위원회가 중심이 되어 기존의 「생활보호법」을 전면 개혁해 모든 국민에게 최저생활을 보장하는 국민복지 기본선운동을 시작하였다(허선, 1999). 이후 1998년에 전국민주노동조합총연맹(민주노총), 경실련, 한국여성단체연합 등 시민단체들이 연대하여 「국민기초생활 보장법」 제정과 저소득실업자 생활보장안 마련에 합세하였고, 1999년 말 28개의 노동, 빈민, 지역운동단체, 민주노총, 민변, 여연

1) 다만 구글이 구글검색과 유튜브 등에서 정치광고를 할 때 나이, 성별, 지역 같은 기본정보만 활용할 수 있고 세부정보는 선택할 수 없도록 하여 특정 집단을 타깃으로 한 정치광고 금지정책을 개시한 것이 일부 제한사항이 될 수 있을 것이다(정원엽, 2020. 1. 6.).

등이 연대하여 「국민기초생활 보장법」 제정추진 연대회의를 발족시켜 대중적 복지정책운동으로 발전하였다(강신욱, 허선, 정호원, 2004). 이와 같은 운동에 힘입어 김대중 대통령이 「국민기초생활 보장법」 제정에 동의하고 1999년 8월 12일 국회를 통과하게 되었다.

이로서 「국민기초생활 보장법」은 「생활보장법」과는 달리 가구원의 노동능력과 상관없이 소득이 최저생계비 이하인 경우 수급자로 선정되도록 하여 생계급여를 통하여 기초생활을 보장할 수 있게 하였다. 과거에 생활보호제도하에서 실질적인 최저 수준의 생계보장을 하지 못하고 당해 연도에 할당된 예산의 범위 내에서만 집행하도록 하여 자선적이고도 시혜적인 형태의 재량적인 급부만 받을 수 있었으나 최저생계비에 미달하는 소득 부분에 대하여 '보충급여청구권'을 명문화하여 「헌법」 제34조 제1항에서 정한 '인간다운 생활을 할 권리'의 범위를 객관화하고 이를 구체화하여 명실상부한 권리성 급여로 규정된 것이다(〈표 12-2〉 참조). 기초생활보장제도를 통해 공적이전을 통한 빈곤 및 불평등 감소화가 있는 것으로 평가되지만(강신욱 외, 2004), 제정과정에서 시민사회의 적극적 개입에 의해 제도를 시행하기에 이르렀다는 점은 기억할 만한 사회복지정책 운동의 성과이다.

〈표 12-2〉 생활보호와 국민기초생활보장제도 비교

구분	생활보장제도	국민기초생활보장제도
법적 성격	• 시혜성 보호	• 국가의 의무와 시민의 권리
법적 용어	• 시혜성 용어: 피보호자, 보호기관, 보호대상자	• 권리성 용어: 수급자, 수급권자, 보장기관

대상자	• 인구학적 기준에 의한 대상자 구분 –거택보호자: 18세 미만 65세 이상 –자활보호자: 인구학적으로 경제활동 가능자	• 대상자 구분 폐지 • 취업여부, 연령 불문 수급이 필요한 자 • 연령기준 외 신체적 · 정신적 능력과 부양, 간병, 양육 등 가구 여건 감안 가능
대상자 선정기준	• 부양의무자, 소득, 재산 • 소득과 재산기준의 이원화	• 부양의무자 소득인정액 • 소득인정액 단일기준(소득인정액이 최저생계비 이하인 모든 국민)
급여 종류	• 생계보호(거택보호자만 지급) • 의료보호 • 교육보호 • 해산보호 • 장제보호 • 자활보호	• 생계급여 확대: 모든 대상자에게 지급하되 근로능력자는 자활관련 사업에 참여를 조건으로 지급 • 의료, 교육, 해산, 장제, 자활보호 유지 • 주거급여 신설 • 긴급급여 신설
자활 지원 계획		• 근로능력자 가구별 자활지원계획 수립을 통한 자활지원 • 근로능력, 가구특성, 자활욕구 등을 토대로 자활방향 수립 • 자활에 필요한 서비스를 체계적으로 제공하여 수급권자의 궁극적인 자활 촉진

출처: 김영순(2005), p. 107.

2) 통합 의료보험제도 개혁과 사회복지정책실천운동

우리나라의 초기 의료보험은 박정희 정권하에서 최소의 자원투입으로 정치적 정당성 창출을 위해 수혜집단의 동의와 의견수렴과정 없이 1977년 500인 이상 기업 근로자들을 의무적용 대상으로 일방적으로 시작되어 점차 소규모 사업장으로 확대하고, 1988년에 농어촌, 1889년에는 도시지역 자영업자 지역보험까지 확장하면서 전 국민을 대상으로 적용되었다(김연명, 2000). 초기 의료보험의 시작은 국가사회보장제도의 일환이었으나 권위주의적 국가정권체계와 전경련의 개입, 노동조합 등 수혜자들의 결집이 되지 않았던 관계로 기업근로자에게만 적용되었고 기업별로 조합이 운영되는 형태였다(조홍준, 2010).

이후 1994년 5월 노동, 농민, 시민단체 등이 하나가 되어 의료보험 통합일원화와 보험적용 확대를 위한 범국민연대회의(의보연대회의)[2]가 출범하여 여·야 의원들과 함께 노력한 결과 지역의보와 공·교보험을 하

2) 〈의보연대회의 참여단체〉

분야	참여단체
노동계 (24개)	민주노총, 전국노동단체연합, 전국노동운동단체협의회, 한국노동운동협의회 등
농민/빈민 (7개)	전국농민회총연맹, 한국농업경영인중앙연합회, 전국여성농민총연합, 한국농어촌사회연구소, 전국농민단체협의회, 전국노점상연합, 전국철거민연합
시민사회 (12개)	경제정의실천시민연합, 참여연대, 민주주의민족통일전국연합, 한국여성단체연합, 진보정치연합, 통일시대민주주의국민회의, 민주화를위한전국교수협의회, 민주와진보를위한지식인연대, 전국불교운동연합, 한국기독교교회협의회, 인권위원회, YMCA시민회의
보건의료 (8개)	인도주의실천의사협의회, 건강사회를위한약사회, 건강사회를위한치과의사회, 참된의료실현을위한청년한의사회, 평등사회를위한민중의료연합, 진보와연대를위한보건의료운동연합, 기독청년의료인회, 노동과건강연구회

나로 통합하는 부분적 통합법안인 「국민의료보험법」이 1997년 말에 입법되었다(유팔무, 1999).

사회복지실천운동을 통해 통합 건강보험으로의 변화를 가져온 의료보험 개혁운동은 건강보험공단 이사회에 이사 14명 중 6명은 노동조합, 사용자단체, 시민단체, 소비자단체, 농어민단체, 노인단체 각 1명이 추천하는 사람 6명[3]이 참여하도록 되어 있어 건강보험과 관련된 사안에 대하여 시민단체와 노동조합의 의견에 반하는 복지정치가 진행되기 어렵게 하였다. 이처럼 한국의 의료보험제도 발전에서 의료보험 통합 복지정치운동이 권위주의적 기원을 가진 복지제도를 보편주의적 및 수혜자 친화적 제도로 전환되게 만든 것으로 평가할 수 있다. 우리나라 의료보험 통합은 서구 복지국가들과는 달리 노동, 농민, 시민단체들이 하나가 되어 새로운 행위자들로 구성하고 연합과 연대를 통해 시민사회의 감시와 개입 역할을 하였으며 제공자와 관리자 집단이 비공식적으로 이익을 취하던 구조를 와해시킨 개혁을 가져온 것이다.

3) 기초연금 도입과 복지정치운동

1988년 10인 이상 사업장을 대상으로 도입된 국민연금이 1999년 도시지역 자영업자에게도 적용되었으나 짧은 국민연금제도 역사로 인해 국민연금에 가입할 기회 자체가 없었던 65세 이상 노령층의 영향 등으로 노인빈곤율이 OECD 회원국의 평균(13.5%)에 비해 45.1%로 높게 나타나고 있었다(윤석영, 2014). 높은 수준의 노인빈곤율은 삶의 질 하락, 노

지역연대 회의(6개)	부산경남, 대구경북, 대전충남, 전북, 광주전남, 제주

출처: 최성수(2006), p. 58.

3) 「국민건강보험법」 제20조 및 제26조, 정관 제7조 및 제8조

인 자살로 이어질 수 있다는 사회적 우려로 2007년「국민연금법」개정과정에서 도입된 기초노령연금을 확대·개편하자는 이명박 정부 공약을 통해 기초연금의 논의가 시작되었다. 당선 후 이명박 정부는 공약실천 차원에서 2008년 4월 16일 보건복지가족부 내에 '국민연금개혁위원회'를 설치하였다. 2008년 10월에 발표된 MB 정부의 100대 국정과제의 하나로도 포함되었으나 국고조달의 어려움으로 선별적 지원안으로 개편하려 하자 KARP(한국은퇴자협회), 노인단체, 시민·사회단체가 국민연금제도와 기초노령연금 추진을 위해 성명서를 발표하는 등 활동을 시작하였다. 2011년 4월 28일 참여연대 등 노동·시민·사회단체들이 공동으로 국회 연금제도개선특별위원회(연금특위)에 의견서(기초노령연금제도 개선요구 의견)를 제출하였다(현외성, 2015). 그리고 2011년 12월 20일에 여러 시민·사회단체가 선별적 기초노령연금으로 소득불평등 문제를 해소하지 못하므로 연금을 인상하고 대상자를 확대해야 한다는 토론회를 개최하였다(현외성, 2015). 이명박 정부 때는 큰 진전이 없다가 대통령 선거과정에서 시민단체들이 적극적으로 나오자 박근혜 후보와 문재인 후보가 모두 기초노령연금에 대하여 공약을 내놓았다. 박근혜 후보가 대통령으로 당선된 이후 대통령직인수위원회에서 국민연금 수급자는 소득하위 70% 이하인 경우 14만 원에서 20만 원을 받을 수 있고, 소득상위 30% 이상인 경우에는 4만 원에서 10만 원을 받게 된다. 한편, 국민연금 비수급자인 경우에는 소득하위 70%는 20만 원을 받고 소득상위 30%는 4만 원을 수급하게 기초연금제를 도입하기로 발표하였다(김원섭, 이용하, 2014).

기초노령연금에서 기초연금으로의 제도 변화(〈표 12-3〉 참조)는 중위소득 이하 저소득층 노령인구에게 빈곤 완화효과(빈곤율 0.023만큼 감소)와 불평등 완화효과(불평등 척도인 지니계수는 0.0270만큼 감소)가 있는 것으로 나타난다(남상호, 2018). 이상에서 살펴본 것처럼 기초연금의 도입과정에서 참여연대를 비롯한 노동, 노인, 여성단체, 대한은퇴자협회 등의 노인단체들이 사회복지정책운동 차원에서 활동을 한 것을 볼 수 있다. 정부나 대통령 입후보자들이 일방적인 정책 결정을 하지 못하도록 성명서와 기자회견, 토론회 등을 개최하여 여론의 관심을 유도하였고, 일부 입법을 위한 정책활동[4]을 펼친 것으로 평가할 수 있다.

〈표 12-3〉 기초노령연금과 기초연금 비교

<table>
<tr><th>구분</th><th>기초노령연금</th><th colspan="3">기초연금</th></tr>
<tr><td>대상</td><td>• '국민연금 가입자'가 지급연령에 도달했을 때 지급받는 금액
• 65세 이상 노인
• 소득인정액 기준 하위 70%</td><td colspan="3">• '국민연금'과 관계없이 만 65세 이상이고 대한민국 국적을 가지고 있으며 국내에 거주(「주민등록법」 제6조 제1, 2호에 따른 주민등록자)하는 어르신 중 가구의 소득인정액이 선정기준액 이하(소득하위 70%)인 노인[직역연금(공무원 연금, 사립학교 교직원연금, 군인연금, 별정우체국 직원연금) 수급자의 경우 기초노령연금 수급자격에서 제외]</td></tr>
<tr><td rowspan="3">급여수준</td><td rowspan="3">• 0.05A(2014년 기준 월 9만 9,900원)</td><td>구분</td><td>단독가구</td><td>부부가구</td></tr>
<tr><td>일반수급자</td><td>1,480,000원</td><td>2,368,000원</td></tr>
<tr><td>저소득수급자</td><td>380,000원</td><td>608,000원</td></tr>
<tr><td>재원</td><td>• 100% 조세로 조달</td><td colspan="3">• 동일</td></tr>
</table>

4) 국민기초생활보장제도 개혁이나 통합 의료보험제도 개혁에서 보여 준 조직적인 복지정치활동 수준에는 못 미치는 역할을 한 것으로 평가할 수 있다.

감액 여부	• 부부는 연금액의 20% 감액 • 연금액 합이 선정기준을 넘으면 일부 감액	• 부부는 연금액의 20% 감액 • 소득역전 방지 감액 – 수급자와 비수급자 간: 기초연금을 받는 사람과 못 받는 사람 간에 기초연금 수급으로 인해 발생할 수 있는 소득역전을 최소화하기 위해 소득인정액과 기초연금액(부부 2인 수급 가구는 부부감액 이후)을 합한 금액과 선정기준액의 차이만큼 감액 – 단독가구, 부부 1인 수급가구: 기준연금액의 10%, 부부 2인 수급가구는 기준연금액의 20%를 최저연금액으로 지급 – 수급자 간: 일반수급자와 저소득수급자 간에 기초연금 수급으로 인해 발생할 수 있는 소득역전을 최소화하기 위해 저소득수급자의 경우, 소득인정액과 기초연금액(부부 2인 수급가구는 부부감액 적용 이후)을 합한 금액과 저소득수급자 선정기준액+일반수급자의 기준연금액의 차이만큼 감액
재정분담	• 중앙정부가 40~90% 부담(2014 예산안 기준 평균보조율은 74.5%) • 노인 인구 비율과 재정자주도 기준	• 동일
장기 재정 전망	• 해당 없음	• 매 5년마다 국민연금 재정계산 시 장기 전망 수행 • 이 전망 결과를 이용하여 향후 5년간 조정 계획을 수립

출처: 보건복지부(2020).

4) 사회적 경제를 통한 지역사회 조직화 운동

우리나라의 지역사회복지와 지역사회 조직화 운동은 지방자치제가 본격화되면서 주민참여를 전제로 하는 사회복지실천 운동으로 강조되기 시작하였다. 지역사회 조직화 운동은 참여정부 이후 정부나 지방자치단체가 정책 수립 시 정보수집 차원에서 사회복지위원회, 간담회, 공청회 등을 통한 '관주도적 주민참여', 주민참여의 필요성에 따라 민간단체들이 주체가 되는 '조례제정운동, 주민연대', 2003년 개정된 「사회복지사업법」에서 규정하고 있는 '지역사회복지협의체'(2015년부터 '지역사회보장협의체')의 세 가지 형태로 지역사회복지 추진주체가 형성되어 온 것으로 이해할 수 있다. 지역사회 조직화 운동은 지역사회 개발을 위해 공동의 욕구를 가지고 있는 주민들이 지역사회에서 지역주민의 욕구를 충족시키고 살기 좋은 지역을 만드는 데 목적을 두고 있는데, 자율, 민주, 연대, 협력 등의 실천목표들을 가지고 사회적 기업, 협동조합, 마을기업, 자활기업 등이 대표적인 성과를 보이고 있다.

사회적 기업, 협동조합, 마을기업, 자활기업(〈표 12-4〉 참조) 등은 1960년대 자발적이고 대안적인 풀뿌리 사회운동에서 시작되었는데, 우리나라에서는 1997년 외환위기 이후 급속히 증가하는 실업률과 심화된 양극화 문제를 해결하고 취약계층에게 일자리를 마련해 주기 위해 사회서비스 부문의 고용확대가 필요한 상황과 고령화와 저출산 문제, 전통적인 가족구조의 해체 등으로 가족이라는 울타리 안에서 해결되지 못한 문제들을 사회서비스로 해결하려는 수요가 증가함에 따라 공급도 확대요구에 따라 더욱 성장해 오고 있다. 사회적 기업, 협동조합, 마을기업, 자활기업은 지역사회에서 사회적 자본의 축적과 지역사회의 활성화에 기여할 것을 목적하고 지역주민들이 주도하는 지역사회 조직화 운동으로 성장하여 2019년 말 현재 사회적 기업은 46,665개, 협동조합은 29,891개, 마음기업은 19,261개, 자활기업은 13,512개에 달한다(사회적 경제미디어, 2020). 지역사회 조직화 운동을 통한 사회적 경제는 '새로운 일자리의 보고'로서 일자리 창출, 양극화 완화와 사회통합에 기여하는 것으로 평가된다(대한민국 정책브리핑, 2020).

〈표 12-4〉 사회적 기업, 협동조합, 마을기업, 자활기업의 근거, 주무부처, 사업내용, 설립요건

<table>
<tr><th>사업</th><th>근거</th><th>주무부처</th><th>사업내용</th><th>설립요건</th></tr>
<tr><td>사회적 기업[1]</td><td>「사회적 기업 육성법」</td><td>고용 노동부</td><td>• 취약계층에 일자리 및 사회서비스 제공
• 지역사회 공헌</td><td>• 지정요건
① 조직형태, ② 유급근로자 고용 및 영업활동 수행, ③ 사회적 목적 실현(일자리 제공형, 사회서비스 제공형 등), ④ 이해관계자가 참여하는 의사결정구조, ⑤ 영업활동을 통한 수입(매출액이 노무비의 50% 이상), ⑥ 정관 · 규약, ⑦「상법」상 회사 이윤의 2/3 이상을 사회적 목적을 위해 재투자</td></tr>
<tr><td>사회적 협동 조합[2]</td><td>「협동조합 기본법」</td><td>기획 재정부</td><td>• 취약계층에 일자리 및 사회서비스 제공
• 지역사회 공헌
• 위탁사업</td><td>• 발기인 모집(5인 이상)
<table>
<tr><th>구분</th><th>사회적 협동조합</th></tr>
<tr><td>법인격</td><td>• 비영리법인</td></tr>
<tr><td>설립</td><td>• 관계중앙행정기관 인가</td></tr>
<tr><td>사업</td><td>• 공익사업 40% 이상 수행</td></tr>
<tr><td>법정 적립금</td><td>• 잉여금의 30% 이상
• 자기자본의 3배에 이를 때까지</td></tr>
<tr><td>배당</td><td>• 배당금지</td></tr>
<tr><td>청산</td><td>• 비영리법인 · 국고 등 귀속</td></tr>
</table></td></tr>
</table>

				감독: • 필요시 기획재정부 장관(관계부처): 업무상황, 장부, 서류 등 검사 • 인가요건 위반 시 인가 취소
마을 기업[3]	마을기업 육성 사업지침	행정 안전부	• 도농 소득일자리 창출 • 지역사회 발전	• 지역주민 5인 이상 출자한 법인
자활 기업[4]	「국민기초 생활 보장법」	행정 안전부	• 취약계층 수익 창출 • 저소득주민 경제적 자립	① 구성원: 2인 이상의 수급자 또는 차상위자 ② 설립방식: 조합 또는 「부가가치세법」상 1인 이상 사업자 ③ 설립절차: 「부가가치세법」상 사업자 등록절차 및 타 법령상 조합 설립 절차에 따름(예: 「협동조합기본법」에 따른 협동조합) • 지원대상 자활기업 요건 –구성원 중 기초생활보장 수급자 및 차상위자가 1/3 이상이어야 함(수급자는 반드시 1/5 이상이어야 함) –자활기업 참여자에 대해 노동관계법령상의 최저임금 이상의 임금 지급이 가능하여야 함 –자활기업 근로일수가 조건이행 기준을 충족하여야 함

				-자활근로사업단의 자활 기업 전환 시 사업의 동일성 유지

주: 1) 취약계층에게 일자리 및 사회서비스를 제공하고 지역사회에 공헌하면서 주민의 삶의 질을 높이는 등의 사회적 목적을 추구하는 동시에 수익을 창출하는 기업을 말함. 지원 내용은 ① 경영컨설팅, ② 공공기관 우선구매, ③ 인건비 지원, ④ 사업개발비 지원, ⑤ 홍보 및 판로지원 등임.

2) 공동의 목적을 가진 5인 이상의 구성원이 모여 조직한 사업체로서 재화 또는 용역의 구매·생산·판매 등을 공동으로 영위하면서 조합원의 권익을 향상하고 지역사회에 공헌하는 조직임.

3) 지역주민이 각종 지역자원을 활용한 수익사업을 통해 공동의 지역문제를 해결하고, 소득 및 일자리를 창출하여 지역공동체 이익을 효과적으로 실현하기 위해 설립·운영하는 마을단위의 기업임.

- 지역자원: 지역에 존재하는 유·무형의 자연적·문화적·역사적 자산
- 지역문제: 전체 주민의 생활의 질 향상을 위해 필요한 사항
- 지역공동체 이익: 마을기업의 이익뿐만 아니라 지역사회 전체가 얻게 되는 편익의 총합
- 마을: 지리적으로 타 지역과 구분되는 경계를 가지면서 지역 내부에 상호관계나 정서적 공감대가 형성되어 있는 곳

〈사업비 지원〉

<table>
<tr><th>유형</th><th>정의</th><th>사업비 지원(한도)</th><th>자부담</th></tr>
<tr><td>신규(1차년도)</td><td rowspan="2">주민이 지역자원을 활용하여 지역문제를 해결하고 공동체 이익을 실현하는 기업</td><td rowspan="3"><table><tr><th>구분</th><th>1차년도</th><th>2차년도</th></tr><tr><td>초기투자형</td><td>5천만 원</td><td>3천만 원</td></tr><tr><td>후기투자형</td><td>3천만 원</td><td>5천만 원</td></tr></table></td><td rowspan="2">지원 사업비의 20%</td></tr>
<tr><td>연장(2차년도)</td></tr>
<tr><td>청년형</td><td>청년이 출자 또는 참여하는 마을기업</td><td>10%</td></tr>
<tr><td>고도화</td><td>2차년도까지 완료하고 실적이 우수한 마을기업</td><td>2천만 원/1년</td><td>20%</td></tr>
<tr><td>예비</td><td>마을기업으로 성장 잠재력이 있는 단체</td><td>1천만 원/1년</td><td>20%</td></tr>
<tr><td>자립형</td><td>사업비 지원 종료 등의 사유로 자립 운영 중인 마을기업</td><td>–</td><td>–</td></tr>
</table>

4) 수급자 또는 저소득층이 상호 협력하여 조합 또는 공동사업자의 형태로 지역

사회에서 신뢰할 수 있는 물품과 서비스를 제공하고 수익을 창출하여 저소득 주민의 경제적인 자립을 촉진하는 기업임. 지원내용은 ① 창업지원, ② 사업자금 융자, ③ 국가 · 지방자치단체 실시 사업 우선 위탁, ④ 공공기관 우선구매, ⑤ 기계설비 구입, 시설보강사업비 지원(최대 5천만 원)임.

생각해 볼 문제

1. 사회복지정책 실현에 있어 정치와 운동이 필요한 이유를 본인의 논리로 설명하여 보시오.

2. 복지정치와 사회운동의 상관관계를 설명하시오.

3. 우리나라 국민기초생활보장제도 개혁과정에서 사회복지정책 실천운동이 어떻게 기여하였는지 설명해 보시오.

4. 우리나라 의료보험제도 개혁과정에서 사회복지정책 실천운동이 어떻게 기여하였는지 설명해 보시오.

5. 우리나라 기초연금 도입과정에서 사회복지정책 실천운동이 어떻게 기여하였는지 설명해 보시오.

6. 기초노령연금과 기초연금을 대상, 급여수준, 재원, 감액 여부, 재정분담, 장기재정전망 차원에서 비교하여 설명하시오.

7. 우리나라 사회적 경제를 통한 지역사회 조직화 운동에 사회복지정책 실천운동이 어떻게 기여하였는지 설명해 보시오.

8. 사회적 기업, 협동조합, 마을기업, 자활기업을 각각 설명해 보시오.

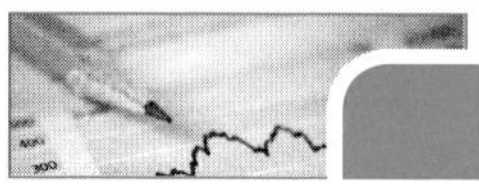

참고문헌

강신욱, 허선, 정호원(2004). 국민기초생활 보장법 제정과정 분석. 세종: 한국보건사회연구원.

김연명(2000). 의료보험 통합의 이해관계 · 의의와 향후 과제. 이종찬 편. 한국의료 대논쟁. 서울: 소나무.

김영순(1999). 복지국가의 위기와 재편: 영국과 스웨덴의 경험. 서울: 서울대학교출판부.

김영순(2005). 민주화와 복지정치의 변화: 국민기초생활 보장법 제정과정을 중심으로. 한국과 국제정치, 21(3), 97-126.

김영순(2010). 보편적 복지국가를 위한 복지동맹: 조건과 전망. 시민과 세계, 19, 14-33.

김원섭, 이용하(2014). 박근혜 정부 기초연금제도의 도입과 평가. 한국사회, 15(2), 60-102.

남상호(2018). 기초연금 지급액 확대가 소득불평등과 빈곤에 미치는 효과 분석. 한국재정정책학회 재정정책논집, 20(1), 143-177.

남찬섭, 이명진(2013). 공공성의 재구성과 생활공공성의 등장. 학교급식과 무상급식의 전개과정을 중심으로. 아세아연구, 56(2), 75-110.

대한민국 정책브리핑(2020). 사회적경제. http://www.korea.kr/special/policyCurationView.do?newsId=148867775&pWise=main&pWiseMain=L4

보건복지부(2020). 기초연금이란 무엇인가요? https://basicpension.mohw.go.kr/Nfront_main/index.jsp

사회적경제미디어(2020). 통계로 보는 2019 사회적경제 현황. http://www.lifein.news/news/articleView.html?idxno=5645

신진욱, 김진두, 정보영(2018). 사회운동은 어떻게 보수정당의 복지정책을 바꾸는가? 정치매개모형을 통한 반값등록금운동 사례 분석, 2008~2011. 한국사회학, 52(1), 1-37.

유팔무(1999). 시민사회 성장과 시민운동. 김호기, 유팔무 편. 시민사회와 시민운동. 서울: 한울아카데미.

유형근(2015). 청년 불안정노동자 이해대변 운동의 출현과 성장: 청년유니온과 알바노조. 아세아연구, 58(2), 38-77.

윤석영(2014). 기초연금 도입 배경 및 예상효과, "Click". 경제교육, 23-25.

정원엽(2020. 1. 6.). 선거 직전까지 대놓고 홍보해도 안 걸린다… 총선 격전지 유튜브(https://news.joins.com/article/23675282).

조홍준(2010). 건강보험통합 역사와 과제. '한국 의료 어디로 가야 하나' 건강보험통합 10년, 의약분업 10년 기념 토론회 자료집.

최성수(2006). 민주화와 제도적 유산 그리고 복지정치 의료보험 개혁운동, 1980~2003. 사회연구, 12, 39-76.

허선(1999). 국민기초생활 보장법의 제정 의의와 정착방안. 보건과복지, 2, 295-316.

현외성(2015). 기초연금 정책형성과정과 복지정치분석. 한국사회복지교육, 32, 139-165.

Brooks, C., & Manza, J. (2007). *Why Welfare States Persist*. Chicago, IL: University of Chicago.

Esping-Anderson, G. (2007). *Three Worlds of Welfare Capitalism*. 박시종 역. 복지자본주의의 세 가지 세계. 서울: 성균관대학교출판부. (원저는 1990년에 출간)

Marshall, M. G., & Jaggers, K. (2010). *Polity IV Project: Political Regime Characteristics and Transitions, 1800-2009 Center for Systemic Peace*. Fairfax, VA: George Mason University.

제13장

사회복지정책의 과제와 전망

1. 역사적 복지국가의 한계와 대안적 사회복지정책 접근의 필요성
2. 사회투자, 기본소득, 사회적 경제 논의의 필요성
3. 우리나라 사회복지정책의 과제

이 장에서는 복지국가 건설을 위한 역사적 과정에서 발생한 복지국가의 한계와 대안적 사회복지정책 접근의 필요성, 사회투자 · 기본소득 · 사회적 경제 논의의 필요성, 그리고 우리나라 사회복지정책의 과제에 대하여 살펴본다.

1. 역사적 복지국가의 한계와 대안적 사회복지정책 접근의 필요성

서구 국가들은 제2차 세계대전 이후 1970년대까지 경제성장을 바탕으로 사회통합을 목적으로 하는 '고전적 복지국가(classic welfare state)'를 추구할 수 있었다. 그러나 1970년대 중반 이후 전통적 복지국가의 존립을 가능하게 했던 자본주의 경제사회 구조가 경제성장의 둔화와 노동시장의 불안정으로 복지재정을 뒷받침하기 어려워지고 인구노령화 · 저출산 · 한부모의 증가로 인한 가족보호 기능의 저하 등으로 새로운 사회적 위험이 야기되고 있다. 산업화 사회에 기반한 전통적인 사회보장제도는 산업재해, 실업, 질병, 노령, 장애, 사망 등으로 인한 소득의 중단 또는 상실, 곧 빈곤이 주요한 사회보장정책의 대상이었다면, 오늘날 탈산업화와 세계화, 정보화, 인구의 이동과 노동시장의 유연화, 일과 가족의 양립, 노인장기요양 등의 사회적 보호요구와 같은 기존과 다른 형태의 정책을 요구하고 있다(황덕순, 2016).

이것은 탈산업화사회로의 이행과정에서의 주요한 경제적 · 사회적 변화를 노동시장의 변화, 여성의 경제활동 참여, 노인 인구의 증가, 그리고 사회복지에서의 민간 영역의 확대에 초점을 두어 이해하는 것이다. 그에 따라 새로운 사회적 위험(new social risk)이 ① 가족과 성별 역할의 변화와 관련한 위험(risks in relation to changes in the family and gender roles), ② 노동시장 변화에서 기인하는 위험(risks in relation to labour market changes), ③ 복지국가 변화로 인한 위험(risks in relation to welfare state changes)으로 이어질 수 있다는 가능성을 의미한다(United Nations, 2017; [그림 13-1] 참조). 국내 연구들 역시 한국사회가 경험하고 있는 새로운 사회적 위험을 가족구조의 변화, 저출산과 고령화, 돌봄의 사회화, 일과 가족생활 양립, 노동시장 유연화로 인한 불안정성과 이중구조의 문제, 실업의 장기화, 절대적 · 상대적 빈곤 및 사회양극화 심화 등으로 제시하며 기존의 사회보장제도가 한계가 있음을 지적하고 있다(정홍원 외, 2016).

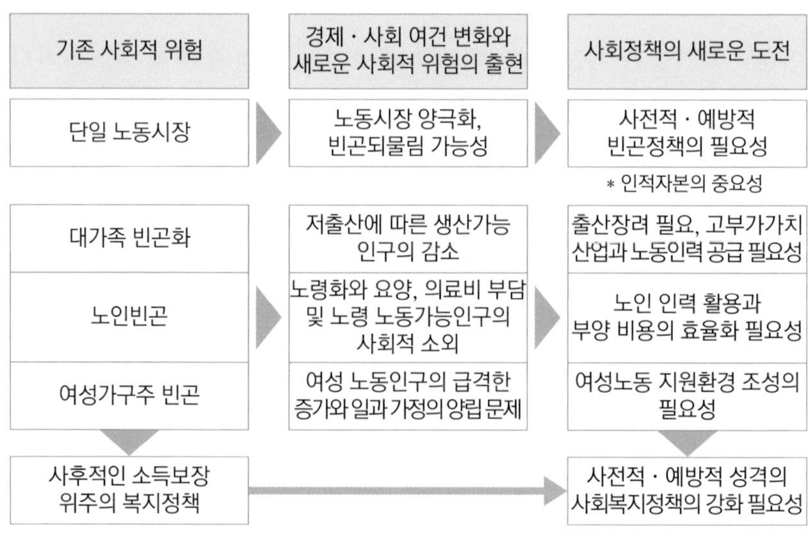

[그림 13-1] 사회복지정책 대안을 요구하는 사회적 위협의 변화

출처: 김연명(2007), p. 13 재정리.

이에 매과이어와 톰슨(Maguire & Thompson, 2007)은 새로운 사회적 위험이 집중되는 대상으로 여성과 청년 및 저숙련자(women, the young and the low skilled), 노인을 제시하면서 이들을 위한 새로운 정책의 필요성을 강조한 바 있다. 실제로 청년, 여성과 노인은 새로운 사회적 위험에 대하여 가장 취약한 계층 중 하나라 할 수 있다. 오늘날 청년실업 문제는 매우 심각한 사회문제 중 하나여서 2018년 8월 기준 청년실업률은 10%에 달하고(통계청, 2018), 잠재취업가능자와 잠재구직자를 고려하여 실질실업률을 계산하면 실업률의 약 2배인 21.1%(2019년 기준)에 달한다(통계청, 2019). 근로 중인 청년들 또한 비정규직 근로자의 비율이 35.4%여서 그 일자리의 지속성과 안정성, 질(quality)을 담보할 수 없는 실정이다(통계청, 2019). 이러한 실업과 일자리의 낮은 질 문제 등은 그 자체로 끝나지 않고, 주거 빈곤, 신체적 · 정신적 건강, 사회적 배제 등으로 이어지며(이태진, 우선희, 최준영, 2018), 새로운 빈곤의 문제를 가져오고 있다(주정, 2015). 뿐만 아니라 청년이 경험하는 위험은 청년 1인을 넘어 청년이 속한 가족의 위험으로, 그리고 삶의 불안정성으로 인하여 결혼과 출산을 미루거나 포기하는 청년들이 늘면서 미래의 가족에 대한 위험으로 이어지기에 그 심각성이 더욱 크다(김종진, 2016).

그간 청년실업 문제를 해결하고자 여러 부처에서 다양한 정책이 이루어졌으나 주로 양적 고용 및 취업기회 확대에 초점이 맞추어져 있어 직접적이고 단기적인 일자리 창출이 주요한 반면 지속적이고 장기적인 차원에서의 실업문제 해결, 특히 청년의 실질적 취업역량, 직업기술 등의 향상과 일자리의 질 제고 등은 적극적으로 다루어지지 못한 한계를 갖는다(김주희, 박병현, 2018). 청년이 직면하는 문제를 새로운 사회적 · 시대적 위험으로 인식하며 이에 대한 새로운 사회보장제도로서 보다 포괄적이고 적극적인 정책적 대응을 마련해야 할 필요가 크다.

2. 사회투자, 기본소득, 사회적 경제 논의의 필요성

1) 사회투자

'사회투자'라는 용어는 영국의 '신노동당' 사회정책에 영향을 미친 앤서니 기든스가 1998년 저술한 『제3의 길: 사회민주주의의 부흥』에서 처음 사용하였다(Giddens, 1998). 사회투자는 유럽 복지국가의 새로운 발달단계에 해당되며, 1970년대 전통적 복지국가, 1990년대 중반까지의 신자유주의적 복지국가, 그리고 1990년대 중반 이후 시기의 복지국가를 특징짓는 용어로 지칭할 수 있다(Taylor-Goody, 2004). 사회투자의 엄격한 정의를 내리기 어려우나 사회투자전략의 주요 관심은 경제사회정책의 통합, 소득재분배를 통한 평등보다 사회적 위험에 대한 대처능력 향상을 위한 기회의 재분배 투자, 경제활동에 대한 참여에 있다(Perkins, Nelms, & Smyth, 2004). 따라서 사회투자전략에 따른 사회투자정책의 주요 프로그램에는 근로연계복지정책을 통한 적극적 노동시장 활성화, 소외계층 아동의 인적자본 축적 지원과 일·가정 양립 지원 사회복지서비스 프로그램, 그리고 자산형성정책이 있다(OECD, 2005; Sherraden, 2002; Esping-Andersen, 2002).

김연명(2007)은 사회투자정책 추진 시 사람들에게 인적자본을 축적시켜 노동시장으로 진입시킬 수 있도록 하고 적절한 일자리를 제공하여야 하며, 개인이 자신의 경제·심리적 문제를 극복하고 시장경제에 적응할 수 있게 하는 인적자본 축적 프로그램과 이를 지원하는 가정 및 지역사회 환경조성, 그리고 개별 상담 인력, 교육·훈련 시설, 직업안전망 등 사회정책 인프라 정비를 필수적으로 고려하여야 한다고 제시하였다.

사회서비스 일자리는 정부 부처 대부분이 추진하고 있다. 사회서비스 차원에서 개인적 수요와 사회적 수요에 대한 서비스 확충과 서비스의 질적 선진화를 골자로 사회서비스 일자리 창출정책을 펼친 결과, 2012년

108만 6,991명에서 2017년 158만 1,050명으로 대폭 증가하고 있는 것을 알 수 있다(〈표 13-1〉 참조). 보건복지부의 경우 2020년부터 돌봄 및 취약계층 지원, 보건의료, 문화여가, 취업지원, 안전환경의 5개 영역에서 사회서비스 일자리 창출계획을 수립하여 수행하고 있다(〈표 13-2〉 참조).

〈표 13-1〉 사회서비스 일자리 창출규모 (단위: 명)

구분	2012년	2017년	증감
계	1,086,991	1,581,050	494,059
돌봄서비스	690,383	912,106	221,723
• 노인	294,735	442,767	148,032
• 장애인	28,322	50,877	22,555
• 유아동, 청소년	315,302	362,916	47,614
• 기타	52,024	55,546	3,522
사회참여 지원	356,856	602,048	245,192
• 자활	71,567	88,917	17,350
• 노인	267,041	452,000	184,959
• 장애인	17,488	59,851	42,363
• 기타	760	1,280	520
상담	7,255	12,827	5,572
건강관리	5,600	7,215	1,615
전달체계 개편	–	5,468	5,468
문화서비스	17,337	26,853	9,516
환경 및 산림	8,848	13,551	4,703
주거지원	712	982	270

출처: 보건복지부 보도자료(2020).

〈표 13-2〉 사회적 투자 사회서비스 일자리 지원사업

주요 영역	일자리 사업
돌봄 및 취약계층 지원	• 전 생애주기를 지원하는 촘촘한 돌봄망 –노인맞춤돌봄서비스: 2019년 11,800개 → 2020년 29,891개(+18,091개) –온종일 돌봄: 2019년 1,916개 → 2020년 3,534개(+1,618개) –장애인활동지원사: 2019년 70,435개 → 2020년 78,261개(+7,826개) –아이돌봄서비스: 2019년 29,878개 → 2020년 33,878개(+4,000개)
보건 · 의료	• 평생 건강을 지원하고 개인의 부담은 경감 –간호간병통합서비스: 2019년 12,312개 → 2020년 18,112개(+5,800개) –정신건강복지센터 응급개입팀: 2020년 204개(신규)
문화 · 여가	• 모두가 함께 누리는 문화서비스 –작은 도서관 순회사서: 2019년 53개 → 2020년 300개(+247개) –장애인생활체육지도자: 2019년 800개 → 2020년 1,000개(+200개) –공공도서관 야간개방: 2019년 1,421개 → 2020년 1,554개(+133개)
취업지원	• 고용취약계층의 맞춤형 취업지원 강화 –사회서비스형 노인일자리: 2019년 20,000개 → 2020년 37,000개(+17,000개) –신중년 경력형 일자리: 2019년 2,500개 → 2020년 5,000개(+2,500개) –장애인근로지원인: 2019년 3,000개 → 2020년 5,000개(+2,000개)
안전 · 환경	• 일상 속 안전 · 환경 서비스 확대 –미세먼지 배출 감시단: 2020년 1,000개(신규) –어린이급식 안전관리: 2019년 1,745개 → 2020년 1,799개(+54개) –고위험업종 안전지킴이(건설현장): 2019년 150개 → 2020년 200개(+50개) –여성폭력피해자 지원: 2019년 2,469개 → 2020년 2,546개(+77개)

출처: 이로운넷(2019).

2) 기본소득

금융위기 직후 영국 등의 실업에 대해 분석한 벨과 블랜치플라워(Bell & Blanchflower, 2009)의 연구에서는 22세 때 6개월간의 실업 경험을 한 청년층은 그렇지 않은 청년층에 비해 23세 때 임금을 8% 더 낮게 받을 수 있고, 심지어 30~31세 때에도 2~3% 낮은 임금을 받을 가능성이 있는 것으로 나타났다. 이태진 등(2018)의 연구에서도 청년고용 및 실업문제가 청년 시기의 빈곤으로 이어질 뿐 아니라 이후에 대하여도 장기적인 영향을 미치며 빈곤의 세습을 초래할 수 있다고 지적하였다. 그러나 그간 우리 정부는 청년 일자리 문제 해결에 초점을 두어 다양한 정책을 펼쳐 왔지만 해결이 쉽지 않은 상황에 있다. 지난 2003년부터 현재까지 우리 정부는 청년 일자리 문제 해결을 위해 다음과 같이 다양한 정책을 추진해 왔지만, 그 효과성은 크지 않은 실정에 있었다. 이와 같은 상황 인식과 공감대 아래 최근 성남시, 서울시 등 일부 지방자치단체에서 청년배당 또는 청년수당과 같은 청년을 겨냥한 사회보장성 기본소득제도를 중앙정부와 충분한 논의 없이 다투어 내놓고 있어, 중앙정부와 지방자치단체 간 제도 도입에 따른 효과 및 문제점 등에 관한 적극적 검토와 논의가 필요한 시점에 있다.

기본소득[Basic Income, 또는 Basic Income Guarantee, Universal Basic Income(UBI), Basic Living Stipend(BLS), Universal Demogrant 등으로 불림]은 '국가 또는 지방자치단체가 모든 구성원 개개인에게 아무 조건 없이 정기적으로 지급하는 소득'을 말한다(Basic Income Earth Network, 2020). 2005년 이후, 기본소득은 많은 국가에서 활발하게 논의되고 있으며, 특히 사회 환경의 변화 및 새로운 사회위험에 대응하기 위한 새로운 복지 모델로서의 가능성에 대한 찬반 논쟁이 뜨겁고, 몇몇 나라에서는 기본소득을 시범적으로 도입하여 실험 중이다. 미국 알래스카는 1976년부터(배당금 지급은 1982년부터) 석유 등 천연자원을 통한 수입의 25%를 기금으로 조성하여 1년 이상 알래스카에서 거주 중인 주민 중 심사를 통과한 이들에 대하여 배당금(기금의 운영성과에 따라 매년 달라짐, 2018년의 경우 1인당 연간 1,600달러)을 지급하는 '영구기금배당금제도(Alaska Permanent Fund: AFP)'를 운영 중이다(기본소득한국네트워크 웹사이트). 캐나다 온타리오주는 3년간 주민 4,000여 명을 대상으로 미혼자의 경우 연간 17,000캐나다달러(약 1,400만 원), 부부의 경우 연간 24,000캐나다달러(약 2,000만 원)를 지급하는 실험을 시작하였으나 재정문제 등으로 1년이 지난 2018년 7월 실험을 종료한 반면, 핀란드는 2017년 1월부터 올해 말까지 2년간 장기 실업자 2,000명을 대상으로 월 560유로(약 72만 원)를 지급하는 기본소득 실험을 진행 중으로 실험이 아직 종료되기도 전부터 결과에 대한 논박이 뜨겁다(정한결, 2018. 8. 1.). 뿐만 아니라 미국 시카고시와 캘리포니아주 스탁턴시는 각각 1,000가구, 주민 100명을 대상으로 월 500달러(약 56만 원) 지급의 기본소득 실험을 준비 중이고 스위스 라이노시도 시민 880명을 대상으로 월 490스위스프랑(약 57만 원)부터 최대 2,500스위스프랑(약 291만 원)을 지급하는 실험을 계획하고 있다(강기준, 2018. 9. 19.).

민간 영역에 의한 실험도 활발하게 이루어지고 있다. 아프리카 나미비아에서는 2008년 1월부터 2009년 12월까지 독일 NGO들과 나미비아 사회단체들이 '기본소득연합(Basic Income Grant Coalition)'을 설립하여 나미비아 내 가장 가난한 마을 중 하나인 오치베라-오미타라 마을에서 월 100나미비아달러(약 8,000원)를 지급하는 기본소득 실험을 실시하고 있는데, 이는 빈곤, 아동의 영양실조, 실업 등의 문제 완화에 크게 기여하였다. 인도는 자영업여성연합(Self Employed Women's Association)이 유니세프의 지원을 받아 2011년 6월부터 2012년 8월까지 가난한 마을들에서 월 2~300루피(약 3,300~5,000원)를 지급하는 실험을 실시하였고, 그 결과 아동의 영양실조, 초등학교 출석률, 가계 소득 등에서 긍정적 성과를 보였다(이윤정, 2016. 9. 26.). 미국에서도 저소득가정을 지원하는 비영리단체 Springboard To Opportunities가 경제보장프로젝트(Economic Security Project)와 함께 Magnolia Mother's Trust 기금을 조성해 미시시피주에서 저소득가정 15가구를 대상으로 월 1,000달러(약 112만 원)를 지급하는 기본소득 실험을 진행 중이고(Springboard To Opportunities 웹사이트), 스타트업 액셀러레이터인 Y콤비네이터는 2019년부터 3,000명을 대상으로 기본소득 연구를 진행할 계획이다(강기준, 2018. 9. 19.).

기본소득을 둘러싼 찬반 논쟁은 뜨겁다. 기본소득한국네트워크는 기본소득의 지급은 최소한의 삶을 재량껏 누릴 수 있는 물질적 조건을 마련하는 것으로 재원을 무엇으로 마련하느냐에 따라 (소득세, 자본이득세 같은 경우) 소득재분배의 효과도 가져올 수 있으며, 고용의존도를 완화함으로써 비물질적 · 문화적 활동에 더 많은 시간을 사용할 수 있어 삶의 질이 보다 나아질 것이라고 그 필요성을 강조한다. 보다 구체적으로 나미비아와 인도에서 실시된 기본소득 프로그램, 그리고 알래스카에서 현재 실시 중인 기본소득 프로그램의 결과들은 빈곤과 소득 불평등 감소 및 행복과 삶의 만족도 제고 등의 변화를 가져옴을 보여 주고 있다(Varjonen, 2018). 뿐만 아니라 몇몇 실험은 기본소득이 학업, 직업훈련 등을 통한 역량 강화와 노동 참여에 대하여도 긍정적 영향을 미칠 수 있는 것도 확인한다(Varjonen, 2018).

그러나 반론도 적지 않다. 첫 번째 비판은 기본소득이 빈곤과 소득 불평등을 완화하지 못한다는 것이다. 프랜시스와 프래디(Francese & Prady, 2018)는 소득이 모두에게 제공되기 때문에 오히려 도움이 더 필요한 사람들에 대한 집중적 지원이 어려울 수 있어 빈곤과 불평등을 오히려 강화할 수 있다고 지적한다. 핀란드와 프랑스, 이탈리아, 영국 등을 대상으로 기본소득의 효과와 비용에 관하여 분석한 OECD 보고서(2017)는 기본소득이 빈곤 감소에 효과적인 도구인지는 불분명하다고 결론을 내리기도 하였다. 또 다른 비판은 기본소득이 사람들로 하여금 일하고자 하는 의지를 감소시켜 궁극적으로 사람들의 삶, 그리고 거시경제에 부정적 결과를 가져올 것이라는 주장이다(Eurofound, 2017). 기본소득에 대한 가장 큰 우려 내지 비판은 높은 비용에 대한 것이다. 당초 3년을 예정하였던 핀란드의 기본소득 실험이 2년으로 축소되어 2018년 12월까지만 진행된 것도 높은 비용 때문이었으며, 2016년 영국 국회에서 기본소득 도입에 관한 논쟁 결과 도입하지 않기로 결정한 것도 높은 비용 때문이었다. 이 때문에 경제학자 존 케이(John Kay, 2017)는 핀란드, 프랑스, 독일, 스위스, 영국, 미국 등에서 실험 또는 논의된 기본소득 수준과 시나리오 등을 분석하며 "기본소득의 수준(즉, 지급액)이 받아들일 수 없도록 낮거나 또는 기본소득을 제공하는 비용이 받아들일 수 없도록 높다."라며 편익과 비용 간의 좁힐 수 없는 격차를 지적하였다.

서울시는 2015년 '서울시 청년보장제(Youth Guarantee Seoul)'를 발표하며 청년의 소득지원(설자리), 일자리 지원(일자리), 주거지원(살자리), 활동 및 참여 지원(놀자리)의 네 가지 영역에서 20개 사업(핵심사업 5개, 일반사업 15개) 추진을 선포하였다. 서울시는 이상과 같은 청년정책 중 청년수당(청년활동지원)을 통해, 중위소득 150% 미만 미취업 청년 3,000명을 선정하여 최대 6개월간 월 50만 원(연 최대 3,00만 원)의 활동보조금(청년수당)을 지원하고 있다. 서울시 이외에도 성남시(청년배당), 경기도(청년카드), 인천광역시(청년사회진출), 강원도(청년수당), 대전광역시(청년취업희망카드), 경상북도(청년복지카드), 부산광역시(청년디딤돌카드), 광주광역시(청년드림수당) 등에서도 청년활동지원(청년수당)제도가 운영 중에 있다(정책브리핑 웹사이트 www.korea.kr). 이 모든 지방정부 주도 사업들은 정책 도입 초기 단계로, 정책의 효과성과 효율성, 부작용 등에 관한 근본적 논의와 함께 정책 적용에 있어서 대상 선정기준과 방법, 수당의 범위와 내용, 지급 방법과 절차, 추진체계, 중앙정부와 지방자치단체 간의 역할과 재정 분담 등의 적정성에 관한 논의 등이 적극적으로 이루어질 필요가 있다.

근로청년과 유휴청년으로부터 제기되는 다양한 사회적 위험을 예방하고 최소화하기 위한 청년기본소득 사회보장제도 실시 여부는 국가와 지방자치단체의 책임으로 간주된다. 국가와 지방자치단체는 청년을 포함한 모든 국민이 인간다운 생활을 유지 · 증진할 책임(「사회보장기본법」 제5조 ①)을 가지고 국가 발전수준에 부응하고 사회 환경의 변화에 선제적으로 대응하며 지속 가능한 사회보장제도를 확립(「사회보장기본법」 제5조 ③)하기 위하여 사회보장에 관한 책임과 역할을 합리적으로 분담(「사회보장기본법」 제5조 ②)하여야 한다. 그러나 최근 일부 지방자치단체에서 청년을 대상으로 하는 사회보장성사업들을 「사회보장기본법」에 따라 중앙정부와 협의하지 않고 추진함에 따라 다양한 수준의 갈등을 야기하기도 하였다. 지방자치단체는 사회보장사업의 실시함에 있어 「사회보장기본법」에 따라 사업의 타당성, 기존제도와의 관계(유사 · 중복성 등 검토), 전달체계에 미치는 영향, 재정 등에 미치는 영향 등 신설에 따라 예상되는 사업의 성과, 그리고 필요한 예산규모에 관한 사항을 사회보장위원회와 충분히 협의하여 사회보장급여가 중복 또는 누락되지 않도록 사회보장제도의 효과성 및 정합성을 면밀하게 점검하여야 할 것이다. 우리나라의 청년배당사업과 비교 가능한 핀란드의 청년기본소득 지원사업은 설계 동기가 기존 사회보장사업들이 사회보장 대상의 적극적인 근로유인 효과가 없는 데 대한 반성으로 시작하여, 유휴청년에 대한 기본소득보장을 통해 청년의 구직활동 동기부여를 목적으로 하고, 기존에 나열된 사회보장 종류를 단순화할 수 있는 방안을 찾으려 했다. 따라서 핀란드의 청년기본소득 실험은 참여 청년들로 하여금 반드시 정부에 구직활동 등록을 요구하고, 지방자치단체는 참여 청년의 구직활동을 구체적으로 모니터링하도록 하여 세금의 누수를 막고 실제적인 근로동기를 진작하기 위한 기본소득보장 실험을 성공적으로 수행하려 하고 있다. 우리나라의 기본소득 지원정책을 시행하려 할 때에도 「사회보장기본법」의 분명한 방향을 추구하고, 가장 시급한 과제 여부 확인, 예산 투여에 의한 분명한 사회보장 성과 예측, 그리고 예산의 누수 예방을 위한 지방자치단체의 구체적인 사업 모니터링을 포함하는 것이 예산의 낭비를 막고 재정운용의 효율성 · 효과성 · 책임성을 담보하는 책임 있는 정책구현을 가능하게 할 것이다.

3) 사회적 경제

사회적 경제란 "사회구성원 간의 협력과 자조를 바탕으로 재화와 용역의 생산과 판매를 통해 사회적 가치를 창출하는 민간 분야의 모든 경제적 활동"을 말한다(한국사회적기업진흥원, 2019, p. 5). 사회적 경제는 자율, 민주, 연대, 협력 등의 실천목표들을 가지고 사회적 기업,[1] 협동조합,[2] 마을기업,[3] 자활기업[4] 등 지역공동체를 형성하여 기존 사회서비스 개선, 취약계층 일자리 창출, 상생 등 다양한 사회적 가치 실현을 위해

1) 2007년 「사회적기업 육성법」에 근거하여 취약계층에게 사회서비스 또는 일자리를 제공하거나 지역사회에 공헌하여 지역주민의 삶의 질을 높이는 등 사회적 목적을 추구하면서 재화 및 서비스의 생산, 판매와 같은 영업활동을 하는 기업으로서 「사회적기업 육성법」 제7조에 따라 고용노동부 장관이 인증한 기업이다.
2) 2012년 「협동조합 기본법」에 근거하여 조합원의 필요에 의해 자발적으로 결성되어 공동으로 소유되고 민주적으로 운영되는 사업체이다. 그중 사회적협동조합은 조합의 목적 자체가 지역주민들의 권익 · 복리 증진과 관련된 사업을 수행하거나 취약계층에게 사회서비스 또는 일자리를 제공하기 위한 것으로, 영리활동을 목적으로 하지 않는 것이 특징이다.
3) 2010년 마을기업육성사업 시행지침에 따라 지역주민이 각종 지역자원을 활용한 수익사업을 통해 공동의 지역문제를 해결하고, 소득 및 일자리를 창출하여 지역공동체 이익을 효과적으로 실현하기 위해 설립 · 운영하는 마을단위의 기업이다.
4) 2012년 「국민기초생활 보장법」에 기초하여 지역자활센터의 자활근로사업을 통해 습득된 기술을 바탕으로 1인 혹은 2인 이상의 수급자 또는 저소득층 주민들이 생산자협동조합이나 공동사업자 형태로 운영되는 기업이다.

상호 협력하는 모델로서 시장과 경쟁하는 동시에 사회문제의 해결을 추구한다(김정욱, 위서연, 기경식, 최현민, 2018). 사회적 경제는 전 세계적으로 빈부격차 · 고용불안 · 고령화 등이 진행되면서 저성장 · 저고용으로 경제구조가 변화하고 있는 상황에서 정부와 시장이 감당하지 못한 시장경제의 효율성을 살리면서 양질의 일자리를 창출하고, 실업 · 빈곤 등 경제 · 사회 문제를 극복하고 양극화를 완화하기 위한 새로운 사회복지 정책 방안이다. 사회적 경제는 1920년에 민간 협동조합의 설립을 시작으로 볼 수 있으나 1990년 이후 민간의 자생적 활동 경험을 정부가 정책으로 받아들여 활성화하면서 제도화되었다([그림 13-2] 참조).

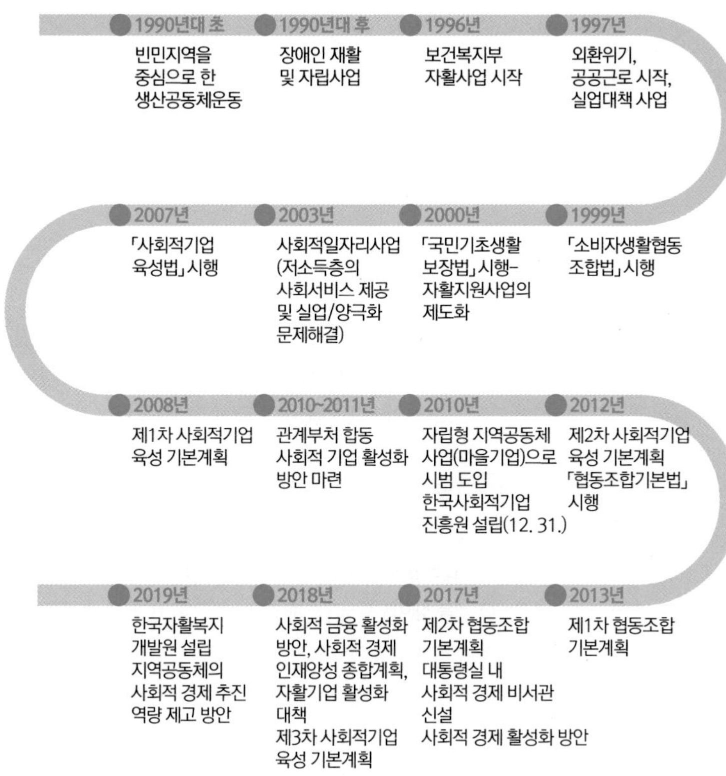

[그림 13-2] 사회적 경제 제도화 역사

출처: 한국사회적기업진흥원(2019), p. 7.

사회적 경제 기업은 일반 법인에 비해 취업유발 효과가 높고, 이익을 전체 구성원이 공유함으로써 양질의 일자리 창출이 가능하며, 민주적 의사결정 구조를 통해 노사관계 및 불공정거래 개선효과가 있는 것으로 진단된다(김정욱 외, 2018). 또한 은퇴자, 경력단절여성, 장애인 등 다양한 소외 인력의 노동시장 진출을 가능하게 하여 소득양극화, 사회안전망 약화, 공동체 붕괴 등을 개선하는 데에 기여하는 것으로 나타난다. 사회적 경제 활성화를 위해 금융자본,[5] 인적자본,[6] 지식자본,[7] 사회연대자본이 요구되고, 정책 및 제도[8]의 지원과 시장경제의 지원적 환경[9]이 필수적이다(김정욱 외, 2018).

2019년 기준 사회적 경제 기업 및 종사자는 각각 2만 7,452개소, 28만 4,875명에 이르며 4대 사회적 경제 현황은 [그림 13-3]에서 구체적으로 살펴볼 수 있다.

---

5) 금융자본은 투자 · 융자 · 보증을 통해 사회적 경제 기업 등에 자금을 지원하는 협의의 금융활동은 물론, 보조금(국가 또는 지방공공단체가 행정상의 목적을 달성하기 위해 공공 · 경제단체 또는 개인에 대하여 교부하는 돈)과 기부금, 사회책임투자(사회투자펀드는 구성원 간 협력 · 자조를 바탕으로 사회적 가치를 창출하는 경제활동을 지원하는 펀드이다. 한국거래소, 한국예탁결제원, 한국증권금융이 공동으로 75억 원을 출자한 한국소셜펀드와 KB금융공익재단, KB자산운용이 공동으로 750억 원을 출자한 KB사회투자펀드)의 개념까지 포괄한다.

6) 전문성을 갖춰 성장할 수 있도록 종합적이고 체계적인 인적자본이다.

7) 기업운영 노하우, 정보, 지식, 숙련기술 등의 지식자본이다.

8) 중앙정부를 중심으로 한 관련법 제정, 정책 전달체계 정비, 발전전략 구축과 지방정부를 중심으로 한 조례, 지역별 사회적경제지원센터 조성, 사회연대경제 지방정부협의회 구축 등 활성화된 사회적 경제의 정책 및 제도이다.

9) 공공조달시장과 다양한 유통채널을 통한 민간시장으로 이루어지는데 지역화폐, 가치 소비 확대와 같은 우호적인 시장여건 확산도 시장 확대에 기여한다.

〈표 13-3〉 사회적 경제 기업 · 종사자 수 (단위: 개, 명)

구분	2016년	2017년	2018년	2019년	2019년 전체 현황	
전체 기업 수 (전년비)	20,459	22,470 (9.8%↑)	24,838 (10.5%↑)	27,452 (10.5%↑)	사회적 기업	2,372개
					협동조합	15,593개
					마을기업	1,813개
					자활기업	1,211개
종사자 수 (전년비)	248,669	253,013 (1.7%↑)	265,398 (4.9%↑)	284,875 (7.3%↑)	사회적 기업	46,665명
					–	–
					–	–
					자활기업	10,849명

출처: 관계부처 합동(2020. 8. 13.), p. 4.

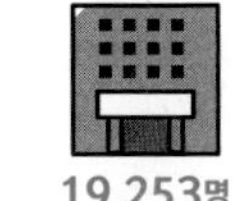
19,253명
4대 사회적 경제 기업 수

110,829명
4대 사회적 경제 기업 취업자 수

1,937억 원
정책금융 총액

11,727억 원
공공구매 현황

• 시 · 도별 주요 사회적 경제 기업 현황(2018년 말 기준)

구분/합계/비중			사회적 기업	협동조합	마을기업	자활기업
합계	19,253	100%	2,122	14,476	1,442	1,213
서울	4,096	21.3%	389	3,463	91	153
부산	993	5.2%	102	730	75	86
대구	810	4.2%	68	615	78	49
인천	647	3.4%	126	418	56	47
광주	976	5.1%	109	755	56	56
대전	720	3.7%	63	582	50	25
울산	390	2.0%	77	261	34	18
세종	135	0.7%	10	96	19	10
경기	3,306	17.2%	355	2,603	170	178
강원	1,107	5.7%	119	798	111	79
충북	688	3.6%	93	457	81	57
충남	851	4.4%	94	583	120	54
전북	1,265	6.6%	127	929	102	107
전남	1,054	5.5%	112	717	140	85
경북	1,011	5.3%	133	657	115	106
경남	861	4.5%	97	568	113	83
제주	343	1.8%	48	244	31	20

[그림 13-3] 시 · 도별 사회적 경제 현황

출처: 한국사회적기업진흥원(2019), p. 8.

정부는 효과적인 사회적 경제 추진을 위해 사회적 경제 기업의 성장(스케일업)을 통한 자생력 · 경쟁력 강화를 목표로([그림 13-4] 참조) 대책의 차질 없는 이행 및 성과도출을 위해 사회적 경제 3법(경제법 · 가치법 · 판로법) 등 관련법의 조속한 입법을 추진해 효과적 이행점검 및 국민들의 성과 체감도 제고 노력을 지속하기로 계획하고 있다.

목표	사회적 경제 기업의 성장(스케일업)을 통한 자생력 · 경쟁력 강화 → 2022년까지 6.4만 명 일자리 창출 + 일자리 유지 · 창출기반 확충
정책 과제	1. 혁신성장 기반 강화(3.8만 명)
	① R&D · 인재 · 사업모델 등 사회적 경제 기업 혁신역량 확충 ② 민간판로 개척지원 및 공공판로 확대 ③ 성장금융 확대와 사회적금융 인프라 강화
	2. 지역의 자생 · 상생기반 확충(1.4만 명)
	① 지역별 사회적 경제 허브 조성 ② 지역의 자원을 활용한 사회적 경제 사업모델 개발 활성화 ③ 상호금융을 통한 역내 사회적 경제 기업 지원 강화
	3. 진출분야 다양화 지원(1.2만 명)
	① 환경 · 신재생 에너지 분야 사업모델 발굴 ② 사회서비스 분야 진출 활성화 ③ 소셜벤처 사업모델 고도화 지원 ④ 문화 · 교육 · 과학 분야 사회적 경제 기업 자생력 강화
중앙정부 · 지방자치단체 · 민간 '협업 거버넌스'	

[그림 13-4] 문재인 정부 사회적 경제 기업의 설립·창업 지원정책(1.0)

출처: 관계부처 합동(2020. 8. 13.), p. 6.

3. 우리나라 사회복지정책의 과제

사회복지정책의 성공적인 추진은 인류사에서 지속되어 온 빈곤과 관련된 문제들과 함께 새로운 사회적 위기들을 대처하기에 타당한 설계와 실천에 달려 있을 것이다. 저소득층 사회안전망, 노후생활지원, 장애인지원과 같은 기존 사회복지정책 문제들에 추가하여 아동투자, 일자리 및 지역사회 통합 돌봄(커뮤니티 케어)을 효과적으로 지원할 수 있는 대안적 정책들을 모색하여야 할 것이다.

저소득층의 사회안전망 강화를 위해 OECD(2017)는 '사회보호 복지정책/법령 및 제도 개선, 사회보장 메커니즘, 노인 · 고아 · 장애인 · 아동 · 산모 · 빈곤층 · 실업자 및 기타 취약계층을 위한 현금지원, 연금 및 특별 프로그램, 사회적 구조조정을 제안하였다. 우리나라는 대부분의 지표가 목표달성에 크게 미달하는 것으로 나타나(〈표 13-4〉 참조), 남녀 임금격차 등 성평등, 소득불평등과 노인 빈곤, 기후변화 대응 등 최근 SDGs(Sustainable Development Goals, 지속가능 개발목표)에서 특히 강조하는 가치인 취약계층 포용과 불평등 문제, 범국경적인 노력을 요하는 SDGs 이행이 부족하여 국내 정책과 ODA(Official Development Assistance, 공적 개발 원조) 정책의 정책일관성 차원에서 개선 노력이 필요할 것이다. 이를 위해 지난 정부부터 추진하여 온 생계급여 부양의무자 기준완화, 기초생활보장 수급자 근로소득공제, 수급자 재산기준 완화, 자활급여 인상 등 빈곤계층에 실질적인 지원과 자활가능 방안들을 모색하는 노력이 지속되어야 할 것이다. 현재 대상자들을 지원하는 정책과 함께 빈곤, 위기가구들을 지방자치단체와 관련 기관들과 연계하여 지역중심 발굴체계를 강화하는 정책이 요구된다.

〈표 13-4〉 한국의 SDGs 이행 성과 및 추이

SDG	이행성과	이행추이
1. 빈곤	위험	순조롭게 추진
2. 기아	위험	완만한 증가
3. 보건	위험	순조롭게 추진
4. 교육	SDG 달성	순조롭게 추진
5. 성평등	심각	완만한 증가
6. 물/위생	위험	순조롭게 추진
7. 에너지	위험	완만한 증가
8. 일자리/경제성장	주의	순조롭게 추진
9. 산업/인프라	주의	순조롭게 추진
10. 불평등	심각	데이터 미비
11. 지속가능 도시	주의	정체
12. 지속가능 소비생산	위험	데이터 미비
13. 기후변화	심각	정체
14. 해양생태계	위험	정체
15. 육상생태계	위험	감소
16. 평화/제도구축	주의	완만한 증가
17. 글로벌 파트너십	심각	완만한 증가

주: 작스 등(Sachs et al., 2020)은 SDGs 이행성과를 SDG 달성(SDG achievement), 주의(challenges remain), 위험(significant challenges remain), 심각(major challenges remain)으로 구분하며, 이행추이는 순조롭게 추진(on track), 완만한 증가(moderately increasing), 정체(stagnating), 감소(decreasing), 데이터 미비(data not available)로 나누었음.

출처: 정지선, 유애라(2020), p. 21; Sachs et al. (2020), p. 41.

65세 이상 노인 인구가 800만 명을 넘어서고(조종도, 2020), 치매 유병률 환자가 75만 명을 상회(조재민, 2020. 2. 13.)하는 상황에서 노인이 활기차고 건강한 노후생활을 영위할 수 있게 하고, 노후 생활의 안정과 그 가족의 부담을 덜어 주기 위한 건강한 노후생활지원은 매우 중요한 사회복지정책으로 대두된다. 치매 및 고동불편 어르신 돌봄과 지역사회 중심 통합돌봄 기반구축을 위해 치매관리서비스 및 연구개발 투자, 집에서 거주하는 거동불편 어르신을 위해 현재 분절적으로 이루어지고 있는 노인돌봄사업과 노인맞춤 돌봄서비스를 통합하여 운영할 수 있도록 하고, 장기요양 대상자들의 돌봄 공백이 생기지 않도록 하는 서비스, 어르신이 집에서 돌봄 · 건강 · 주거 등 서비스를 통합적으로 제공받으면서 안심하고 생활할 수 있는 케어안심주택 등 확충과 서비스 확대정책을 지속적으로 추진하여야 할 것이다.

2019년 말 현재 우리나라 장애인은 261만 8,918명(〈표 13-5〉 참조)에 달하여 장애인의 권리강화와 복지사각지대 해소, 수요자 중심 장애인 지원체계 개편을 위해 장애인 이동지원서비스와 장애인 맞춤형 지원, 발달장애인을 위한 주거활동서비스, 그리고 자립생활을 위한 인프라 확대 등의 정책들의 개발이 필수적으로 필요하다.

〈표 13-5〉 전국 장애인(유형 장애정도) 현황 (단위: 명)

장애유형	심한 장애			심하지 않은 장애			합계		
	남	여	합계	남	여	합계	남	여	합계
합계	585,734	399,669	985,403	927,472	706,043	1,633,515	1,513,206	1,105,712	2,618,918
지체	158,257	82,524	240,781	549,989	432,365	982,354	708,246	514,889	1,223,135
시각	24,643	23,977	48,620	125,618	78,817	204,435	150,261	102,794	253,055
청각	50,462	44,273	94,735	148,612	133,747	282,359	199,074	178,020	377,094
언어	7,851	3,098	10,949	7,512	3,024	10,536	15,363	6,122	21,485
지적	128,332	84,604	212,936	0	0	0	128,332	84,604	212,936
뇌병변	84,042	71,250	155,292	60,575	36,321	96,896	144,617	107,571	252,188
자폐성	24,234	4,444	28,678	0	0	0	24,234	4,444	28,678

정신	52,658	50,322	102,980	0	0	0	52,658	50,322	102,980
신장	40,864	28,513	69,377	13,479	9,552	23,031	54,343	38,065	92,408
심장	2,675	1,589	4,264	693	309	1,002	3,368	1,898	5,266
호흡기	8,381	2,881	11,262	161	99	260	8,542	2,980	11,522
간	630	233	863	8,679	3,612	12,291	9,309	3,845	13,154
안면	820	595	1,415	739	519	1,258	1,559	1,114	2,673
장루 · 요루	891	550	1,441	8,554	5,295	13,849	9,445	5,845	15,290
뇌전증	994	816	1,810	2,861	2,383	5,244	3,855	3,199	7,054

주: 2019. 12. 31. 기준임.
출처: 보건복지부(2020).

사회복지정책의 주요 과제인 소득양극화 해소, 사회안전망 강화, 공동체 복원을 위해 사회투자와 사회적 경제, 그리고 기본소득이 대안적 정책으로 대두된다. UN은 빈부격차, 고용불안, 고령화 등 전 세계적으로 고착화되는 구조적 문제에 대응하기 위한 새로운 국제 공동목표로서, 다음과 같이 17개 이슈의 '지속가능 개발목표(SDGs, 2016~2030년)'[10]를 수립한 바 있다. 사회투자와 사회적 경제, 그리고 기본소득 등 대안적 사회복지정책들은 새로운 사회적 위기들인 SDGs의 대다수 이슈 및 가치와 일치하거나 접점을 가지며 SDGs의 달성 수단으로서도 적절하게 역할을 할 것으로 기대된다. 사회투자와 사회적 경제, 그리고 기본소득

10) 지속가능 개발목표는 ① 빈곤퇴치, ② 기아 종식, ③ 건강과 웰빙, ④ 양질의 교육, ⑤ 성 평등, ⑥ 깨끗한 물과 위생, ⑦ 모두를 위한 깨끗한 에너지, ⑧ 양질의 일자리와 경제 성장, ⑨ 산업, 혁신, 사회기반시설, ⑩ 불평등 감소, ⑪ 지속 가능한 도시와 공동체, ⑫ 지속 가능한 생산과 소비, ⑬ 기후변화 대응, ⑭ 해양 생태계 보존, ⑮ 육상 생태계 보호, ⑯ 정의, 평화, 효과적인 제도, ⑰ 글로벌 파트너십이다.

등 대안적 사회복지정책들을 수행하여 기존 사회서비스 개선, 취약계층 일자리 창출, 상생 등 다양한 사회적 가치 실현, 경제사회정책의 통합, 소득재분배를 통한 평등보다 사회적 위험에 대한 대처능력 향상을 기할 수 있도록 하여야 할 것이다. 대안적 사회복지정책의 실현을 위해 정부 공공재원과 민간자조방식의 사회적 금융 등 '금융자본의 확장', 체계적인 인적자본 육성, 기업운영 노하우, 정보, 지식, 숙련기술 등의 지식자본 등 '지식자본 축적', 사회적 경제 기업이나 기업가, 관련 단체, 공동체가 네트워크, 신뢰, 호혜성을 바탕으로 자원을 동원하고 부가가치를 창출할 수 있는 '사회 · 연대 인프라 구축'을 확대하는 정부와 지방자치단체, 민간의 협력이 요청된다.

생각해 볼 문제

1. 역사적 복지국가의 한계와 대안적 정책접근의 필요성을 논하여 보시오.
2. '사회투자'의 의미를 설명하고 해당되는 정책의 종류들을 나열해 보시오.
3. '기본소득'의 의미를 설명하고 기본소득을 둘러싼 찬반논쟁들을 정리하여 설명해 보시오.
4. '사회적 경제'의 의미를 설명하고 주요 관련 기관 네 가지를 제시해 보시오.
5. 사회적 경제 기업들의 사회적 효과와 문제점을 제시해 보시오.
6. 사회적 경제 활성화를 위해 필요한 금융자본, 인적자본, 지식자본, 사회연대자본이 의미하는 바를 각각 설명해 보시오.
7. 우리나라 사회복지정책이 나아가야 할 방향을 근거를 제시하며 논리적으로 설명해 보시오.

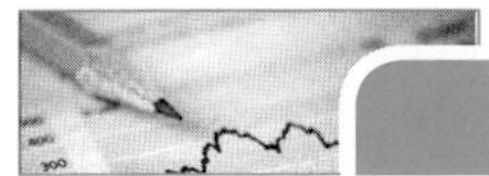

참고문헌

강기준(2018. 9. 19.). 핀란드 · 캐나다 접었지만… '기본소득 실험'은 계속. https://news.mt.co.kr/mtview.php?no=2018091913485585492

관계부처 합동(2020. 8. 13.). 사회적경제 기업 일자리 창출 지원방안.

김연명(2007). 우리나라에서의 사회투자정책 적용 방안 연구. 세종: 보건복지부.

김정욱, 위서연, 기경식, 최현민(2018). 사회적경제 중장기 발전방안. 세종: 한국개발연구원.

김주희, 박병현(2018). 새로운 사회적 위험에 대한 사회보장 전략에 관한 연구: AHP를 통한 전문가 인식을 중심으로. 사회복지정책, 45(3), 1-35.

김종진(2016). 지방정부의 청년수당과 청년배당 도입의 의미와 시사점: 이행기 청년 노동시장의 제도적, 정책적 적급 모색 논의. 청년활동지원(청년수당)으로 본 청년 구직지원 및 구직안전망 더불어 민주당 긴급토론회 자료집.

대한민국정책브리핑(2020). 사회적경제. http://www.korea.kr/special/policyCurationView.do?newsId=148867775&pWise=main&pWiseMain=L4

보건복지부 보도자료(2020). 일자리 창출, 사회서비스에서 찾다.

보건복지부(2020). 장애인 등록현황. http://www.mohw.go.kr/react/policy/policy_bd_vw.jsp

이로운넷(2019). 복지부, 2020사회서비스일자리 9만6천개 증설→2022년 34만개 넘긴다. http://www.eroun.net/news/articleView.html?idxno=7798

이윤정(2016. 11. 29.). 기본소득한국네트워크(Basic Income Korea Network, BIKN)와 기본소득청'소'년네트워크(Basic Income Youth Network, BIYN). https://sites.google.com/site/basicincomey/act/newsletter/gibonsodeugnyuseuleteovol33

이태진, 우선희, 최준영(2018). 청년층 빈곤 및 주거실태와 정책과제. 제48회 주거복지포럼 대토론회 발표자료집.

정지선, 유애라(2020). 국제사회의 SDGs 이행성과와 코로나 이후 한국의 ODA 정책 과제. 세종: 대외경제정책연구원.

정한결(2018. 8. 1.). 캐나다 온타리오, 기본소득 실험 중단… '유지 불가능'. https://news.mt.co.kr/mtview.php?no=2018080111364958192&type=2&sec=politics&pDepth2=Ptotal&MNE_T

정홍원, 정경희, 이태진, 최복천, 박종서, 김동진, 임완섭, 강지원, 류진아(2016). 신설·변경 사회보장제도 협의제도 운용지원 및 협의제도 개선방안 이행 연구. 세종: 보건복지부·한국보건사회연구원.

조재민(2020. 2. 13.). 전국 추정치매환자 75만 돌파… 최다 지역은 경기도. https://www.dementianews.co.kr/news/articleView.html?idxno=2479

조종도(2020). 2019년 말 주민등록 통계… 노인 인구 800만명 시대 진입. http://www.100ssd.co.kr/news/articleView.html?idxno=66740

통계청(2018). 2018 경제활동인구조사. www.index.go.kr

통계청(2019). 2019 경제활동인구조사. www.index.go.kr

한국사회적기업진흥원(2019). 사회적 경제 관련 주요사업 안내.

황덕순(2016). 디지털 기술과 플랫폼 노동이 제기하는 사회정책 과제들. 국제노동브리프, 14(9), 3-6.

황성욱(2016). '위법의 합법화, 민간위탁과정에서의 문제' 청년수당 왜 문제인가? 청년정책의 방향 국회토론회 자료집.

Basic Income Earth Network. (2020). BIEN. https://basicincome.org

Bell, D., & Blanchflower, D. (2009). What shoud be done about rising unemployment in the UK? *Stirling Economics Discussion Paper No. 4040*, 2009-06.

Esping-Andersen, G. (2002). *Why We Need a New Welfare State*. Oxford, UK: Oxford University Press.

Eurofound. (2017). Long-term unemployed youth: Characteristics and policy responses. https://www.eurofound.europa.eu/publications/report/2017/long-term-unemployed-youth-characteristics-and-policy-responses

Francese, M., & Prady, D. (2018). UBI: Debate and impact assessment. *Working paper No. 18/273*.

Giddens, A. (1998). *The Third Way: The Renewal of Social Democracy*. Cambridge, UK: Polity Press.

Kay, J. (2017). The basics of basic income. *Intereconomics: Review of European Economic Policy, 52*(2), 69–74.

Maguire, S., & Thompson, J. (2007). Young people not in education, employment or training(NEET): Where is government policy taking us now. *Youth and Policy, 8*(3), 5–18.

OECD. (2005). *Society at a Glance*. Paris, France: OECD.

OECD. (2017). *Education at a Glance Centre for Educational Research and Innovation*. Paris, France: OECD.

Perkins, D., Nelms, L., & Smyth, P. (2004). Beyond neo-liberalism: The social investment state? *Social Policy Working Paper No. 3*. Parkville, Australia: The Center for Public Policy, University of Melbourne.

Sachs, J., Schmidt-Traub, G., Kroll, C., Lafortune, G., Fuller, G., & Woelm, F. (2020). The sustainable development goals and COVID–19. *Sustainable Development Report 2020*. Cambridge, UK: Cambridge University Press.

Sherraden, M. (2002). CSD speech: Asset-based policy and the child trust fund, Washington: Center for social development. http://gwbweb.wustl.edu/csd/Publications/2002/UK_speech2002.pdf

Taylor-Goody, P. (2004). *New Risks, New Welfare: The Transformation of the European Welfare state*. Oxford, UK: Oxford University Press.

Working Group on Youth Programs. (2013). Pathways for youth: Draft strategic plan for federal collaboration. http://www.youthpolicy.org/national/United_States_2013_Pathways_for_Youth.pdf

Varjonen, S. (2018). Unconditionality, incentives and reciprocity: The lost momentum of the finnish basic income experiment. Paper presented at the 16th ESPAnet Conference.

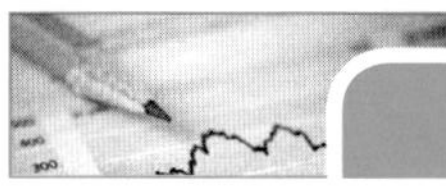

찾아보기

저자 소개

손병덕(Byoungduk Sohn)

- 총신대학교 사회복지학과 교수
- 미국 Washington University in St. Louis 석사, Harvard University 석사, 영국 University of Oxford 사회복지정책 박사
- 한국청소년학회 회장, 대한범죄학회 부회장, 한국사회복지정책학회 이사, 한국아동복지학회 이사
- 정부 국정과제 평가위원, 보건복지부 연금심사위원회 위원
- 서울시 어린이 · 청소년 인권위원회 위원장, 서울시 학술용역 심의위원회 위원, 서울시 사회복지공동모금회 배분분과 위원, 한국아동복지협회 '아동인권위원회' 위원, 서울시 동작구 사회보장대표협의체 위원
- 국무총리 직속 경제인문사회연구회 산하 국책연구기관 평가위원, 한국연구재단 학술연구 심사위원, 행정안전부 5급 공무원 출제위원, 사회복지사 1급 · 청소년 지도사 1급 · 3급 출제위원, 경찰청 경찰공무원 · 서울특별시 사회복지 공무원 면접위원
- 서울시 서초구 제4기(2019~2022년) 지역사회보장계획, 대법원 청소년의 법의식 및 법교육 실태에 관한 연구(2019), 현대차정몽구재단 온드림스쿨 초등교실 1기(2014~2019년) 사업 평가 및 2기(2020~2025년) 사업 추진 방향 도출을 위한 컨설팅 연구(2019), 보건복지부 아동복지시설 기능 전환을 위한 운영 모델 개발 연구(2019), 거제시 2020 평생학습도시 지정 중장기 발전계획(2019), 보건복지부 2019년도 노인복지 민간단체 지원사업 평가연구(2020), 서울시 송파구 아동친화도조사 연구(2020), 서울시 강동구 아동실태조사 및 아동영향평가 연구(2020), 인천시 서구 청년기본계획(2020), 서울시 노원구 제2기(2021~2024년) 인권보장 및 증진 기본계획 수립연구(2020), 서울시 도봉구 제2기(2021~2024년) 인권보장 기본계획 수립연구(2020) 수행

사회복지정책론

Social Welfare Policy

2020년 12월 30일 1판 1쇄 발행
2022년 6월 10일 1판 2쇄 발행

지은이 • 손 병 덕

펴낸이 • 김 진 환

펴낸곳 • (주) 학지사
04031 서울특별시 마포구 양화로 15길 20 마인드월드빌딩 5층

대표전화 • 02) 330-5114 팩스 • 02) 324-2345

등록번호 • 제313-2006-000265호

홈페이지 • http://www.hakjisa.co.kr
페이스북 • https://www.facebook.com/hakjisabook

ISBN 978-89-997-2307-0 93330

정가 21,000원